AVR ATmega128 프로그래밍

류기주 · 임양구 · 서해준 공저

Ohm사

머리말

현재 마이크로컨트롤러는 의료장비, 통신장비 등 산업체의 장비에서부터 가전제품에 이르기 까지 모든 분야에서 활용이 되고 있다. 이에 따른 반도체 제조기술 및 소프트웨어 기술 등의 발전으로 마이크로컨트롤러 응용회로를 제작하는데, 나날이 접근하기 쉬워지고 있다. 예전에는 전자회로를 공부하기 위하여 많은 노력과 시간을 투자해야 했던 지난 과거에 비해 앞으로는 점점 더 편리하게 회로설계와 프로그래밍을 하게 되리라 생각한다.

본 교재에서는 ATmega128을 배우는데 있어 프로테우스라는 시뮬레이션 툴을 사용하여 응용회로를 설계한 다음에 C 언어에서 코딩을 한 후 동작 확인을 한다. 하지만, 가장 중요한 것은 아무리 많은 시간이 흘러도 설계한 회로를 직접 손으로 제작해 보면서 터득한 지식은 잊혀 지지 않을 뿐 더러 뒤처지지도 않는다는 것이다. 교재에 있는 예제를 통해 따라해 보고 응용해 보면서 흥미를 느끼고 관심 있는 부분에 대해 독자 스스로 더 많은 정보를 수집하고 공부해 간다면 정말 가치 있는 지식을 얻게 되리라 확신한다.

1장에서는 ATmega128의 구조와 동작원리에 대하여 알아보고, 2장에서는 시뮬레이션 툴 사용법과 C언어로 코딩을 하기 위한 환경설정 등 개발환경을, 3장에서는 I/O포트의 기본적인 응용회로를 설계하고 프로그래밍 하여 동작시켜본다. 4장은 인터럽트를 다루고 각 장의 프로그램 예제에서 4.5.1은 4장의 4.5절의 내용에 대한 첫 번째 예제를, 예제 4-1은 4장의 전체 내용을 바탕으로 한 첫 번째 예제를 의미한다. 5장은 타이머/카운터, 6장은 A/D 변환기, 7장은 UART통신, 8장은 디스플레이 제어, 9장은 모터제어에 관하여 공부한다. 독자 여러분에게 많은 도움이 되길 바라면서, 본 교재에 있는 회로제작 및 검토를 해준 최진수 군과 이 책이 발간되기까지 많은 도움을 준 도서출판 Ohm사(http://www.ohm.co.kr)의 곽종학 사장님께 깊은 감사를 전한다.

2013. 8.

저자 씀

차례

제1장 ATmega128 구조

제2장 ATmega128 개발환경

제3장 I/O 포트

프로그래밍

제4장 인터럽트

프로그래밍

제5장 타이머/카운터

프로그래밍

제6장 A/D 변환기

프로그래밍

제7장 UART

프로그래밍

제8장 디스플레이 제어

프로그래밍

제9장 모터 제어

프로그래밍

Chapter. 1

ATmega128 구조

제1장

ATmega128 구조

1.1 AVR 마이크로컨트롤러의 개요

AVR은 ATMEL(Advanced Technology for Memory Enhanced Logic)사에서 제작된 RISC(Reduced Instruction Set Computer)구조의 고성능 이면서 저 전력 CMOS 8-비트로 구성된 마이크로컨트롤러(Microcontroller) 또는 MCU(Micro Controller Unit)라 부른다.

또한 하버드 구조(Harvard Architecture)로 프로그램 메모리와 데이터 메모리가 구분이 되어있어서 프로그램은 영구적, 또는 반영구적으로 저장할 수가 있고 일시적인 데이터는 휘발성메모리에 저장하므로 프로그램과 데이터를 동시에 읽어 들일 수 있는 장점을 가지고 있다. MCU는 산업현장의 임베디드 시스템(Embedded System)에 많이 이용되고 있으며, AVR은 창시자인 Alf Egil Bogen, Vegard Wollan에 의해 설계된 칩이다.

1.2 AVR 마이크로컨트롤러의 특징

다음은 ATmega128 마이크로컨트롤러의 데이터시트에 나와 있는 특징들이다.

- **고성능의 저 전력 AVR 8-bit Microcontroller**
- **향상된 RISC 구조(16MIPS@16MHz)**
  - 133개의 강력한 명령어 - Most Single Clock Cycle Execution
  - 32 x 8비트 범용레지스터 + 주변제어 레지스터
  - 16 MHz 에서 16 MIPS[Million Instructions Per Second]
  - 곱셈기는 2 사이클에서 실행

- **비휘발성 프로그램 및 데이터 메모리**
  - 128K Bytes 의 In-System Self-programmable 플래시 프로그램 메모리 내장

- 4K Bytes EEPROM
- 4K Bytes Internal SRAM
- Write/Erase cycles: 10,000 Flash/100,000 EEPROM
- 외부 메모리 64K Bytes 까지 추가 가능
- 보안을 위한 프로그래밍 잠금 기능
- SPI(Serial Peripheral Interface Bus)를 이용한 ISP(In-System Programming)

- **JTAG (IEEE std. 1149.1 Compliant) Interface**
  - Boundary-scan Capabilities According to the JTAG Standard
  - Extensive On-chip Debug Support
  - Programming of Flash, EEPROM, Fuses and Lock Bits through the JTAG Interface

- **주변 장치의 특징**
  - 2개의 8-bit Timer/Counters 와 별도의 프리스케일러와 비교모드 동작
  - 2개의 16-bit Timer/Counters 와 별도의 프리스케일러와 비교모드, 캡처모드 동작
  - 발진회로와 분리된 실시간 카운터
  - 2개의 8-bit PWM 채널
  - 2에서 16 Bit의 분해능을 갖는 6개의 PWM 채널
  - 출력 비교 변조기
  - 8-channel, 10-bit ADC
    - 8 Single-ended Channels
    - 7 Differential Channels
    - 2 Differential Channels with Programmable Gain at 1x, 10x, or 200x
  - Byte-oriented Two-wire Serial Interface
  - Dual Programmable Serial USARTs
  - Master/Slave SPI Serial Interface
  - 프로그램 가능한 워치독(Watchdog)타이머
  - 아날로그 비교기

- **마이크로컨트롤러 코어(Core)의 특징**
  - Power-on Reset 및 안정된 전원공급을 위한 Programmable Brown-out Detection
  - 내부 RC 발진회로
  - 외부 및 내부의 인터럽트 소스

- 6개의 슬립모드 : Idle, ADC Noise Reduction, Power-save, Power-down, Standby, and Extended Standby
- 소프트웨어적으로 선택 가능한 클럭 주파수
- ATmega103 호환 모드
- Global Pull-up Disable

- **I/O and Packages**
  - 53 Programmable I/O Lines
  - 64-lead TQFP and 64-pad QFN/MLF

- **동작 전압**
  - 2.7 - 5.5V ATmega128L
  - 4.5 - 5.5V ATmega128

- **동작 속도**
  - 0 - 8 MHz ATmega128L
  - 0 - 16 MHz ATmega128

1.3 ATmega128 MCU의 핀 구조

ATmega128의 핀 배열은 【그림 1.3.1】 과 같이 64핀 TQFP(Thin Profile Plastic Quad Flat Package), QFN/MLF(Quad Flat NO-Lead/Micro Lead Frame Package)의 형태로 되어있다.

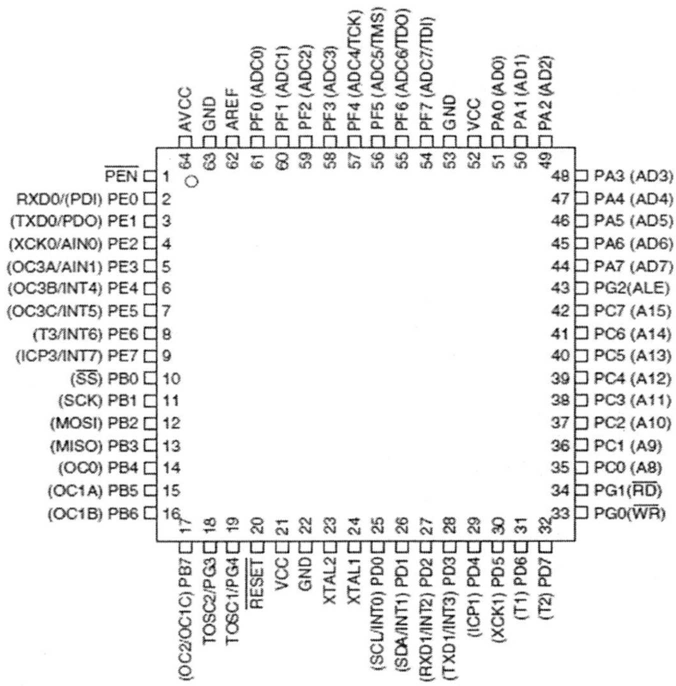

【그림 1.3.1】 ATmega128 MCU의 외부 핀 배열

1.4 ATmega128 MCU의 블록도

【그림 1.4.1】 은 ATmega128의 내부 구조이다.

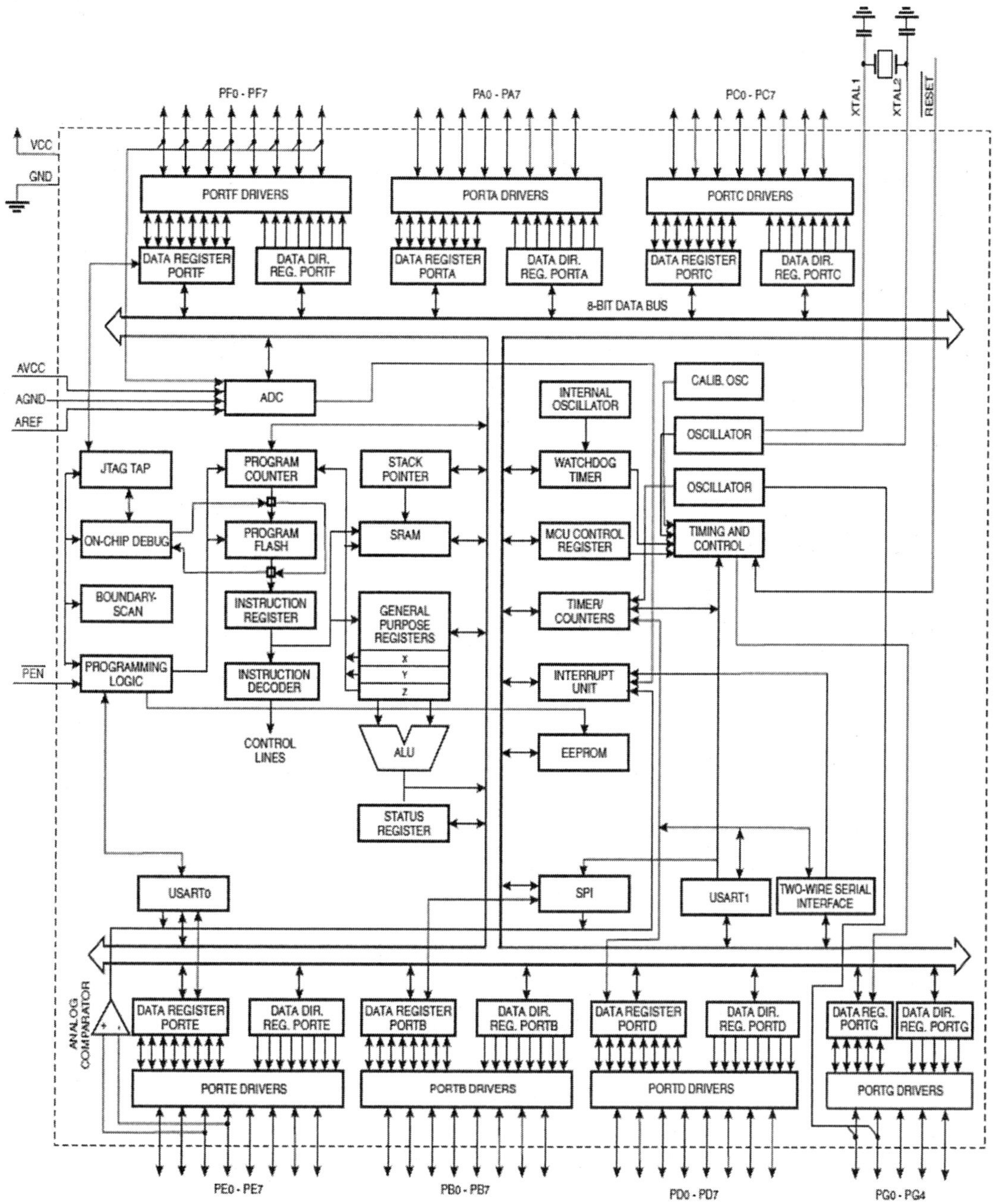

【그림 1.4.1】 ATmega128 MCU의 블록 다이어그램

AVR 코어는 풍부한 명령어와 32개의 범용 레지스터로 구성되어 있으며, 한 클럭 사이클에 한 개의 명령어에서 두 개의 독립된 레지스터의 데이터를 처리한다. 이러한 구성으로 CISC(Complex Instruction Set Computer) 마이크로컨트롤러보다 10배 더 빠른 효과가 있다.

ATmega128은 내부 시스템에 프로그램 할 수 있는 플래시메모리 128K바이트, EEPROM (Electrically Erasable Programmable Read-Only Memory) 4K 바이트, SRAM(Static Random Access Memory)4K바이트, 53개의 범용 I/O핀, 32개의 범용 레지스터, 비교모드와 PWM(Pulse Width Modulation) 기능을 갖는 4개의 타이머/카운터, 2개의 USART(Universal Synchronous and Asynchoronous serial Receiver and Transmitter), 내부 및 외부 인터럽트, 내장 오실레이터에 의한 워치독(watchdog) 타이머, SPI(Serial Peripheral Interface) 및 TWI (Two-Wire Interface)시리얼인터페이스와 IEEE std, 1149.1 JTAG 인터페이스, 10비트 ADC (Analog-to-digital converter), 소프트웨어적으로 선택 가능한 6개의 파워 절약모드 기능이 있다.

1.5 ATmega128의 핀 기능

ATmega128의 핀 이름(핀 번호)과 핀 명칭(기능)은 다음과 같다.

◎ VCC(21,52) → Digital Supply Voltage(디지털 전원공급 핀)
(ATmega128 : 4.5 - 5.5V, ATmega128L : 2.7 - 5.5V)

◎ GND(22, 53) → Circuit Ground(접지 핀)

◎ AGND(63) → Analog Ground(AVCC의 접지용 핀)

◎ AVCC(62) → Analog Supply Voltage(A/D컨버터 및 포트F의 전원단자로
VCC와 AVCC사이에 저역통과 필터를 연결한다.)

◎ AREF(64) → Analog Reference Voltage(A/D컨버터에서 기준전압으로 사용하는 핀)

◎ $\overline{RESET}$(20) → Reset(Pulse width on $\overline{RESET}$: 1.5us이상)

◎ $\overline{PEN}$(1) → Programming Enable(SPI 시리얼 통신을 통해 ATmega128 내부 메모리에 프로그램 코드를 저장하는 기능을 선택하는 핀)

◎ ALE(43) → Address Latch Enable(외부 메모리에 대한 주소 래치 신호)

◎ $\overline{WR}$(33) → Write Strobe(외부 메모리에 데이터를 쓰기 위한 신호)

◎ $\overline{RD}$(34) → Read Strobe(외부 메모리에서 데이터를 읽기 위한 신호)

◎ SCK(11) → Serial Clock(ISP를 수행하는 프로그램에 의해서 PC가 ATmega128로 보내는 클럭 신호). * ISP(In System Programming)

◎ PDO(3) → Programming Data Output(Master → Slave)
(PC에서 ATmega128로 보내는 데이터 신호)

◎ PDI(2) → Programming Data Input(Slave → Master)
(ATmega128에서 PC로 보내는 데이터 신호)

◎ TCK(57) → Test Clock(JTAG ICE 가 ATmega128에 보내는 클럭 신호)
*JTAG(Joint Test Action Group)
*ICE(In Circuit Emulator)

◎ TMS(56) → Test Mode Select(JTAG ICE 가 ATmega128에 보내는 선택 신호)

◎ TDO(55) → Test Data Out(ATmega128에서 JTAG ICE에 보내는 데이터 출력 신호)

◎ TDI(54) → Test Data In(JTAG ICE 가 ATmega128에 보내는 데이터 입력 신호)

◎ ADC0-ADC7(61-54) → Analog to Digital Convertor(A/D변환 입력 핀)

◎ AIN0(4) → Analog Comparator Positive Input(A/D변환 양극성 입력 핀)

◎ AIN1(5) → Analog Comparator Negative Input(A/D변환 음극성 입력 핀)

◎ INT0-INT3(25-28) → External Interrupt(외부 인터럽트 핀)

◎ INT4-INT7(6-9) → External Interrupt(외부 인터럽트 핀)

◎ XTAL2, XTAL1(23, 24) → Oscillator(외부 발진자와 연결할 때 사용하는 핀)

◎ SCL(25) → TWI Serial Clock(TWI 채널의 클럭 신호로 사용하는 핀)
* I2C(IIC-Inter Integrated Circuit)

◎ SDA(26) → TWI Serial Data(TWI 채널의 데이터 송·수신 신호로 사용하는 핀)
* TWI(Two Wire Interface)

◎ $\overline{SS}$(10) → SPI Slave Select Input(SPI 채널의 슬레이브 선택 입력 핀)
* SPI(Serial Peripheral Interface)

◎ SCK(11) → SPI Serial Clock(SPI 채널에서 마스터의 경우는 클럭 출력용으로 슬레이브의 경우에는 클럭 입력용으로 사용하는 핀)

◎ MOSI(12) → SPI Master Output Slave Input(SPI 채널에서 마스터의 경우는 데이터 출력용으로, 슬레이브의 경우에는 데이터 입력용으로 사용하는 핀)

◎ MISO(13) → SPI Master Input Slave Output(SPI 채널에서 마스터의 경우는 데이터 입력용으로, 슬레이브의 경우에는 데이터 출력용으로 사용하는 핀)

◎ TOSC2, TOSC1(18, 19) → Timer/Counter0 RTC Oscillator (타이머/카운터0의 RTC (Real-Time Clock)기능을 사용하는 경우에 클럭 발생을 위한 수정 발진자 연결 핀)

◎ IC3, IC1(9, 29) → Timer/Counter 1, 3 Input Capture Triger (ATmega128 내부에 있는 타이머/카운터 1,3이 캡처 모드로 동작 할 때 트리거 신호로 사용하는 핀)

◎ T3, T2, T1(8, 32, 31) → Timer/Counter 1, 2, 3 Clock Input(ATmega128 내부에 있는 타이머/카운터 1, 2, 3의 클럭 신호 입력용으로 사용하는 핀)

◎ OC0, OC1A, OC1B, OC1C, OCO2, OC3A, OC3B, OC3C
(14, 15, 16, 17, 17, 5, 6, 7) → Timer/Counter 0, 1, 2, 3 Output Compare Match and PWM Output (ATmega128 내부에 있는 타이머/카운터 1, 2, 3의 출력비교 및 PWM출력 핀)
*PWM(Pulse Width Modulation)

◎ XCKO, XCK1(4, 30) → UART0, UART1 External Clock Input/Output (시리얼포트 0, 1이 동기모드일 경우 데이터를 송·수신하기 위해 필요한 클럭 신호용 핀)
* UART (Universal Asynchronous Receiver/Transmitter)

◎ TXD0, RXD0(3, 2) → UART0 Transmit/Receive Data
(RS-232C 시리얼 통신 0을 하기 위한 송신 핀과 수신 핀)

◎ TXD1, RXD1(27, 28) → UART1 Transmit/Receive Data
(RS-232C 시리얼 통신 1을 하기 위한 송신 핀과 수신 핀)
*RS-232C(Recommended Standard-232C)

ATmega128의 입·출력(I/O) 포트별 기능은 <표 1.5.1>과 같다.

<표 1.5.1> 입 · 출력(I/O) 포트별 기능

핀 이름	핀 번호	핀 명칭	핀 기능
PA0(A0) ~ PA7(A7)	51~44	PortA	• 내부 풀업저항을 갖는 8비트 양방향 범용 I/O포트 • 리셋 상태 일 때 3-스테이트(하이 임피던스)상태 • 외부 메모리를 사용할 경우는 A0~A7로 하위 어드레스 버스 및 데이터버스로 사용
PB0 ~ PB7	10~17	PortB	• 내부 풀업저항을 갖는 8비트 양방향 범용 I/O포트 • 리셋 상태 일 때 3-스테이트(하이 임피던스)상태 • GPIO 용도외 각 핀마다 PWM출력, SPI로 사용
PC0(A8) ~ PC7(A15)	35~42	PortC	• 내부 풀업저항을 갖는 8비트 양방향 범용 I/O포트 • 리셋 상태 일 때 3-스테이트(하이 임피던스)상태 • 외부 메모리를 사용할 경우는 A8~A15 상위 어드레스버스 및 데이터버스로 사용
PD0 ~ PD7	25~32	PortD	• 내부 풀업저항을 갖는 8비트 양방향 범용 I/O포트 • 리셋 상태 일 때 3-스테이트(하이 임피던스)상태 • GPIO 용도외 각 핀마다 Timer, UART, TWI, 외부인터럽트 INT0-INT3 사용
PE0 ~ PE7	2~9	PortE	• 내부 풀업저항을 갖는 8비트 양방향 범용 I/O포트 • 리셋 상태 일 때 3-스테이트(하이 임피던스)상태 • GPIO 용도외 각 핀마다 Timer, UART, 외부 인터럽트 INT4-INT7 사용
PF0 (ADC0) ~ PF7 (ADC7)	61~54	PortF	• 내부 풀업저항을 갖는 8비트 양방향 범용 I/O포트 • 리셋 상태 일 때 3-스테이트(하이 임피던스)상태 • GPIO 용도외 8채널(ADC0-ADC7)의 10비트 ADC 아날로그 입력 핀으로 사용
PG0 ~ PG4	33, 34, 43, 18, 19	PortG	• 내부 풀업저항을 갖는 5비트 양방향 범용 I/O포트 • 리셋 상태 일 때 3-스테이트(하이 임피던스)상태 • GPIO 용도외 Timer, 외부메모리 R/W제어신호

1.6 AVR CPU 코어 개요

【그림 1.6.1】은 AVR 코어의 내부 블록도이며 성능과 병렬 처리를 극대화하기 위한 하버드구조로 프로그램 메모리와 데이터메모리가 분리 되어 있다.

또한 명령이 파이프라인으로 수행되므로 현재의 명령이 실행되는 동안, 동시에 프로그램 메모리로부터 또 다른 명령어를 인출해 와서 더욱 빠른 속도로 동작한다. 【그림 1.6.1】의 ATmega128 MCU의 구조에서 블록별로 각 기능에 대하여 자세히 알아보기로 한다.

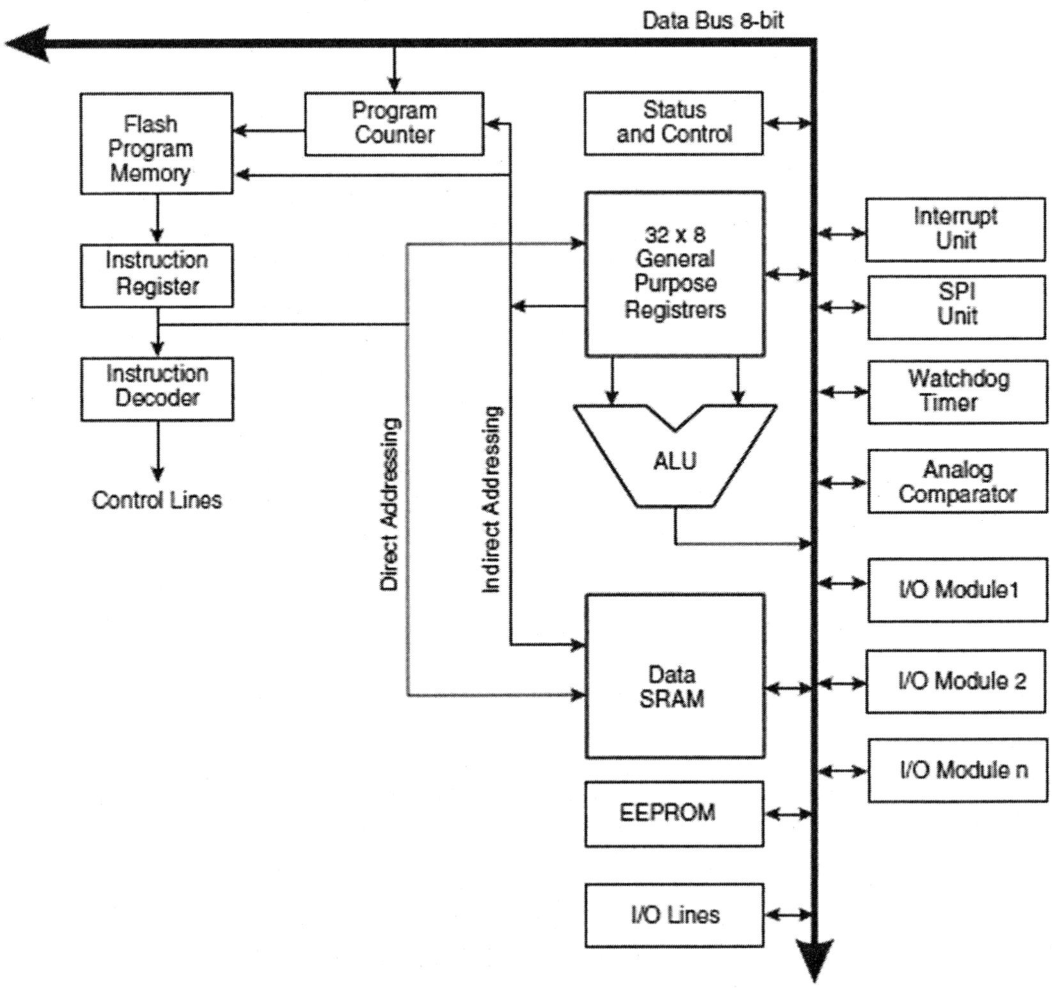

【그림 1.6.1】 ATmega128 MCU의 구조

1 PC(Program Counter)

응용프로그램의 명령어를 차례로 인출 하면서 프로그램을 실행하는 기능으로 PC의 크기는 16비트이고, 64Kword(2 x 64Kbyte=128Kbyte)의 플래시 프로그램 메모리 공간을 가리킬 수 있다.

2 ALU(Arithmetic Logic Unit) : 산술논리 연산장치

ALU는 32개의 범용레지스터와 직접연결 되어 있고 범용레지스터와의 산술연산 및 논리연산을 단일 클럭 사이클에 실행하며 그 결과는 상태레지스터에 저장이 된다. ALU의 연산은 산술연산, 논리연산, 비트연산의 세 종류가 있고 특히 강력한 곱셈기를 가지고 있으므로 부호 있는 정수 및 부호가 없는 정수의 곱셈연산, 소수점형식의 곱셈을 빠르게 처리하는 장점이 있다.

3 SREG(Status Register) : 상태 레지스터

상태레지스터는 가장 최근에 실행된 산술연산의 명령어 처리결과에 대한 정보를 보여주는 레지스터이다. 이 레지스터는 인터럽트루틴으로 들어 갈 때와 인터럽트로부터 복귀 할 때에 자동으로 처리하지 않으므로 반드시 소프트웨어에서 이러한 동작을 처리 해 주어야만 한다. 컴파일러의 헤더파일을 보면 I/O 메모리 번지는 "sfrb SREG=0x3f;"임을 알 수가 있고 sfrb(Special Function Register Byte)는 특수기능 레지스터로 8비트 단위로 처리를 한다는 것이며 각 비트별 기능은 【그림 1.6.2】 와 같다.

Bit	7	6	5	4	3	2	1	0	
	I	T	H	S	V	N	Z	C	SREG
Read/Write	R/W	R/W	R/W	R/W	R/W	R/W	R/W	R/W	
Initial Value	0	0	0	0	0	0	0	0	

【그림 1.6.2】 상태레지스터의 각 비트별 기능

⇨ Bit 7-I : 전체인터럽트 허가(Global Interrupt Enable)

인터럽트를 사용하기 위해서는 반드시 이 비트를 1로 설정해야 되고 만일 0으로 설정하게 되면 모든 개별인터럽트는 사용 할 수 없다.

I 비트는 인터럽트가 발생을 하고나면 하드웨어에 의해 클리어 되고, RETI 명령이 실행이 되면 다음 인터럽트를 허가하기 위해 1로 세트 할 수 있다.

또는 인터럽트를 허가하지 않으려면 CLI명령으로 I비트를 0으로 바꾸어 클리어 시킬 수도 있다.

- Bit 6-T : 비트복사 저장(Bit Copy Storage)
- Bit 5-H : 하프캐리 플래그(Half Carry Flag)
- Bit 4-S : 부호 비트(Sign Bit, N ⊕ V)
- Bit 3-V : 2의 보수 오버 플래그(Two's Complement Overflow Flag)
- Bit 2-N : 음수 플래그(Negative Flag)
- Bit 1-Z : 0 플래그(Zero Flag)
- Bit 0-C : 캐리 플래그(Carry Flag)

4 범용 레지스터 파일(General Register File)

【그림 1.6.4】의 범용레지스터에서 R0(0x00) ~ R25(0x19)는 데이터 레지스터로 사용되고, 레지스터 R26(0x1A) ~ R31(0x1F)은 간접주소 방식을 위한 주소를 저장한다. 레지스터는 ALU와 직접 연결이 되어 있어 명령어 실행과정에서 한 클럭에 연산을 수행하고 다시 기록할 수 있는 가장 빠를 저장 장소이고, 주소 레지스터 X, Y Z는 16비트 데이터 메모리 주소 값을 저장하는 레지스터이다. 【그림 1.6.3】의 16비트 레지스터를 만들기 위해서 X-레지스터는 R26과 R27을 묶어서 사용하고, Y-레지스터는 R28과 R29을 묶어서, Z-레지스터는 R30과 R31을 묶어서 사용을 한다.

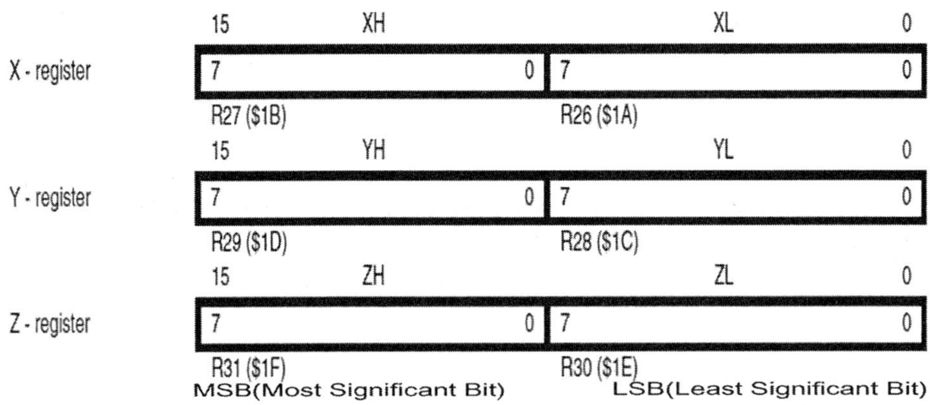

【그림 1.6.3】 범용레지스터 파일

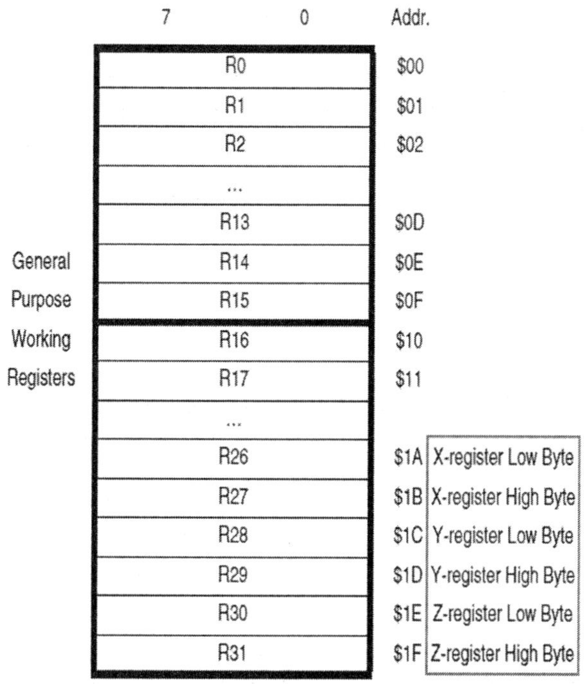

【그림 1.6.4】 범용레지스터 파일

5 명령어 레지스터(Instruction Register)

PC가 가리키고 있는 플래시 프로그램 메모리에 저장되어 있는 명령어를 명령어 레지스터로 인출한다. 인출된 명령어에서 연산 코드(Operation Code)는 수행될 연산을 지정하고, 오퍼랜드(Operand)는 연산을 수행하는 데 필요한 데이터 또는 데이터의 위치를 지정하고, 연산결과가 저장될 위치 필드를 갖고 있다.

6 명령어 디코더(Instruction Decoder)

명령어 레지스터에서 인출된 명령코드를 해독하여 명령어 코드에 해당하는 제어신호를 만들어 오퍼랜드가 ALU에 전달될 수 있거나, 연산결과가 저장될 수 있도록 만든다.

7 스택 포인터(Stack Pointer)

스택은 임시데이터, 지역변수, 또는 서브루틴이나 인터럽트 발생 시에 복귀되는 주소를 임시로 저장하기 위한 특별한 구조의 메모리로 16비트이며, 데이터의 입·출력은 LIFO (last-in, first-out) 방식으로 처리된다. 스택 포인터는 SRAM영역에 존재해야 하며, PUSH 명령으로 스택에 데이터가 저장되고, POP명령에 의하여 스택에 저장되어 있는 데이터를 가져온다.

Bit	15	14	13	12	11	10	9	8	
	SP15	SP14	SP13	SP12	SP11	SP10	SP9	SP8	SPH
	SP7	SP6	SP5	SP4	SP3	SP2	SP1	SP0	SPL
	7	6	5	4	3	2	1	0	
Read/Write	R/W	R/W	R/W	R/W	R/W	R/W	R/W	R/W	
	R/W	R/W	R/W	R/W	R/W	R/W	R/W	R/W	
Initial Value	0	0	0	0	0	0	0	0	
	0	0	0	0	0	0	0	0	

8 RAM Page Z Select Register-RAMPZ : 램 페이지 Z

ATmega128은 내부의 프로그램 메모리의 용량이 128Kbyte인데, 16비트의 Z포인터가 접근할 수 있는 영역은 64Kbyte이므로 현재 액티브 페이지가 0인지 1인지를 RAMPZ0 비트로 지정해 준다.

7	6	5	4	3	2	1	0
–	–	–	–	–	–	–	RAMPZ0
R	R	R	R	R	R	R	R/W
0	0	0	0	0	0	0	0

⇨ Bit 0-RAMPZ0 : Extended RAM Page Z-pointer
RAMPZ0 = 0 : 0x0000 ~ 0x7FFF(lower 64K bytes)
RAMPZ0 = 1 : 0x8000 ~ 0xFFFF(higher 64K bytes)

9 명령 실행 타이밍(Instruction Execution Timing)

ATmega128은 하버드구조와 고속으로 엑세스할 수 있는 레지스터파일의 구조로 되어 있어서 명령어의 처리속도는 1MHz에서 1MIPS로 빠르다. 【그림 1.6.5】는 병렬 명령어 인출 및 실행을 보여주는 것으로 파이프라인(pipe-line)기법으로 데이터를 처리한다. 현재 명령어가 실행되는 동안에 다음에 실행될 명령어를 가져오므로 단일 클럭 사이클 동안에 두 개의 레지스터에서 데이터를 읽어 와서 연산하고, 연산 결과는 목적레지스터에 저장된다. 【그림 1.6.6】은 단일클럭에서 ALU연산을 보여주는 타이밍도이다.

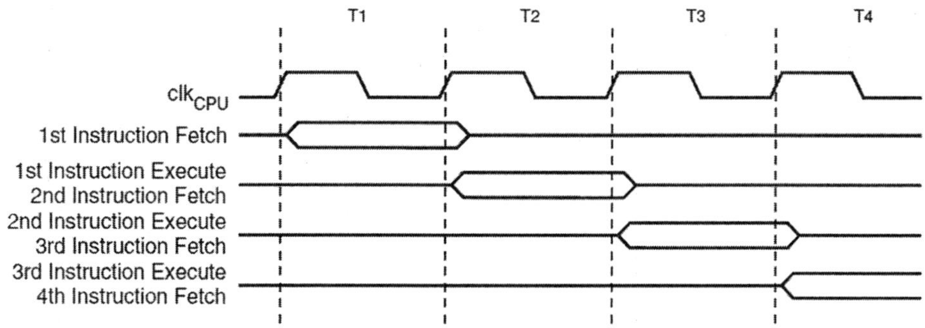

【그림 1.6.5】 병렬 명령어 인출 및 실행

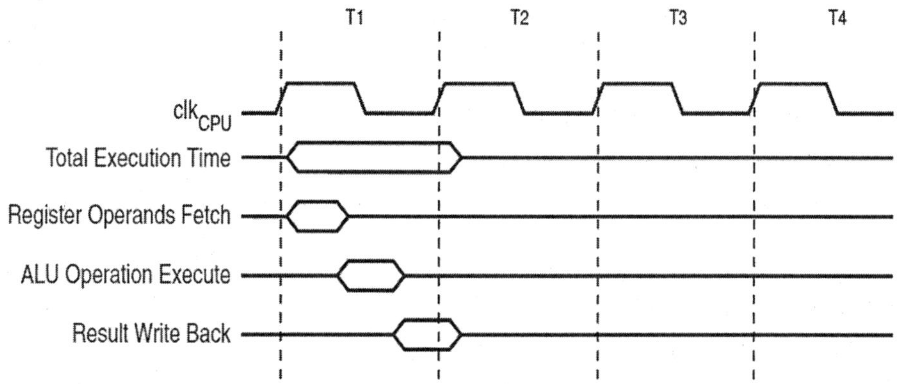

【그림 1.6.6】 단일 클럭 ALU연산

1.7 ATmega128 메모리

ATmega128은 2개의 주된 메모리 공간이 있는데, 프로그램 메모리와 데이터 메모리가 분리된 하버드 구조로 되어있다. 프로그램메모리는 프로그램코드를 저장하는 용도로 128KB의 크기로 ISP가 가능한 내부 플래시메모리가 있고, 데이터 메모리인 SRAM과 이외에 전원이 공급되지 않아도 지워지지 않는 EEPROM이 있다. 이들 메모리에 대하여 각각의 특징들을 알아보기로 한다.

1 플래시 프로그램 메모리(In System Reprogrammable Flash Program Memory)

플래시프로그램 메모리는 프로그램이 저장되는 메모리로 SPI시리얼 통신으로 ISP(In-System Programming) 기능을 가지고 있어 100,000회의 쓰기 및 삭제가 가능하다. 【그림 1.7.1】은 메모리 맵을 나타낸 것으로, 부트 프로그램 부는 부팅에 필요한 기본정보가 들어있고 응용 프로그램 부는 명령어로 구성된 프로그램이 들어간다. AVR의 명령어는 모두 16비트 또는 32비트로 구성이 되어있기 때문에 메모리는 64Kword[128Kbyte]단위로 구성된다.

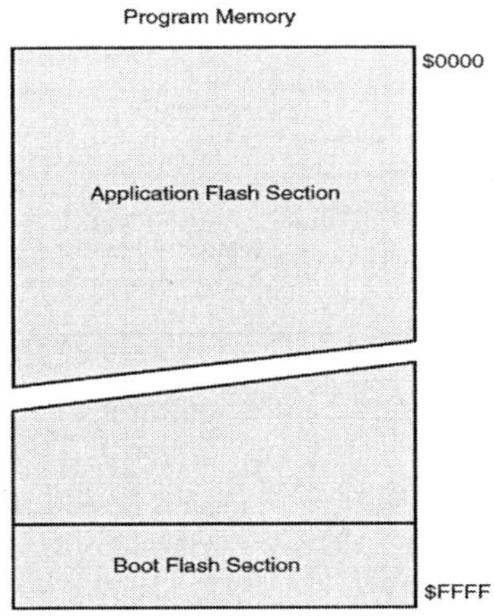

【그림 1.7.1】 플래시 프로그램 메모리 맵

2 데이터 메모리(SRAM Data Memory)

ATmega128의 내부 데이터메모리는 읽기/쓰기가 가능한 메모리로 4096Byte의 SRAM을 가지고 있는데, 이전모델인 ATmega103과의 호환성을 유지하기 위하여 4000Byte만을 사용하는 모드도 지원을 한다. 【그림 1.7.2】에 나태 낸 것과 같이 32개의 범용레지스터는 0x0000-0x000F 번지를 사용하고 64개의 I/O레지스터는 0x0020-0x005F번지, 160개의 확장 I/O레지스터는 0x0060-0x00FF번지, 내부의 데이터메모리는 0x0100-0x10FF번지를 사용한다. 또한 외부 메모리의 번지는 ATmega128은 0x1100부터, ATmega103호환 모드는 0x1000부터 사용하면 된다.

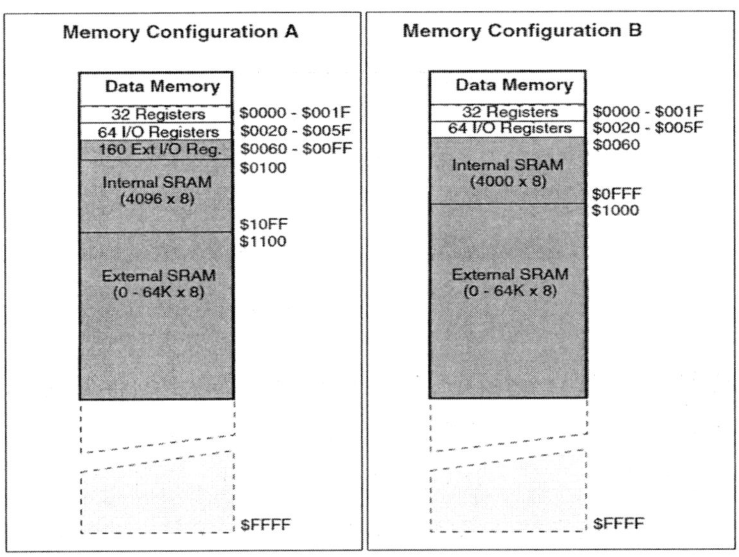

(a)Atmega128모드 (b)ATmega103호환모드

【그림 1.7.2】 ATmega128의 데이터 메모리(SRAM) 맵

[3] EEPROM(Electrically Erasable Programmable ROM)

ATmega128은 칩 내부에 4KB의 EEPROM을 가지고 있고, 바이트단위로 읽고 쓸 수 있는 구조로 되어있다. SRAM과 비교하면 속도가 느리지만 한번 기록해 놓은 데이터는 전원 공급이 되지 않아도 기억하고 있으므로 주 용도는 데이터를 백업해 두어야 하는 경우 등에 적합하다.

1.8 시스템 클럭

ATmega128은 클럭을 발생할 수 있는 여러 종류의 클럭 소스로 부터 신호를 받아 분배하는 기능을 가지고 있다. 【그림 1.8.1】에서 시스템 클럭 구성도를 보면 각 부분의 회로 ①, ②, ③, ④, ⑤, ⑥ 에 클럭이 필요한 곳에만 신호를 주어 소비전력을 절약 할 수가 있고 클럭 제어장치에서 공급하는 각각의 신호에 대하여 알아보기로 한다.

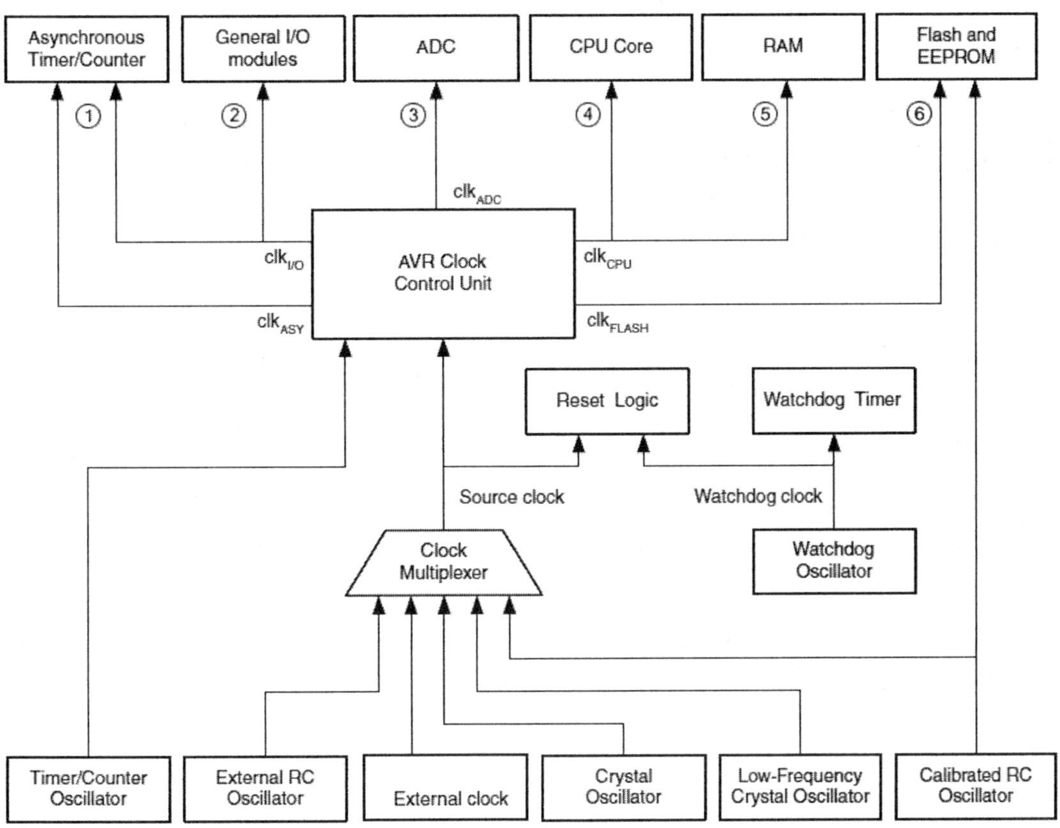

【그림 1.8.1】 ATmega128의 시스템 클럭 구성도

[1] CPU 클럭(CPU Clock-CLK_{CPU})

AVR 코어의 작동과 관련된 클럭으로 범용레지스터, 상태 레지스터 그리고 스택포인터가 있는 데이터 메모리에서 사용된다.

[2] I/O 클럭(I/O Clock-$CLK_{I/O}$)

타이머/카운터, SPI, USART등의 대부분 I/O 모듈에서 사용하는 클럭이고 외부 인터럽트 모듈에서도 사용된다.

[3] 플래시 클럭(Flash Clock-CLK_{FLASH})

플래시 메모리와 인터페이스 동작에 사용되는 클럭으로 보통 CPU클럭과 동시에 사용된다.

[4] 비동기 타이머 클럭(Asynchronous Timer Clock-CLK_{ASY})

외부의 32KHz 수정발진기를 소스로 하는 비동기 타이머/카운터가 동작하도록 하는 클럭이다.

[5] ADC 클럭(Flash Clock-CLK_{ADC})

A/D변환할 때 사용되는 클럭으로 디지털회로에 의한 잡음을 최소화하기 위하여 CPU와 I/O 클럭을 정지시킬 수도 있다.

[6] 클럭 소스(Clock Sources)

ATmega128의 클록소스는 5가지가 있는데 XDIV레지스터 CKSEL3~0와 SUT1~SUT0에 의해서 클럭발생원과 주파수를 설정할 수 있다. 내부의 RC발진기는 공장출하시 1MHz로 설정이 되어있으며, 외부 RC발진기는 정밀한 타이밍이 요구되지 않는 경우에 사용한다. 또한 외부 수정 발진기는 외부에 크리스털이나 세라믹 레조네이터를 사용하는 경우에 XTAL1단자와 XTAL2단자에 연결하여 사용한다. 또한 저주파 수정발진기는 외부에 32.768KHz의 낮은 주파수를 사용할때와 외부 클럭은 외부의 다른 MCU보드로 부터 클럭을 가져와 XTAL1단자에 연결하고 두 보드간에 그라운드도 연결하며 사용하면 된다.

Chapter. 2

ATmega128 개발환경

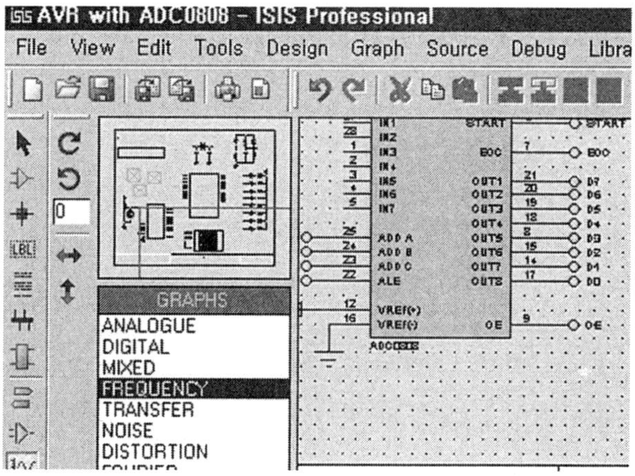

제2장

ATmega128 개발환경

2.1 개요

현재 마이크로컨트롤러는 산업현장 및 가전제품 등 여러 분야에서 사용이 되고 있는데, 본 교재에서는 MCU응용회로를 Proteus VSM(Vitual Simulation Modeling) 툴에서 설계한 다음에 ATmega128의 응용프로그램을 실행하기 위한 C언어로 코딩을 한다. 이때, C 컴파일러 에서 만든 *.hex 파일을 프로테우스 툴에서 불러와서 시뮬레이션을 한다. 시뮬레이션 결과 이상 없이 동작을 하면 브레드보드 및 만능기판에 실제로 회로를 제작해 본다. 이런 과정을 통해 회로를 제작하기 전에 미리 회로의 오동작을 확인 할 수 있으므로 응용회로의 개발시간이 단축 되는 장점이 있다. 프로테우스 툴을 사용하지 않을 경우에는 응용회로를 브레드보드에 구성하여 실습을 하는데 필요한 기본적인 내용과, ATmega128을 배우는데 있어서 꼭 필요한 예제를 중심으로 학습에 대한 동기부여를 하는데 목적이 있다. 2장에서는 AVR응용회로를 개발하는데 필요한 사항들의 개요를 알아보고 3장부터 응용회로를 동작시켜 보기로 한다.

2.2 응용회로 설계

응용회로의 설계는 프로테우스라는 툴을 사용한다. ATmega128 관련 응용과제를 실행하는데 꼭 필요한 기본적인 툴 사용법을 익혀 보도록 하자.

1 시작⇨모든 프로그램에서 

을 클릭하면 Proteus의 초기화면이 나타난다.

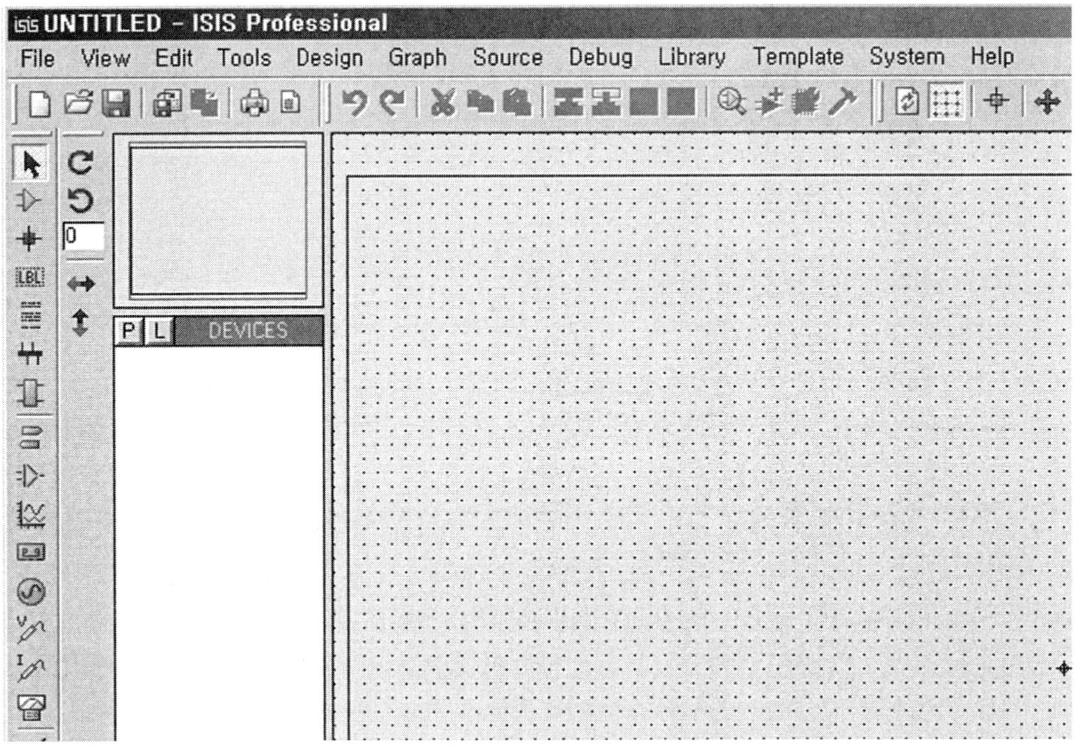

【그림 2-2-1】 Proteus 실행화면

2 【그림 2-2-1】에서 P버튼을 클릭하고 부품 목록의 Keywords:에 ATmega128 라고 입력한 다음, 디바이스 목록에서 ATmega128을 선택한다.

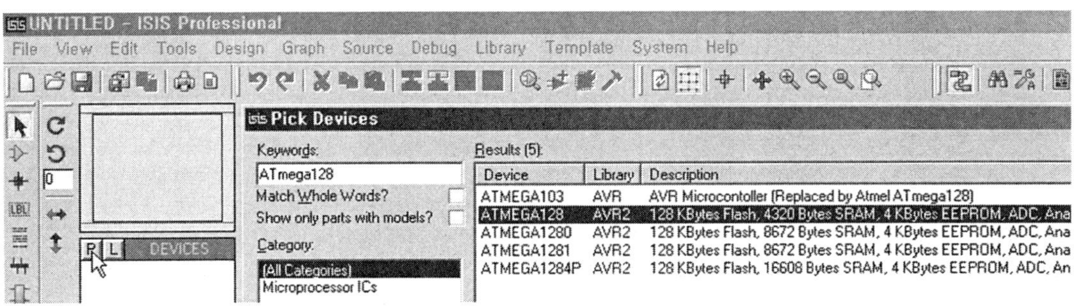

【그림 2-2-2】 Proteus의 부품(MCU)을 선택한 화면

3 【그림 2-2-2】에서처럼 같은 방법으로 저항과 LED를 차례로 불러온다.

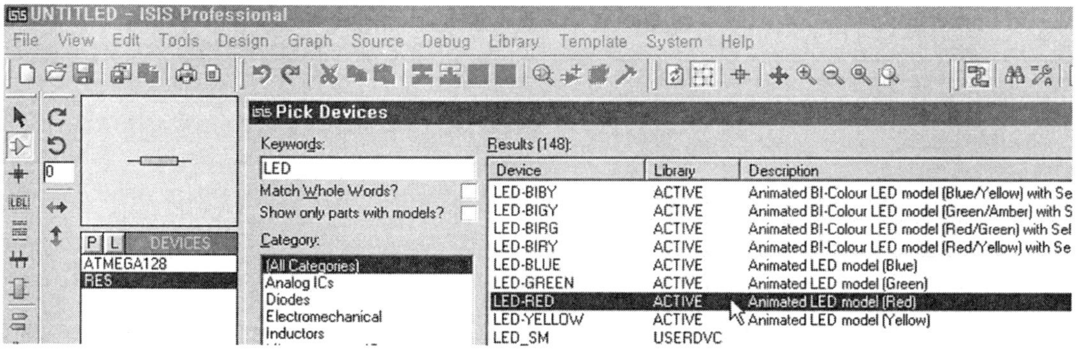

【그림 2-2-3】 부품(LED)을 선택한 화면

4 【그림 2-2-4】에서처럼 ATmega128위에 마우스커서를 두고 마우스의 우측버튼을 눌러 시계방향으로 90도 회전시켜 배치시킨다.

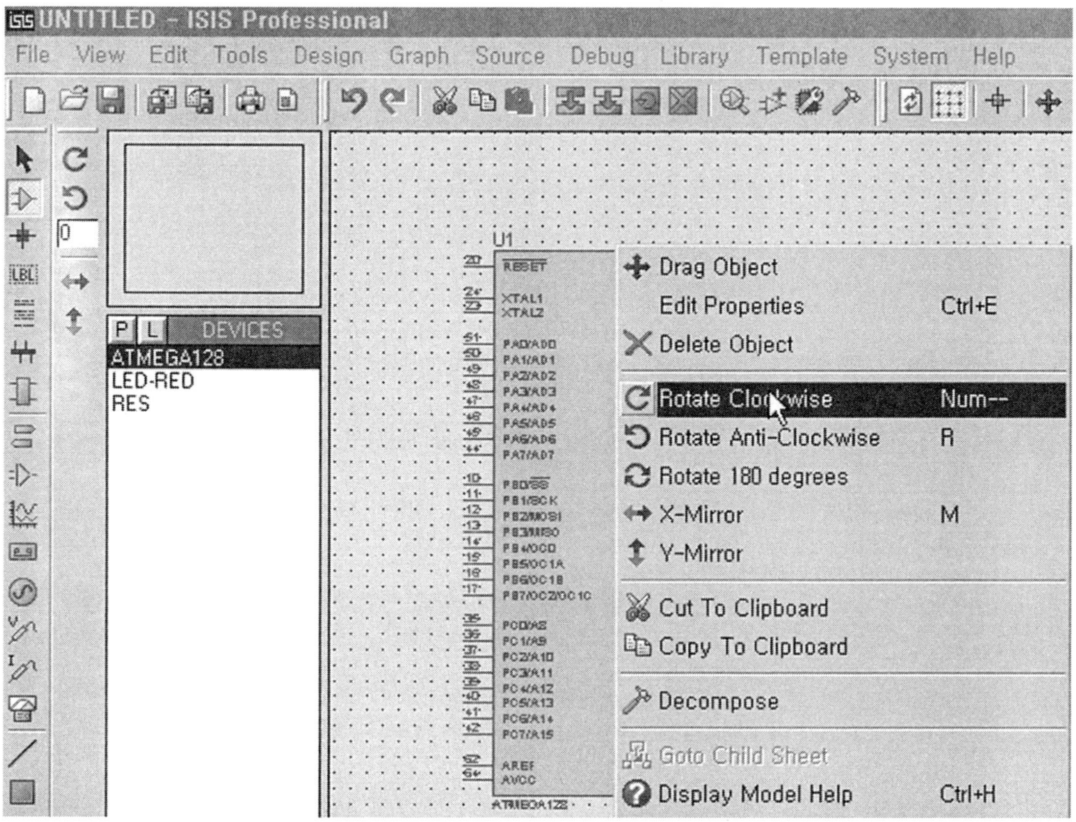

【그림 2-2-4】 부품의 회전

5 【그림 2-2-5】에서처럼 응용회로를 설계하면 되는데 시뮬레이션 방법은 3장의 예제를 따라 하면서 익히면 되고 지금은 전체적인 흐름만 파악 하도록 한다.

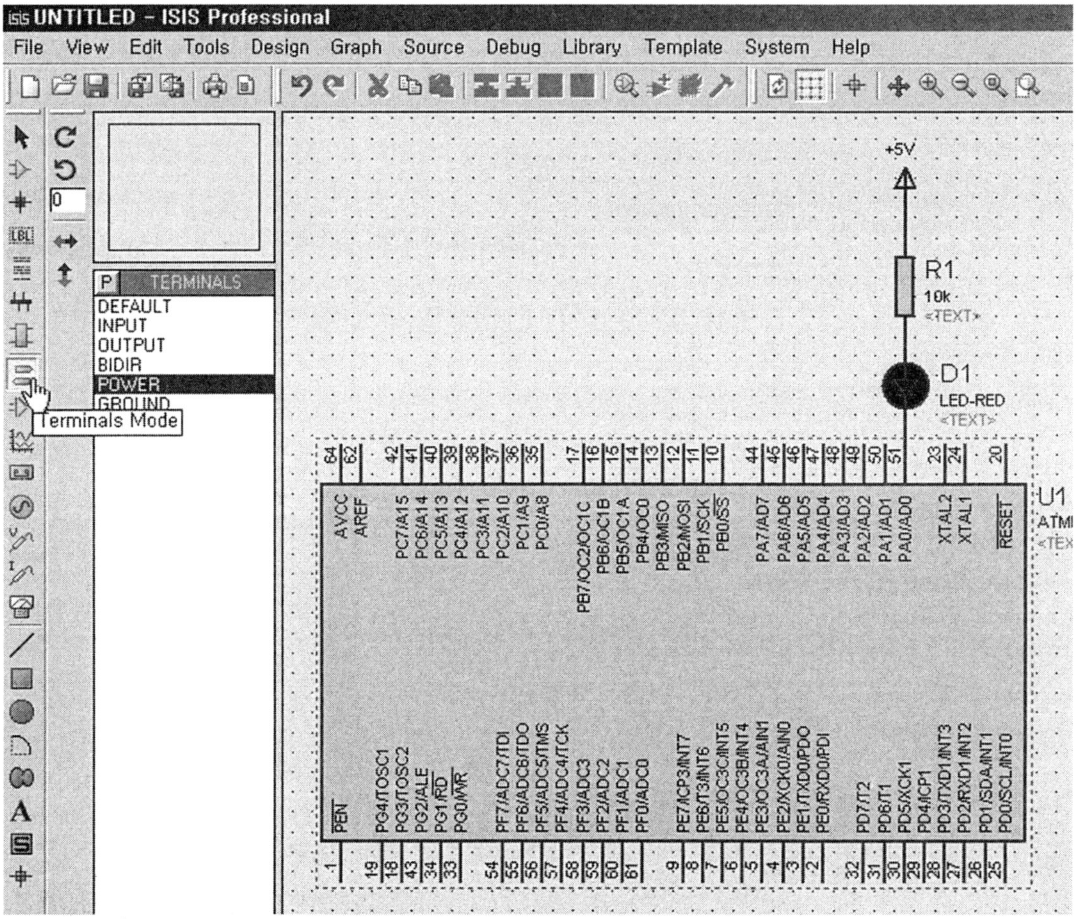

【그림 2-2-5】 응용회로 설계 화면

2.3 컴파일러 사용법

ATmega128 컴파일러는 대표적인 것으로는 CodeVisionAVR C Compiler, AVR Studio … 등이 있지만 본 교재에서는 CodeVision 컴파일러를 사용하였다.

1 모든 프로그램에서 

을 클릭하여 CodeVision AVR C Compiler를 실행 하면 【그림 2-3-1】 과 같이 초기화면이 나타난다.

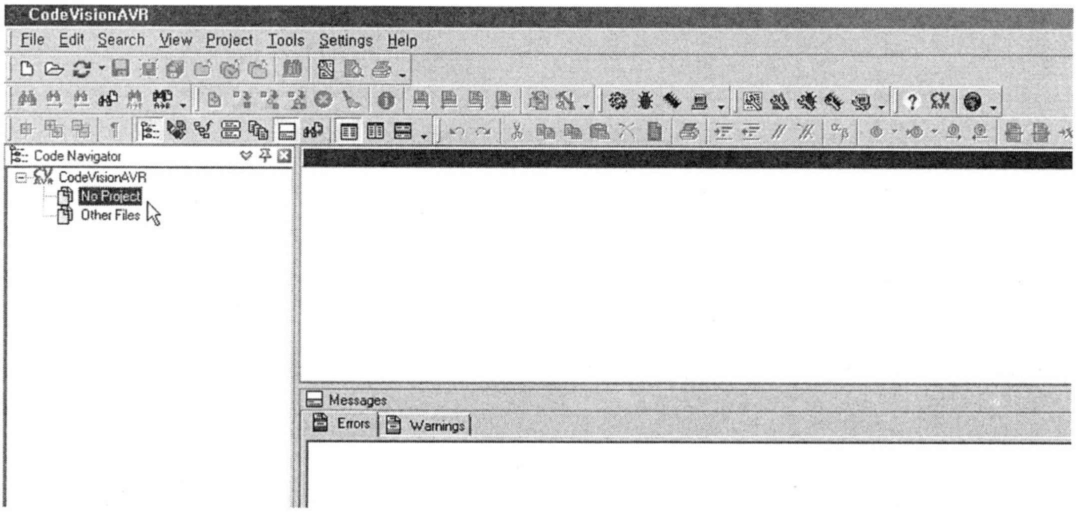

【그림 2-3-1】 CodeVision을 실행한 초기화면

2 ATmega128이라는 프로젝트 파일을 만들고 *. C 소스 파일을 만든 후에 코딩을 다 했으면 【그림 2-3-2】 에서 처럼 Project 메뉴에서 Configure를 클릭한다. After Build탭에서 【그림 2-3-4】 과 같이 선택하면 Proteus 툴에서만 시뮬레이션 할 때 사용하는 것이고 브레드보드나 만능기판에 회로를 직접 구성하여 동작을 시킬 경우에는 【그림 2-3-5】 와 같이 설정하면 된다.

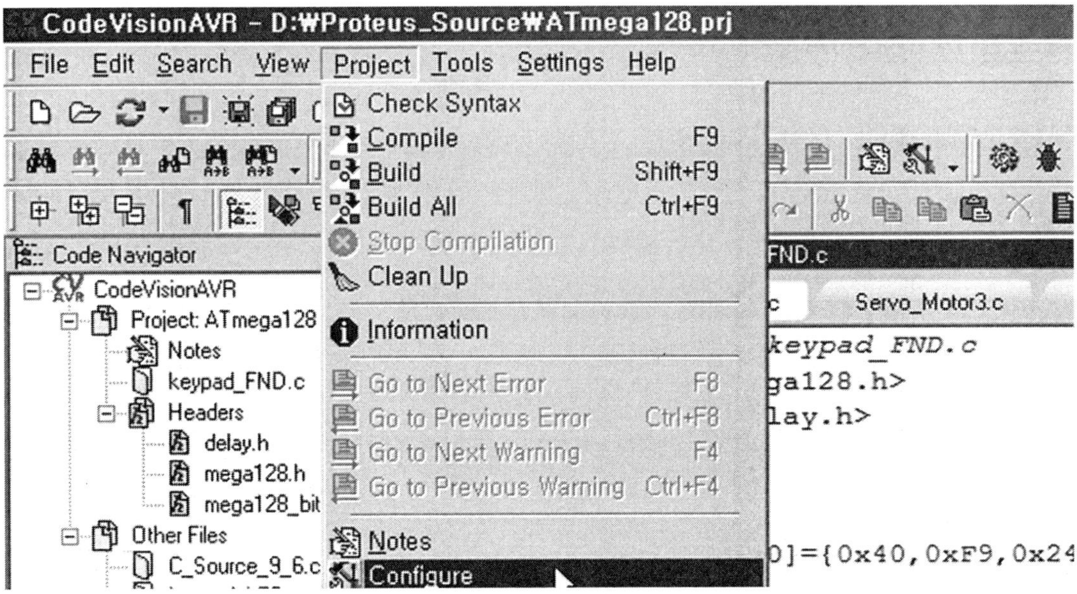

【그림 2-3-2】 CodeVision AVR 환경설정

3 ATmega128칩 선택과 클럭 설정

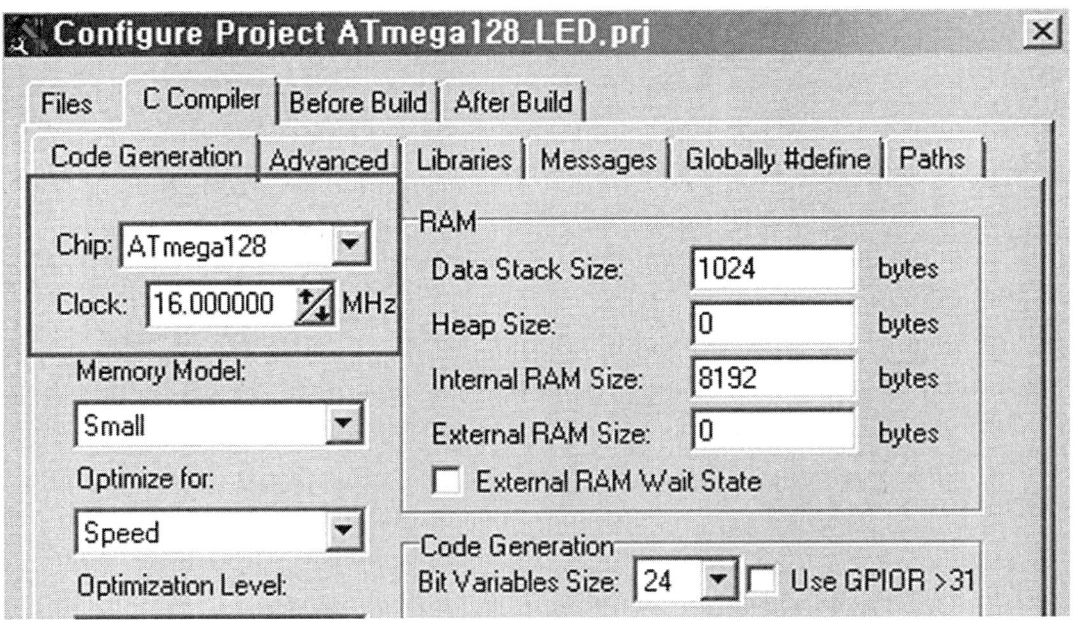

【그림 2-3-3】 ATmega128 Chip 및 Clock 선택

4 시뮬레이션 툴에서 불러올 수 있도록 After Build 설정

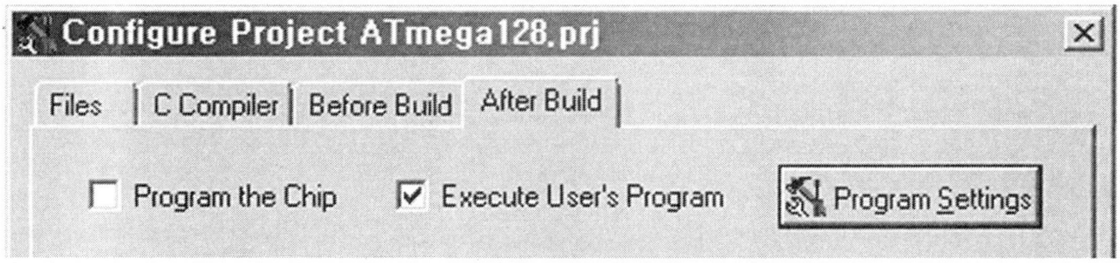

【그림 2-3-4】 Proteus 툴에서 시뮬레이션 할 경우

5 실제 회로에서 동작을 실행시킬 수 있는 After Build 설정

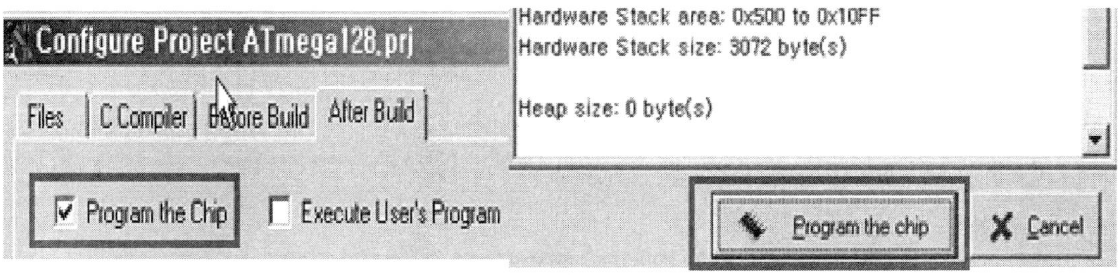

【그림 2-3-5】 ATmega128로 다운로드할 때의 옵션 선택

6 【그림 2-3-6】은 컴파일 결과를 보여주는 것으로 Execute User's Program 버튼을 클릭한다.

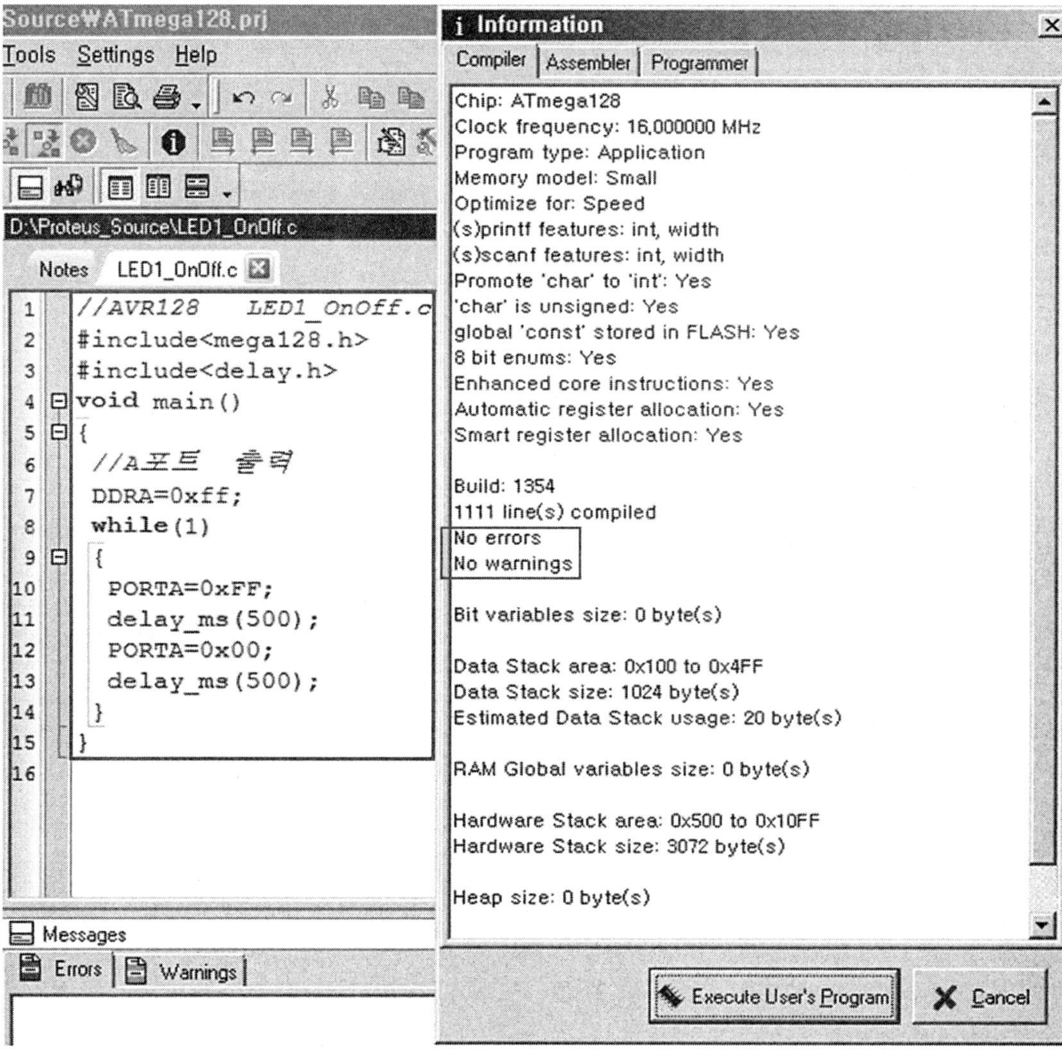

【그림 2-3-6】 CodeVisionAVR 에서의 컴파일 결과

2.4 시뮬레이션

Proteus 툴에서 응용회로 설계를 완료 하고 CodeVisionAVR C 컴파일러에서 소스코드를 입력한다. 컴파일 결과 에러가 없다면 프로젝트 메뉴의 서브메뉴에서 "Build All"을 클릭하여 *.hex파일을 만든다.

1 【그림 2-4-1】 과 같이 LED ON/OFF제어 회로를 설계하고 마우스커서를 MCU위에 가져다 놓고 더블클릭 한다.

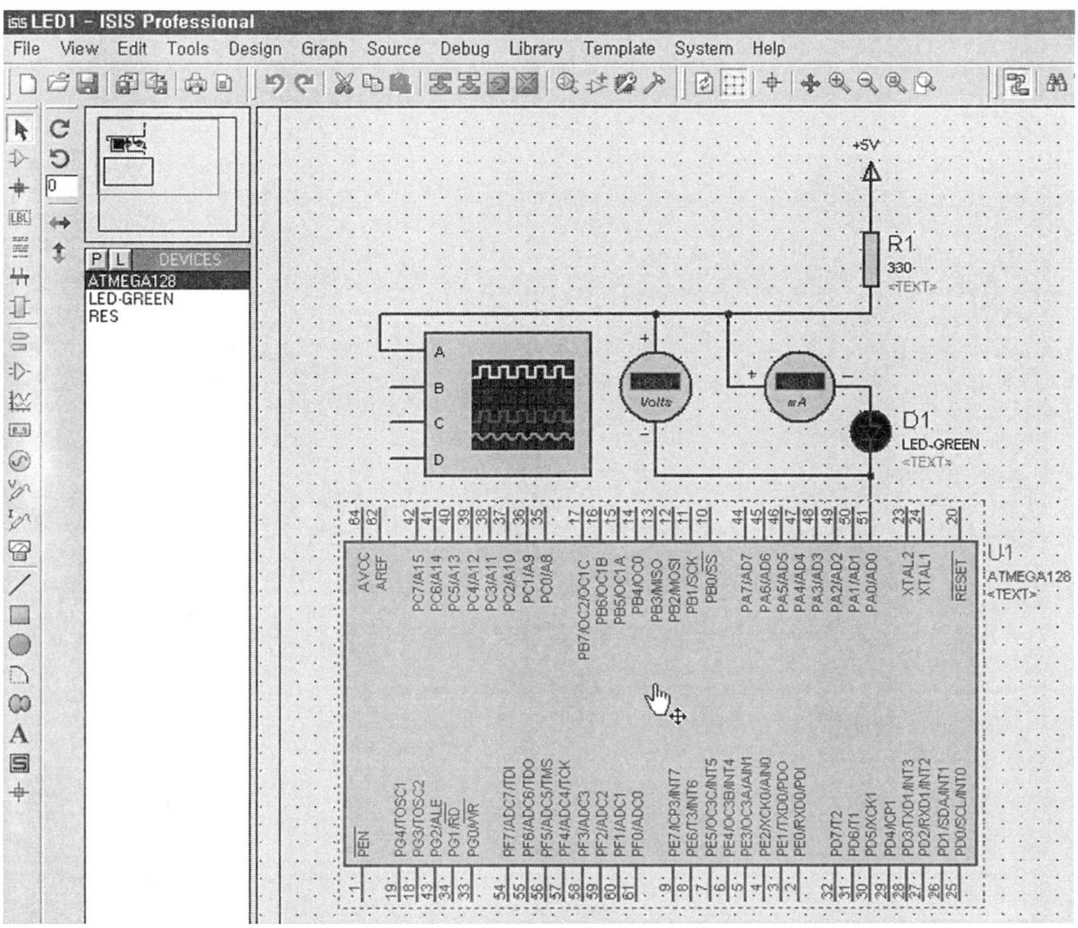

【그림 2-4-1】 LED ON/OFF제어 회로설계

2 【그림 2-4-2】 과 같이 나타나면, CodeVisionAVR Compiler 관련 파일 에서 확장자가 COFF, HEX, OBJ 파일 중에 하나를 선택하면 된다.

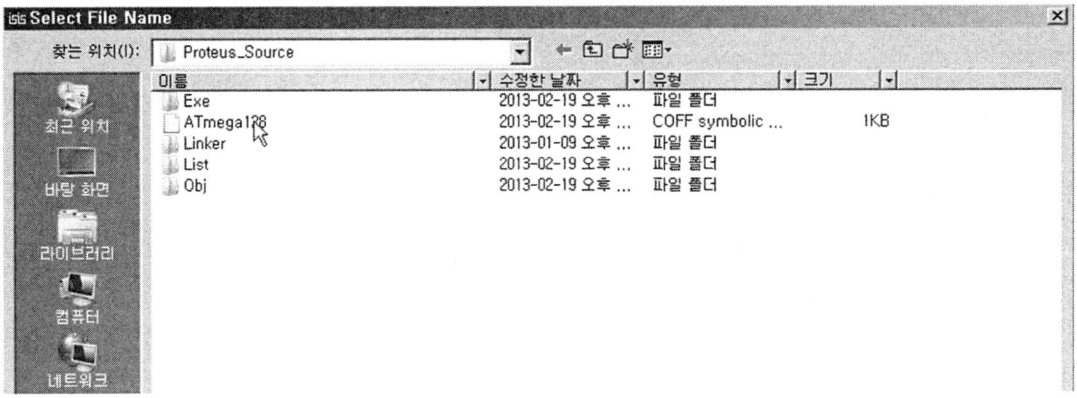

【그림 2-4-2】 COFF파일을 선택한 화면

3 【그림 2-4-3】 에서 OK 버튼을 클릭한다.

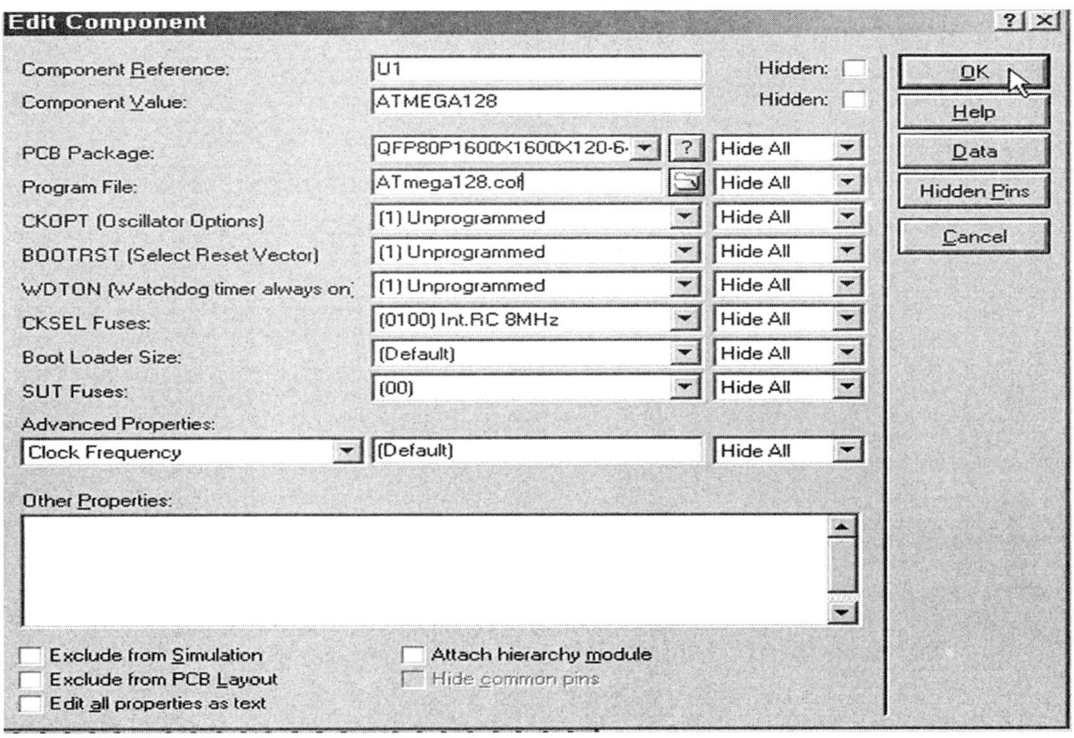

【그림 2-4-3】 COFF파일을 선택한 이후의 결과

4 【그림 2-4-4】의 Proteus 툴에서 플레이 버튼을 클릭하여 실행한 결과를 살펴 보면 전원전압 5V일 때 LED양단의 전압은 2.22V이며 전류는 7.94mA를 나타내고 있는 것을 알 수가 있다.

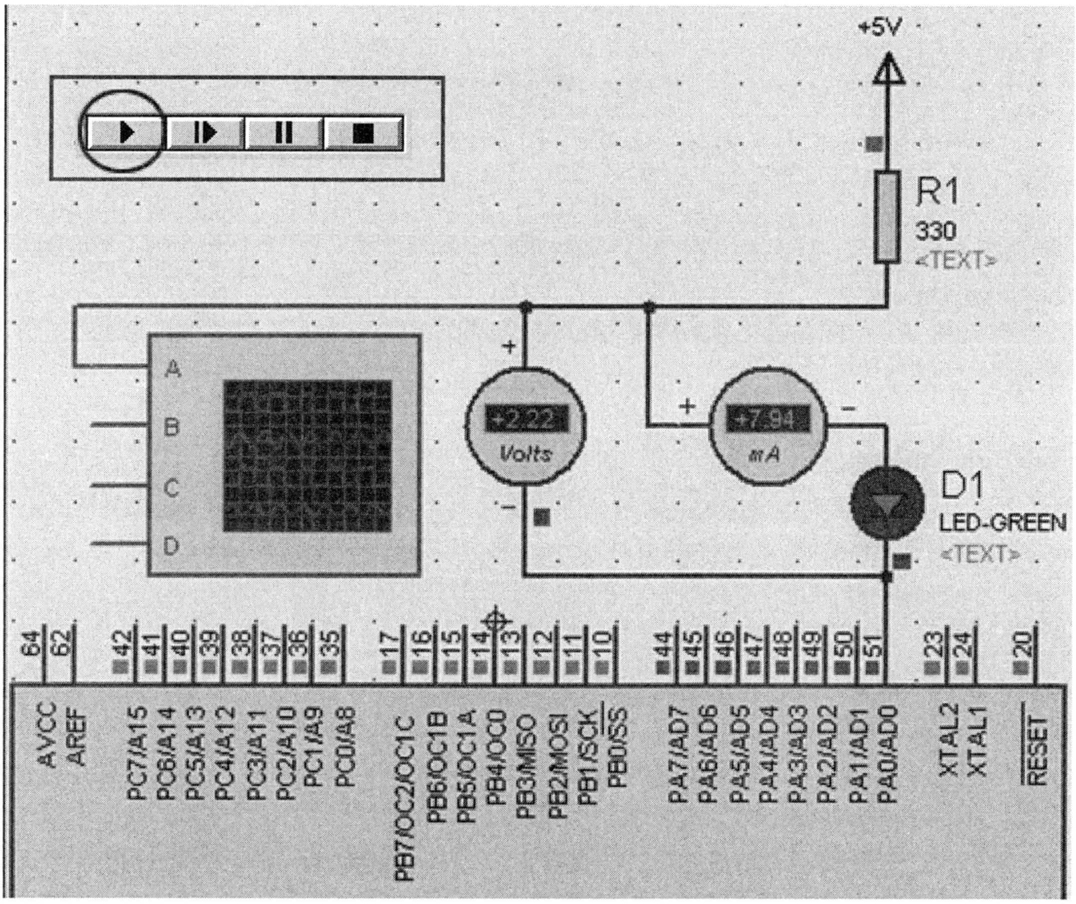

【그림 2-4-4】 Proteus툴에서 시뮬레이션 결과

5 【그림 2-4-5】는 구형파로 LED 양단의 전압 파형이다.

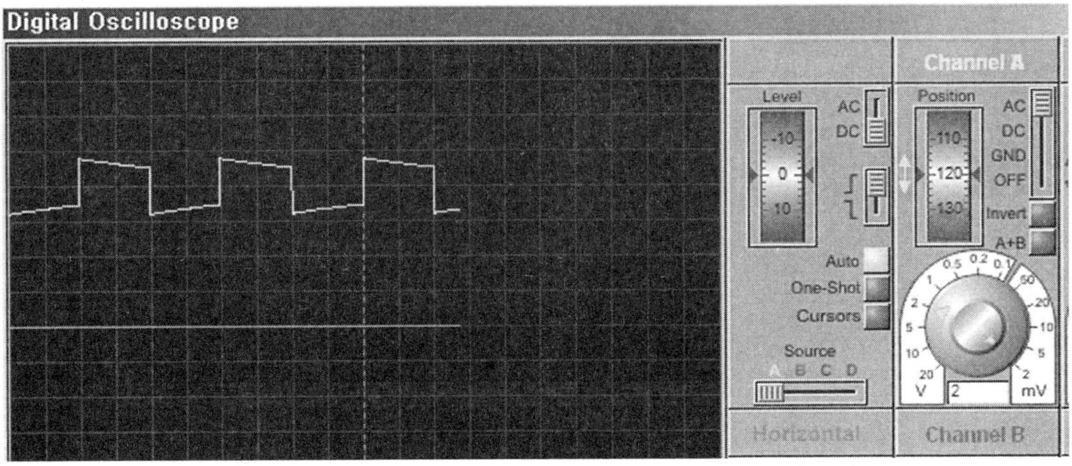

【그림 2-4-5】 Proteus툴에서 LED단자의 파형

2.5 회로제작

응용회로를 설계한 후에 시뮬레이션결과 이상 없이 동작을 한다면 브레드보드 또는 만능기판에 실제회로를 구성하여 동작결과를 확인한다.

【그림 2-5-1】은 ATmega128 보드인데 ①은 응용프로그램을 동작시키기 위해서 MCU에 프로그램을 다운로드 하기위해 사용되는 ISP(In System Programming) 케이블 6핀을 사용하기 위한 용도이고 ②는 10핀 ISP 케이블을 사용하기 위한 용도이다.

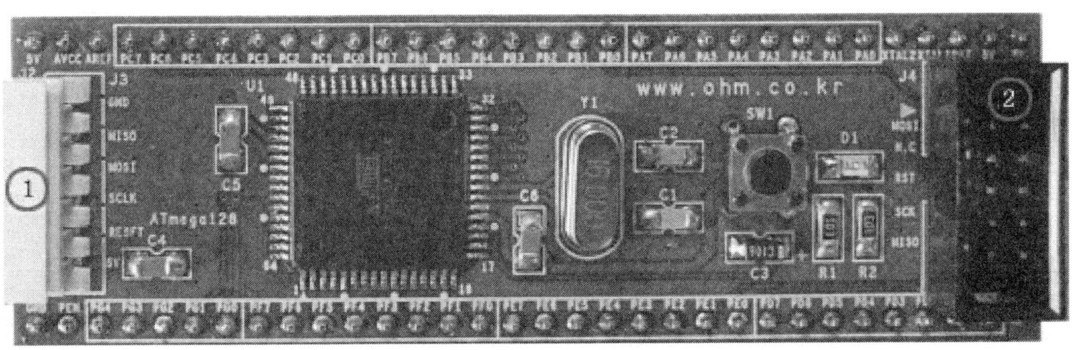

【그림 2-5-1】 ATmega128 보드

【그림 2-5-2】는 서보모터 3개를 제어하기 위한 회로로 브레드보드에 구성을 한 것이고

【그림 2-5-3】은 문자제어를 하는 회로로 만능기판에 제작한 것이다.

【그림 2-5-2】 브레드보드에서 구현한 회로

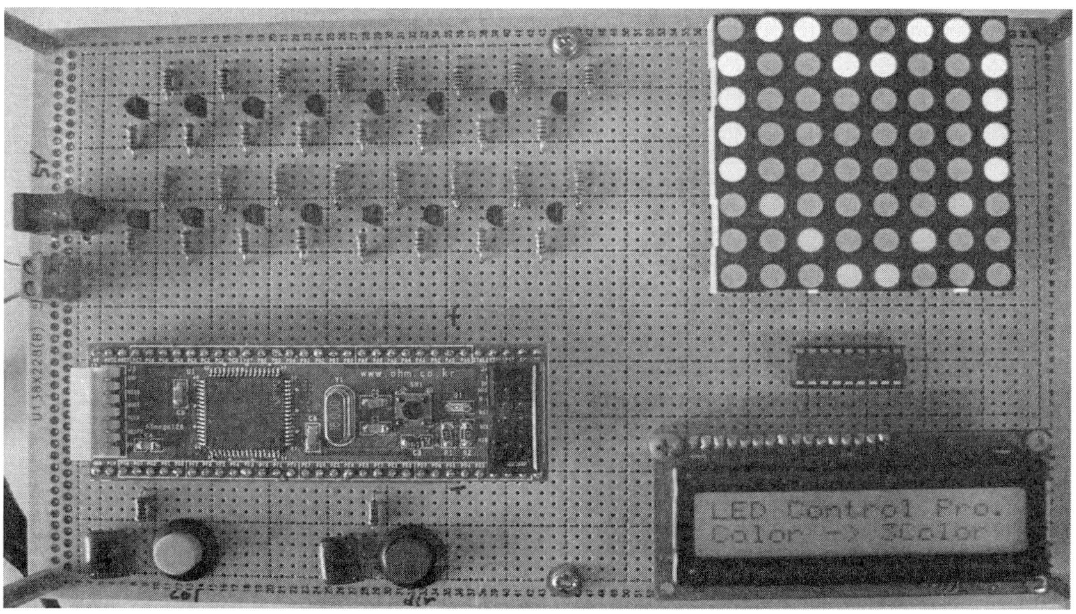

【그림 2-5-3】 만능기판에서 제작한 응용회로

Chapter. 3

I/O 포트

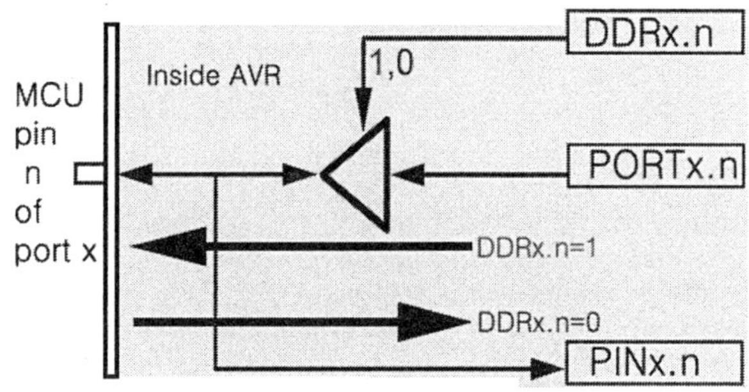

💻 프로그래밍 💻

프로그램[3-1] A 포트 출력 LED ON/OFF 제어

프로그램[3-2] A 포트 출력 LED ON/OFF Shift

프로그램[3-3] E 포트 LED 음수출력

프로그램[3-4] 스위치 입력 값에 따른 LED 동작

프로그램[3-5] 10진 카운터회로

프로그램[3-6] 60진 카운터회로

프로그램[3-7] key pad 제어하기

프로그램[3-8] key pad를 이용한 LED제어

프로그램[3-9] key pad 입력에 의한 FND제어

제3장

I/O 포트

3.1 I/O포트의 개요

이번 장 에서는 마이크로컨트롤러에서 외부의 데이터를 입력 받는 경우와 또는 외부로 데이터를 내 보내는 경우에 기본적으로 알아야 할 GPIO(General Purpose Input Output)에 대해서 학습을 한다. AVR ATmega128의 입·출력 포트는 8비트로 구성된 A, B, C, D, E, F로 6개의 포트에서 48개의 핀이 있고, 5비트로 구성된 G포트가 있어서 총 53개의 I/O 포트 핀을 가진다. I/O핀으로 유입(sink)되는 전류 및 유출(source)되는 전류는 약 40mA 정도로 LED를 직접 구동시킬 수가 있으며 또한 포트의 모든 핀은 내부 풀업저항을 사용할 수 있다. 【그림 3.1.1】 에서 VCC와 GND 사이의 다이오드는 포트를 보호하기 위한 용도이며 Rpu는 풀업저항이다.

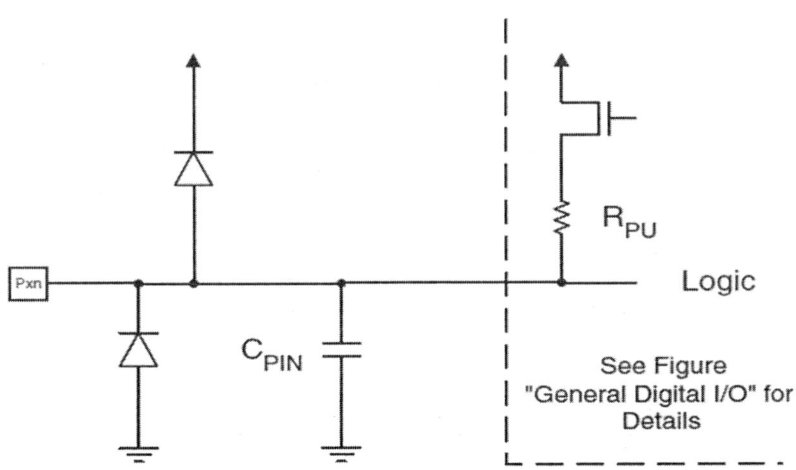

【그림 3.1.1】 I/O핀 내부 회로

3.2 I/O포트관련 레지스터

레지스터는 여러 개의 플립플롭으로 구성되어 2진수를 저장할 수 있게 한 것으로 데이터나 처리중인 중간 결과를 일시적으로 기억해 두는 고속의 전용 영역을 말한다. 따라서 산술 연산(+, −, *, /), 논리 연산(OR, AND, XOR, NOT 등), 전송 조작을 행할 때 사용되고 여러 종류의 레지스터가 있으며 기본적으로 I/O포트를 제어 하는데 꼭 필요한 레지스터는 DDRx, PORTx, PINx로 3개의 레지스터가 사용된다. DDRx 레지스터와 PORTx 레지스터는 읽기/쓰기가 가능한 레지스터이고 PINx 레지스터는 읽기만 가능한 레지스터이다. 레지스터의 세부 동작에 대해서는 3.4절의 I/O포트의 동작에서 다루기로 한다.

▣ A 레지스터

Port A Data Register – PORTA

Bit	7	6	5	4	3	2	1	0	
	PORTA7	PORTA6	PORTA5	PORTA4	PORTA3	PORTA2	PORTA1	PORTA0	PORTA
Read/Write	R/W	R/W	R/W	R/W	R/W	R/W	R/W	R/W	
Initial Value	0	0	0	0	0	0	0	0	

Port A Data Direction Register – DDRA

Bit	7	6	5	4	3	2	1	0	
	DDA7	DDA6	DDA5	DDA4	DDA3	DDA2	DDA1	DDA0	DDRA
Read/Write	R/W	R/W	R/W	R/W	R/W	R/W	R/W	R/W	
Initial Value	0	0	0	0	0	0	0	0	

Port A Input Pins Address – PINA

Bit	7	6	5	4	3	2	1	0	
	PINA7	PINA6	PINA5	PINA4	PINA3	PINA2	PINA1	PINA0	PINA
Read/Write	R	R	R	R	R	R	R	R	
Initial Value	N/A	N/A	N/A	N/A	N/A	N/A	N/A	N/A	

▣ B 레지스터

Port B Data Register – PORTB

Bit	7	6	5	4	3	2	1	0	
	PORTB7	PORTB6	PORTB5	PORTB4	PORTB3	PORTB2	PORTB1	PORTB0	PORTB
Read/Write	R/W	R/W	R/W	R/W	R/W	R/W	R/W	R/W	
Initial Value	0	0	0	0	0	0	0	0	

Port B Data Direction Register – DDRB

Bit	7	6	5	4	3	2	1	0	
	DDB7	DDB6	DDB5	DDB4	DDB3	DDB2	DDB1	DDB0	DDRB
Read/Write	R/W	R/W	R/W	R/W	R/W	R/W	R/W	R/W	
Initial Value	0	0	0	0	0	0	0	0	

Port B Input Pins Address – PINB

Bit	7	6	5	4	3	2	1	0	
	PINB7	PINB6	PINB5	PINB4	PINB3	PINB2	PINB1	PINB0	PINB
Read/Write	R	R	R	R	R	R	R	R	
Initial Value	N/A	N/A	N/A	N/A	N/A	N/A	N/A	N/A	

▣ C 레지스터

Port C Data Register – PORTC

Bit	7	6	5	4	3	2	1	0	
	PORTC7	PORTC6	PORTC5	PORTC4	PORTC3	PORTC2	PORTC1	PORTC0	PORTC
Read/Write	R/W	R/W	R/W	R/W	R/W	R/W	R/W	R/W	
Initial Value	0	0	0	0	0	0	0	0	

Port C Data Direction Register – DDRC

Bit	7	6	5	4	3	2	1	0	
	DDC7	DDC6	DDC5	DDC4	DDC3	DDC2	DDC1	DDC0	DDRC
Read/Write	R/W	R/W	R/W	R/W	R/W	R/W	R/W	R/W	
Initial Value	0	0	0	0	0	0	0	0	

Port C Input Pins Address – PINC

Bit	7	6	5	4	3	2	1	0	
	PINC7	PINC6	PINC5	PINC4	PINC3	PINC2	PINC1	PINC0	PINC
Read/Write	R	R	R	R	R	R	R	R	
Initial Value	N/A	N/A	N/A	N/A	N/A	N/A	N/A	N/A	

▣ D 레지스터

Port D Data Register – PORTD

Bit	7	6	5	4	3	2	1	0	
	PORTD7	PORTD6	PORTD5	PORTD4	PORTD3	PORTD2	PORTD1	PORTD0	PORTD
Read/Write	R/W	R/W	R/W	R/W	R/W	R/W	R/W	R/W	
Initial Value	0	0	0	0	0	0	0	0	

Port D Data Direction Register – DDRD

Bit	7	6	5	4	3	2	1	0	
	DDD7	DDD6	DDD5	DDD4	DDD3	DDD2	DDD1	DDD0	DDRD
Read/Write	R/W	R/W	R/W	R/W	R/W	R/W	R/W	R/W	
Initial Value	0	0	0	0	0	0	0	0	

Port D Input Pins Address – PIND

Bit	7	6	5	4	3	2	1	0	
	PIND7	PIND6	PIND5	PIND4	PIND3	PIND2	PIND1	PIND0	PIND
Read/Write	R	R	R	R	R	R	R	R	
Initial Value	N/A	N/A	N/A	N/A	N/A	N/A	N/A	N/A	

▣ E 레지스터

Port E Data Register – PORTE

Bit	7	6	5	4	3	2	1	0	
	PORTE7	PORTE6	PORTE5	PORTE4	PORTE3	PORTE2	PORTE1	PORTE0	PORTE
Read/Write	R/W	R/W	R/W	R/W	R/W	R/W	R/W	R/W	
Initial Value	0	0	0	0	0	0	0	0	

Port E Data Direction Register – DDRE

Bit	7	6	5	4	3	2	1	0	
	DDE7	DDE6	DDE5	DDE4	DDE3	DDE2	DDE1	DDE0	DDRE
Read/Write	R/W	R/W	R/W	R/W	R/W	R/W	R/W	R/W	
Initial Value	0	0	0	0	0	0	0	0	

Port E Input Pins Address – PINE

Bit	7	6	5	4	3	2	1	0	
	PINE7	PINE6	PINE5	PINE4	PINE3	PINE2	PINE1	PINE0	PINF
Read/Write	R	R	R	R	R	R	R	R	
Initial Value	N/A	N/A	N/A	N/A	N/A	N/A	N/A	N/A	

▣ F 레지스터

Port F Data Register – PORTF

Bit	7	6	5	4	3	2	1	0	
	PORTF7	PORTF6	PORTF5	PORTF4	PORTF3	PORTF2	PORTF1	PORTF0	PORTF
Read/Write	R/W	R/W	R/W	R/W	R/W	R/W	R/W	R/W	
Initial Value	0	0	0	0	0	0	0	0	

Port F Data Direction Register – DDRF

Bit	7	6	5	4	3	2	1	0	
	DDF7	DDF6	DDF5	DDF4	DDF3	DDF2	DDF1	DDF0	DDRF
Read/Write	R/W	R/W	R/W	R/W	R/W	R/W	R/W	R/W	
Initial Value	0	0	0	0	0	0	0	0	

Port F Input Pins Address – PINF

Bit	7	6	5	4	3	2	1	0	
	PINF7	PINF6	PINF5	PINF4	PINF3	PINF2	PINF1	PINF0	PINF
Read/Write	R	R	R	R	R	R	R	R	
Initial Value	N/A	N/A	N/A	N/A	N/A	N/A	N/A	N/A	

▣ G 레지스터 : 외부 5핀

Port G Data Register – PORTG

Bit	7	6	5	4	3	2	1	0	
	–	–	–	PORTG4	PORTG3	PORTG2	PORTG1	PORTG0	PORTG
Read/Write	R	R	R	R/W	R/W	R/W	R/W	R/W	
Initial Value	0	0	0	0	0	0	0	0	

Port G Data Direction Register – DDRG

Bit	7	6	5	4	3	2	1	0	
	–	–	–	DDG4	DDG3	DDG2	DDG1	DDG0	DDRG
Read/Write	R	R	R	R/W	R/W	R/W	R/W	R/W	
Initial Value	0	0	0	0	0	0	0	0	

Port G Input Pins Address – PING

Bit	7	6	5	4	3	2	1	0	
	–	–	–	PING4	PING3	PING2	PING1	PING0	PING
Read/Write	R	R	R	R	R	R	R	R	
Initial Value	0	0	0	N/A	N/A	N/A	N/A	N/A	

3.3 I/O포트의 다른 기능

기본적인 I/O 외에 MCU에서 아날로그신호를 입력받는 경우와 외부 메모리를 확장 하는 등의 경우에 대해 A 포트에서 G포트까지 I/O 포트의 다른 기능에 대해서 알아보자.

▣ A포트는 외부메모리를 확장할 경우에 시분할로 어드레스버스 16비트 중 하위 8비트 (A7-A0)로 동작 및 데이터버스(D7-D0)로 동작한다.

〈표 3.3.1 A포트의 다른 기능〉

Port Pin	Alternate Function
PA7	AD7 (External memory interface address and data bit 7)
PA6	AD6 (External memory interface address and data bit 6)
PA5	AD5 (External memory interface address and data bit 5)
PA4	AD4 (External memory interface address and data bit 4)
PA3	AD3 (External memory interface address and data bit 3)
PA2	AD2 (External memory interface address and data bit 2)
PA1	AD1 (External memory interface address and data bit 1)
PA0	AD0 (External memory interface address and data bit 0)

▣ B포트는 PWM, SPI통신, 타이머/카운터 기능을 갖는다.

〈표 3.3.2 B포트의 다른 기능〉

Port Pin	Alternate Functions
PB7	OC2/OC1C[(1)] (Output Compare and PWM Output for Timer/Counter2 or Output Compare and PWM Output C for Timer/Counter1)
PB6	OC1B (Output Compare and PWM Output B for Timer/Counter1)
PB5	OC1A (Output Compare and PWM Output A for Timer/Counter1)
PB4	OC0 (Output Compare and PWM Output for Timer/Counter0)
PB3	MISO (SPI Bus Master Input/Slave Output)
PB2	MOSI (SPI Bus Master Output/Slave Input)
PB1	SCK (SPI Bus Serial Clock)
PB0	$\overline{SS}$ (SPI Slave Select input)

▣ C포트는 외부 메모리를 확장할 경우에 16비트 어드레스 중에 상위 8비트 (A15-A8)로 사용할 수 있다.

〈표 3.3.3 C포트의 다른 기능〉

Port Pin	Alternate Function
PC7	A15
PC6	A14
PC5	A13
PC4	A12
PC3	A11
PC2	A10
PC1	A9
PC0	A8

▣ D포트는 타이머/카운터, USART1 통신, 외부 인터럽트로 사용 된다.

〈표 3.3.4 D포트의 다른 기능〉

Port Pin	Alternate Function
PD7	T2 (Timer/Counter2 Clock Input)
PD6	T1 (Timer/Counter1 Clock Input)
PD5	XCK1[(1)] (USART1 External Clock Input/Output)
PD4	ICP1 (Timer/Counter1 Input Capture Pin)
PD3	INT3/TXD1[(1)] (External Interrupt3 Input or UART1 Transmit Pin)
PD2	INT2/RXD1[(1)] (External Interrupt2 Input or UART1 Receive Pin)
PD1	INT1/SDA[(1)] (External Interrupt1 Input or TWI Serial DAta)
PD0	INT0/SCL[(1)] (External Interrupt0 Input or TWI Serial CLock)

▣ E포트는 타이머/카운터, USART0 통신, 외부 인터럽트로 사용된다.

<표 3.3.5 E포트의 다른 기능>

Port Pin	Alternate Function
PE7	INT7/ICP3(1) (External Interrupt 7 Input or Timer/Counter3 Input Capture Pin)
PE6	INT6/ T3(1) (External Interrupt 6 Input or Timer/Counter3 Clock Input)
PE5	INT5/OC3C(1) (External Interrupt 5 Input or Output Compare and PWM Output C for Timer/Counter3)
PE4	INT4/OC3B(1) (External Interrupt4 Input or Output Compare and PWM Output B for Timer/Counter3)
PE3	AIN1/OC3A (1) (Analog Comparator Negative Input or Output Compare and PWM Output A for Timer/Counter3)
PE2	AIN0/XCK0(1) (Analog Comparator Positive Input or USART0 external clock input/output)
PE1	PDO/TXD0 (Programming Data Output or UART0 Transmit Pin)
PE0	PDI/RXD0 (Programming Data Input or UART0 Receive Pin)

▣ F포트는 ADC(Analog to Digital Converter) 8채널과 JTAG(Joint Test Action Group) 인터페이스 기능을 가지고 있어서 (PF7-PF4)는 MCU가 제대로 동작하는지 디버깅할 때 사용된다.

<표 3.3.6 F포트의 다른 기능>

Port Pin	Alternate Function
PF7	ADC7/TDI (ADC input channel 7 or JTAG Test Data Input)
PF6	ADC6/TDO (ADC input channel 6 or JTAG Test Data Output)
PF5	ADC5/TMS (ADC input channel 5 or JTAG Test Mode Select)
PF4	ADC4/TCK (ADC input channel 4 or JTAG Test ClocK)
PF3	ADC3 (ADC input channel 3)
PF2	ADC2 (ADC input channel 2)
PF1	ADC1 (ADC input channel 1)
PF0	ADC0 (ADC input channel 0)

▣ G포트는 타이머/카운터와 외부메모리를 확장할 경우 읽기 및 쓰기를 할 때 사용된다.

〈표 3.3.7 G포트의 다른 기능〉

Port Pin	Alternate Function
PG4	TOSC1 (RTC Oscillator Timer/Counter0)
PG3	TOSC2 (RTC Oscillator Timer/Counter0)
PG2	ALE (Address Latch Enable to external memory)
PG1	$\overline{\text{RD}}$ (Read strobe to external memory)
PG0	$\overline{\text{WR}}$ (Write strobe to external memory)

3.4 I/O포트의 동작

일반적인 디지털 I/O의 구조는 【그림 3.4.1】과 같고 I/O 포트를 제어하기 위해서 ①의 블록의 동작을 통해 【그림 3.4.2】에 나타낸 3개의 레지스터 DDRx, PORTx, PINx에 대하여 자세히 알아보도록 한다.

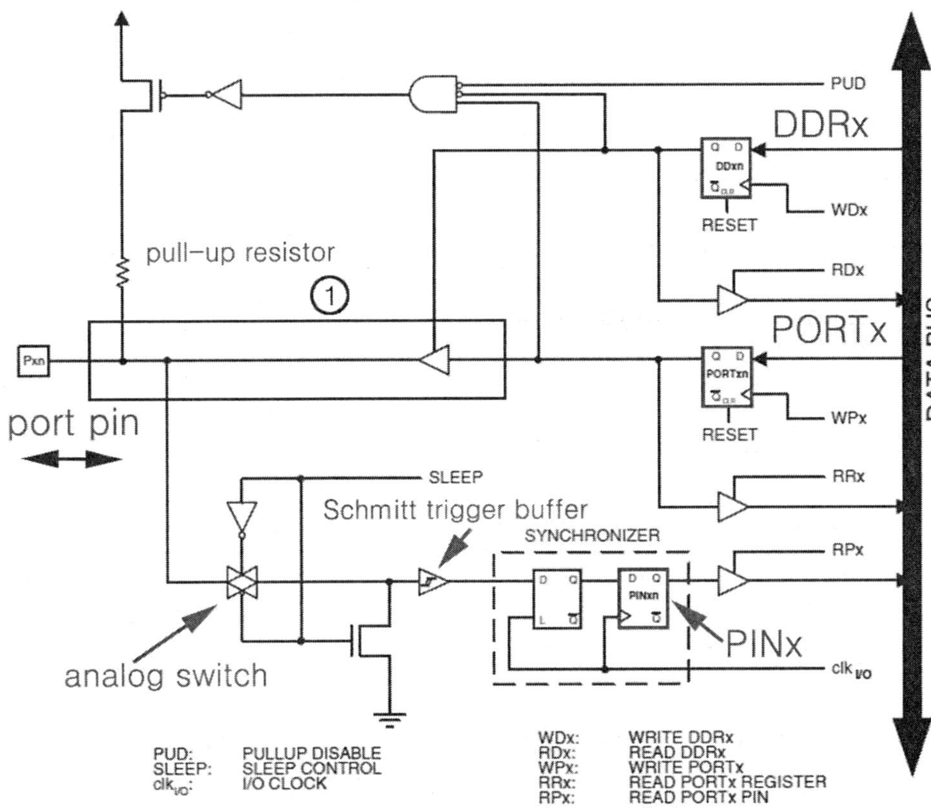

【그림 3.4.1】 범용 디지털 I/O 회로도

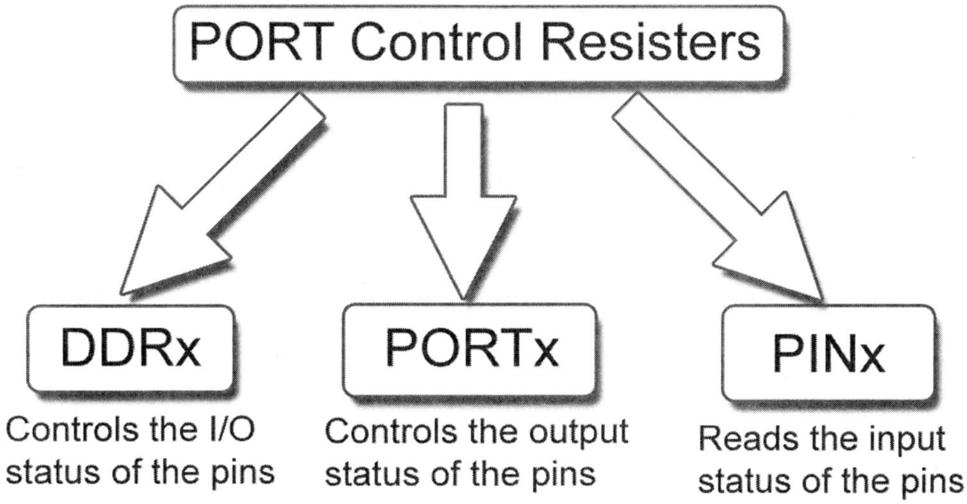

【그림 3.4.2】 I/O 관련 레지스터

■ DDRx 레지스터

Data Direction Resister의 약자로 데이터를 x포트로 내보낼 것 인지 또는 외부로부터 데이터를 x포트로 받을 것 인지를 설정하기 위한 레지스터이고 x는 A부터 G까지 I/O포트를 의미한다. 동작은 DDRx 레지스터의 임의의 비트에 1의 값을 주면 I/O포트의 이에 해당되는 비트가 출력으로 동작하게 되고 0의 값을 주게 되면 입력으로 동작한다.

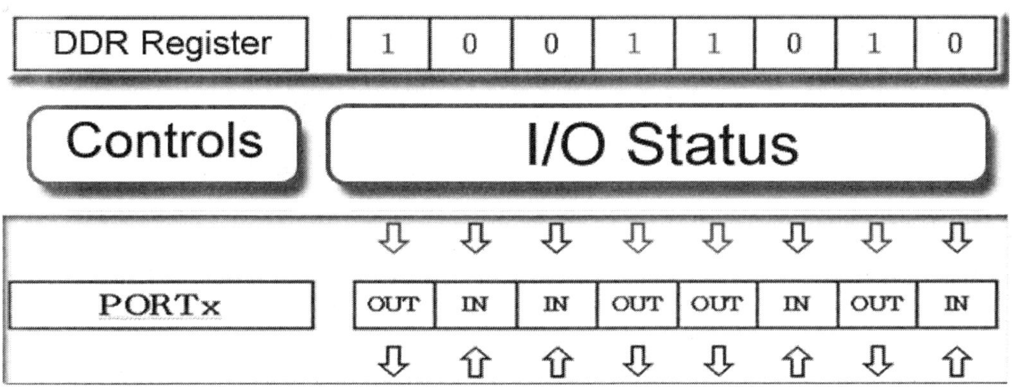

【그림 3.4.3】 DDR레지스터의 동작

■ PORTx 레지스터

데이터를 출력하기위한 레지스터로 x는 A부터 G까지 I/O포트를 의미하고 이 레지스터는 읽기 및 쓰기가 가능하다. I/O포트로 출력을 하고자 한다면 반드시 DDRx 레지스터에서 해당비트가 1로 설정이 되어있어야 하며 이 경우에만 PORTx 레지스터 값의 해당비트가 출력이 된다.

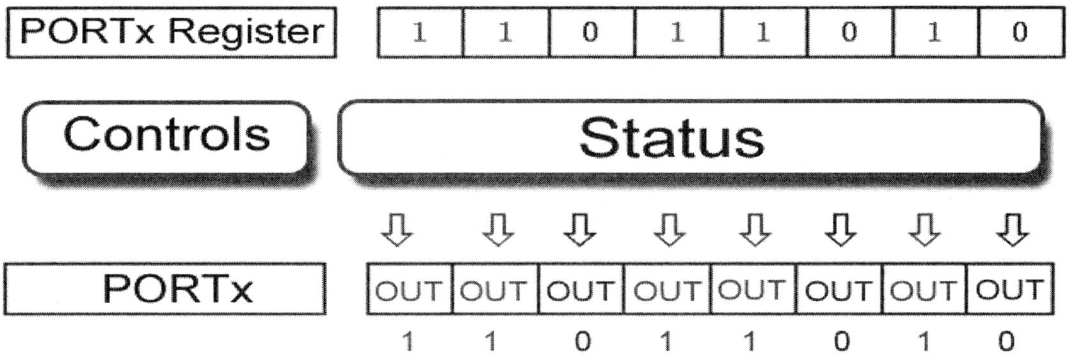

【그림 3.4.4】 PORTx 레지스터의 동작

▣ PINx 레지스터

외부의 데이터를 입력받기 위한 레지스터로 x는 A부터 G까지 I/O포트를 의미하고 이 레지스터는 읽기만 가능하다. DDRx 레지스터에서 해당비트가 0으로 설정이 되어있을 때에만 해당비트를 입력받는다.

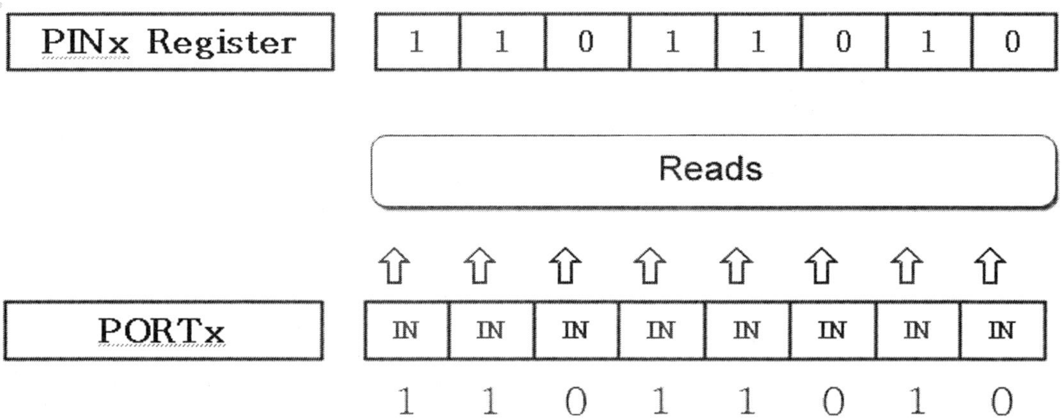

【그림 3.4.5】 PINx 레지스터의 동작

지금까지 설명한 I/O포트의 내용을 요약하면 【그림 3.4.1】 에서 ①의 블록으로 표시한 부분의 【그림 3.4.6】 과 같다.

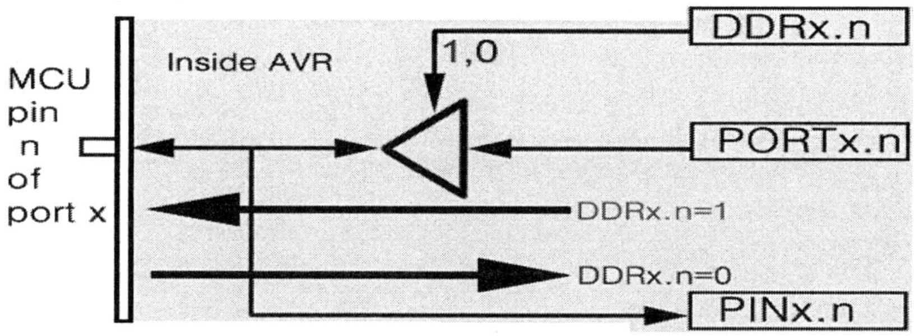

【그림 3.4.6】 DDR레지스터의 설정 값에 따른 동작

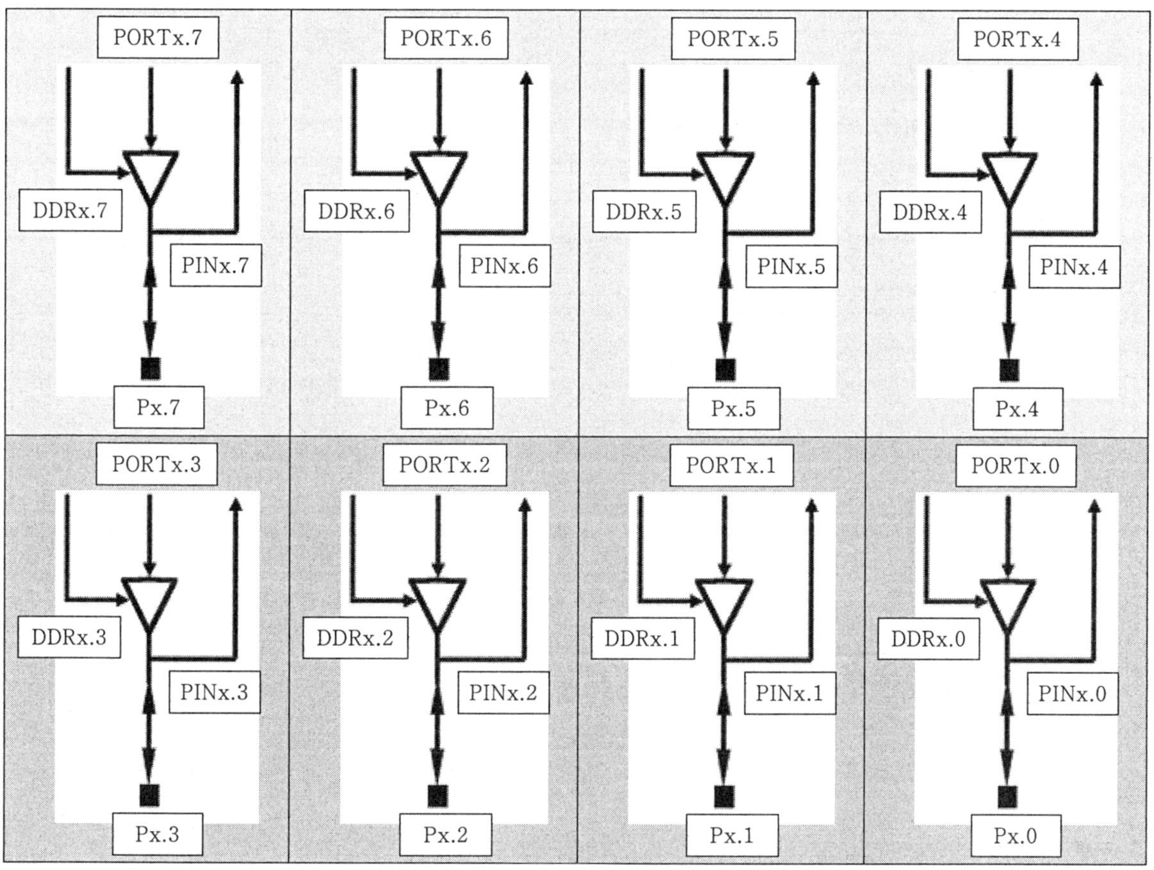

【그림 3.4.7】 I/O관련 레지스터 8비트

▣ SFIOR 레지스터

SFIOR(Special Function I/O Register)은 I/O 관련 특별한 기능을 수행하는 레지스터인데 우선 이 레지스터는 세 번째 비트 PUD(Pull-Up disable)비트에 대해서만 알아보기로 하고 포트에서의 동작은 <표 3.4.1 포트 핀의 설정>에 나와 있는 것을 참조하도록 하자.

PUD비트의 초기 값(Initial Value)은 0으로 되어있기 때문에 이 레지스터를 설정하지 않으면 내부 풀업저항을 사용하도록 설정한 것과 같다. <표 3.4.1 포트 핀의 설정>에서 예를 들어보자. A포트를 모두 입력으로 설정하기 위해 DDRA=0x00;으로 하고 PORTA=0xFF;로 하게 되면 A포트에 입력신호가 연결이 되어있지 않더라도 포트A에는 내부의 풀업저항이 걸려있게 된다. 그러므로 PINA의 값은 8비트에 모두 High 상태가 되어 1로 채우게 되며, 만일 해당 비트에 신호가 0이 들어오면 0의 값을 갖게 되고 1이 들어오면 그대로 1의 값을 가지게 된다.

Bit	7	6	5	4	3	2	1	0	
	TSM	–	–	–	ACME	PUD	PSR0	PSR321	SFIOR
Read/Write	R/W	R	R	R	R/W	R/W	R/W	R/W	
Initial Value	0	0	0	0	0	0	0	0	

- **Bit 2 – PUD: Pull-up disable**

〈표 3.4.1 포트 핀의 설정〉

DDxn	PORTxn	PUD (in SFIOR)	I/O	Pull-up	Comment
0	0	X	Input	No	Tri-state (Hi-Z)
0	1	0	Input	Yes	Pxn will source current if ext. pulled low.
0	1	1	Input	No	Tri-state (Hi-Z)
1	0	X	Output	No	Output Low (Sink)
1	1	X	Output	No	Output High (Source)

3.5 ATmega128 보드

ATmega128 보드는 기본 회로로만 구성이 되어 있다. 최대한 간단하게 제작을 하였다. 여러 응용회로를 실습을 해 보는데 있어서 불편한 점도 있지만 백문이 불여일견, 백견이 불여일행이란 말도 있듯이 학습의 효과는 직접 브레드보드나 만능기판에 회로를 제작해 봄으로써 실력이 향상 되리라고 본다. 3장에서는 기본적인 디지털 I/O에 대해서만 알아보기로 한다. 【그림 3.5.1】은 본 교재에서 사용된 ATmega128 보드의 사진이며 【그림 3.5.2】는 ATmega128 보드의 회로도 이다. 실습은 I/O 포트에서 나오는 출력신호를 알아보기 위해서 LED(Light Emitting Diode)와 FND(Flexible Numeric Display)를 사용하였고 외부의 입력신호를 받기 위해서는 푸시버튼 및 키패드를 사용하였다.

【그림 3.5.1】 ATmega128 보드

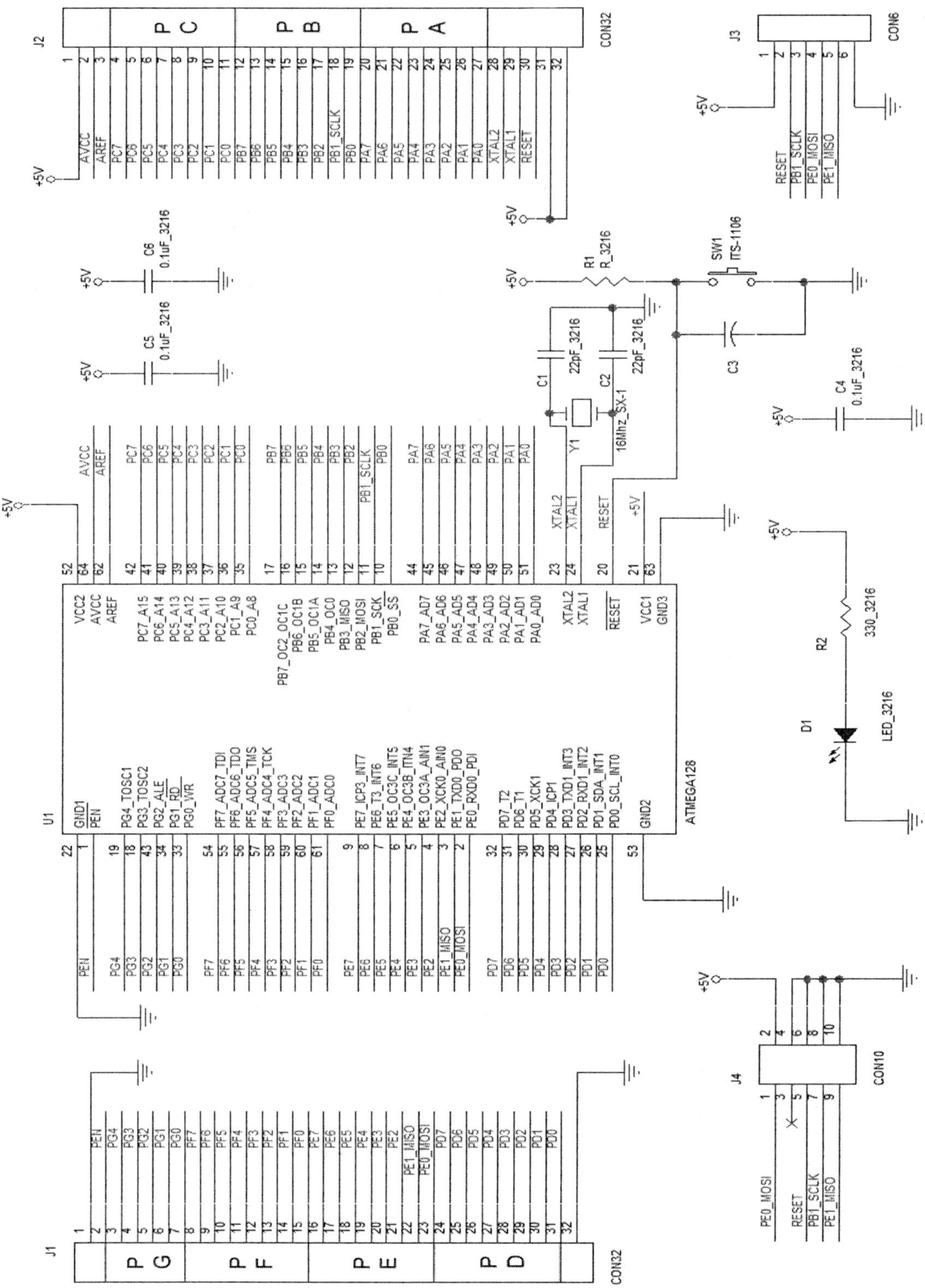

【그림 3.5.2】 ATmega128 회로도

3.6 LED & FND

LED(Light Emitting Diode)는 전압을 가하면 빛을 방출하는 소자로서 발광다이오드라고도 하며 LED의 조합으로 구성된 소자가 【그림 3.6.1】의 FND(Flexible Numeric Display) 또는 7segment라고 부른다. FND는 +com과 -com의 두 종류가 있다. 【그림 3.6.1】에서 좌측은 FND의 내부구조이고 우측은 실제 사진이다. <표 3.6.1>은 +com의 7segment 표시기 패턴으로 싱크전류로 구동 될 때의 16진수 값을 표시한 것 이다.

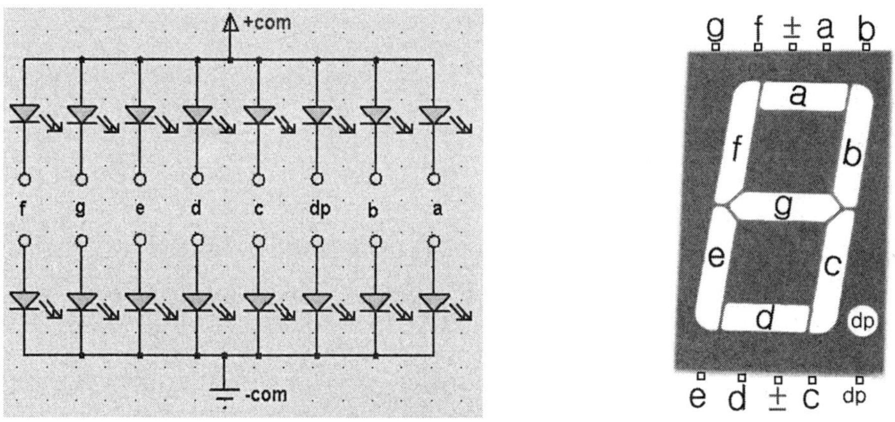

【그림 3.6.1】 FND 내부 회로 및 FND 핀 배열

<표3.6.1> 7 세그먼트 표시기 패턴

표시 숫자	표시 LED	표시 데이터	16진수
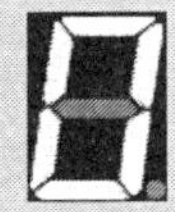	x-fe dcba	x100 0000	0x40
	x--- -cb-	x111 1001	0xf9
	xg-e d-ba	x010 0100	0x24
	xg-- dcba	x011 0000	0x30
	xgf- -cb-	x001 1001	0x19
	xgf- dc-a	x001 0010	0x12
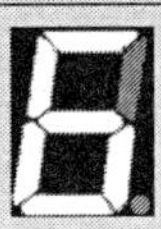	xgfe dc-a	x000 0010	0x02
	x-f- -cba	x101 1000	0x58
	xgfe dcba	x000 0000	0x00
	xgf- dcba	x001 0000	0x10

```
//C언어에서의 배열 값
int FND[10]={0x40,0xF9,0x24,0x30,0x19,0x12,0x02,0x58,0x00,0x10};
```

3.7 Key Pad

키패드는 전자제품에서 많이 사용되는 부품으로 여러 개의 푸시 버튼을 조합하여 만든 것으로 내부회로는 행렬로 되어 있다. 【그림 3.7.1】의 실제 사진에서 좌측 키패드는 3X4로 12개의 푸시스위치로 구성되어 있으며 우측은 행과 열이 4X4로 16개의 푸시스위치로 구성되어있다. 【그림 3.7.2】는 키패드 내부회로도이고 제조회사마다 버튼의 번호순서는 다를 수 있지만 기본적인 동작원리는 같다. 키패드를 사용하여 회로를 구성할 때에는 풀업저항10KΩ 과 노이즈제거용으로 캐패시터 0.1uF 정도가 필요하다.

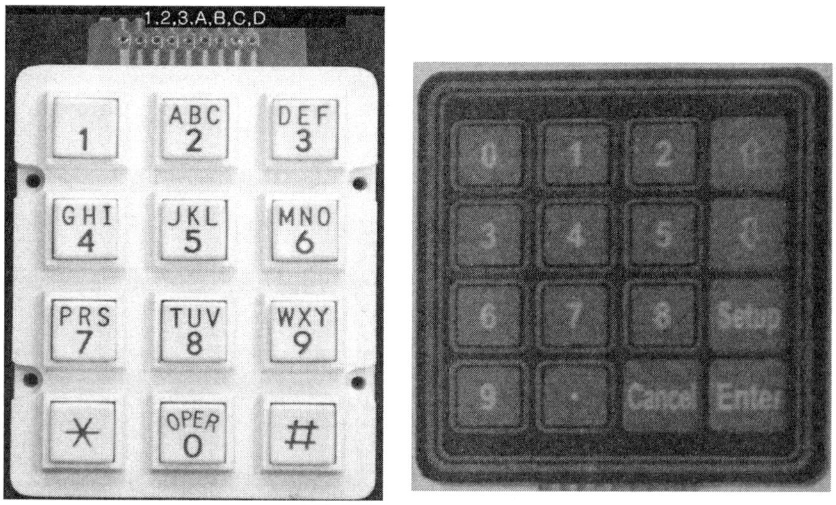

【그림 3.7.1】 3X4키패드 및 4X4 키패드

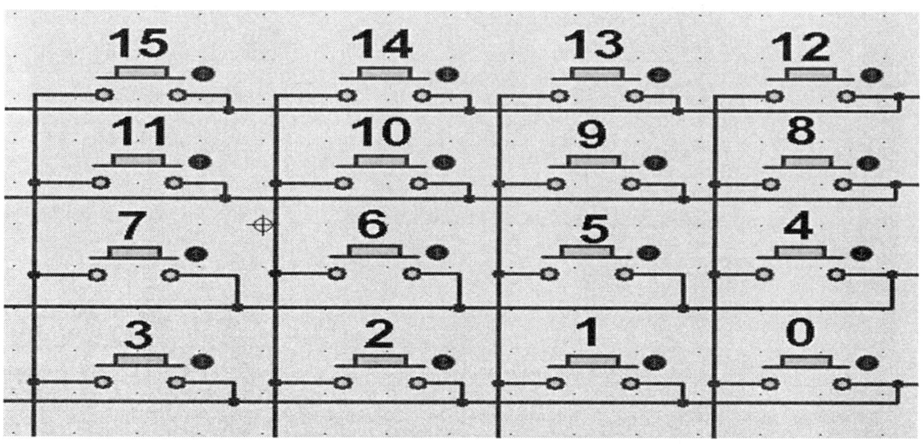

【그림 3.7.2】 4X4 키패드 내부회로

💻 프로그래밍 💻

지금까지는 이론에 대해 간략하게 알아보았는데 이제부터는 실제 응용회로를 설계하여 예제들을 통해 프로그래밍을 터득해 보자.

💻 회로설계 및 코딩 ☞

2장에서 응용회로를 개발하는 과정의 개념을 살펴보았는데 3장에서는 프로테우스 툴에서 응용회로를 설계하고 시뮬레이션 하는 방법과 코드비전 AVR C 컴파일러에서 소스코드를 입력하여 *.hex 파일을 만드는 과정 등을 프로그램[3-1]을 통해 자세히 알아보도록 하자.

💻 프로그램[3-1] A 포트 출력 LED ON/OFF 제어

프로테우스 툴에서 【그림 3-1-1】과 같이 A포트의 최하위 비트에 LED를 연결하고 LED의 양단 전압과 전류측정 및 오실로스코프로 파형을 관측하여 I/O포트의 동작을 이해한다. [1] 단계부터 순서대로 진행해 보도록 하자.

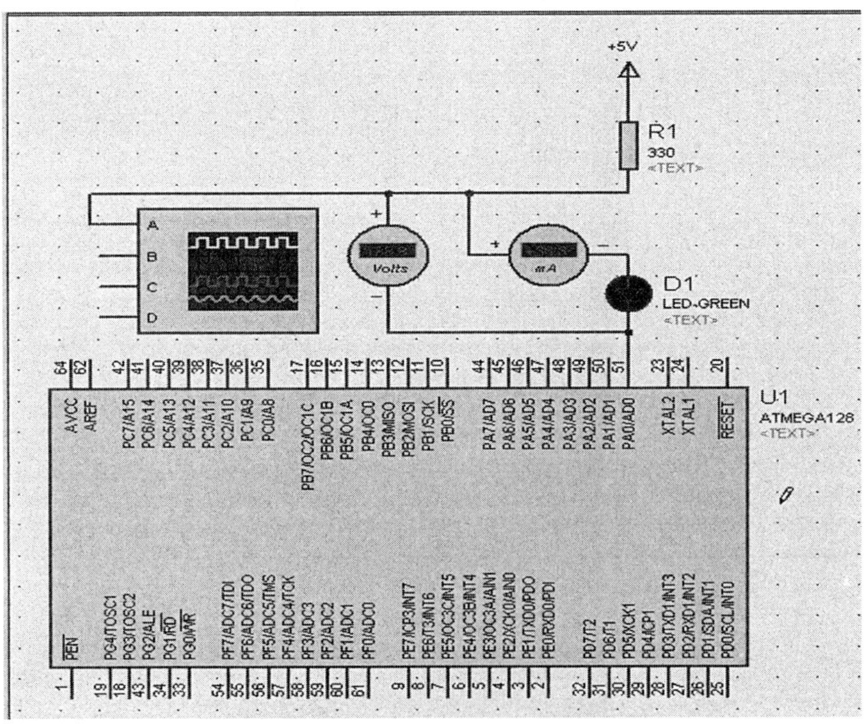

【그림 3-1-1】 LED ON/OFF제어 회로설계

1 【그림 3-1-1】의 회로를 그리기 위해서는 【그림 3-1-2】처럼 라이브러리로 부터 부품을 가져와야 한다.

① Keywords:의 텍스트박스에 ATmega128을 입력한 후에 Pick Devices 버튼의 약자인 P 버튼을 클릭한다.
② 우측의 리스트박스에서 ATmega128 AVR2를 선택한다.
③ 콤보박스에서 ATmega128 IC의 규격을 선택하고 OK 버튼을 클릭한다.

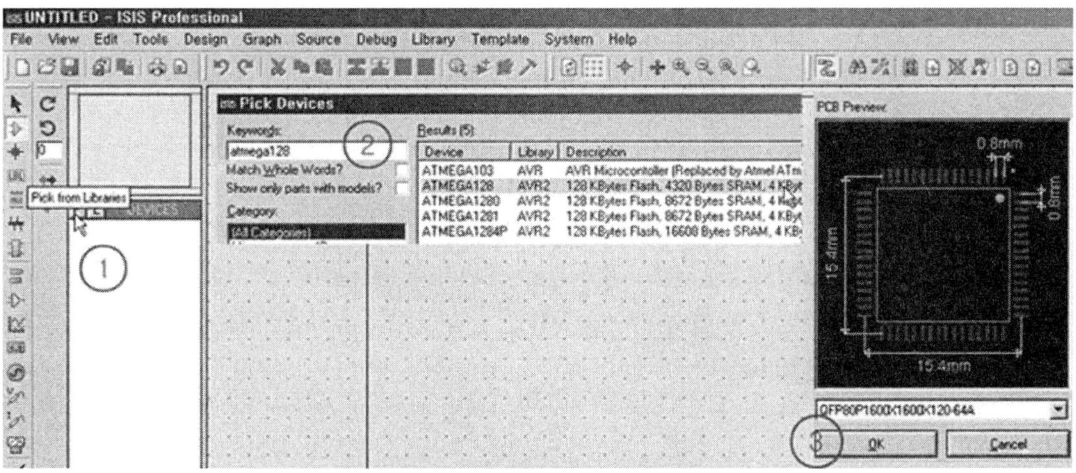

【그림 3-1-2】 Pick from Libraries

2 동일한 방법으로 LED와 저항도 추가 하고 파워 단자를 그리기 위해서는 터미널 모드를 선택한다.

① 【그림 3-1-3】과 같이 LED와 저항을 추가한다.
② 디바이스 항목을 보면 ATmega128, LED-RED, RES 가 추가되어있는 것을 확인할 수가 있고, 터미널 모드를 클릭하면 POWER, GND, … 등을 그릴 수 있다.

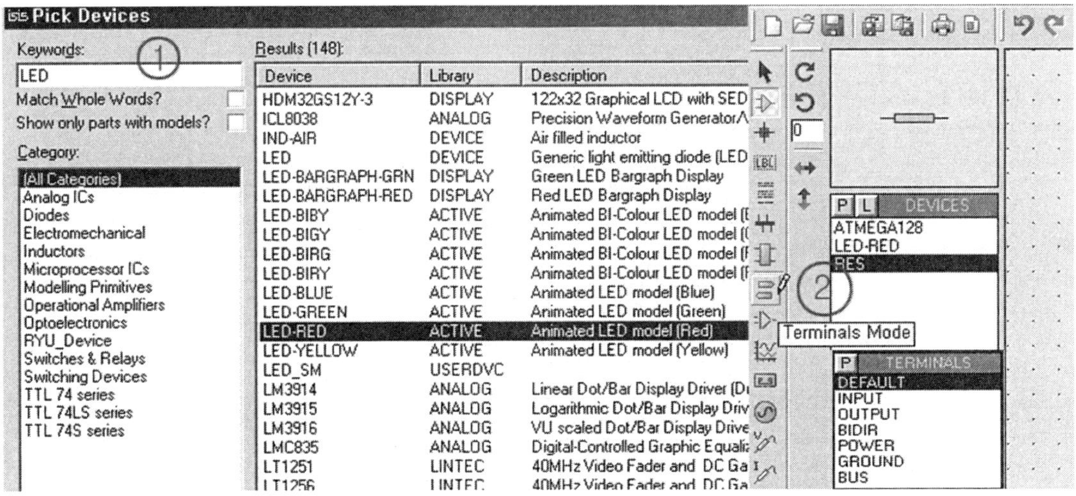

【그림 3-1-3】 부품 가져오기

3 부품을 이동 시킬 때에는 마우스커서가 해당부품위에 있을 때 클릭한 상태로 드래그 하면 되고 회전시킬 경우에는 마우스의 우측버튼을 클릭하여 팝업메뉴가 나오면 원하는 방향의 메뉴를 선택하여 주면 된다.

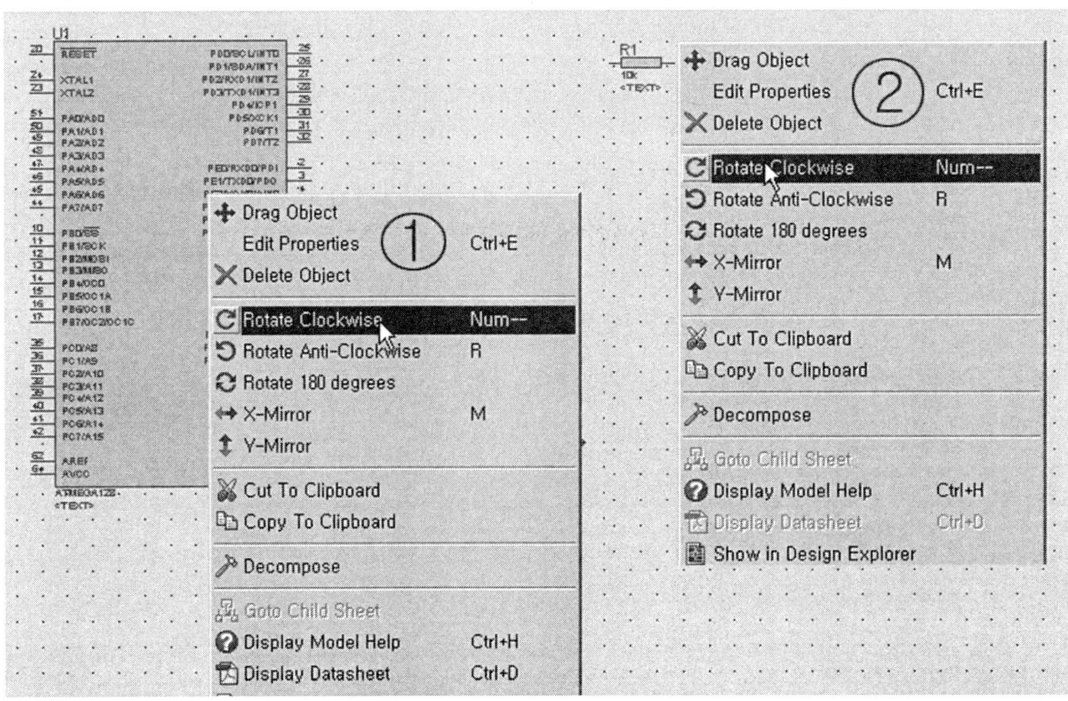

【그림 3-1-4】 부품의 레이아웃

4 부품의 속성 값을 변경하기 위해서는 해당 부품위에 마우스 커서가 위치해 있을 때 더블 클릭하여 속성 창에서 값을 변경해 주면 된다. 【그림 3-1-5】는 저항 값을 330Ω으로 변경을 한 경우이다.

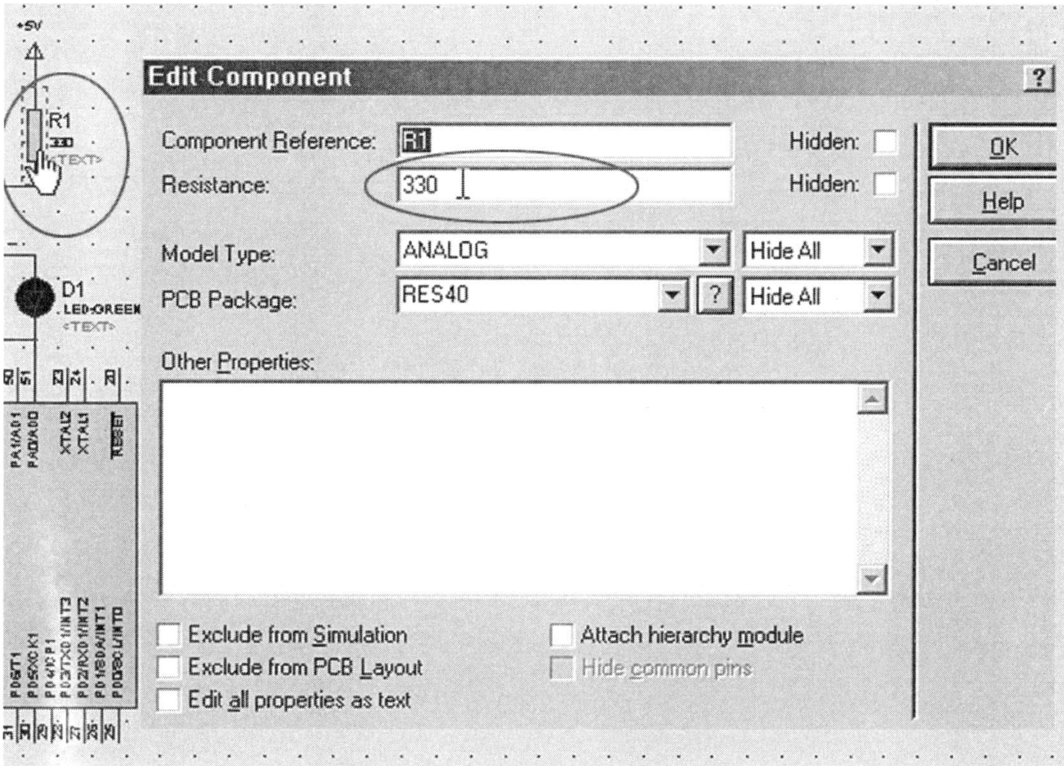

【그림 3-1-5】 부품의 속성 값 변경

5 【그림 3-1-1】의 회로에서 LED양단의 전압과 LED로 흐르는 전류 및 파형을 측정하기 위해서 【그림 3-1-6】의 전압계, 전류계, 오실로스코프를 연결한다.

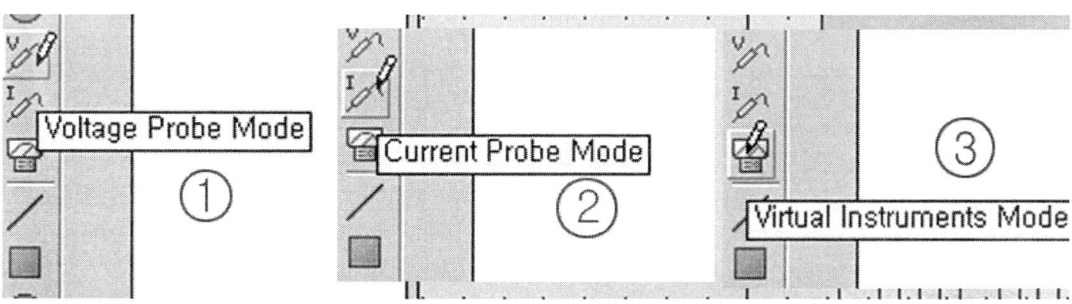

【그림 3-1-6】 계측기의 연결

6 회로가 완성이 되었으면 MCU의 클록 부분을 정해주어야 제대로 동작을 한다. MCU의 전원선 및 외부 발진회로는 생략을 하더라도 시뮬레이션은 동작을 하는데, 실제 MCU보드는 【그림 3.5.2】 ATmega128 회로도를 참고하기 바란다.

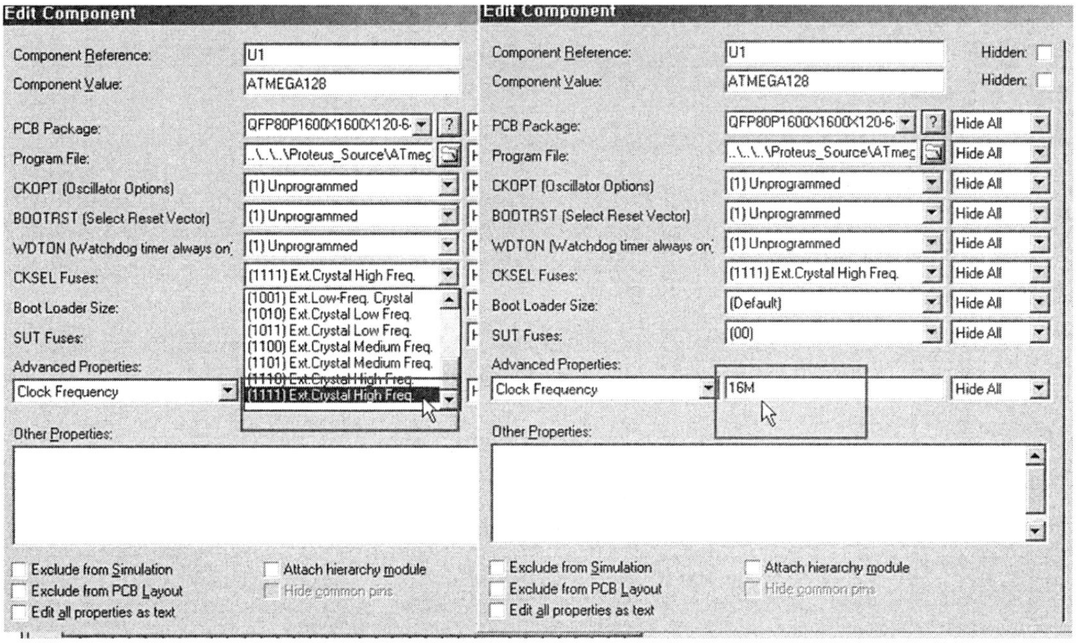

【그림 3-1-7】 MCU의 클럭 주파수 설정

7 CodeVisionAVR 컴파일러를 실행하면 【그림 3-1-8】의 ①과 같고 ②의팝업 메뉴에서 New를 선택, ③에서 Project 선택, ④의 대화상자에서 No 버튼을 클릭한다.

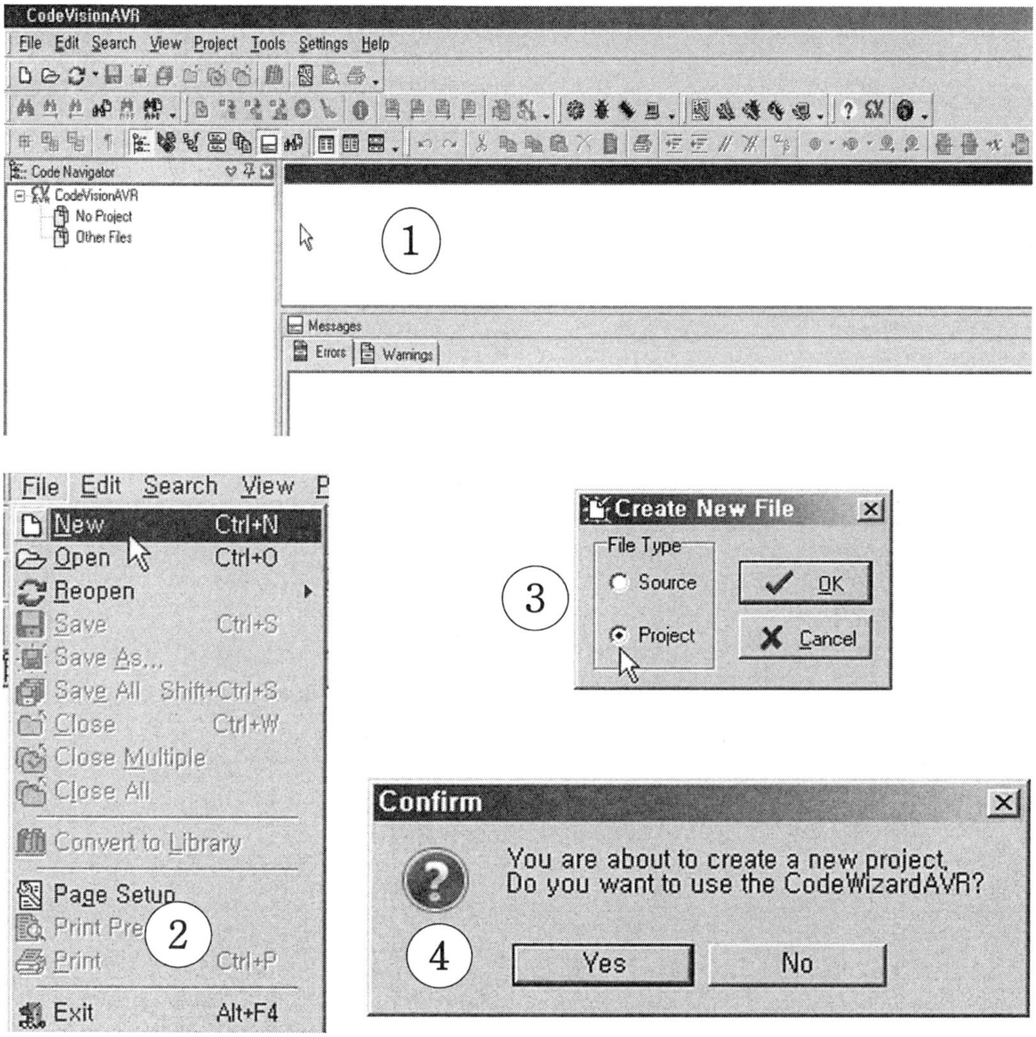

【그림 3-1-8】 CodeVisionAVR 프로젝트파일 만들기

8 【그림 3-1-9】의 ①에서 프로젝트 파일이름을 ATmega128이라고 입력하고 저장을 하면 ②의 Code Navigator 창에 프로젝트 파일이 추가된 것을 알 수가 있다. ③의 Project Sub 메뉴에서 Configure 를 선택하면 ④의 대화상자가 나타나는데 Chip 을 선택하여 주고 **Clock 주파수를 16M로 설정해 준다.**

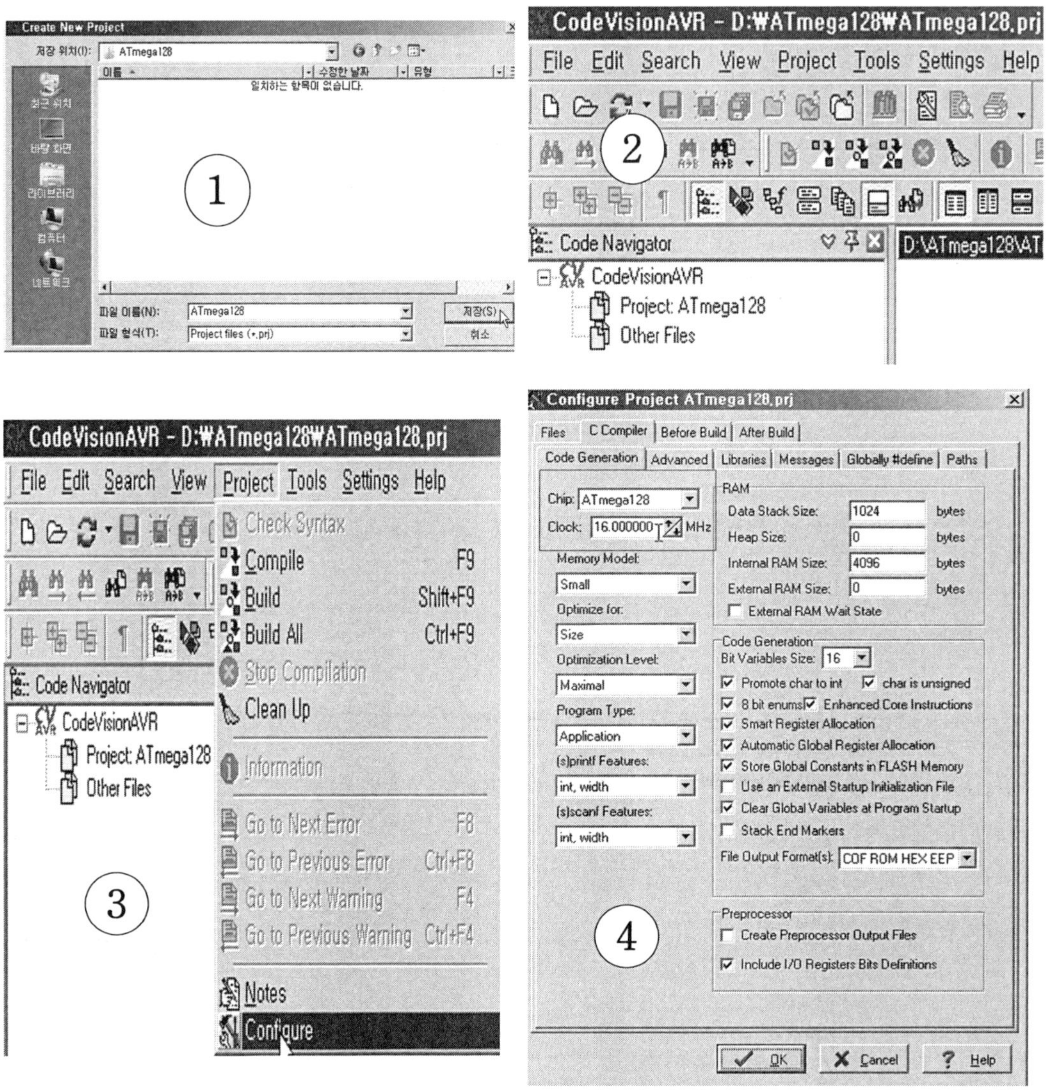

【그림 3-1-9】 Chip 선택과 Clock 주파수 선택

9 소스파일을 만들기 위해서 【그림 3-1-10】의 ①에서 File 메뉴의 Sub 메뉴에서 New를 선택을 한 다음에 File Type는 Source를 선택하고 OK버튼을 클릭한다. ③에서 Save As를 선택 ④에서 저장위치의 폴더를 지정해주고 파일이름을 입력하고 저장을 한다.

이 파일에 소스코드를 입력하면 되고, 또한 이 파일을 프로젝트파일에 추가하려면 ⑤와 같이 해당 파일을 선택하고 열기 버튼을 클릭하면 된다.

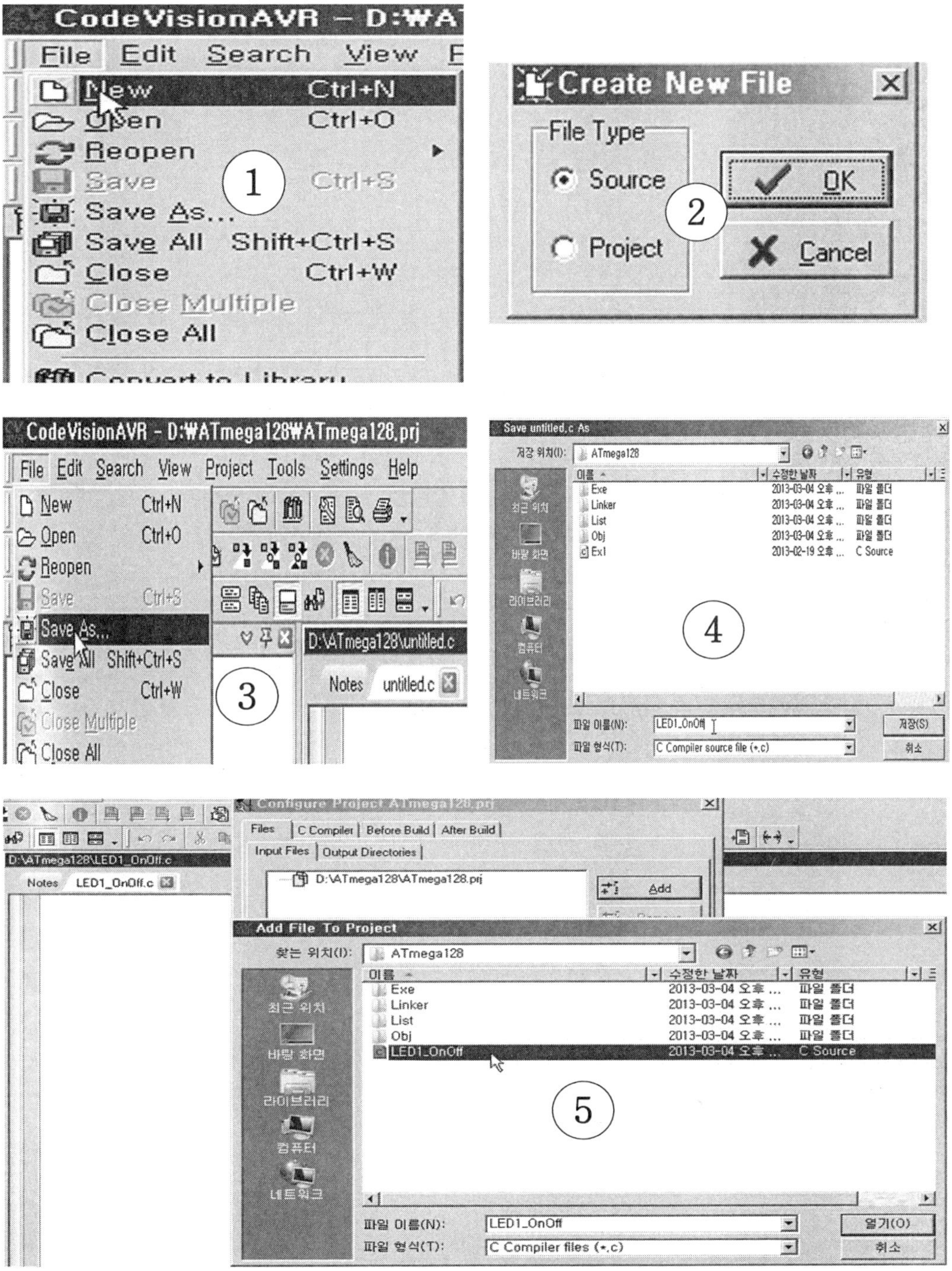

【그림 3-1-10】 소스파일 만들기 및 프로젝트에 추가하기

10 소스파일을 만들었으면 다음과 같이 코딩한다.

```
//Ex 3-1.c
#include<mega128.h>                                   // ①
#include<delay.h>                                     // ②
void main()
{
    DDRA=0xFF;                                        // ③
    while(1)                                          // ④
    {
      PORTA=0xFF;                                     // ⑤
      delay_ms(500);                                  // ⑥
      PORTA=0x00;                                     // ⑦
      delay_ms(500);                                  // ⑧
    }
}
```

소스코드 분석 ☞

① 헤더파일로 Ex3-1에 사용된 DDRA, PORTA, …… 등을 정의

② 헤더파일로 Ex3-1에 사용된 delay_ms() …… 등을 정의

③ A포트의 방향을 설정해 주는 레지스터로서 A포트(8비트) 모두 출력

④ 무한 반복 루프

⑤ A포트의 8비트가 모두 1을 출력한다. 싱크(sink) 전류로 동작하므로 LED가 모두 OFF

⑥ 시간 지연 함수로서 약 0.5sec 동안 지연

⑦ A포트의 8비트가 모두 0을 출력한다. 싱크전류로 동작하므로 LED가 모두 ON

⑧ 시간 지연 함수로서 약 0.5sec 동안 지연

11 코딩을 완료했다면 MCU에서 응용프로그램(LED ON/OFF제어)을 동작 시키기 위해서 【그림 3-1-11】과 같이 ISP케이블을 이용해서 PC에서 MCU로 기계어를 다운로드할 수 있도록 프로그래머 설정을 해준다. 이 설정은 PC마다 사용환경 및 AVR ISP제품에 따라 다를 수 있으니 해당 제품의 매뉴얼을 참고하기 바란다.

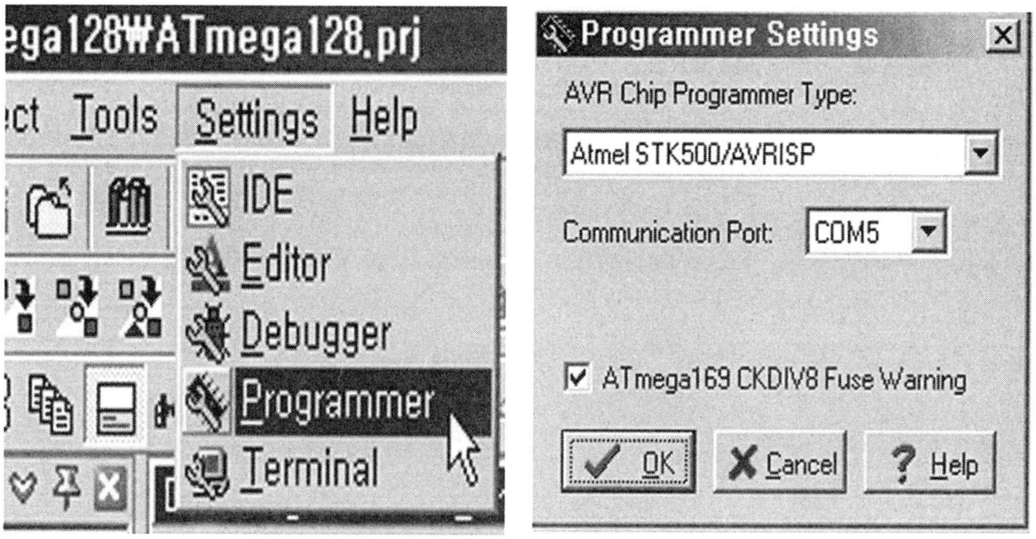

【그림 3-1-11】 프로그래머 설정하기

12 【그림 3-1-12】와 같이 Build All 메뉴를 선택하고 클릭 한다.

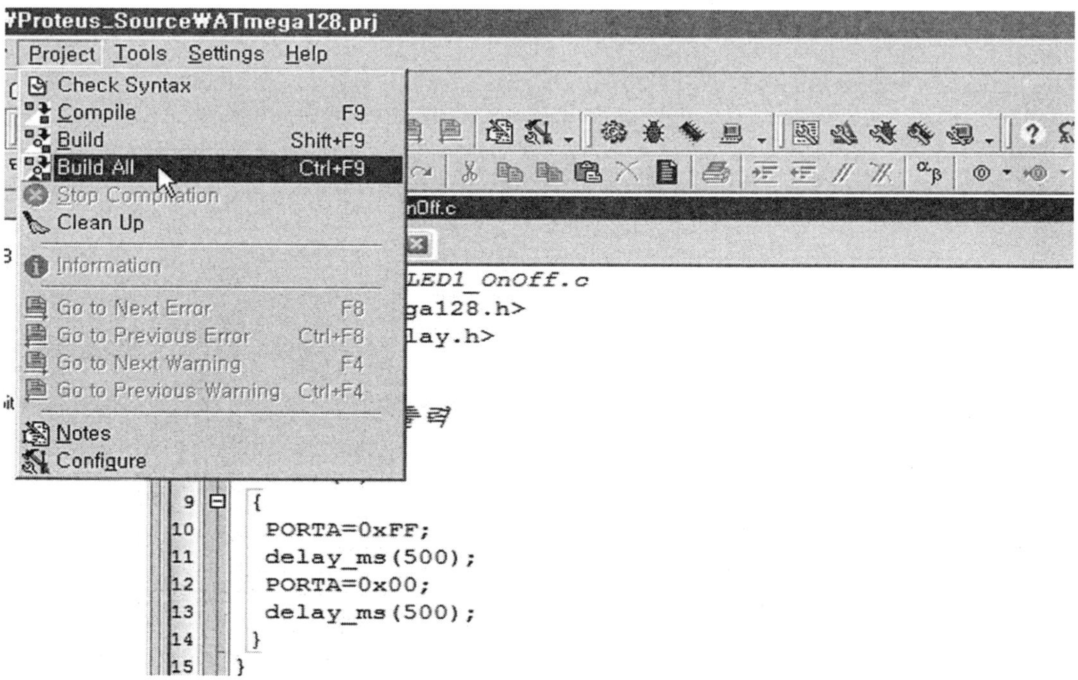

【그림 3-1-12】 소스코드 컴파일 하기

13 【그림 3-1-13】 에서처럼 소스코드를 올바르게 입력했다면 에러 없이 컴파일 된 것을 확인할 수가 있다.

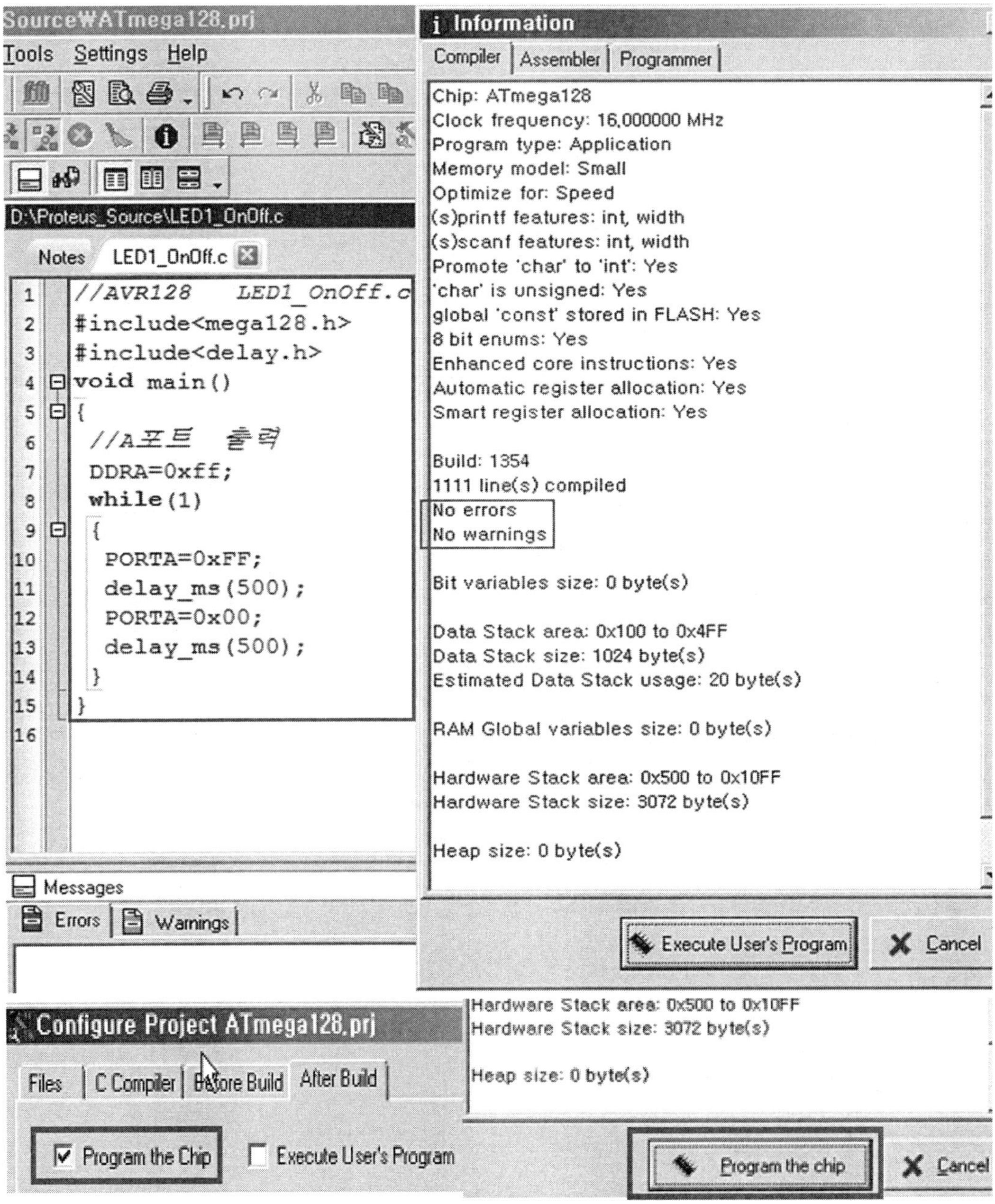

【그림 3-1-13】 PC에서 MCU로 다운로드

14 소스코드를 입력하고 에러 없이 컴파일이 잘 되었다면 시뮬레이션 툴에서 동작을 확인해보자. 프로테우스에서 그린 ATmega128위에 마우스커서가 위치해 있을 때 더블클릭하면 【그림 3-1-14】 같이 대화상자가 나타나는데 대화상자에서 (*.hex, COFF, ···등을지원) 해당 파일을 선택하고 열기 버튼을 클릭 한다.

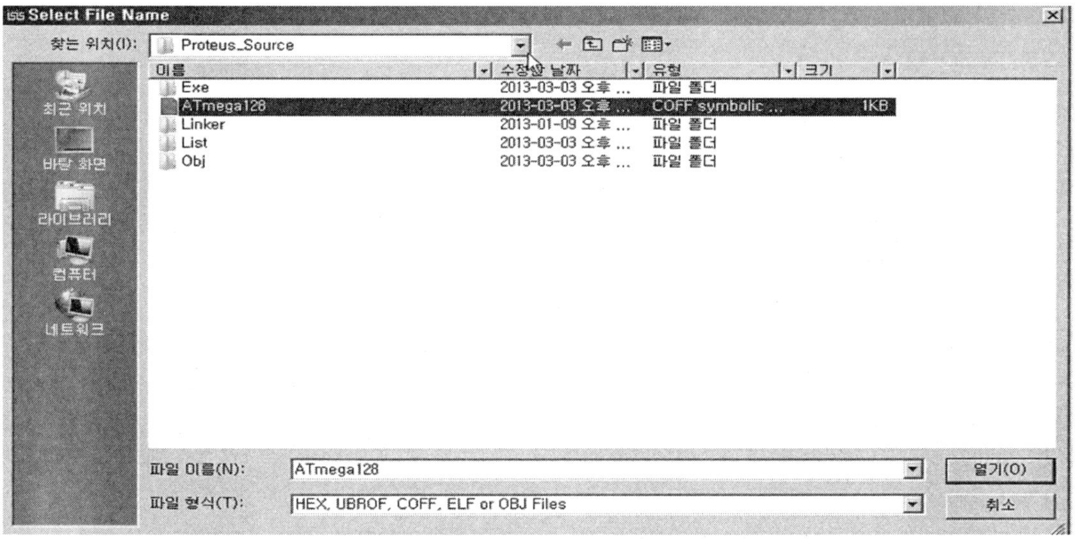

【그림 3-1-14】 COFF파일 불러오기

15 【그림 3-1-15】 에서 플레이버튼을 눌러 회로의 동작을 살펴보자!

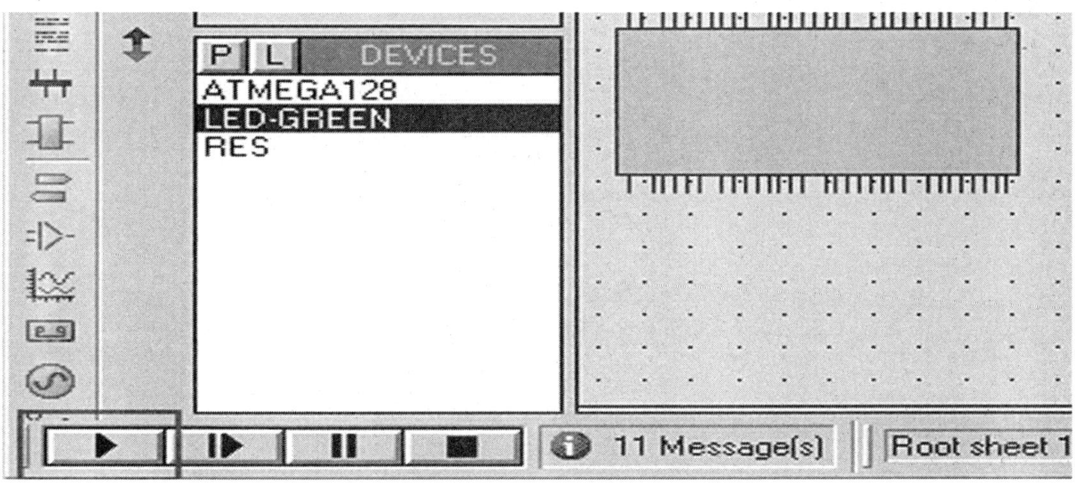

【그림 3-1-15】 시뮬레이션 하기

16 【그림 3-1-16】의 동작회로에서 좌측은 LED가 OFF일 때이고 우측은 LED가 ON으로 동작할 때의 그림이다.

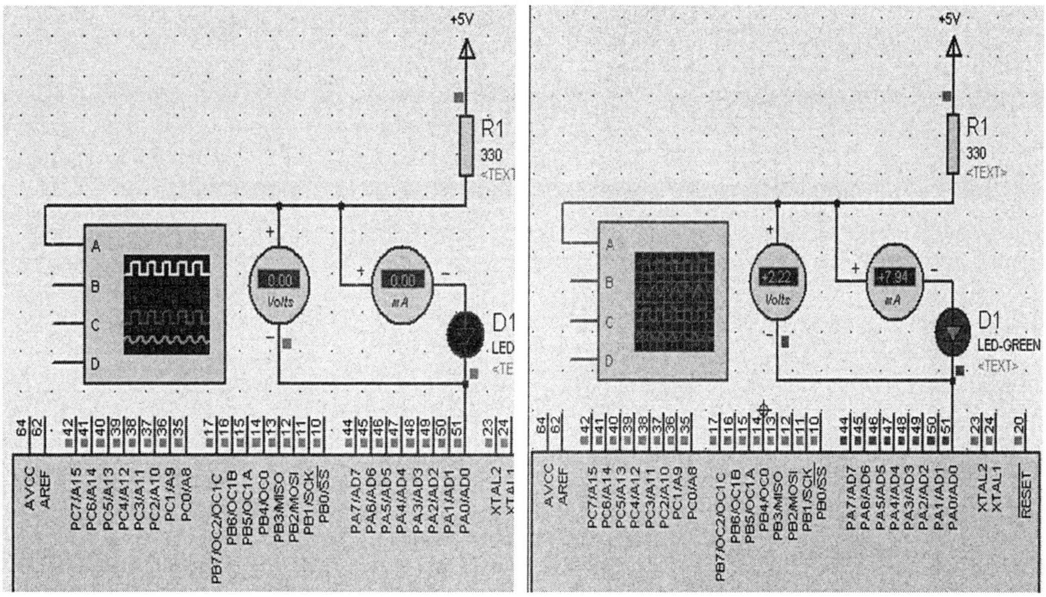

【그림 3-1-16】 LED ON/OFF제어 회로의 동작

17 【그림 3-1-17】는 LED 단자의 출력파형이다.

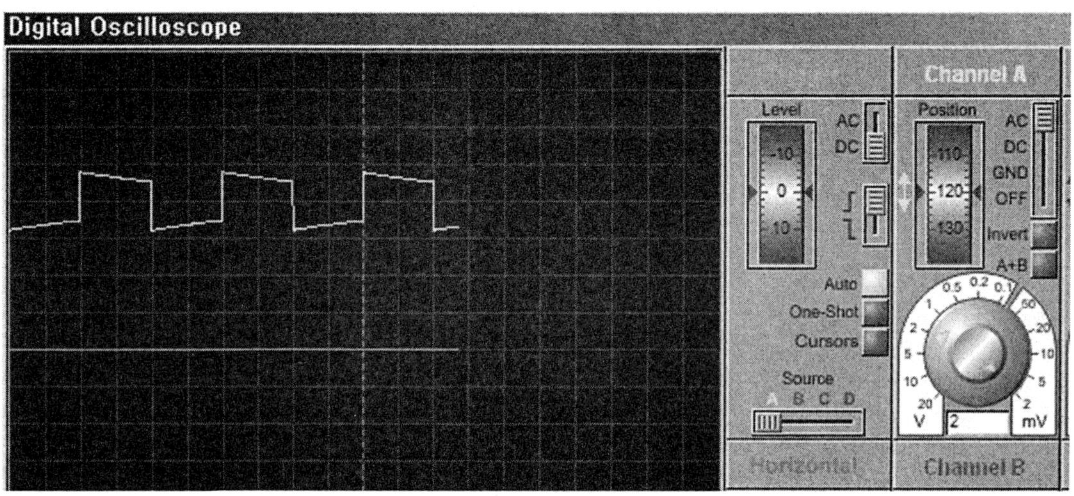

【그림 3-1-17】 LED 단자의 출력파형

18 【그림 3-1-18】은 브레드보드에서 응용회로를 구현한 사진이고 LED는 싱크전류로 동작 하므로 LED +com단자에 보호저항 300Ω 정도의 저항을 +5V와 연결해 주고 실행시키면 약 0.5초마다 LED가 ON과 OFF동작을 반복한다.

【그림 3-1-18】 회로제작 및 다운로드

프로그램[3-2] A 포트 출력 LED 출력 LED ON/OFF Shift

A포트에 연결된 8개의 LED가 좌에서 우로 1개씩만 ON이 되면서 약 0.5초 마다 이동하도록 프로그램을 작성한다.

1 프로그램[3-1]과 동일한 방법으로 【그림 3-2-1】과 같이 ATmega128의 A포트에 8개의 LED를 연결 한다.

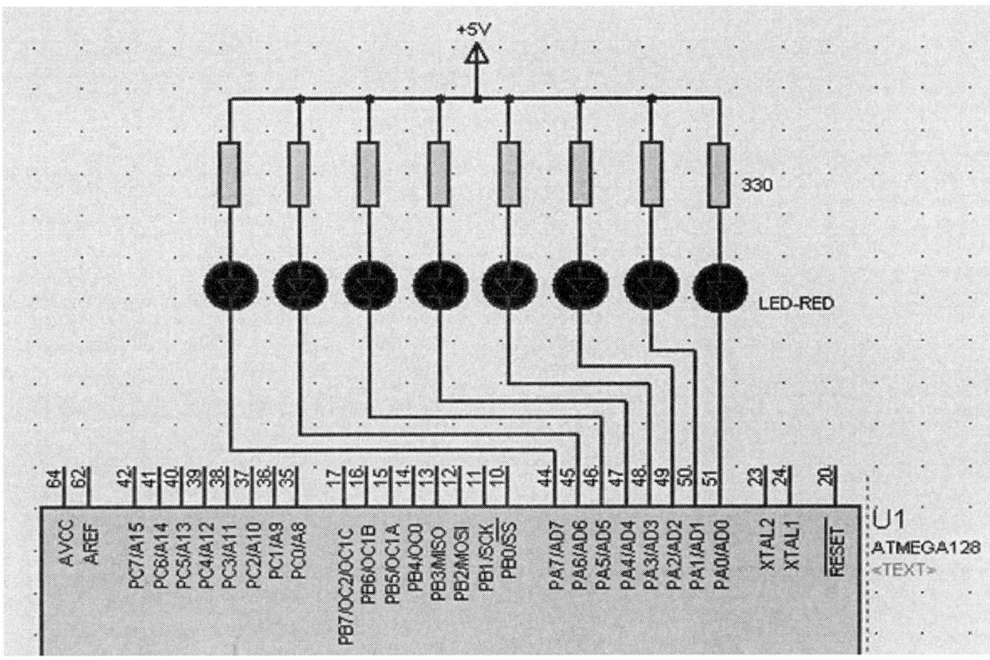

【그림 3-2-1】 LED ON/OFF Shift 회로설계

2 소스코드를 입력한 다음 컴파일 한다.

```
//Ex3-2.c
#include<mega128.h>
#include<delay.h>
void main()
{
  unsigned char LED_data[8]={0x80,0x40,0x20,0x10,0x08,0x04,0x02,0x01};  // ①
  char i;
  DDRA=0xFF;
 while(1)
 {
    for(i=0;i<8;i++)
```

```
    {
      PORTA=~LED_data[i];                                        // ②
      delay_ms(500);
    }
  }
}
```

소스코드 분석 ☞

① LED로 출력할 배열 데이터

② 싱크전류 이므로 반전을 해주었는데 배열데이터 값을 변경 해 주어도 되고 LED_data[8]={0x7F,0xBF,0xDF,0xEF,0xF7,0xFB,0xFD,0xFE}; 또는 초기 값을 주고 쉬프트연산자 <<(좌), >>(우)를 사용해도 된다.

프로그램[3-3] E 포트 LED 음수출력

A포트에 연결된 LED에 char로 부호가 있는 변수로 선언을 하면 저장 범위는 8비트로 처리가 되므로 -2^{n-1} ~ 2^{n-1}-1 (-128 ~ 127)이다. 컴퓨터에서 양수와 음수의 표현은 최상위비트가 1이면 음수이고 0이면 양수이다.

1 【그림 3-3-1】과 같이 ATmega128의 E포트에 8개의 LED를 연결한다.

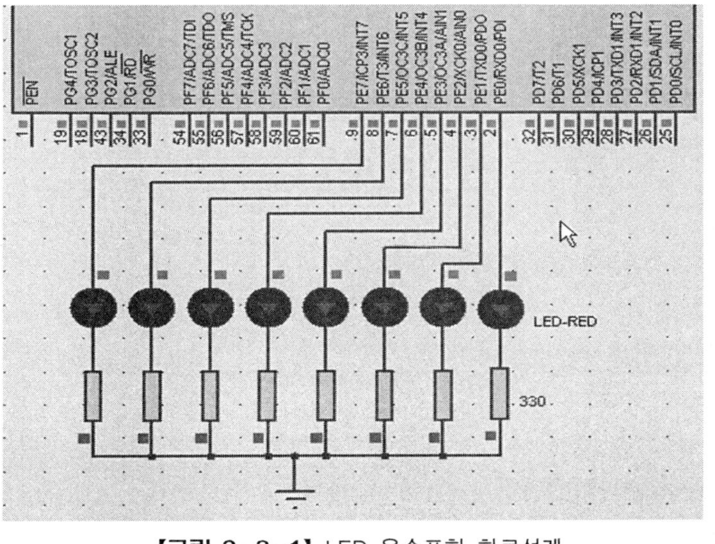

【그림 3-3-1】 LED 음수표현 회로설계

2 소스코드를 입력한 다음 컴파일을 한다.

```
//Ex3-3.c
#include<mega128.h>
void main()
{
   char data = -1;                                          // ①
   DDRE = 0xFF;
   PORTE = data;                                            // ②
}
```

소스코드 분석 ☞

① data 변수에 -1을 저장한다.

② 데이터 변수 값을 E포트로 출력, LED는 소스(source)전류로 동작이 되므로 1일 때 ON

양수를 음수로 변환 하려면 2의 보수를 취하면 된다. 양수 +1은 2진수로 표현을 하면 0000 0001이고 이를 1의 보수를 취하면 1111 1110이 된다. 음수 -1로 나타내기 위해서 2의 보수로 표현하면 1111 1111이 되어서 E 포트의 LED가 소스전류로 동작하기 때문에 모두 ON이 된다.

【그림 3-3-1】은 시뮬레이션 결과를 보면 E포트로 -1을 출력한 경우에 LED가 모두 ON으로 동작하는 것을 확인할 수가 있다.

응용과제 변수 데이터 값에 따른 LED 출력

⇨ 변수 데이터의 값을 -128로 변경을 하면 출력은 ?

프로그램[3-4] 스위치 입력 값에 따른 LED 동작

지금까지는 I/O 포트에 데이터를 출력하는 프로그램을 해보았는데 이번 예제에서는 E포트에 연결된 PUSH SW의 입력 값에 따라서 A포트에 연결된 LED가 대응하여 ON이 되도록 동작을 시킨다.

1 【그림 3-4-1】과 같이 ATmega128의 A포트에 8개의 LED를 연결 하고 E포트에 PUSH SW 8개를 연결한다. 【그림 3-4-1】은 프로테우스프로그램 상에서 SW7을 누른 경우이다.

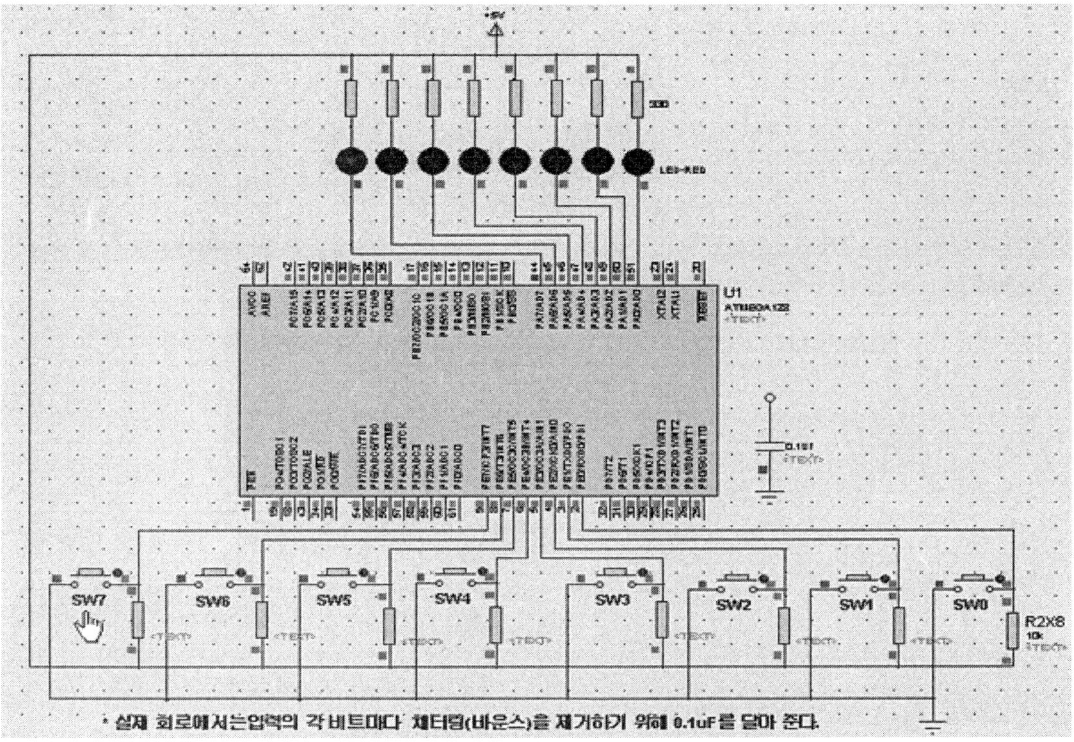

【그림 3-4-1】 PUSH SW 입력 값에 따른 LED 동작

2 소스코드를 입력 한다.

```
//Ex3-4.c
#include<mega128.h>
void main()
{
   char key;

   DDRA=0xFF;
   DDRE=0x00;
   PORTA=0xFF;

    while(1)
   {
      if(PINE!=0xFF)key=PINE;                                    // ①
      switch(key)
      {
          case 0xFE : PORTA=key; break;                          // ②
          case 0xFD : PORTA=key; break;                          // ③
          case 0xFB : PORTA=key; break;                          // ④
          case 0xF7 : PORTA=key; break;                          // ⑤
```

```
            case 0xEF : PORTA=key; break;                        // ⑥
            case 0xDF : PORTA=key; break;                        // ⑦
            case 0xBF : PORTA=key; break;                        // ⑧
            case 0x7F : PORTA=key; break;                        // ⑨
        }
    }
}
```

소스코드 분석 ☞

① PUSH SW를 누를 때만 key 변수에 값을 대입한다.
②(SW0 누른 경우), ③(SW1 누른 경우), ④(SW2 누른 경우), ⑤(SW3 누른 경우),
⑥(SW4 누른 경우), ⑦(SW5 누른 경우), ⑧(SW6 누른 경우), ⑨(SW7 누른 경우)이다.

평상시에는 외부에 풀업저항이 있으므로 1이 입력되고 PUSH SW를 누른 상태에서만 0이 입력된다.

3 【그림 3-4-2】는 실제회로 상에서 SW4를 누른 경우이다.
회로를 구현할 때에는 채터링 제거를 위해서 SW와 병렬로 0.1uF 정도의 콘덴서를 달아 준다.

【그림 3-4-2】 PUSH SW 입력 값에 따른 LED 동작

▌응용과제 PUSH SW 입력 값에 따른 LED 제어

⇨ SW2를 누르면 LED가 1개씩 ON이 되면서 좌로 시프트 하고, SW1을 누르면 우로 시프트, SW0를 누르면 정지 하는 프로그램을 작성하시오.

프로그램[3-5] 10진 카운터회로

A포트에 연결된 FND에 10진 Up카운터 동작이 되도록 설계한다.

1 【그림 3-5-1】 과 같이 ATmega128의 A포트에 FND를 연결한다.

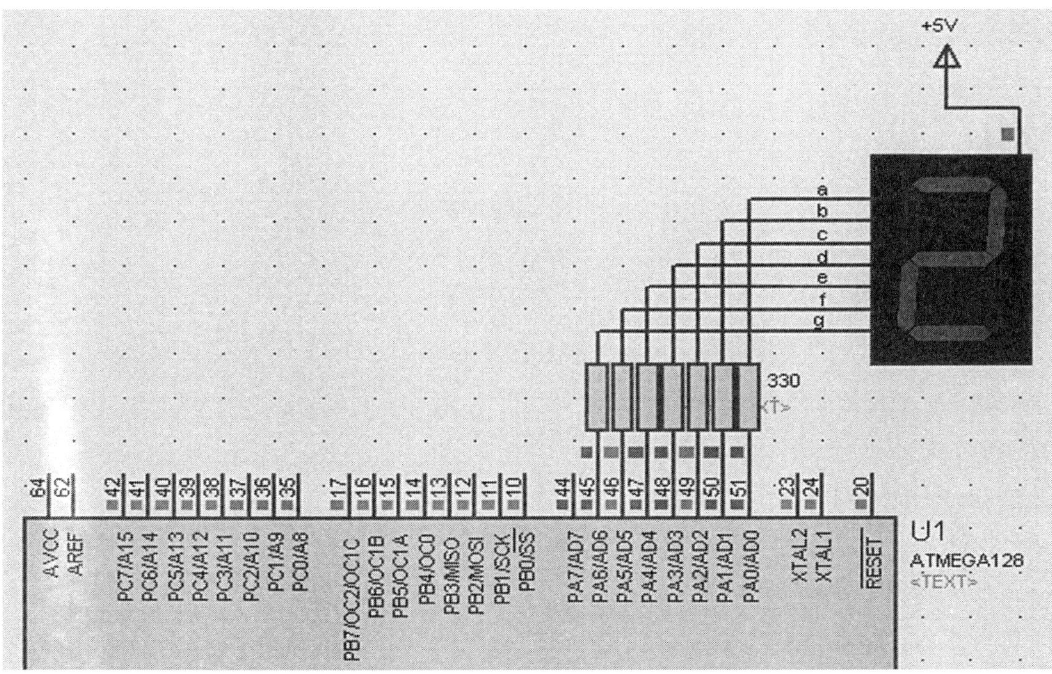

【그림 3-5-1】 10진 카운터회로 설계

2 소스코드를 입력한다.

```
//Ex3-5.c
#include<mega128.h>
#include<delay.h>
void main()
{
  int FND[10]={0x40,0xF9,0x24,0x30,0x19,0x12,0x02,0x58,0x00,0x10};   // ①
  int i;                                                             // ②
  DDRA=0xFF;
  while(1)
  {
     for(i=0;i<10;i++)
     {
       PORTA=FND[i];                                                 // ③
       delay_ms(300);
     }
  }
}
```

소스코드 분석 ☞

① FND에 표시할 0에서부터 9까지 10개의 숫자 데이터 <표3.6.1> 7 세그먼트 표시기 패턴 참고

② 배열에 있는 데이터를 가져오기 위한 변수

③ A포트로 FND의 배열에 저장된 10개의 데이터 중 i변수에 대응한 데이터 1개를 출력(싱크전류로 동작)

3 【그림 3-5-2】는 브레드보드에 회로를 구현하여 동작시킨 화면이다.

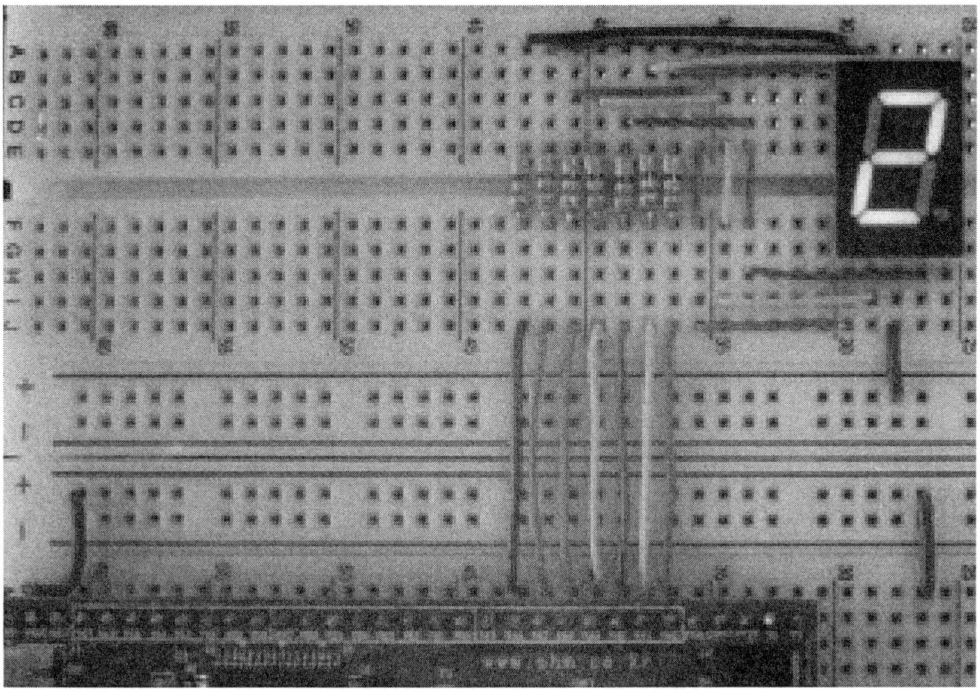

【그림 3-5-2】 10진 카운터회로의 동작

프로그램[3-6] 60진 카운터회로

C포트와 A포트에 각각 (+)공통단자의 FND를 연결하여 C포트의 FND로는 10의 자리를 표시하고 A포트의 FND로는 1의 자리를 표시하도록 하여 60진 카운터 회로가 동작되도록 설계한다.

1 【그림 3-6-1】 같이 C포트와 A포트에 각각 FND를 연결한다.

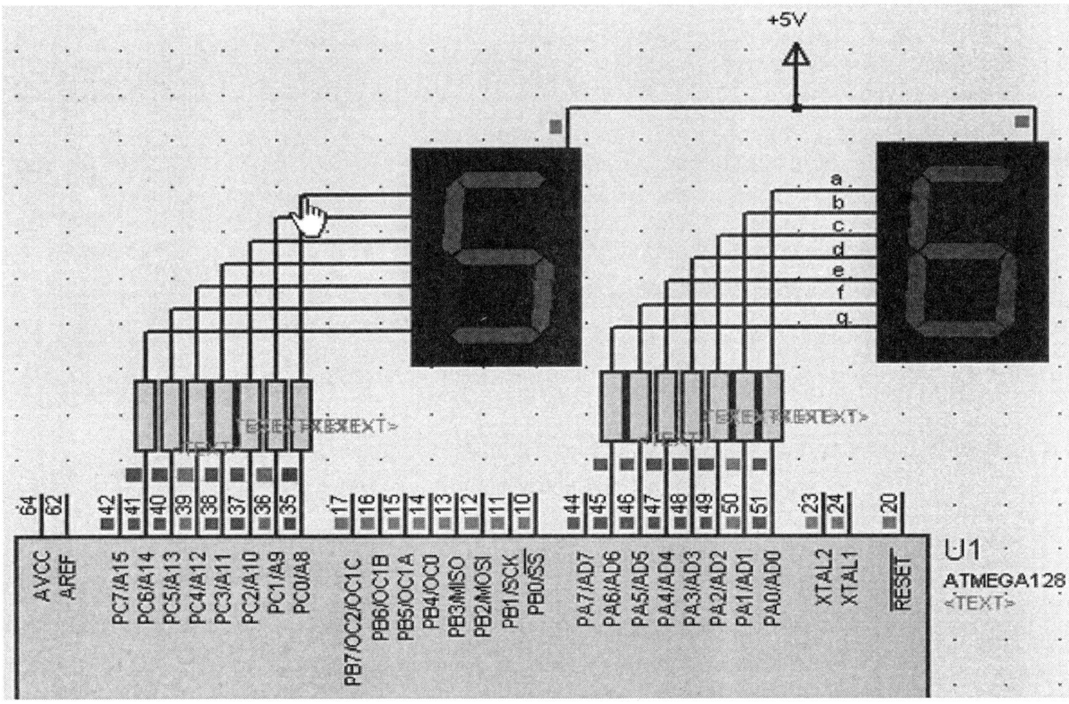

【그림 3-6-1】 60진 카운터회로 설계

2 소스코드를 입력한다.

```
//Ex3-6.c
#include<mega128.h>
#include<delay.h>
void main()
{
  int FND[10]={0x40,0xF9,0x24,0x30,0x19,0x12,0x02,0x58,0x00,0x10};

  int cnt=0,N2,N1;                                          // ①

  DDRA=0xFF;
  DDRC=0xFF;

  while(1)
  {
     N2=cnt/10;                                             // ②
     N1=cnt%10;                                             // ③
      PORTC=FND[N2];                                        // ④
     PORTA=FND[N1];                                         // ⑤
```

```
    delay_ms(300);
    cnt++;                                                          // ⑥
    if(cnt>59)cnt=0;                                                // ⑦
  }
}
```

소스코드 분석 ☞

① 60진 카운터를 저장할 변수와 FND의 10의 자리 및 1의 자리를 표시하기 위한 변수
② FND의 10의 자리의 수를 저장하는 변수
③ FND의 1의 자리의 수를 저장하는 변수
④ C 포트로 FND의 10의 자리의 수를 출력
⑤ A 포트로 FND의 1의 자리의 수를 출력(%연산자는 나머지를 구하는 연산자로 59까지의 값을 10으로 나눠 1의 자리 수에 나타내기 위해 사용한 것이다.)
⑥ 카운터 변수의 값을 1씩 증가 시킨다.
⑦ 카운터 변수의 값이 59보다 크면 0으로 초기화 한다.

▮응용과제 SW를 이용한 60진 Up/Down 카운터 회로 설계

➪ D포트의 하위비트에 PUSH SW 3개를 연결하고 SW2를 누르면 Up 카운터로 동작을 하고 SW1을 누르면 다운 카운터동작을 하며 SW0를 누르면 정지하는 프로그램을 작성하시오.

프로그램[3-7] key pad 제어하기

3X4 key pad와 4X4 key pad의 동작원리를 이해한다.

1 먼저 코딩을 하기 전에 키패드의 동작원리에 대해서 알아본다.
【그림 3-8-1】을 보면 키패드의 내부 회로를 쉽게 이해할 수 있다. 【그림 3-7-1】은 딥스위치 2번이 ON이 으로 되어 있을 때 키패드의 1번열에 +5V를 보내주는 경우 D행의 *키를 누르면 D행에 연결된 LED가 ON이 되는 것을 보여주는 것이고 【그림 3-7-2】는 2번열에 +5V를 보내 줄 때 B행의 5번 키를 누르면 B행에 연결된 LED가 ON이 되는 것을 보여주는 것이다.

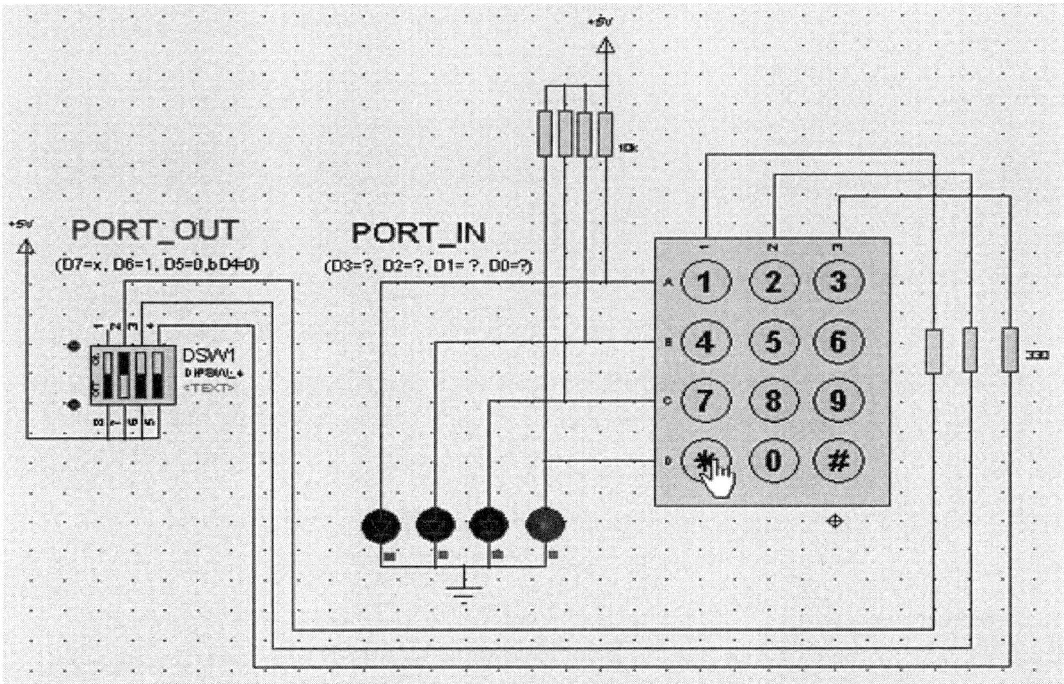

【그림 3-7-1】 key pad 3X4 동작

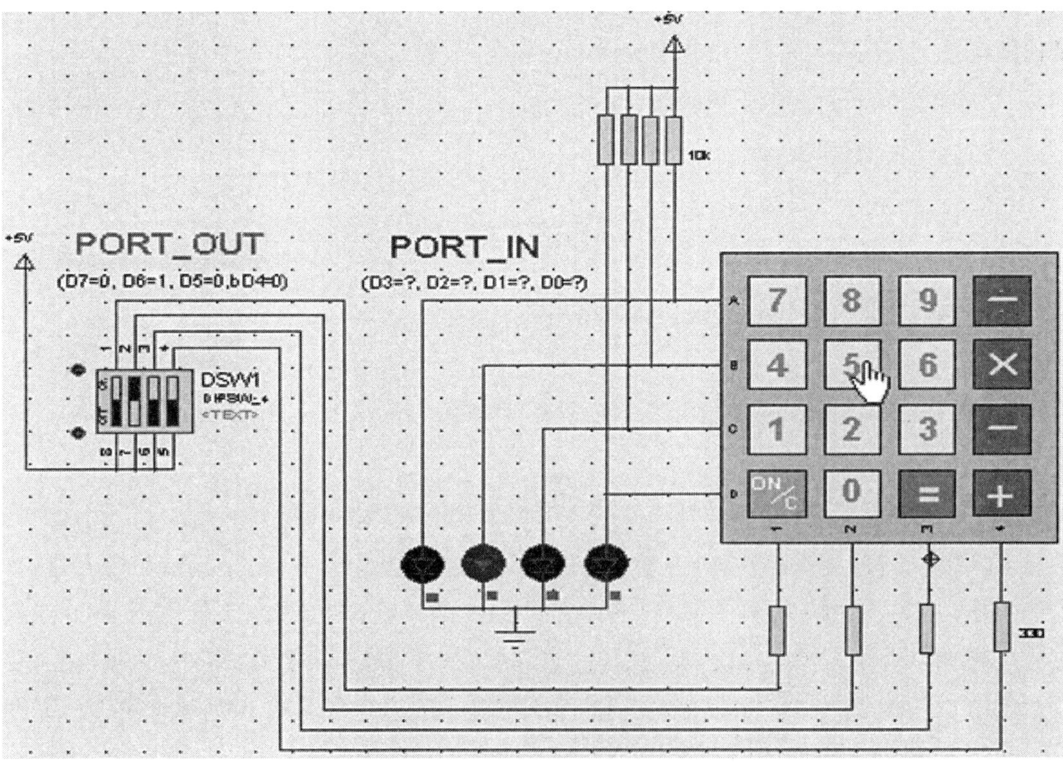

【그림 3-7-2】 key pad 4X4 동작

프로그램[3-8] key pad를 이용한 LED제어

D포트의 SW의 입력에 대응하여 A포트에 연결된 LED가 ON이 된다.
회로를 구성할 때에는 체터링(바운스)현상을 제거하기 위하여 SW와 병렬로 0.1uF의 콘덴서를 달아준다.

1 【그림 3-8-1】은 4×4 키패드에서 8번SW를 누른 경우를 보여주는 것이고 회로설계는 ATmega128 보드의 D포트에 16개의 PUSH SW를 연결하고 A포트의 하위 4비트에 LED를 연결한다.

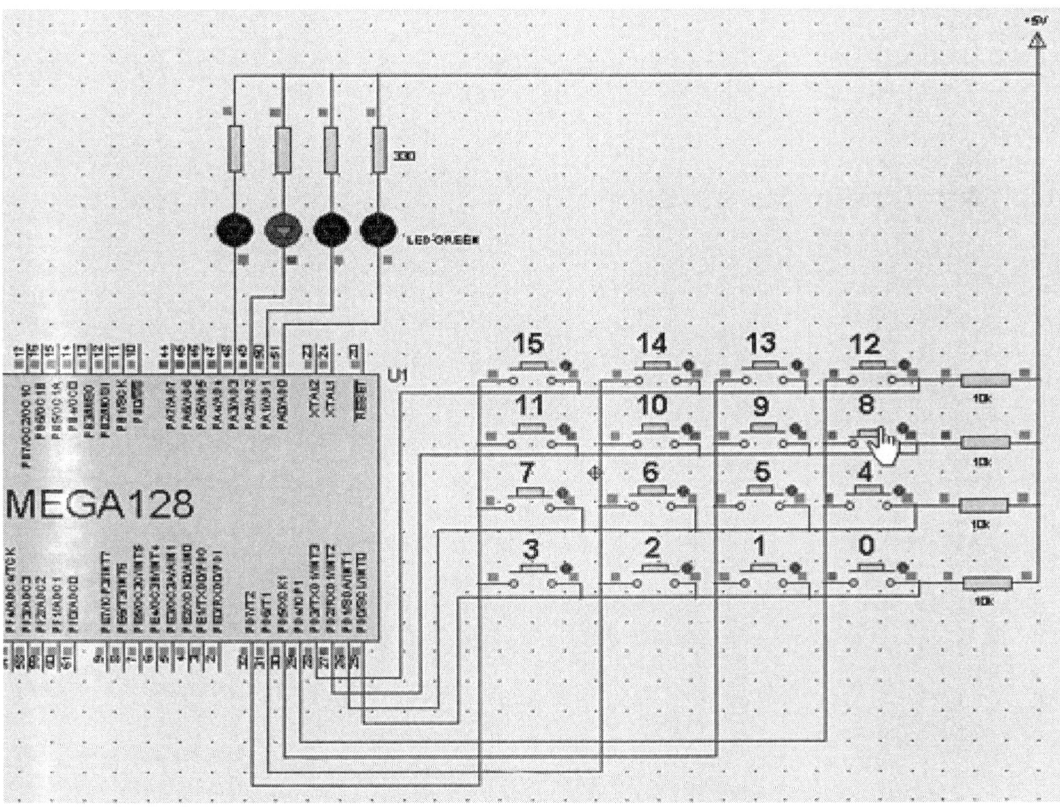

【그림 3-8-1】 key matrix 4X4 동작

2 소스코드를 입력한다.

```
//Ex3-8.c
#include<mega128.h>
void main()
{
   DDRA=0xFF;
   DDRC=0xFF;

   DDRD.7=1; DDRD.6=1; DDRD.5=1; DDRD.4=1;                     // ①

   DDRD.3=0; DDRD.2=0; DDRD.1=0; DDRD.0=0;                     // ②

   PORTD.7=1; PORTD.6=1; PORTD.5=1; PORTD.4=0;                 // ③

  while(1)
  {
     PORTA.0=PIND.0;                                          // ④
     PORTA.1=PIND.1;                                          // ⑤
     PORTA.2=PIND.2;                                          // ⑥
     PORTA.3=PIND.3;                                          // ⑦
   }
}
```

소스코드 분석 ☞

① D포트상위 4비트를 출력으로 설정
② D포트하위 4비트를 입력으로 설정
③ D포트의 상위 4비트를 1,1,1,0로 출력
④ D포트의 최하위 비트로 들어오는 입력을 A포트의 최하위 비트로 출력
⑤ D포트의 두 번째 비트로 들어오는 입력을 A포트의 두 번째 비트로 출력
⑥ D포트의 세 번째 비트로 들어오는 입력을 A포트의 세 번째 비트로 출력
⑦ D포트의 네 번째 비트로 들어오는 입력을 A포트의 네 번째 비트로 출력

▌응용과제 Key Matrix 입력받기

⇨ SW1, SW5, SW9, SW13을 입력받을 수 있는 프로그램을 작성 하시오

프로그램[3-9] Key Pad입력에 의한 FND제어

Key Pad의 입력 값에 대응하여 숫자 2, 5, 8, 0을 FND에 표시한다.

1 【그림 3-9-1】 같이 ATmega128의 D포트에 Key Pad를 연결하고 A포트에 FND를 연결한다.

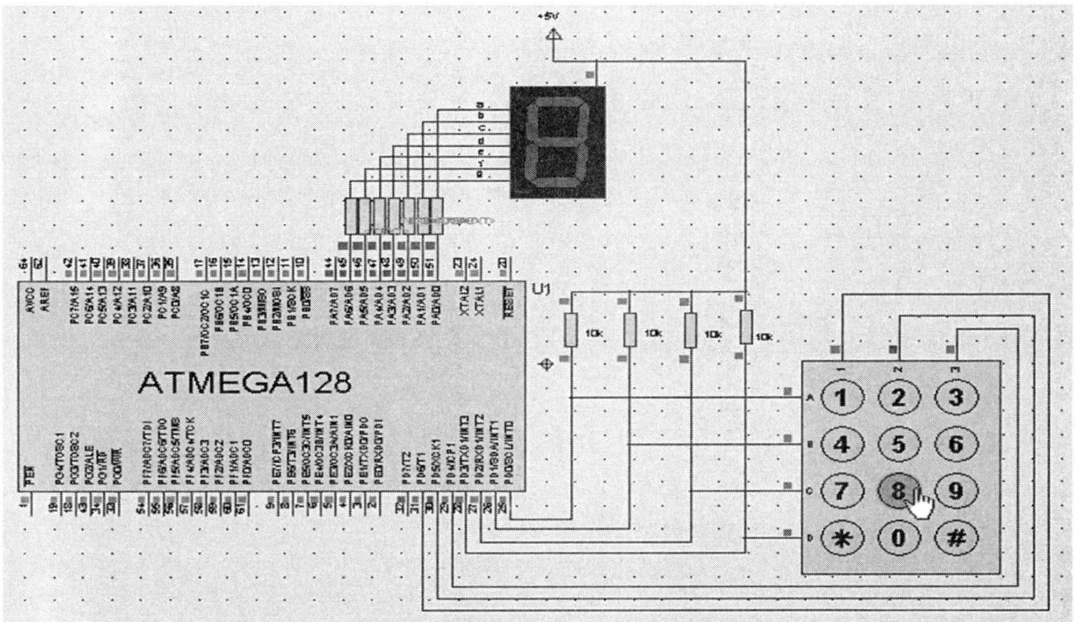

【그림 3-9-1】 key Pad 3X4 설계

2 소스코드를 입력한다.

```
//Ex3-9.c
#include<mega128.h>
void main()
{
  int FND[10]={0x40,0xF9,0x24,0x30,0x19,0x12,0x02,0x58,0x00,0x10};
  DDRA=0xFF;

  DDRD.7=1; DDRD.6=1; DDRD.5=1; DDRD.4=1;
  DDRD.3=0; DDRD.2=0; DDRD.1=0; DDRD.0=0;

  PORTD.6=1;PORTD.5=0;PORTD.4=1;                          // ①
  PORTA=0xFF;                                             // ②
  while(1)
  {
    if(PIND.0==0)PORTA=FND[2];                            // ③
    if(PIND.1==0)PORTA=FND[5];                            // ④
    if(PIND.2==0)PORTA=FND[8];                            // ⑤
    if(PIND.3==0)PORTA=FND[0];                            // ⑥
  }
}
```

🗎 소스코드 분석 ☞

① D포트 PD.6, PD.5, PD.4의 3비트로 1, 0, 1 출력 -> 2, 5, 8, 0
PORTD.6=0; PORTD.5=1; PORTD.4=1; // 0, 1, 1 출력 -> 1, 4, 7, *
PORTD.6=1; PORTD.5=1; PORTD.4=0; // 1, 1, 0 출력 -> 3, 6, 9, #
② FND에 표시할 데이터로 초기 값은 어떠한 표시도 하지 않는다.
③ D포트의 최 하위 비트 PIND.0에 0이 입력이 되면 FND는 2을 표시한다.
④ D포트의 PIND.1 비트에 0이 입력이 되면 FND는 5을 표시한다.
⑤ D포트의 PIND.2 비트에 0이 입력이 되면 FND는 8를 표시한다.
⑥ D포트의 PIND.3 비트에 0이 입력이 되면 FND는 0를 표시한다.

3 【그림 3-9-2】는 설계한 회로를 브레드보드에 구현한 것으로 키패드에서 8을 입력하였을 경우를 보여주는 사진이다.

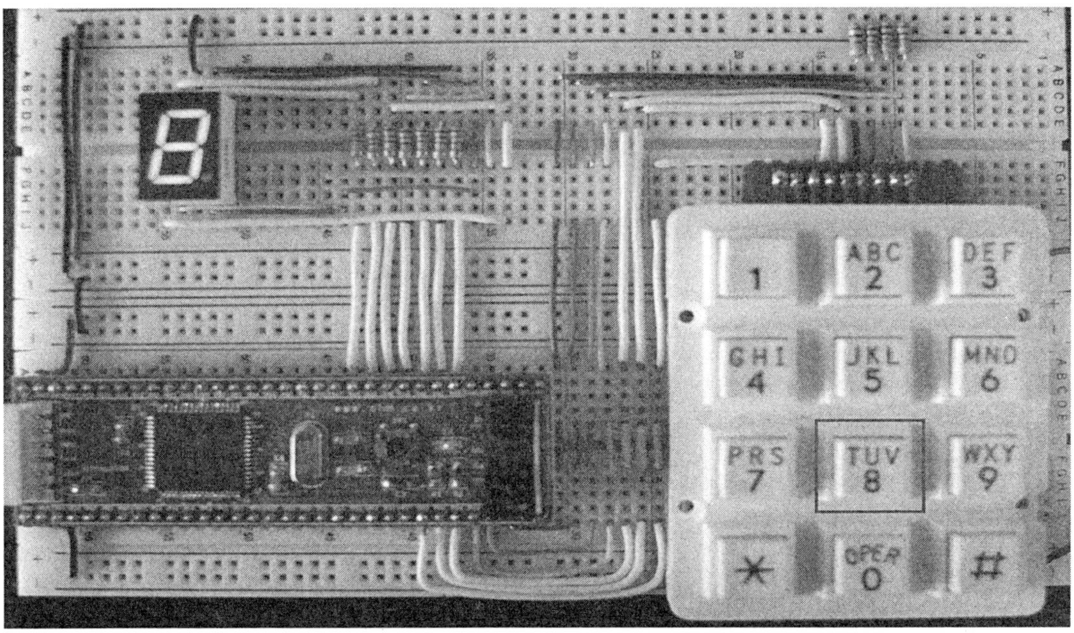

【그림 3-9-2】 key Pad 3X4 동작

▮응용과제 Key Pad 입력받기

⇨ 【그림 3-9-1】 회로에서 Key Pad의 SW0에서부터 SW9 까지 입력을 받는 프로그램을 작성 하시오.

Chapter. 4

인터럽트

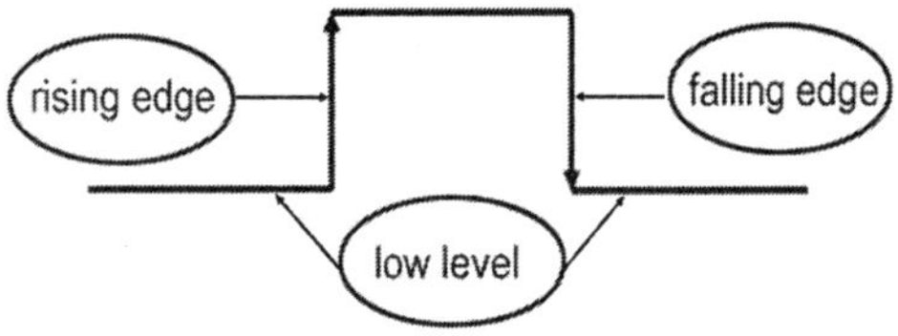

프로그래밍

프로그램[4.5.1] SREG 동작 알아보기

프로그램[4.5.2] EIFR 동작 알아보기

프로그램[4-1] 외부 인터럽트를 이용한 LED ON/OFF제어

프로그램[4-2] 외부 인터럽트값에 따른 LED동작

프로그램[4-3] 인터럽트를 이용한 10카운터회로

프로그램[4-4] 인터럽트를 이용한 60진카운터회로

제4장

인터럽트

4.1 인터럽트의 개요

인터럽트란? 일반적으로는 "(말·행동을)방해하다", "(무엇을 잠깐)중단 시키다/가로 막다"라는 뜻이고 컴퓨터제어에서는 끼어들기 또는 가로채기라고도 부른다. 실생활에서 예를 들어보자! 자동차 운전 중 돌발 상황이 발생하면 정지한 다음에 돌발 상황이 종료가 되면 다시 출발을 해야 하고, 책을 읽는 도중에 전화가 오면 전화부터 받고 난후에 다시 책을 읽는 등 여러 분야에서 쉽게 찾아 볼 수가 있다. 마이크로컨트롤러에서도 동시에 일을 처리할 수 없을 때에는 급한 일의 중요도에 따라서 우선권(Priority)이 결정된다. 하지만 지금하고 있는 일이 더 중요한 경우에는 무시될 수도 있다. 【그림 4.1.1】은 인터럽트의 개념도를 나타낸 것이다.

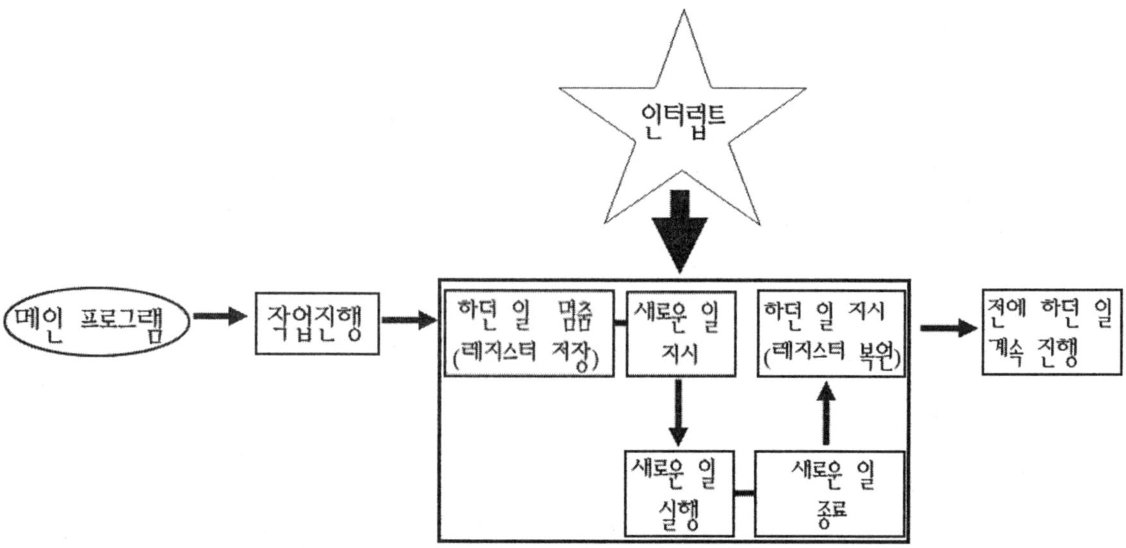

【그림 4.1.1】 인터럽트의 개념도

4.2 인터럽트의 종류

인터럽트의 종류는 마이크로프로세서와 보는 관점에 따라 다를 수 있지만 일반적으로 발생 원인이 어디에서 존재 하느냐로 분류하면 내부인터럽트와 외부인터럽트로, 차단가능 여부에 따라서 차단가능 인터럽트와 차단불가능 인터럽트로, 인터럽트발생 원인을 확인하는 방법에 따라 조사형과 벡터형으로 구분된다.

▣ 인터럽트 발생 원인에 따른 분류

1) 하드웨어 인터럽트 : 내부와 외부로 분류된다.

① 내부 인터럽트 : CPU에 정의되어 있지 않은 명령어를 실행할 경우에 발생하는 인터럽트로서 0으로 나누거나 보호된 메모리 영역에 접근하려고 할 때에 발생하는 것으로 예외(exception)상황이 라고도 한다.

② 외부 인터럽트 : 타이머의 오버플로우, 입력장치에서의 서비스요구, 멀티프로세서간의 통신요구 등이다.

2) 소프트웨어 인터럽트 : 프로그램의 실행을 그 프로그램 내에 포함시킨 명령에 의하여 중단시켜 재개할 수 있도록 해두고, 다른 프로그램의 실행으로 제어를 옮기도록 소프트웨어적으로 처리하는 방식을 말한다.

▣ 차단가능 여부에 따른 분류

1) 차단 가능 인터럽트(Mask able Interrupt) : 인터럽트 요청시에 MCU는 무조건 인터럽트를 받아들이지는 않는다. 만약 시간제약이 있는 중요한 프로그램 수행중에는 인터럽트를 거절할 수가 있다.

2) 차단 불가능 인터럽트(Non-Mask able Interrupt) : 전원 이상 등의 매우 중요한 돌발 사태에 대비하기 위해서 사용하는 것으로 프로그래머에 의해 인터럽트요청을 차단할 수 없다.

▣ 인터럽트를 요구한 방법에 따른 분류

1) 벡터형 인터럽트(Vectored Interrupt) : 인터럽트를 요청한 장치가 미리 지정된 서비스루틴의 시작번지에서 찾아 처리하는 방식이다.

2) 조사형 인터럽트(Polled Interrupt) : 인터럽트가 발생 하면 MCU가 각 주변장치를 소프트웨어적으로 조사(polling)해서 찾고 처리하는 방식이다.

4.3 인터럽트의 벡터 테이블

ATmega128에는 <표 4.3.1>과 <표 4.3.2>와 같이 35개의 다른 인터럽트가 있다.

<표 4.3.1> 리셋 및 인터럽트 벡터 (계속)

Vector No.	Program Address[2]	Source	Interrupt Definition
1	$0000[1]	RESET	External Pin, Power-on Reset, Brown-out Reset, Watchdog Reset, and JTAG AVR Reset
2	$0002	INT0	External Interrupt Request 0
3	$0004	INT1	External Interrupt Request 1
4	$0006	INT2	External Interrupt Request 2
5	$0008	INT3	External Interrupt Request 3
6	$000A	INT4	External Interrupt Request 4
7	$000C	INT5	External Interrupt Request 5
8	$000E	INT6	External Interrupt Request 6
9	$0010	INT7	External Interrupt Request 7
10	$0012	TIMER2 COMP	Timer/Counter2 Compare Match
11	$0014	TIMER2 OVF	Timer/Counter2 Overflow
12	$0016	TIMER1 CAPT	Timer/Counter1 Capture Event
13	$0018	TIMER1 COMPA	Timer/Counter1 Compare Match A
14	$001A	TIMER1 COMPB	Timer/Counter1 Compare Match B
15	$001C	TIMER1 OVF	Timer/Counter1 Overflow
16	$001E	TIMER0 COMP	Timer/Counter0 Compare Match
17	$0020	TIMER0 OVF	Timer/Counter0 Overflow
18	$0022	SPI, STC	SPI Serial Transfer Complete
19	$0024	USART0, RX	USART0, Rx Complete
20	$0026	USART0, UDRE	USART0 Data Register Empty
21	$0028	USART0, TX	USART0, Tx Complete
22	$002A	ADC	ADC Conversion Complete
23	$002C	EE READY	EEPROM Ready
24	$002E	ANALOG COMP	Analog Comparator
25	$0030[3]	TIMER1 COMPC	Timer/Countre1 Compare Match C

<표 4.3.2> 리셋 및 인터럽트 벡터

26	\$0032(3)	TIMER3 CAPT	Timer/Counter3 Capture Event
27	\$0034(3)	TIMER3 COMPA	Timer/Counter3 Compare Match A
28	\$0036(3)	TIMER3 COMPB	Timer/Counter3 Compare Match B
29	\$0038(3)	TIMER3 COMPC	Timer/Counter3 Compare Match C
30	\$003A(3)	TIMER3 OVF	Timer/Counter3 Overflow
31	\$003C(3)	USART1, RX	USART1, Rx Complete
32	\$003E(3)	USART1, UDRE	USART1 Data Register Empty
33	\$0040(3)	USART1, TX	USART1, Tx Complete
34	\$0042(3)	TWI	Two-wire Serial Interface
35	\$0044(3)	SPM READY	Store Program Memory Ready

(1) BOOTRST가 0 이면 리셋이 된 경우에 부트 로더(Boot Loader)어드레스로 점프한다.

(2) MCUCR(MCU Control Register)의 IVSEL의 값이 1이면 부트 플래시(Boot Flash) 섹션으로 이동된다.

7	6	5	4	3	2	1	0	
SRE	SRW10	SE	SM1	SM0	SM2	IVSEL	IVCE	MCUCR
R/W	R/W	R/W	R/W	R/W	R/W	R/W	R/W	
0	0	0	0	0	0	0	0	

(3) 어드레스 0x0030-0x0044는 ATmega103호환 모드에서는 존재하지 않는다.

<표 4.3.3> 리셋 및 인터럽트 벡터 위치

BOOTRST	IVSEL	Reset Address	Interrupt Vectors Start Address
1	0	\$0000	\$0002
1	1	\$0000	Boot Reset Address + \$0002
0	0	Boot Reset Address	\$0002
0	1	Boot Reset Address	Boot Reset Address + \$0002

4.4 인터럽트의 동작

마이크로컨트롤러에서 외부로부터 입력을 받는 경우에는 폴링(polling)방식과 인터럽트 방식이 있다. 폴링방식은 사용자가 명령어를 사용하여 입력 핀의 값을 계속 체크하여 변화를 알아낸 다음에 처리를 하는 방식이다. 인터럽트에 의한 방식으로는 MCU자체에서 하드웨어적으로 변화를 체크하여 그 변화에 따라 일정한 동작을 취한다. ATmega128에서는 <표 4.3.1>, <표 4.3.2> 리셋 및 인터럽트 벡터와 같이 리셋을 포함하여 35종의 인터럽트벡터를 가지고 있는데 이러한 인터럽트들을 제어하기위해서는 여러 가지의 인터럽트 마스크 레지스터를 통하여 각각 개별적으로 허용 여부를 설정할 수도 있으며, 상태 레지스터의 글로벌 인터럽트 I비트의 설정 값에 따라 전체적인 허용여부도 결정을 할 수가 있다.

4.5 외부 인터럽트 관련 레지스터

외부 인터럽트를 사용하기 위한 관련레지스터의 사용법에 대해 알아본다.

▣ SREG(Status Register) : 상태 레지스터

상태 레지스터는 ALU(Arithmetic Logic Unit)의 연산 후 상태와 결과를 저장하는 레지스터인데 각 비트의 명칭과 기능에 대해서 알아보자.

[프로그램 4.5.1]을 참고하면 이해가 쉽게 될 것이다.

Bit	7	6	5	4	3	2	1	0	
	I	T	H	S	V	N	Z	C	SREG
Read/Write	R/W	R/W	R/W	R/W	R/W	R/W	R/W	R/W	
Initial Value	0	0	0	0	0	0	0	0	

▸ Bit 7 – I : Global Interrupt Enable

전체 인터럽트를 허용하는 비트이고 개별 인터럽트의 허용은 인터럽트 마스크 레지스터로 설정한다.

▸ Bit 6 – T : Bit Copy Storage

BLD(Bit LoaD), BST(Bit STore) 명령어를 사용하여 어느 레지스터에 저장 되어있는 값 중에서 한 개의 비트 값을 복사하는데 사용된다.

▸ Bit 5 – H : Half Carry Flag

BCD(binary-coded decimal code)가·감산연산에서 오버 플로우가 발생 하면 이 비트는 0에서 1로 바뀐다.

▸ Bit 4 – S : Sign Bit

S = N ⊕ V는 N(Negative Flag)와 V(2's Compliment Overflow Flag)의 XOR (eXclusive OR)값으로 이는 정수들의 대·소 관계를 판단할 때 사용한다.

▶ Bit 3 – V : 2's Complement Overflow Flag
2의 보수연산에서 오버 플로우를 표시한다.

▶ Bit 2 – N : Negative Flag
연산 결과 값의 최상의 비트가 1로 되어 있으면 2의 보수표현을 사용하는 경우에 연산결과가 음수임을 표시한다. 프로그램[3-3]참조

▶ Bit 1 – Z : Zero Flag
연산 결과의 값이 0이 되었음을 나타낸다.

▶ Bit 0 – C : Carry Flag
연산에서 자리올림이나 자리내림이 발생하면 0에서 1로 바뀐다.

▣ EICRA(External Interrupt Control Register A)

외부 인터럽트 INT7~ INT0의 8개 중에서 4개의 인터럽트 INT3 ~ INT0 를 제어하는데 사용하는 레지스터이다. <표 4.5.1>은 외부인터럽트의 트리거(trigger)방식으로 인터럽트를 발생시킬 때 어떤 신호를 감지 할 것인가를 ISC31, ISC30 ~ ISC01, ISC00 : Interrupt Sense Control Bits의 조합으로 결정한다. ISCn1과 ISCn0의 조합에 따라 입력신호가 일정시간동안 원하는 레벨을 유지할 때 감지하는 방식, 0에서 1로 상승(Rising Edge)할 때에 감지하는 방식, 1에서 0으로 하강(Falling Edge)할 때에 감지하는 방식이 있다.

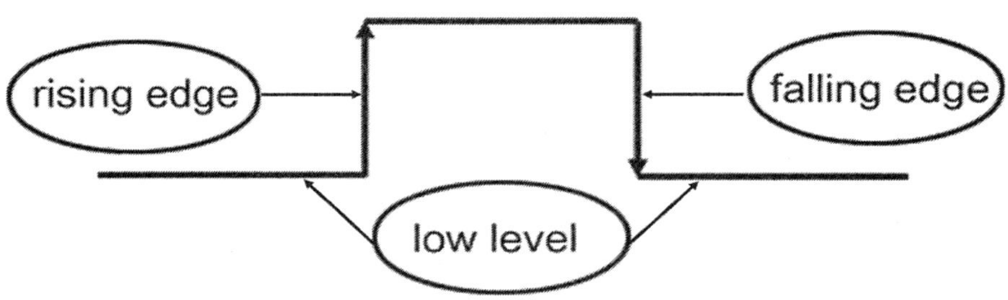

[그림 4.5.1] 트리거 방식

Bit	7	6	5	4	3	2	1	0
	ISC31	ISC30	ISC21	ISC20	ISC11	ISC10	ISC01	ISC00
Read/Write	R/W	R/W	R/W	R/W	R/W	R/W	R/W	R/W
Initial Value	0	0	0	0	0	0	0	0
	INT3(PD3)		INT2(PD2)		INT1(PD1)		INT0(PD0)	

<표 4.5.1> 외부인터럽트 INT3 ~ INT0의 트리거 방식(n=0~3)

ISCn1	ISCn0	Description
0	0	The low level of INTn generates an interrupt request.
0	1	Reserved
1	0	The falling edge of INTn generates asynchronously an interrupt request.
1	1	The rising edge of INTn generates asynchronously an interrupt request.

▣ EICRB(External Interrupt Control Register B)

외부 인터럽트 INT7~ INT0의 8개 중에서 4개의 인터럽트 INT7 ~ INT4를 제어하는데 사용하는 레지스터이다.

Bit	7	6	5	4	3	2	1	0
	ISC71	ISC70	ISC61	ISC60	ISC51	ISC50	ISC41	ISC40
Read/Write	R/W	R/W	R/W	R/W	R/W	R/W	R/W	R/W
Initial Value	0	0	0	0	0	0	0	0
	INT7(PE7)		INT6(PE6)		INT5(PE5)		INT4(PE4)	

<표 4.5.2> 외부인터럽트 INT7~INT4 의 트리거 방식(n=4~7)

ISCn1	ISCn0	Description
0	0	The low level of INTn generates an interrupt request.
0	1	Any logical change on INTn generates an interrupt request
1	0	The falling edge between two samples of INTn generates an interrupt request.
1	1	The rising edge between two samples of INTn generates an interrupt request.

▣ EIFR(External Interrupt Flag Register)

외부 인터럽트 INT7~ INT0의 발생 여부를 나타내는 레지스터로 인터럽트를 요청하면 해당 레지스터는 1이 되고 인터럽트 루틴이 실행되면 자동으로 다시 0으로 클리어 된다. 또는 플래그 비트에 1을 써주어도 클리어 되므로 [프로그램 4.5.2]를 참고하기 바란다.

Bit	7	6	5	4	3	2	1	0
	INTF7	INTF6	INTF5	INTF4	INTF3	INTF2	INTF1	IINTF0
Read/Write	R/W	R/W	R/W	R/W	R/W	R/W	R/W	R/W
Initial Value	0	0	0	0	0	0	0	0

■ EIMSK(External Interrupt Mask Register)

SREG레지스터의 I비트가 1로 셋 되어 있는 경우에 외부 인터럽트 INT7~ INT0의 인터럽트 요청의 허가를 제어한다.

Bit	7	6	5	4	3	2	1	0
	INT7	INT6	INT5	INT4	INT3	INT2	INT1	IINT0
Read/Write	R/W	R/W	R/W	R/W	R/W	R/W	R/W	R/W
Initial Value	0	0	0	0	0	0	0	0

4.6 인터럽트 사용법

CodeVisionAVR에서 인터럽트의 사용법을 알아본다. 다음은 <mega128.h>의 헤더파일에 정의된 인터럽트소스의 이름인데 이번 장에서는 EXT_INT0에서 EXT_INT7 까지 8개의 외부 인터럽트에 대해서만 다루기로 한다.

```
//~ 생략
// Interrupt vectors definitions
#define EXT_INT0 2
#define EXT_INT1 3
#define EXT_INT2 4
#define EXT_INT3 5
#define EXT_INT4 6
#define EXT_INT5 7
#define EXT_INT6 8
#define EXT_INT7 9
#define TIM2_COMP 10
#define TIM2_OVF 11
#define TIM1_CAPT 12
#define TIM1_COMPA 13
#define TIM1_COMPB 14
#define TIM1_OVF 15
#define TIM0_COMP 16
#define TIM0_OVF 17
#define SPI_STC 18
#define USART0_RXC 19
#define USART0_DRE 20
#define USART0_TXC 21
#define ADC_INT 22`
#define EE_RDY 23
#define ANA_COMP 24
#define TIM1_COMPC 25
#define TIM3_CAPT 26
```

```
#define TIM3_COMPA 27
#define TIM3_COMPB 28
#define TIM3_COMPC 29
#define TIM3_OVF 30
#define USART1_RXC 31
#define USART1_DRE 32
#define USART1_TXC 33
#define TWI 34
#define SPM_RDY 35
//~ 생략
#endif
```

외부 인터럽트를 사용하기 위해서 예를 들어 보기로 하자!

```
interrupt[인터럽트 소스 명]  void 함수 명(void)
{
  //인터럽트 서브루틴
}
```

인터럽트 소스명은 사용할 인터럽트에 따라서 EXT_INT0, TIM0_OVF …… 등을 넣어 주면 되고 함수 명은 임의로 정해 주어도 된다.

지금까지는 소스코드를 직접 입력을 하였는데 이번에는 코드 마법사를 이용하여 편리하게 소스코드를 입력하는 방법에 대하여 알아보자!

CodeVisionAVR에서 【그림 4.6.1】과 같이 코드마법사를 클릭한 다음에 OK 버튼을 클릭한다.

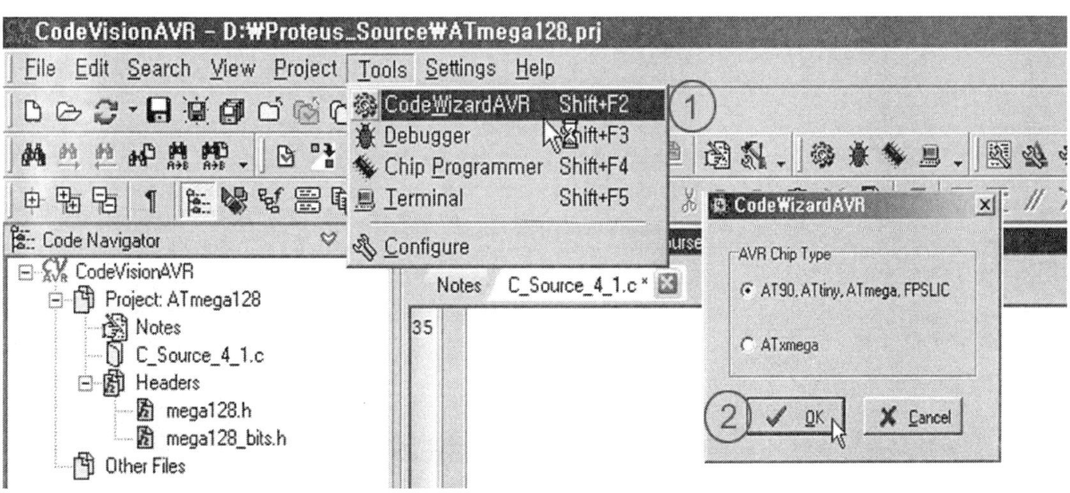

【그림 4.6.1】 코드 마법사 사용법

코드 마법사에서 외부인터럽트 INT0과 INT1을 사용한다면 【그림 4.6.2】와 같이 설정을 해준다. 【그림 4.6.3】에서 프로그램메뉴의 서브메뉴인 프리뷰메뉴를 클릭하면 코드를 자동적으로 만들어 주는데 이 코드에서 필요한 부분을 복사하여 작업하던 소스코드에 붙여 넣으면 편리하다. 다음의 소스코드는 코드마법사에서 INT0과 INT1을 사용하기 위하여 자동으로 만들어준 코드이다.

```
// External Interrupt 0 service routine
interrupt [EXT_INT0] void ext_int0_isr(void)
{
 // Place your code here
}

// External Interrupt 1 service routine
interrupt [EXT_INT1] void ext_int1_isr(void)
{
 // Place your code here
}
```

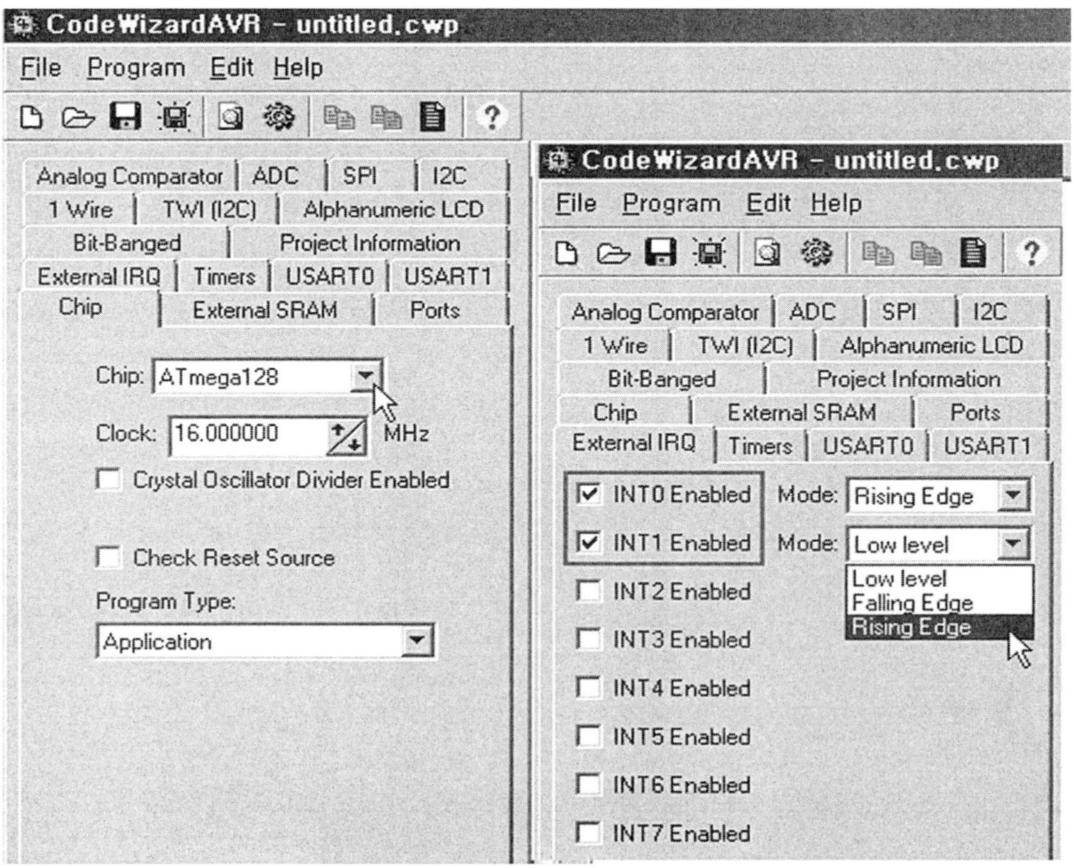

【그림 4.6.2】 외부 인터럽트 INT0과 INT1 사용

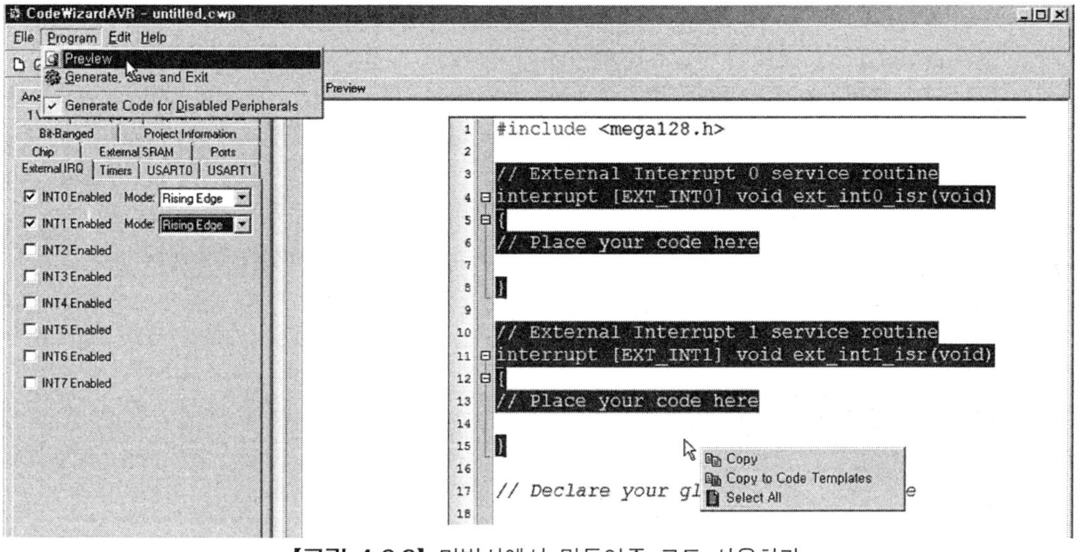

【그림 4.6.3】 마법사에서 만들어준 코드 사용하기

외부 인터럽트를 사용하기 위해서는 인터럽트와 관련된 레지스터와 상태레지스터에 값을 설정하고 인터럽트 함수를 작성한다. <표 4.6.1>은 외부 인터럽트의 사용방법을 알아보기 쉽게 정리를 한 것이다. <표 4.6.1>에서 ①EIMSK는 개별인터럽트를 설정하는 레지스터이고, ②EICRB는 인터럽트 트리거신호방식으로 INT7에서 INT4까지 설정하는 레지스터, ③EICRA는 인터럽트 트리거신호방식으로 INT3에서 INT0까지 설정하는 레지스터이다. ④SREG는 8비트 상태레지스터로 최상위비트인 I비트(전체 인터럽트 인에이블)에 1의 값을 주고 ⑤의 인터럽트함수에 코드를 작성해 주면 된다.

<표 4.6.1> 외부 인터럽트의 사용방법

입력 포트	PE7	PE6	PE5	PE4	PD3	PD2	PD1	PD0
레지스터 값 설정	① EIMSK							
	INT7	INT6	INT5	INT4	INT3	INT2	INT1	INT0
	ISC7	ISC6	ISC5	ISC4	ISC3	ISC2	ISC1	ISC0
	1 0	1 0	1 0	1 0	1 0	1 0	1 0	1 0
	② EICRB				③ EICRA			
	I	T	H	S	V	N	Z	C
	④ SREG							

인터럽트 함수 작성	⑤// External Interrupt 0 service routine
	interrupt [EXT_INT0] void ext_int0_isr(void)
	{
	// Place your code here
	}							

💻 프로그래밍 💻

💻 프로그램[4.5.1] SREG 동작 알아보기

인터럽트예제로 들어가기 전에 상태 레지스터가 어떻게 동작을 하는지 알아보기 위해서 【그림 4.5.1】를 보면 연산결과에 따라서 상태레지스터의 값의 변화를 A포트에서 E포트까지 출력을 하였고 F포트는 -128을 출력한 결과를 나타낸다.

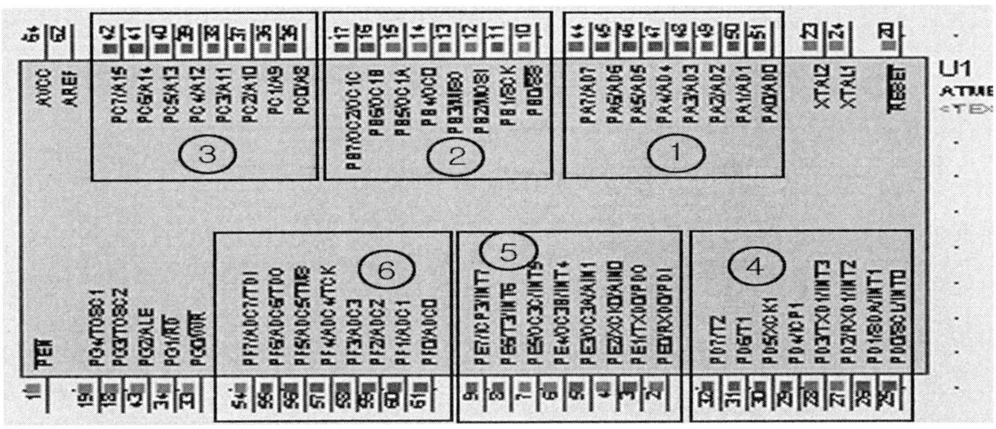

【그림 4.5.1】 상태 레지스터의 출력

```
//Ex4.5.1.C
#include<mega128.h>
void main()
{
  signed char cnt=0, cnt1=20, cnt2=80, cnt3=100;                    // ①

  DDRA=0xFF;
  DDRB=0xFF;
  DDRC=0xFF;
  DDRD=0xFF;
  DDRE=0xFF;
  DDRF=0xFF;

  cnt=cnt1+cnt2;                                                    // ②
  PORTA=SREG;

  cnt=0;                                                            // ③
  cnt=cnt1-cnt2;                                                    // ④
  PORTB=SREG;
```

```
    cnt=0;
    cnt=(cnt1+cnt2)-cnt3;                                    // ⑤
    PORTC=SREG;

    cnt=0;
    cnt=cnt2+cnt3;                                           // ⑥
    PORTD=SREG;

    cnt=0;
    cnt=cnt1-(cnt2+cnt3);                                    // ⑦
    PORTE=SREG;
    cnt=-128;
    PORTF=cnt;                                               // ⑧
}
```

소스코드 분석 ☞

① -128 ~ 127사이의 값 ※unsigned 선언 시 0 ~ 255사이의 값
② 연산결과 값이 100으로 127 보다 작다
③ 변수 초기화
④ 연산결과 값이 -60으로 -128 보다 크다
⑤ 연산결과 값이 0이 나온다
  【그림 4.5.1】의 C포트와 같이 나타난다
⑥ 연산결과 값이 180으로 127 보다 크다
  【그림 4.5.1】의 D포트와 같이 나타난다
⑦ 연산결과 값이 -160으로 -128 보다 작다
⑧ -128을 입력했을 때의 출력은?

프로그램[4.5.2] EIFR 동작 알아보기

EIFR 레지스터가 어떻게 동작을 하는가에 대하여 예제를 통해 알아본다.
프로테우스 툴을 사용하지 않을 경우에는 EIFR 레지스터의 출력인 B포트에LED를 연결하여 동작을 확인한다.

1 【그림 4.5.2】와 같이 A포트에 저항과 LED를 연결하고 E포트의 상위 비트와 D포트의 하위 비트에 각각 스위치를 연결한다.

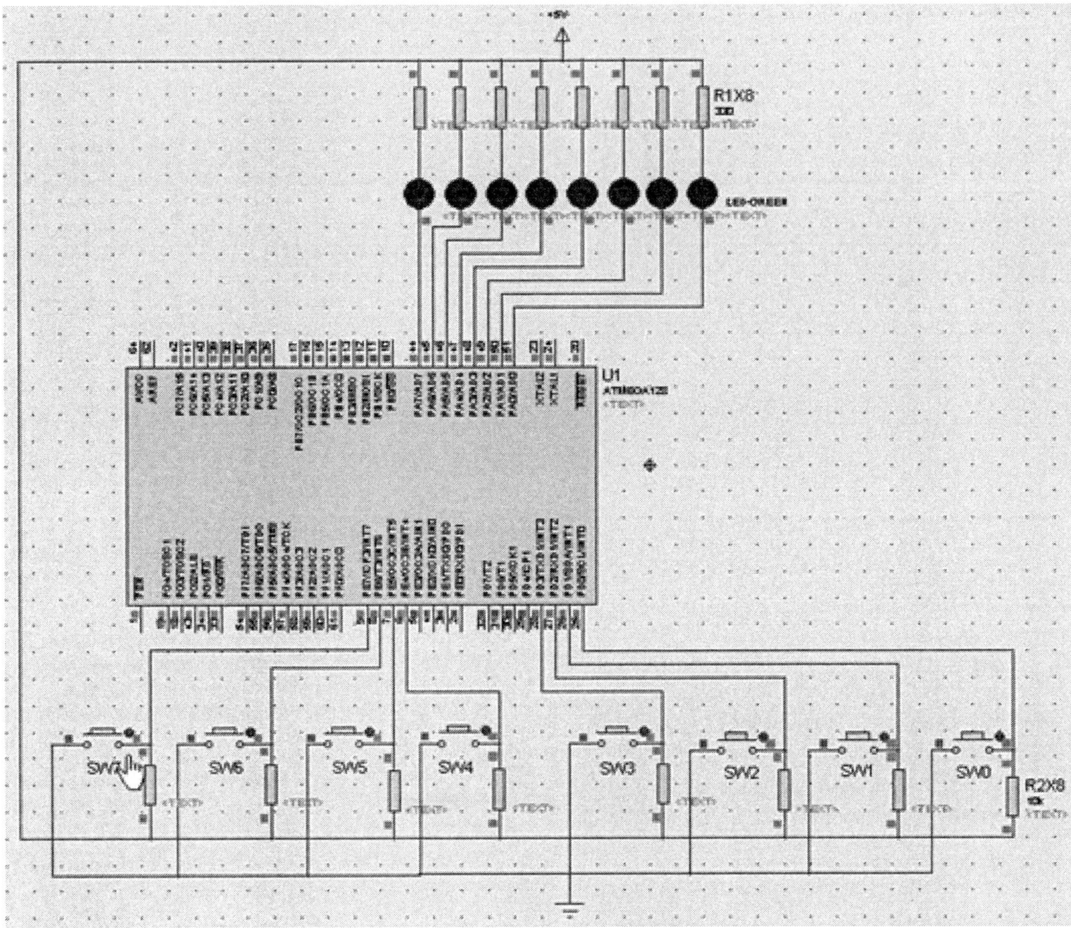

【그림 4.5.2】 EIFR 레지스터의 출력

```
//Ex4.5.2.C
#include<mega128.h>
void main()
{
  DDRA=0xFF;
  DDRB=0xFF;

  DDRD=0b11110000;                                          // ①
  DDRE=0b00001111;                                          // ②

  EICRA=0b10101010;                                         // ③
  EICRB=0b10101010;                                         // ④

  EIMSK=0b11111111;                                         // ⑤
  SREG=0x80;                                                // ⑥
```

```
  PORTA=0xFF;                                            // ⑦
  while(1)
  {
    PORTB=EIFR;
  }
}
                                                         // ⑧
interrupt[EXT_INT0] void PD0_int0(void)
{
  PORTA=0xff;                                            // ⑨
}

                                                         // ⑩
interrupt[EXT_INT1] void PD1_int1(void)
{
  PORTA=0x00;                                            // ⑪
}

                                                         // ⑫
interrupt[EXT_INT2] void PD2_int2(void)
{
  EIFR=0xFF;                                             // ⑬
}
```

소스코드 분석 ☞

① D_PORT High 4bit OUT Low 4bit IN

② D_PORT High 4bit IN Low 4bit OUT
인터럽트 초기화

③ 하강 에지
외부 인터럽트 PD3(INT3), PD2(INT2), PD1(INT1), PD0(INT0)

④ 하강 에지
외부 인터럽트 PE7(INT7), PE6(INT6), PE5(INT5), PE4(INT4)

⑤ 8개의 외부 인터럽트 인에이블

⑥ 전역 인터럽트 인에이블 비트 셋

⑦ 초기 값 -> LED OFF

⑧ 외부 인터럽트 0

⑨ 싱크전류로 동작 하므로 LED ALL OFF

⑩ 외부 인터럽트 1
⑪ 싱크전류로 동작 하므로 비트(PA1) LED ALL ON
⑫ 외부 인터럽트 2
⑬ 플래그 비트에 1을 써서 클리어 시킨다

프로그램[4-1] 외부인터럽트를 이용한 LED ON/OFF제어

외부인터럽트 D포트에 연결된 스위치를 이용한 LED동작 ON, OFF회로설계를 통해 인터럽트의 동작원리를 이해한다.

1 【그림 4-1-1】과 같이 A포트에 LED를 연결하고 D포트에 스위치를 연결한다.

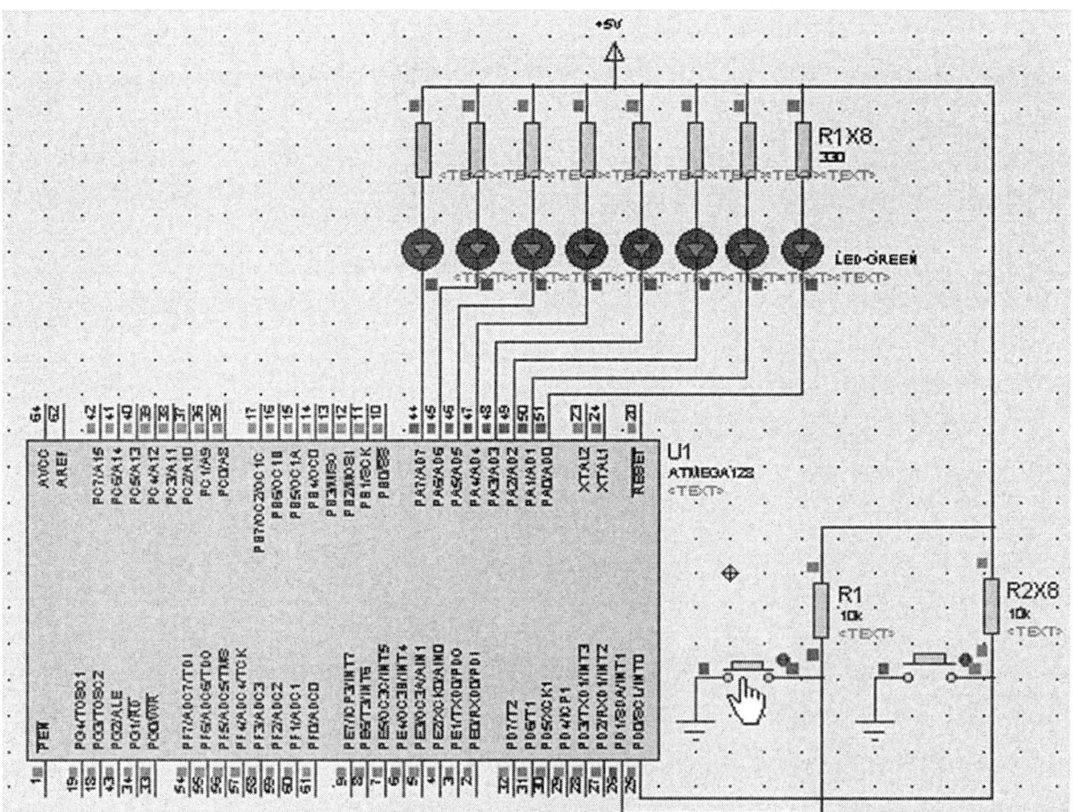

【그림 4-1-1】 인터럽트제어 회로설계 1

2 소스코드를 입력한 다음 컴파일을 한다.

```
//Ex4-1.C
#include<mega128.h>
bit flag=0;                                             // ①
void main()
{
  DDRA=0xFF;
  DDRD=0x00;
  PORTA=0xFF;
                                                        // ②
  EICRA=0b00001010;                                     // ③
  EIMSK=0b00000011;                                     // ④
  SREG=0x80;                                            // ⑤

  while(1)
  {
   if(flag==1)PORTA=0x00;                               // ⑥
   else PORTA=0xFF;
  }
}
interrupt[EXT_INT0] void PD0_int0(void)
{
  flag=0;                                               // ⑦
}

interrupt[EXT_INT1] void PD1_int1(void)
{
  flag=1;                                               // ⑧
}
```

소스코드 분석 ☞

① switch동작을 위한 변수 선언

② PORTD=0xFF; 포트D의 출력값 5V유지
 외부에서 10k의 Pull Up 저항을 연결할 경우에는 필요 없음
 인터럽트 초기화

③ 포트D 하위 2비트 하강에지

④ 포트D 하위 2비트만 사용

⑤ 전역 인터럽트 인에이블 비트 셋

⑥ 싱크전류로 LED ON

⑦ LED OFF
⑧ LED ON

프로그램[4-2] 외부인터럽트 입력값에 따른 LED동작

ATmega128의 외부인터럽트 D포트와 E포트에 각각 스위치를 연결하여 스위치 입력값에 따른 LED ON, OFF동작이 가능한 회로를 설계한다.

1 【그림 4-2-1】 과 같이 A포트에 LED를 연결하고 E포트 상위 4개의 비트와 D포트 하위 4개의 비트에 총 8개의 스위치를 연결한다.

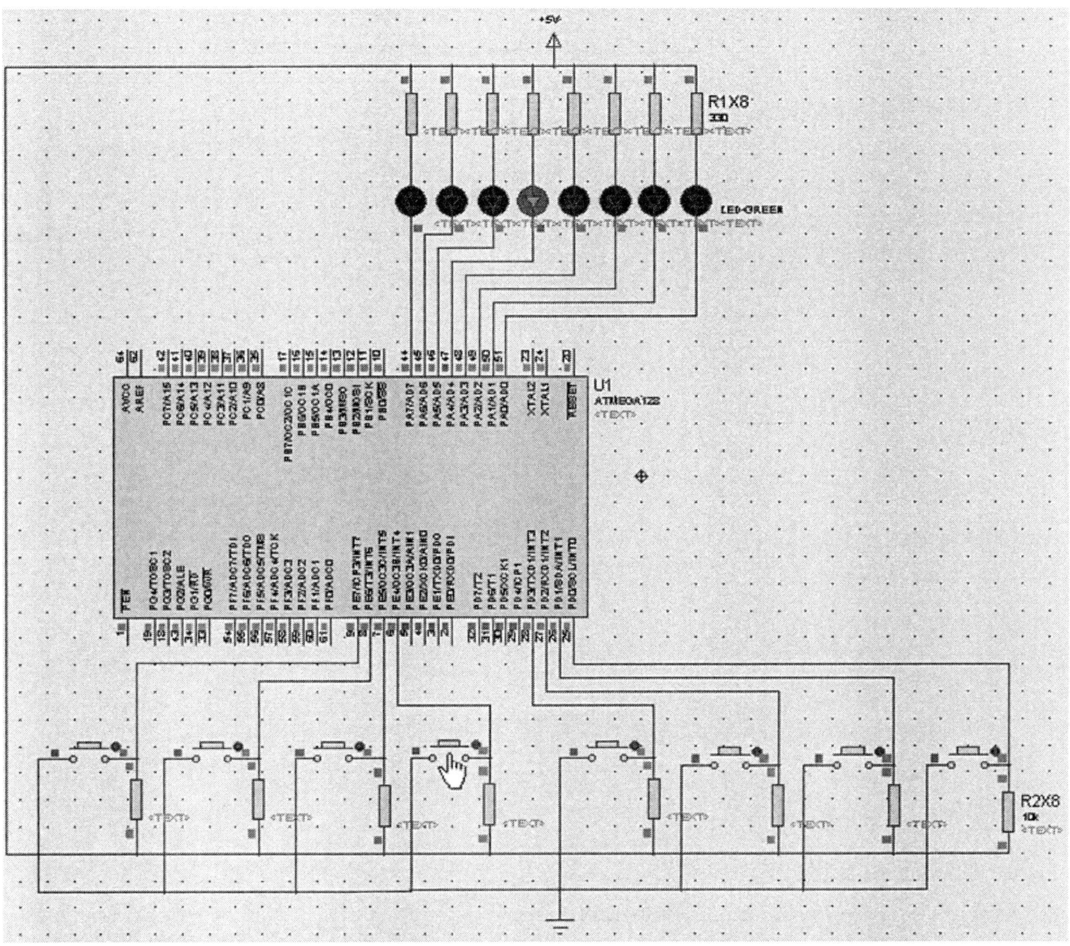

【그림 4-2-1】 인터럽트제어 회로 설계 2

[2] 소스코드를 입력한 다음 컴파일을 한다.

```
//Ex4-2.C
#include<mega128.h>
void main()
{
  DDRA=0xFF;
  DDRD=0b11110000;                                    // ①
  DDRE=0b00001111;                                    // ②
                                                      // ③
  EICRA=0b10101010;                                   // ④
  EICRB=0b10101010;                                   // ⑤
  EIMSK=0b11111111;                                   // ⑥
  SREG=0x80;

  PORTA=0xFF;                                         // ⑦
  while(1);
}
interrupt[EXT_INT0] void PD0_int0(void)
{
  PORTA=0xfe;                                         // ⑧
}
interrupt[EXT_INT1] void PD1_int1(void)
{
  PORTA=0xfd;                                         // ⑨
}
interrupt[EXT_INT2] void PD2_int2(void)
{
  PORTA=0xfb;                                         // ⑩
}
interrupt[EXT_INT3] void PD3_int3(void)
{
  PORTA=0xf7;                                         // ⑪
}
interrupt[EXT_INT4] void PE4_int4(void)
{
  PORTA=0xef;                                         // ⑫
}
interrupt[EXT_INT5] void PE5_int5(void)
{
  PORTA=0xdf;                                         // ⑬
}
interrupt[EXT_INT6] void PE6_int6(void)
{
  PORTA=0xbf;                                         // ⑭
}
```

```
interrupt[EXT_INT7] void PE7_int7(void)
{
  PORTA=0x7f;                                                        // ⑮
}
```

소스코드 분석 ☞

① DPORT High 4bit OUT Low 4bit IN
② DPORT High 4bit IN Low 4bit OUT
③ 인터럽트 초기화
④ 외부 인터럽트 PD3(INT3), PD2(INT2), PD1(INT1), PD0(INT0) 하강 에지
⑤ 외부 인터럽트 PE7(INT7), PE6(INT6), PE5(INT5), PE4(INT4) 하강 에지
⑥ 8개의 외부 인터럽트 인에이블
⑦ 초기 값 -> LED OFF
⑧ 싱크전류로 동작 하므로 최하위 비트(PA0) LED ON
⑨ 싱크전류로 동작 하므로 비트(PA1) LED ON
⑩ 싱크전류로 동작 하므로 비트(PA2) LED ON
⑪ 싱크전류로 동작 하므로 비트(PA3) LED ON
⑫ 싱크전류로 동작 하므로 비트(PA4) LED ON
⑬ 싱크전류로 동작 하므로 비트(PA5) LED ON
⑭ 싱크전류로 동작 하므로 비트(PA6) LED ON
⑮ 싱크전류로 동작 하므로 최상위 비트(PA7) LED ON

프로그램[4-3] 인터럽트를 이용한 10진 카운터회로

외부인터럽트 D포트의 최하위포트에 스위치를 연결하여 스위치를 누를 때 마다 A포트에 연결된 FND에 카운트 동작이 되도록 설계한다.

1 【그림 4-3-1】과 같이 A포트에 FND를 연결하고 D포트 최하위 비트에 스위치를 연결한다.

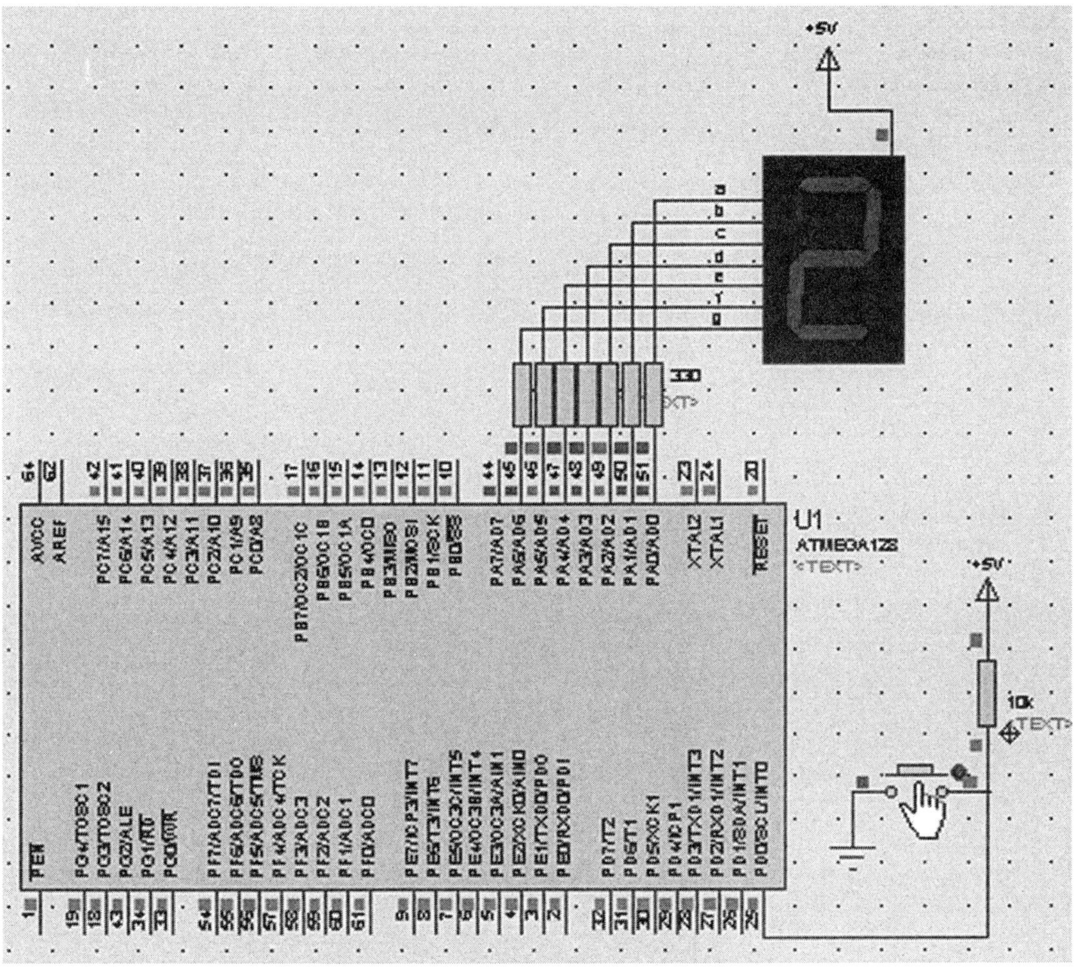

【그림 4-3-1】 인터럽트제어 회로설계 3

2 소스코드를 입력한 다음 컴파일을 한다.

```
//Ex4-3.C
#include<mega128.h>
int FND[10]={0x40,0xF9,0x24,0x30,0x19,0x12,0x02,0x58,0x00,0x10};
int cnt=0;                                                    // ①
void main()
{
  DDRA=0xff;
  DDRD=0x00;
  PORTA=0xff;

  EICRA=0b00000010;                                           // ②
  EIMSK=0b00000001;                                           // ③
  SREG=0x80;

  while(1)
  {
    PORTA=FND[cnt];
    if(cnt>9)cnt=0;
  }
}

interrupt[EXT_INT0] void PD0_int0(void)
{
 cnt++;
}
```

소스코드 분석 ☞

① 10진수를 표시하기 위한 변수

② 외부인터럽트 D포트의 최하위 포트 하강 에지

③ 외부인터럽트 D포트의 최하위 포트 인에이블

채터링을 제거하기 위한 방법으로는 크게 하드웨어와 소프트웨어방법이 있다. 먼저 하드웨어 방법으로는 입력포트의 스위치와 병렬로 0.1uF의 콘덴서를 연결하는 방법과 【그림 4-3-2】 와 같이 하드웨어에 의한 방법이 있는데 다운에지에서 동작되는 것을 확인할 수가 있다.

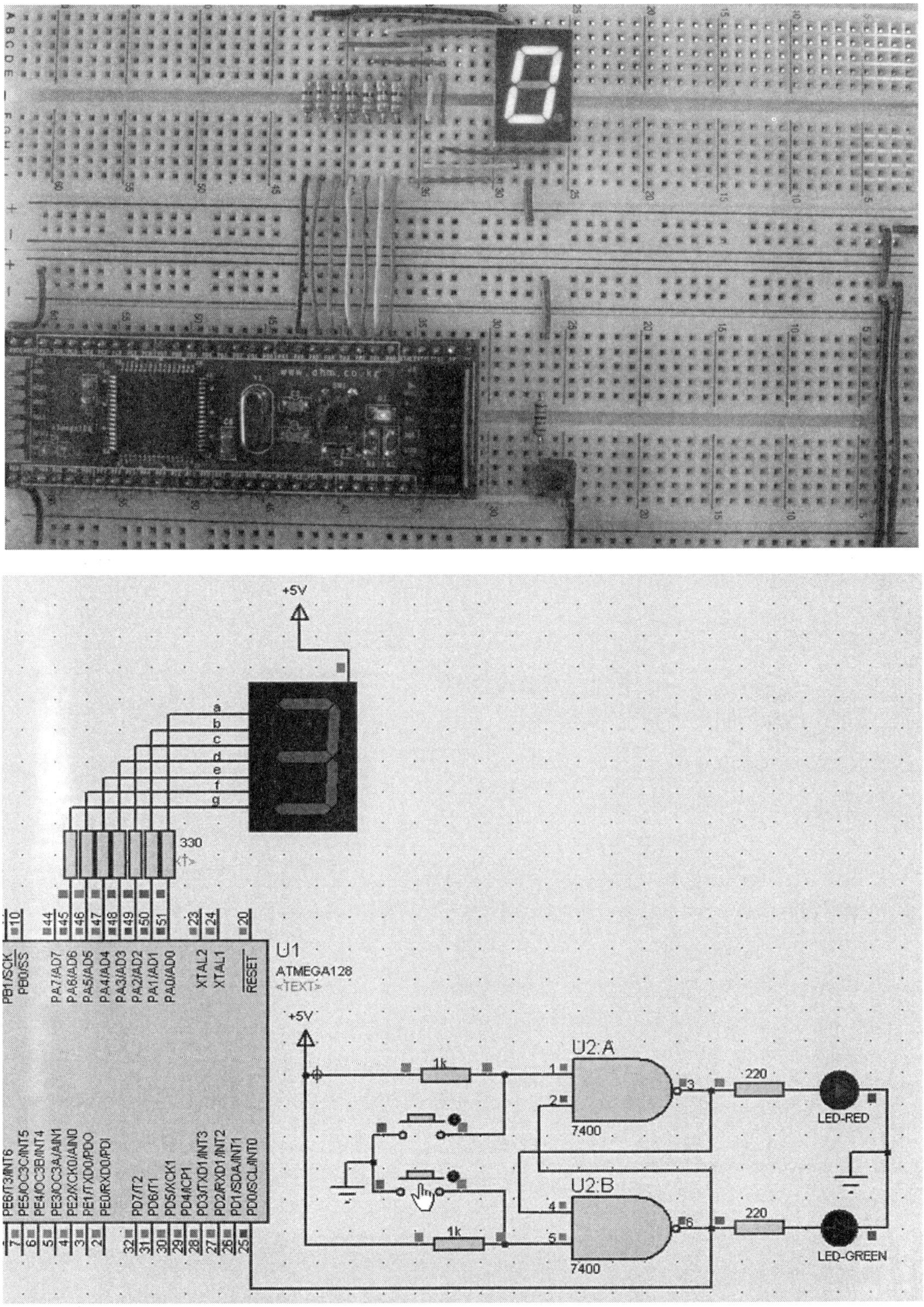

【그림 4-3-2】 하드웨어방법에 의한 채터링제거 회로

예제 4-3의 채터링을 제거하기 위한 소프트웨어 방법으로 다음과 같이 코드를 수정하는 방법이 있다.

```
1) char key=0;            //switch toggle 동작을 위한 전역변수 선언

    while(1)
   {
      if(PIND.0==1&&key==1)key=0;          //Switch를 OFF 시에
      PORTA=FND[cnt];                      //FND(+com) Sink_current
      if(cnt>9)cnt=0;
   }

}
interrupt[EXT_INT0] void PD0_int0(void)
{
      if(PIND.0==0&&key==0){cnt++;key=1;}
}
```

```
2) #include<delay.h>
   char key=0;                  //switch toggle 동작을 위한 변수 선언

  while(1)
   {
      if(key==1&&PIND.0==0){cnt=cnt+1;key=0;}
      PORTA=FND[cnt];           //FND(+com) Sink_current
      if(cnt>9)cnt=0;
      delay_ms(20);             //채터링제거
   }

}
interrupt[EXT_INT0] void PD0_int0(void)
{
  key=1;
}
```

▌응용과제 PUSH SW 입력 값에 따른 Up/Down 카운터설계

⇨ 【그림 4-3-1】 의 회로에서 SW 2개를 추가하여 Up 카운터, Down카운터, 리셋 기능을 하도록 프로그램 하시오.

프로그램[4-4] 인터럽트를 이용한 60진 카운터회로

A포트와 C포트에 연결된 FND에 외부인터럽트 D포트에 연결된 스위치를 통해 60진 카운터를 정지시키고 동작시키는 회로를 설계한다.

1 【그림 4-4-1】 과 같이 B포트에 서보 모터와 오실로스코프를 연결한다.

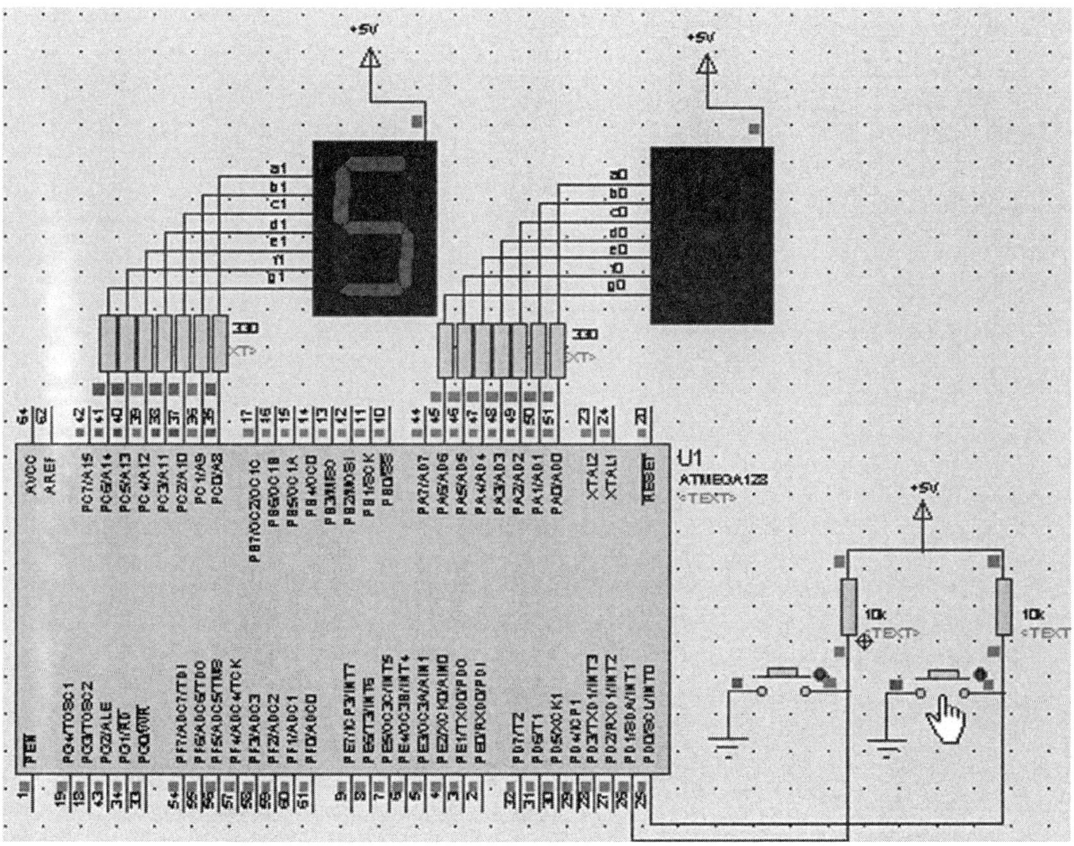

【그림 4-4-1】 인터럽트제어 회로설계 4

2 소스코드를 입력한 다음 컴파일을 한다.

```
//Ex4-4.C
#include <mega128.h>
#include <delay.h>
int FND[10]={0x40,0xF9,0x24,0x30,0x19,0x12,0x02,0x58,0x00,0x10};
int cnt=0,cnt2,cnt1;                                              //①
char flag=0;
void main()
{
  DDRA=0xFF;
  DDRC=0xFF;
  DDRD=0x00;

  PORTA=0xFF;                                                     //②
  PORTC=0xFF;                                                     //③

  EICRA=0b00001010;
  EIMSK=0b00000011;
  SREG=0x80;
  while(1)
  {
    cnt2=cnt/10;
    cnt1=cnt%10;
    PORTC=FND[cnt2];                                              //④
    PORTA=FND[cnt1];                                              //⑤
    delay_ms(300);
    if(flag==0)cnt=cnt;
    if(flag==1)cnt++;
    if(cnt>59)cnt=0;
  }
}
interrupt[EXT_INT0] void PD0_int0(void)
{
 flag=0;                                                          // ⑥
}
interrupt[EXT_INT1] void PD1_int1(void)
{
 flag=1;                                                          // ⑦
}
```

소스코드 분석 ☞

① 10진수를 표시하기 위한 변수
② 초기 값 A포트 FND(LED) OFF
③ 초기 값 C포트 FND(LED) OFF
④ C포트 FND(+com) 싱크전류로 동작
⑤ A포트 FND(+com) 싱크전류로 동작
⑥ 카운터동작 정지
⑦ 카운터동작 재개

응용과제 폴링방식과 인터럽트 방식비교

⇨ 【그림 4-1-1】 회로에서 폴링방식으로 프로그램을 할 경우에는?

Chapter. 5

타이머/카운터

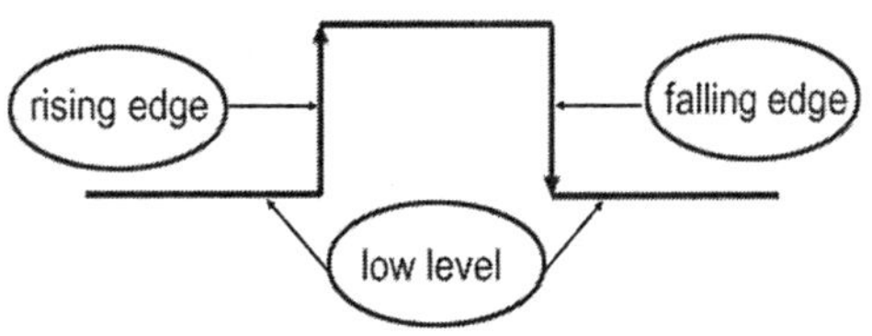

🖳 프로그래밍 🖳

프로그램[5.5.1] 타이머/카운터0 → 레지스터

프로그램[5.5.2] 타이머/카운터0 → CTC모드

프로그램[5.5.3] 타이머/카운터0 → Fast PWM 모드

프로그램[5.5.4] 타이머/카운터0 → PC PWM 모드

프로그램[5.5.5] 타이머/카운터1 → 일반 모드

프로그램[5-1] LED를 이용한 타이머/카운터 제어회로

프로그램[5-2] 타이머/카운터 0, 2를 이용한 제어회로

프로그램[5-3] 오실로스코프로 측정하는 타이머/카운터 회로

프로그램[5-4] FND를 이용한 타이머/카운터 제어회로

프로그램[5-5] 타이머/카운터응용 디지털시계 회로

제5장

타이머/카운터

5.1 타이머/카운터의 개요

일반적으로 타이머라고 하면 알람(alarm)시계를 생각하게 되는데 약속 시간을 미리 맞춰 놓으면 그 시간이 되었을 때 경보신호를 내보낸다. 가전제품의 전자레인지 및 밥솥 같은 경우에도 요리시간을 설정해두면 요리가 다 됐을 때 신호를 보내주고 가로등의 경우에도 시간 설정을 해 두면 그 설정한 시간에 맞게 점등과 소등을 할 수 있다. 이 외에도 축구, 농구 등의 경기에서는 경기시간이 주어지고 경기가 종료 되면 전광판에 경기종료를 알려주는 것도 타이머의 일종이라고 볼 수 있다.

카운터는 수를 세는데 필요한 것으로 등산객의 수를 세거나 공장에서 생산제품의 수를 세거나 불량제품의 수를 세는데 또는 통행량을 계산하는데 사용된다. 카운터는 여러 분야에서 이용이 되는데 MCU에서는 어떻게 동작을 하는지 세부적인 사항은 5.2절에서 다루기로 한다.

5.2 타이머/카운터의 일반 동작

타이머/카운터를 이해하기 위해서 먼저 클럭(Clock)에 대해서 알아본다.

컴퓨터의 CPU 또는 디지털회로가 일정한 속도로 작동하기 위해서는 일정한 간격으로 전기적인 신호(pulse : 맥박, 진동)를 공급 받아야만 되는데 이 신호는 0과 1이 번갈아 나타나는 디지털신호이다. MCU는 이 신호에 맞추어 동작을 하게 되는데 이를 '클럭'이라고 부른다. 【그림 5.2.1】은 타이머/카운터의 동작에 대한 설명이다.

T는 주기를 말하는 것으로 같은 모양의 신호가 계속 반복이 될 때에 어느 같은 모양의 한 구간에 대한 시간을 말하는 것이고 주파수는 그 신호가 1초에 몇 번을 반복 하는가를 측정한 값이다. 계산하기 쉽게 주파수가 1Hz라고 가정을 하면 주기 T=1/f[sec]로 1초가 되어 1초에

한 번씩 같은 모양의 펄스신호를 발생한다는 의미이다. 결론적으로 타이머는 T x counter이라는 계산이 나오는데 ATmega128에서는 10비트의 타이머/카운터 프리스케일러(prescaler)를 고려해야한다. 여기에서 중요한 것은 클럭의 주파수가 일정해야만 하는데 만일 주파수가 랜덤(random)하게 변한다면 정확한 시간계산을 할 수가 없으며 또한 클럭 주파수가 높을수록 주기가 짧아지므로 정밀한 시간계산을 할 수 있다. 예를 들면 클럭 주파수가 1Hz이면 T=1/f[sec]로 1초, 10Hz이면 0.1초, 100Hz이면 0.01초 …와 같이 클럭 주파수가 100Hz일 경우라면 0.01초 간격으로 시간설정을 할 수가 있다.

보통은 타이머란 MCU 자신의 시스템 클럭을 이용하는 경우에만 타이머라 부르고 외부의 펄스를 입력받을 경우에는 카운터라고 한다. 하지만 타이머는 일정한 주파수의 주기를 세어서 시간을 계산하는 것이고, 일반적인 카운터 라고 하면 주파수가 일정하든 아니든 간에 수를 세는 것인데 외부에서 주파수가 일정한 펄스를 공급해 주어 타이머로 이용할 수 도 있다.

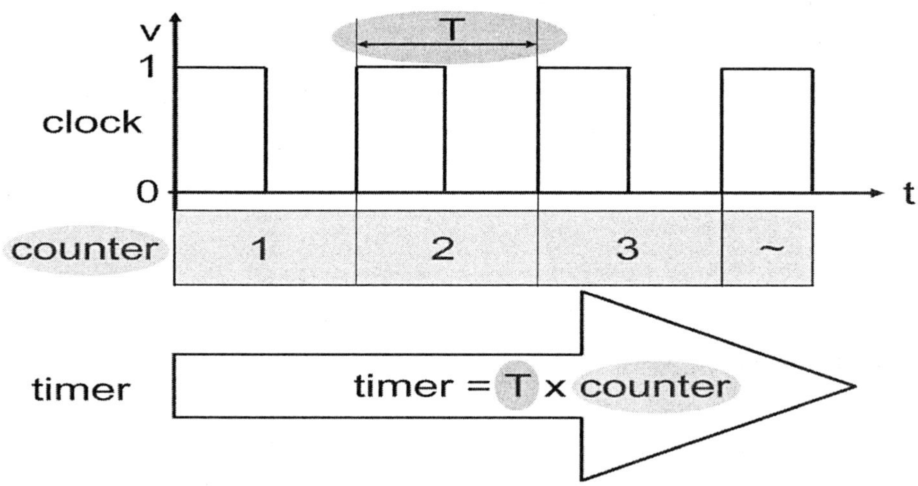

【그림 5.2.1】 타이머/카운터의 개념도

ATmega128은 4개의 타이머/카운터를 가지고 있는데 0번과 2번은 8비트 구조이고, 1번과 3번은 16비트 구조로 되어있다. <표 5.2.1>은 타이머/카운터의 특징을 요약한 것이고 <표 5.2.2>는 헤더파일에 정의되어 있는 타이머/카운터의 인터럽트벡터이다.

<표 5.2.1> 타이머/카운터 요약

	타이머/카운터0	타이머/카운터1	타이머/카운터2	타이머/카운터3
구조	8비트	16비트	8비트	16비트
카운터 동작시 외부클럭 입력핀	TOSC1(PG4)	T1(PD6)	T2(PD7)	T3(PE6)
프리스케일러	1, 8, 32, 64, 128, 256, 1024	1, 8, 32, 64, 128, 256, 1024	1, 8, 32, 64, 128, 256, 1024	1, 8, 32, 64, 128, 256, 1024
관련 레지스터	TCNT0, TCCR0, OCR0, ASSR, TIMASK, TIFR, SFIOR	TCNT1, TCCR1A, TCCR1B, TCCR1C, OCR1A,OCR1B, OCR1C, ICR1, TIMSK, ETIMSK, TIFR, ETIFR, SFIOR	TCNT2, TCCR2, OCR2, TIMSK, TIFR, SFIOR	TCNT3, TCCR3A, TCCR3B,TCCR3C, OCR3A, OCR3B, OCR3C, ICR3, TIMSK, ETIMSK, TIFR, ETIFR, SFIOR
관련 입력핀	TOSC1(PG4), TOSC2(PG3)	T1(PD6), IC1(PD4)	T2(PD7)	T3(PE6), IC3(PE7)
관련 출력핀	OC0(PB4)	OC1A(PB5), OC1B(PB6), OC1C(PB7)	OC2(PB7)	OC3A(PE3), OC3B(PE4), OC3C(PE5)
인터럽트	오버플로우, 출력 비교 매치	오버플로우, 출력 비교 매치 ABC, 입력 캡쳐	오버플로우, 출력 비교 매치	오버플로우, 출력 비교 매치 ABC, 입력 캡쳐
특징	RTC기능, 타이머/카운터 프리스케일러 사용	캡쳐 기능	-	캡쳐 기능

<표 5.2.2> 타이머/카운터 인터럽트벡터

<mega128.h>	설 명
#define TIM2_COMP 10	Timer/Counter2 Compare Match
#define TIM2_OVF 11	Timer/Counter2 Overflow
#define TIM1_CAPT 12	Timer/Counter1 Capture Event
#define TIM1_COMPA 13	Timer/Counter1 Compare Match A
#define TIM1_COMPB 14	Timer/Counter1 Compare Match B
#define TIM1_OVF 15	Timer/Counter1 Overflow
#define TIM0_COMP 16	Timer/Counter0 Capture Event
#define TIM0_OVF 17	Timer/Counter0 Compare Match A
#define TIM1_COMPC 25	Timer/Counter0 Compare Match C
#define TIM3_CAPT 26	Timer/Counter3 Capture Event
#define TIM3_COMPA 27	Timer/Counter3 Compare Match A
#define TIM3_COMPB 28	Timer/Counter3 Compare Match B
#define TIM3_COMPC 29	Timer/Counter3 Compare Match C
#define TIM3_OVF 30	Timer/Counter3 Overflow

5.3 타이머/카운터 0, 2

타이머/카운터 0은 일반적인용도로, 단일채널, 8비트 타이머/카운터 모듈이고 다음과 같은 특징을 갖는다.

- 10비트 Clock Prescaler 내장
- 비교일치 시에 타이머 자동 클리어(Auto Reload)
- PWM(Pulse Width Modulation)파형 발생
- 오버플로우와 비교매치인터럽트소스 제공(TOVO and OCFO)
- 32kHz의 시계 클럭 접속 단자 : TOSC1, TOSC2

【그림 5.3.1】의 타이머/카운터0 블록도에서 ③ CLKTn은 ① CLKI/O과 외부 클럭 중에서 선택을 하여 프리스케일러를 거쳐서 컨트롤 로직으로 들어간다.

컨트롤 로직의 출력신호 ④ count는 TCNTR0에 값을 1씩 증가(increment)시키거나 또는 1씩 감소(decrement) 시킨다.

⑤ clear는 TCNTR0 레지스터의 모든 비트들을 0으로 설정한다.

⑥ direction은 TCNT0레지스터의 값을 1씩 증가시킬 것인지 1씩 감소시킬 것인지를 선택하는 신호이다. 다음은 컨트롤 로직의 입력신호로서 ⑪ BOTTOM은 타이머/카운터가 가질 수 있는 최소값(0x00)이고, ⑫ TOP은 타이머/카운터의 동작모드에 따라서 최대값(0xFF)을 가질 수도 있고 또는 레지스터에 의해 지정될 수도 있다.

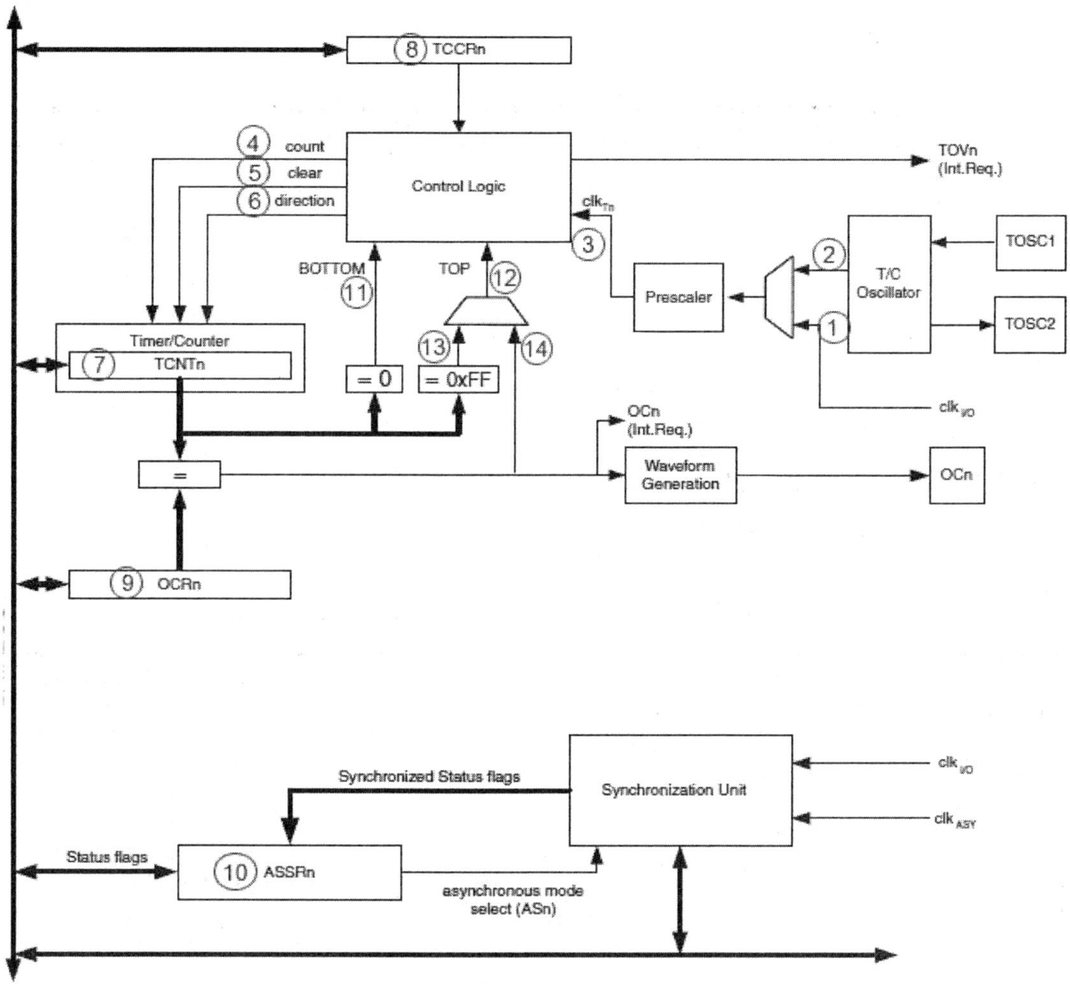

【그림 5.3.1】 타이머/카운터0 블록도

5.4 타이머/카운터0 관련 레지스터

타이머/카운터0의 관련 레지스터는 TCNT0, TCCR0, OCR0, ASSR, TIMASK, TIFR, SFIOR가 있는데 각각의 레지스터에 대하여 자세히 알아보기로 한다.

▣ TCCR0 : Timer/Counter0 Control Register

Bit	7	6	5	4	3	2	1	0
	FOC0	WGM00	COM01	COM00	WGM01	CS02	CS01	CS00
Read/Write	W	R/W	R/W	R/W	R/W	R/W	R/W	R/W
Initial Value	0	0	0	0	0	0	0	0

▶ Bit - 7 FOC0 : Force Output Compare

WGM비트가 PWM모드가 아닌 경우에만 유효하며, 1로 설정하면 Waveform Generation Unit로 동작하고 OC0핀으로 신호를 출력한다.

▶ Bit 6, 3 - WGM01:WGM00 : Wave Form Generation Mode

<표 5.4.1>은 타이머/카운터0의 동작모드를 선택한다.

<표 5.4.1> Waveform Generation Mode Bit Description

Mode	WGM01 (CTC0)	WGM00 (PWM0)	Timer/Counter Mode of Operation	TOP	Update of OCR0 at	TOV0 Flag Set on
0	0	0	Normal	0xFF	Immediate	MAX
1	0	1	PWM, Phase Correct	0xFF	TOP	BOTTOM
2	1	0	CTC	OCR0	Immediate	MAX
3	1	1	Fast PWM	0xFF	BOTTOM	MAX

▶ Bit 5:4 - COM01:00 : Compare Match Output Mode

COM01비트와 COM00비트의 조합에 따라서 타이머/카운터0의 출력단자 OC0(PB4)핀의 동작은 <표 5.4.2>, <표 5.4.3>, <표 5.4.4>와 같이 제어한다.

<표 5.4.2> Compare Output Mode, non-PWM Mode

COM01	COM00	Description
0	0	Normal port operation, OC0 disconnected.
0	1	Toggle OC0 on compare match
1	0	Clear OC0 on compare match
1	1	Set OC0 on compare match

<표 5.4.3> Compare Output Mode, Fast PWM Mode

COM01	COM00	Description
0	0	Normal port operation, OC0 disconnected.
0	1	Reserved
1	0	Clear OC0 on compare match, set OC0 at BOTTOM, (non-inverting mode)
1	1	Set OC0 on compare match, clear OC0 at BOTTOM, (inverting mode)

<표 5.4.4> Compare Output Mode, Phase Correct PWM Mode

COM01	COM00	Description
0	0	Normal port operation, OC0 disconnected.
0	1	Reserved
1	0	Clear OC0 on compare match when up-counting. Set OC0 on compare match when downcounting.
1	1	Set OC0 on compare match when up-counting. Clear OC0 on compare match when downcounting.

▸ Bit 2:0 - CS02:00 : Clock Select

이 3개의 비트들은 Timer/Counter 0 에서 <표 5.4.5>와 같이 타이머/카운터0의 분주비(prescaler)를 결정한다. (분주란? 주파수를 1/n로 하는 것으로 n은 정수이다.)

분주회로는 디지털전자회로에서 많이 사용되고 있는데 예를 들어보면, 계측기가 10MHz까지만 측정할 수 있는 경우에 100MHz의 입력신호가 들어온다면 프리 스케일러에서 분주비를 1/10로 해서 측정을 해주고 환산하여 주면 100MHz 까지도 측정을 할 수가 있다. 【그림 5.4.1】 은 타이머/카운터0의 블록도를 나타낸 것 이고, <표 5.4.6>은 Timer/Counter 2의 분주 및 외부 클럭 소스를 이용하는 경우이다.

<표 5.4.5> Clock Select Bit Description (Timer/Counter 0)

CS02	CS01	CS00	Description
0	0	0	No clock source (Timer/Counter stopped)
0	0	1	clk_{T0S}/(No prescaling)
0	1	0	clk_{T0S}/8 (From prescaler)
0	1	1	clk_{T0S}/32 (From prescaler)
1	0	0	clk_{T0S}/64 (From prescaler)
1	0	1	clk_{T0S}/128 (From prescaler)
1	1	0	clk_{T0S}/256 (From prescaler)
1	1	1	clk_{T0S}/1024 (From prescaler)

<표 5.4.6> Clock Select Bit Description (Timer/Counter 2)

CS22	CS21	CS20	Description
0	0	0	No clock source (Timer/Counter stopped)
0	0	1	$clk_{I/O}$/(No prescaling)
0	1	0	$clk_{I/O}$/8 (From prescaler)
0	1	1	$clk_{I/O}$/64 (From prescaler)
1	0	0	$clk_{I/O}$/256 (From prescaler)
1	0	1	$clk_{I/O}$/1024 (From prescaler)
1	1	0	External clock source on T2 pin. Clock on falling edge
1	1	1	External clock source on T2 pin. Clock on rising edge

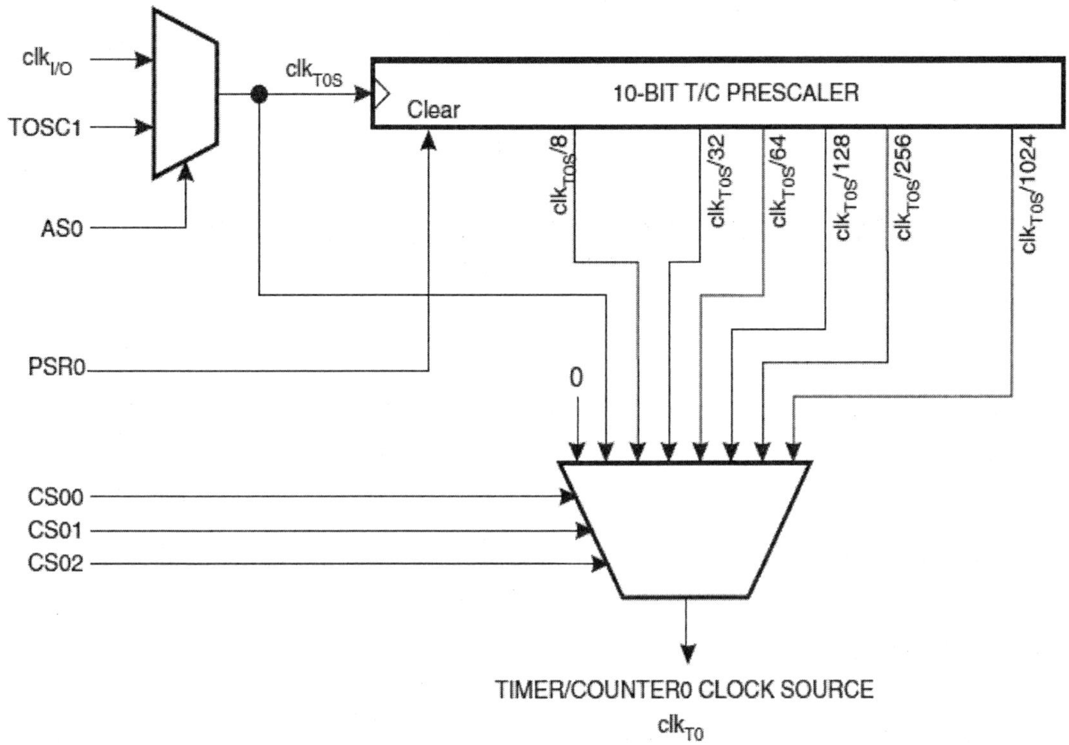

【그림 5.4.1】 타이머/카운터0 프리스케일러

▣ TCNT0 : Timer/Counter0 Control Register

읽기 및 쓰기가 가능한 레지스터로 8비트의 카운터 값을 저장한다.

Bit	7	6	5	4	3	2	1	0
	TCNT0[7:0]							
Read/Write	R/W	R/W	R/W	R/W	R/W	R/W	R/W	R/W
Initial Value	0	0	0	0	0	0	0	0

▣ OCR0 : Output Compare Register 0

이 레지스터는 TCNT0레지스터의 값과 비교하여 일치할 경우에 OC0(PB4)핀으로 설정된 값을 출력하거나 출력비교 인터럽트를 발생 시킨다.

Bit	7	6	5	4	3	2	1	0
	OCR0[7:0]							
Read/Write	R/W	R/W	R/W	R/W	R/W	R/W	R/W	R/W
Initial Value	0	0	0	0	0	0	0	0

■ TIMSK : Timer/Counter Interrupt Mask Register

타이머/카운터0, 1, 2가 발생하는 인터럽트를 개별적으로 인에이블(enable) 하는 레지스터이다.

Bit	7	6	5	4	3	2	1	0
	OCIE2	TOIE2	TICIE1	OCIE1A	OCIE1B	TOIE1	OCIE0	TOIE0
Read/Write	R/W	R/W	R/W	R/W	R/W	R/W	R/W	R/W
Initial Value	0	0	0	0	0	0	0	0

▶ Bit 1 - OCIE0 : Timer/Counter0 Output Compare Match Interrupt Enable

이 비트가 1로 설정되고 SREG의 비트가 1로 설정이 되어 있으면 타이머/카운터0의 출력비교 인터럽트가 인에이블 되고 이때 타이머/카운터0의 인터럽트가 발생되어 TIFR레지스터의 OCF0비트가 1로 되면 인터럽트 서비스 루틴이 실행된다.

▶ Bit 0 - TOIE0 : Timer/Counter0 Overflow Interrupt Enable

이 비트가 1로 설정되고 SREG의 비트가 1로 설정이 되어 있으면 타이머/카운터0의 오버플로우 인터럽트가 인에이블 되고 이때 타이머/카운터0의 인터럽트가 발생되어 TIFR레지스터의TOV0비트가 1로 되면 인터럽트 서비스 루틴이 실행된다.

■ TIFR : Timer/Counter Interrupt Flag Register

타이머/카운터0, 1, 2가 발생하는 인터럽트의 플래그를 저장하는 레지스터이다.

Bit	7	6	5	4	3	2	1	0
	OCF2	TOV2	ICF1	OCF1A	OCF1B	TOV1	OCF0	TOV0
Read/Write	R/W	R/W	R/W	R/W	R/W	R/W	R/W	R/W
Initial Value	0	0	0	0	0	0	0	0

▶ Bit 1 - OCF0 : Output Compare Flag0

이 비트는 타이머/카운터0의 TCNT0레지스터와 출력비교레지스터 OCR0 값을 비교해서 같으면 1로 셋(set) 되어 출력비교 인터럽트가 발생이 되고 이 인터럽트가 처리되면 자동으로 0으로 클리어 된다.

▶ Bit 0 - TOV0 : Timer/Counter0 Over Flag0

이 비트는 타이머/카운터0 오버플로우가 발생하면 1로 셋(set) 되어 오버플로우 인터럽트가 발생이 되고 이 인터럽트가 처리되면 자동으로 0으로 클리어 된다.

5.5 타이머/카운터0 동작

5.5.1 일반 모드 (Normal Mode)

가장 단순한 모드로 항상 업 카운터로만 동작하며, 타이머/카운터0의 8비트최대값(0xFF=255)이 되면 0x00부터 다시 시작을 한다. 레지스터(TIFR)의 오버플로우 인터럽트 플래그 TOV0은 TCNT0 값이 0xFF에서 0x00으로 될 때 1이 되어 인터럽트를 발생시킨다.
☞ 프로그램[5.5.1] 참고

타이머의 주기는 Time Period = $\frac{1}{Clock\,Frequency/\mathrm{Prescaler}} \cdot 256$ 초 이다.

5.5.2 CTC Mode(Clear Time On Compare Match Mode)

이 모드는 TCNT0레지스터의 값이 1씩 증가하여 OCR0에 설정된 값과 일치하면 다음 클럭에서 0으로 클리어 되며 TCNT0 레지스터의 값은 OCR0 레지스터의 범위를 갖는다. OC0(PB4)핀을 통해 출력을 할 경우에는 해당 핀으로 출력 할 수 있도록 DDR레지스터에 데이터의 방향을 출력으로 설정을 해 주어야 하고 이때의 주파수는

$$foc_0 = \frac{f_{clk\_I/O}}{2 \cdot N \cdot (1+OCR0)} \text{ Hz} \cdots (1)$$ 가 된다.

(1)의 수식에서 $f_{clk\_I/O}$ 는 시스템 클럭과 같은 주파수이고, N은 분주 비이다.

☞ 프로그램[5.5.2] 참고

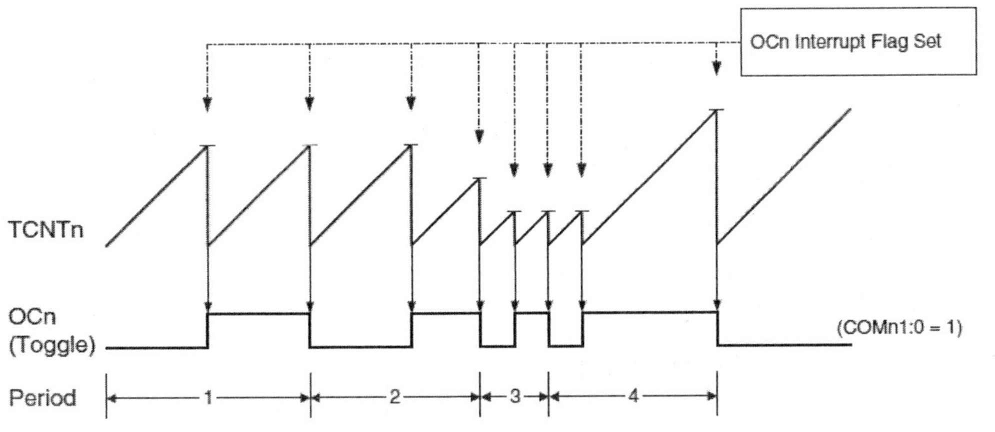

[그림 5.5.1] 타이머/카운터0 CTC 모드

5.5.3 Fast PWM Mode(Fast Pulse Width Modulation Mode)

이 모드는 높은 주파수의 PWM파형을 발생하는데 유용하며 TCNT0 레지스터의 값이 1씩 증가하여 OCR0 레지스터에 설정된 값과 비교하여 일치하면 OC0핀에 0을 출력하고, TCNT0의 값이 0이 되면 1이 출력되고 파형의 주파수는 식(1)과 같다. ☞ 프로그램[5.5.3] 참고

$$f_{OC0}pwm = \frac{f_{clk\_I/O}}{N \cdot 256} \quad \cdots \ (1)$$

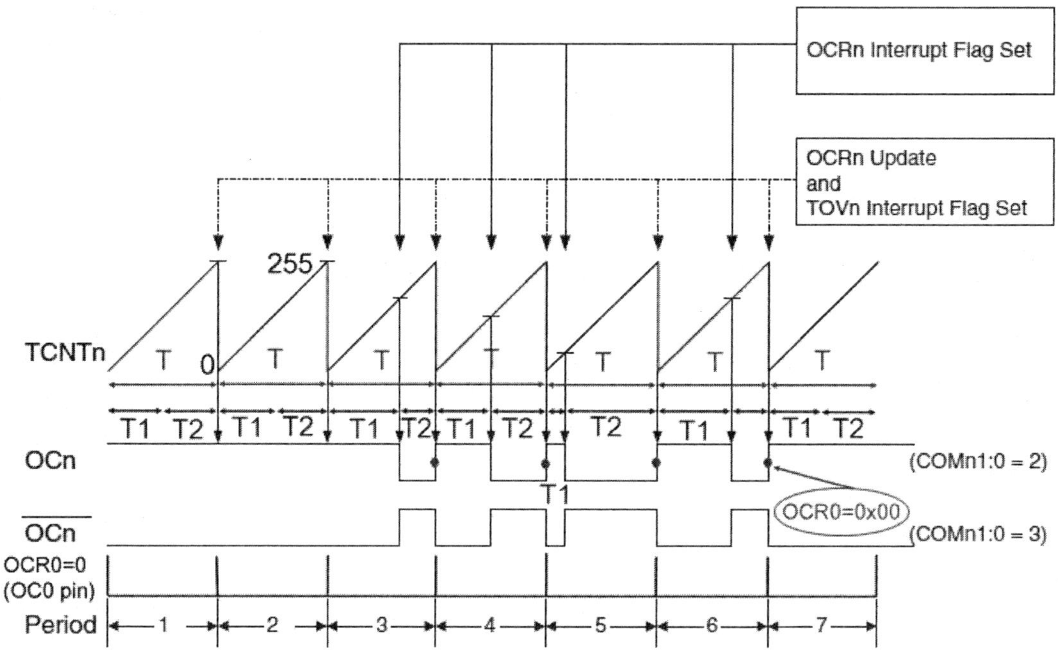

【그림 5.5.2】 타이머/카운터0 Fast PWM 모드

5.5.4 PC PWM Mode(Phase Correct PWM Mode)

이 모드는 높은 분해능의 PWM 출력 파형을 발생 시키는 기능으로 TCNT0레지스터의 값이 0x00에서 0xFF까지 증가하였다가 다시 0x00으로 감소하는 동작(dual-slope operation)을 반복적으로 수행한다.

이 모드에서 출력 주파수는 TCNT0의 값이 0x00 → 0xFF → 0x00 으로 반복적으로 변화하므로 결국은 0xFF(255) X 2와 같으므로 (1)의 수식에서 분모는 510 이 되고 【그림 5.5.3】은 타이머/카운터0의 PC PWM의 동작을 나타낸 것이다.

$$f_{OC0PCPWM} = \frac{fclk\_I/O}{N \cdot 510} \quad \cdots \ (1)$$

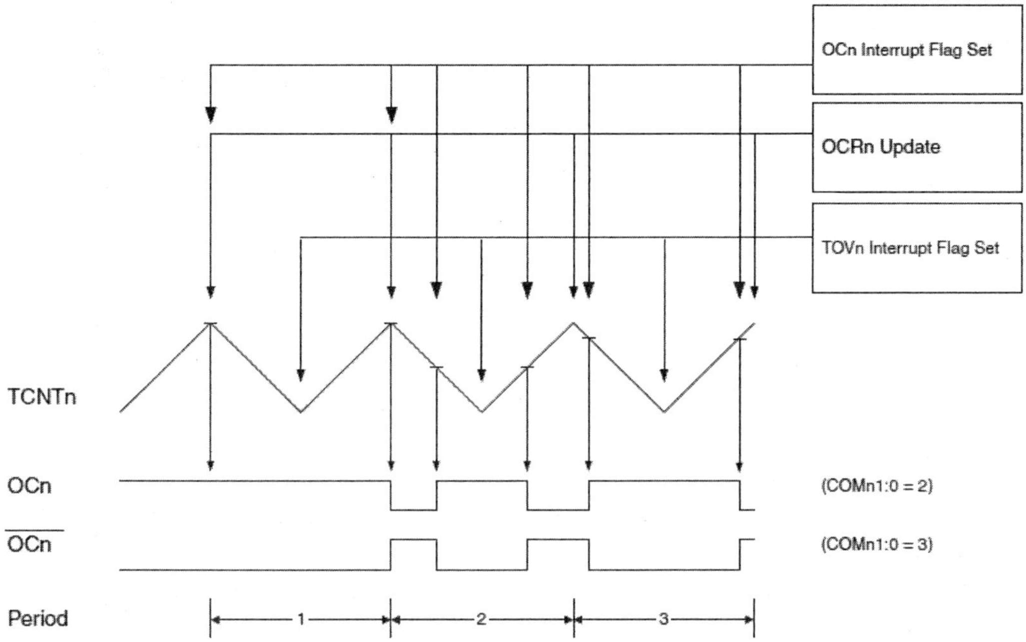

【그림 5.5.3】 타이머/카운터0 PC PWM 모드

5.6 타이머/카운터0의 동작 타이밍

타이머/카운터0의 동작 타이밍 도를 보면 【그림 5.6.1】 에서는 분주가 없는 경우에 클럭과 TCNT0 레지스터 값이 최소값(BOTTOM)에서 최대값(MAX)까지 변화할 때 TIFR 레지스터의 오버플로우 인터럽트 플래그 비트(TOV0)의 변화를 보여주는 것 이고 【그림 5.6.2】 는 분주비가 1/n에서 n은 8인 경우를 나타낸 것이다.

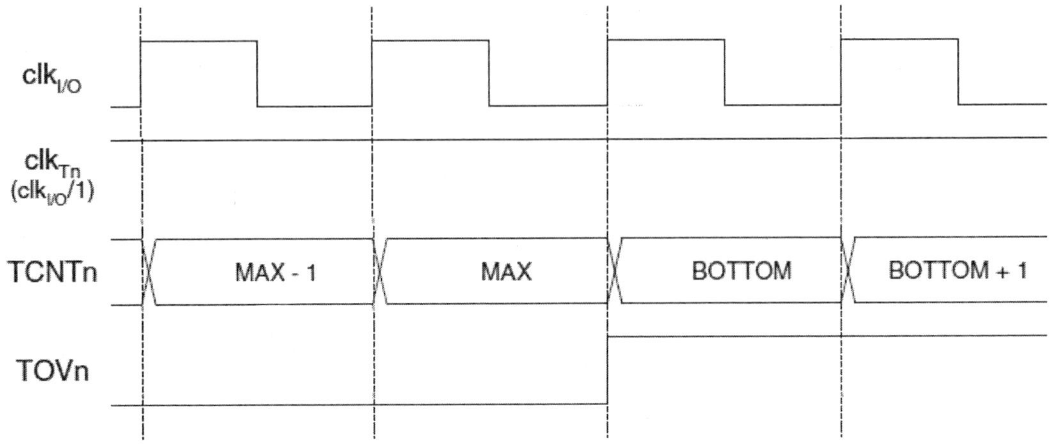

【그림 5.6.1】 타이머/카운터0에서의 타이밍(No Prescaling)

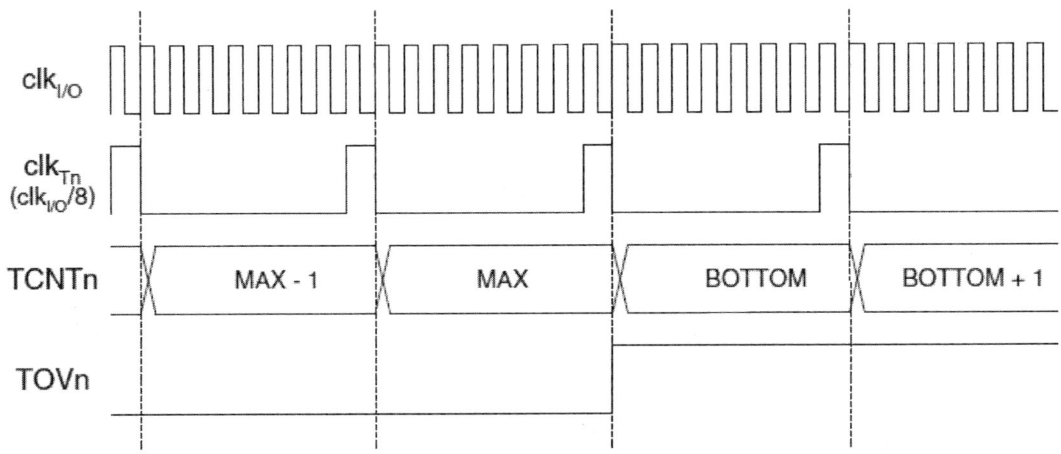

【그림 5.6.2】 타이머/카운터0에서의 분주 비$(f_{clk_I/O}/8)$

【그림 5.6.3】 은 CTC 모드를 제외한 동작모드에서 TCNT0레지스터와 OCR0레지스터 및 TIFR레지스터의 출력비교 인터럽트 플래그 비트(OCF0)의 변화를 나타낸 것이고, 【그림 5.6.4】 는 CTC 동작 모드에서의 OCF0의 변화를 나타낸 것이다.

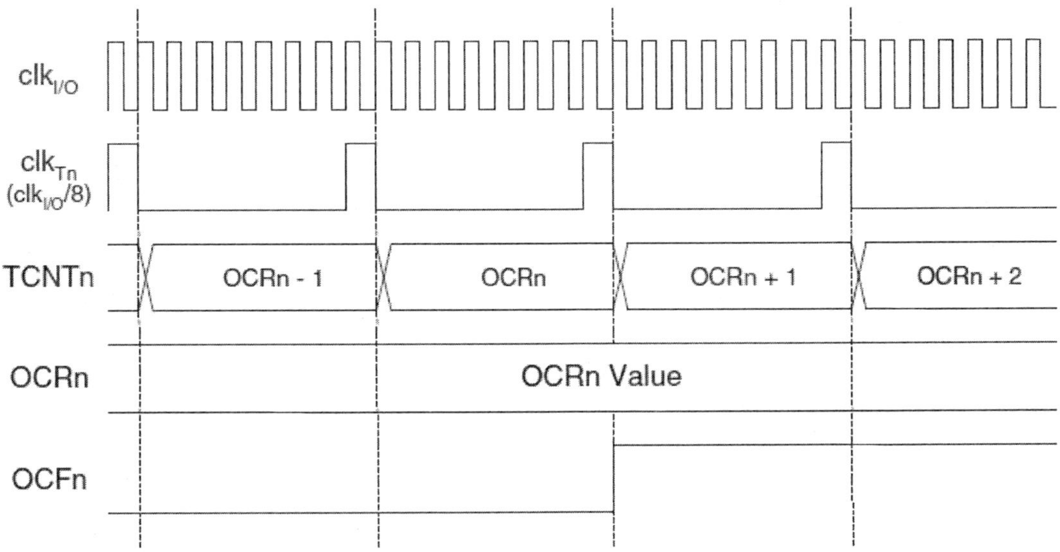

【그림 5.6.3】 CTC 모드를 제외한 동작 모드에서의 OCF0, $(f_{clk\_I/O}/8)$

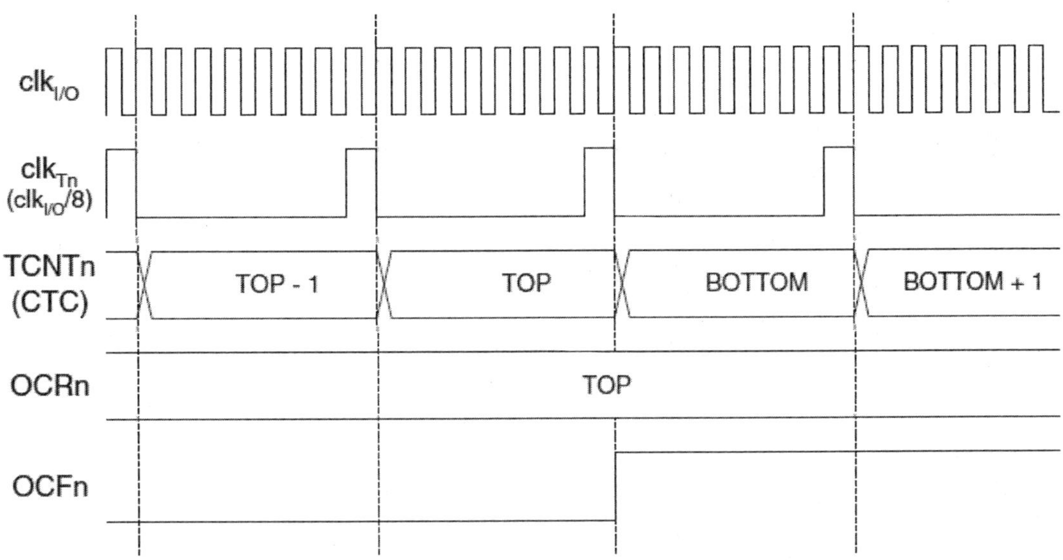

【그림 5.6.4】 CTC 동작 모드에서의 OCF0, $(f_{clk\_I/O}/8)$

5.7 타이머/카운터1, 3

타이머/카운터1과 3은 16비트 업/다운 카운터로 다음과 같은 특징을 갖는다.

- 16비트로 설계되어 16비트 PWM을 제공.
- 3개의 독립적인 출력비교 유닛

- 이중 버퍼의 출력비교 레지스터
- 비교 매치에서 타이머 클리어(Auto Reload)
- 가변 가능한 PWM 주기
- 10개의 독립적인 인터럽트 소스
  (TOV1, OCF1A, OCF1B, OCF1C, ICF1, TOV3, OCF3A, OCF3B, OCF3C, ICF3)

【그림 5.7.1】에서 클럭(TCLK)은 클럭선택 회로의 Tn(n=1, 3)핀을 통해 입력된 클럭이나 프리스케일러를 거친 내부 클럭 중에서 선택하여 사용하면 되고, 출력 파형은 OCnA, OCnB, OCnC핀을 통해 출력된다.

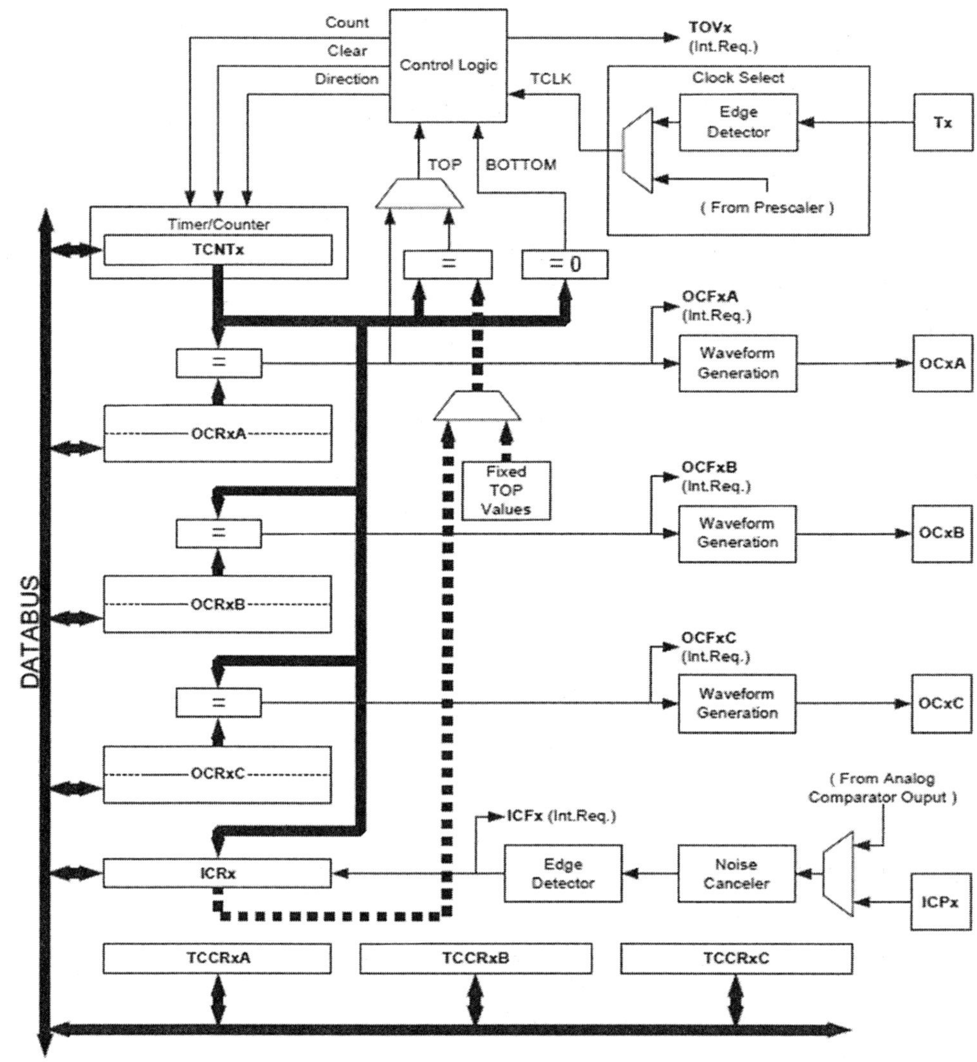

【그림 5.7.1】 타이머/카운터1,3 블록도

ICPx는 현재의 TCNTn의 값을 ICRn에 저장할 때 사용되는 외부 트리거신호 입력 핀이다.

【그림 5.7.2】 은 16비트 출력 비교기로 TCNTn의 값과 OCRn에 설정된 값을 계속 비교하여 값이 같아지게 되면 비교일치 신호가 발생하게 된다. 이 신호는 OCFnx를 셋(set)시켜 인터럽트를 요구한다. 파형 발생기는 OCnx핀으로 신호를 출력할 경우에 WGMn3~ WFMn0 (n=1, 3) 의 비트 조합에 따라 동작모드가 결정이 된다.

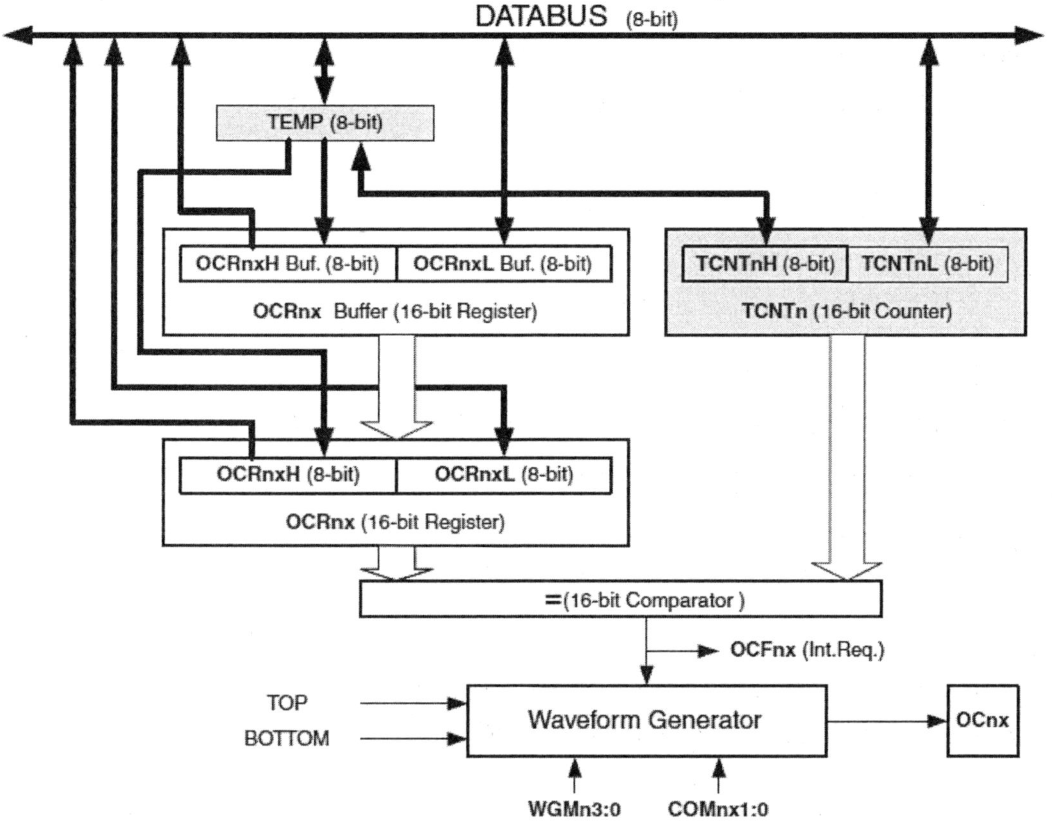

【그림 5.7.2】 타이머/카운터1, 3 출력비교 유닛

타이머/카운터1, 3관련 레지스터들 중에서 8비트레지스터와 16비트 레지스터로 구분하면 다음과 같다.

▣ 8비트 레지스터

레지스터

- TCCR1A(Timer/Counter1 Register), TCCR1B, TCCR1C
- TCCR3A(Timer/Counter3 Register), TCCR3B, TCCR3C

플래그 레지스터

- TIFR(Timer/Counter Interrupt Flag Register)
- ETIFR(Extended Timer/Counter Interrupt Flag Register)

인터럽트 마스크 레지스터

- TIMSK(Timer/Counter Interrupt Mask Register)
- ETIMSK(Extended Timer/Counter Interrupt Mask Register)

특수기능 I/O 레지스터

- SFIOR(Special Function I/O Register)

▣ 16비트 레지스터

타이머/카운터 레지스터

- TCNT1(Timer/Counter1 Register), TCNT3

출력비교 레지스터

- OCR1A(Timer/Counter1 Output Compare Register), OCR1B, OCR1C
- OCR3A(Timer/Counter3 Output Compare Register), OCR3B, OCR3C

입력캡쳐 레지스터

- ICR1(Timer/Counter1 Input Capture Register), ICR3

▣ TCCR1A : Timer/Counter1 Control Register A
▣ TCCR3A : Timer/Counter3 Control Register A

Bit	7	6	5	4	3	2	1	0	
	COM1A1	COM1A0	COM1B1	COM1B0	COM1C1	COM1C0	WGM11	WGM10	TCCR1A
Read/Write	R/W	R/W	R/W	R/W	R/W	R/W	R/W	R/W	
Initial Value	0	0	0	0	0	0	0	0	

Bit	7	6	5	4	3	2	1	0	
	COM3A1	COM3A0	COM3B1	COM3B0	COM3C1	COM3C0	WGM31	WGM30	TCCR3A
Read/Write	R/W	R/W	R/W	R/W	R/W	R/W	R/W	R/W	
Initial Value	0	0	0	0	0	0	0	0	

- Bit 7:6 – COMnA1:0 Compare Output Mode for Channel A
- Bit 5:4 – COMnB1:0 Compare Output Mode for Channel B

- Bit 3:2 – COMnC1:0 Compare Output Mode for Channel C
- Bit 1:0 – WGMn1:0 Waveform Generation Mode

<표 5.7.1>은 타이머/카운터1, 3의 비교매치 동작모드에 따른 OCnx핀의 출력을 보여주는 것 이다.(n=1, 3 x=A, B,C) <표 5.7.2>는 Fast PWM 모드인 경우 이고, <표 5.7.3>은 Phase Correct PWM 모드, <표 5.7.4>는 파형발생모드(WGMn3~0) 비트들의 조합에 따른 동작모드를 설정한다.

<표 5.7.1> Compare Output Mode, non-PWM

COMnA1/COMnB1/ COMnC1	COMnA0/COMnB0/ COMnC0	Description
0	0	Normal port operation, OCnA/OCnB/OCnC disconnected.
0	1	Toggle OCnA/OCnB/OCnC on compare match.
1	0	Clear OCnA/OCnB/OCnC on compare match (set output to low level).
1	1	Set OCnA/OCnB/OCnC on compare match (set output to high level).

<표 5.7.2> Compare Output Mode, Fast PWM

COMnA1/COMnB1/ COMnC1	COMnA0/COMnB0/ COMnC0	Description
0	0	Normal port operation, OCnA/OCnB/OCnC disconnected.
0	1	WGMn3:0 = 15: Toggle OCnA on Compare Match, OCnB/OCnC disconnected (normal port operation). For all other WGMn settings, normal port operation, OCnA/OCnB/OCnC disconnected.
1	0	Clear OCnA/OCnB/OCnC on compare match, set OCnA/OCnB/OCnC at BOTTOM, (non-inverting mode)
1	1	Set OCnA/OCnB/OCnC on compare match, clear OCnA/OCnB/OCnC at BOTTOM, (inverting mode)

<표 5.7.3> Phase Correct and Phase and Frequency Correct PWM

COMnA1/COMnB1/ COMnC1	COMnA0/COMnB0/ COMnC0	Description
0	0	Normal port operation, OCnA/OCnB/OCnC disconnected.
0	1	WGMn3:0 = 9 or 11: Toggle OCnA on Compare Match, OCnB/OCnC disconnected (normal port operation). For all other WGMn settings, normal port operation, OCnA/OCnB/OCnC disconnected.
1	0	Clear OCnA/OCnB/OCnC on compare match when up-counting. Set OCnA/OCnB/OCnC on compare match when downcounting.
1	1	Set OCnA/OCnB/OCnC on compare match when up-counting. Clear OCnA/OCnB/OCnC on compare match when downcounting.

<표 5.7.4> Waveform Generation Mode Bit Description

Mode	WGMn3	WGMn2 (CTCn)	WGMn1 (PWMn1)	WGMn0 (PWMn0)	Timer/Counter Mode of Operation[1]	TOP	Update of OCRnx at	TOVn Flag Set on
0	0	0	0	0	Normal	0xFFFF	Immediate	MAX
1	0	0	0	1	PWM, Phase Correct, 8-bit	0x00FF	TOP	BOTTOM
2	0	0	1	0	PWM, Phase Correct, 9-bit	0x01FF	TOP	BOTTOM
3	0	0	1	1	PWM, Phase Correct, 10-bit	0x03FF	TOP	BOTTOM
4	0	1	0	0	CTC	OCRnA	Immediate	MAX
5	0	1	0	1	Fast PWM, 8-bit	0x00FF	BOTTOM	TOP
6	0	1	1	0	Fast PWM, 9-bit	0x01FF	BOTTOM	TOP
7	0	1	1	1	Fast PWM, 10-bit	0x03FF	BOTTOM	TOP
8	1	0	0	0	PWM, Phase and Frequency Correct	ICRn	BOTTOM	BOTTOM
9	1	0	0	1	PWM, Phase and Frequency Correct	OCRnA	BOTTOM	BOTTOM
10	1	0	1	0	PWM, Phase Correct	ICRn	TOP	BOTTOM
11	1	0	1	1	PWM, Phase Correct	OCRnA	TOP	BOTTOM
12	1	1	0	0	CTC	ICRn	Immediate	MAX
13	1	1	0	1	(Reserved)	–	–	–
14	1	1	1	0	Fast PWM	ICRn	BOTTOM	TOP
15	1	1	1	1	Fast PWM	OCRnA	BOTTOM	TOP

▣ TCCR1B : Timer/Counter1 Control Register B

▣ TCCR3B : Timer/Counter3 Control Register B

Bit	7	6	5	4	3	2	1	0	
	ICNC1	ICES1	–	WGM13	WGM12	CS12	CS11	CS10	TCCR1B
Read/Write	R/W	R/W	R	R/W	R/W	R/W	R/W	R/W	
Initial Value	0	0	0	0	0	0	0	0	

Bit	7	6	5	4	3	2	1	0	
	ICNC3	ICES3	–	WGM33	WGM32	CS32	CS31	CS30	TCCR3B
Read/Write	R/W	R/W	R	R/W	R/W	R/W	R/W	R/W	
Initial Value	0	0	0	0	0	0	0	0	

- Bit 7 – ICNCn : Input Capture Noise Canceler

  이 비트의 값이 1이면 입력 캡처 노이즈 제거기가 동작하여 ICn(n=1, 3)핀으로 입력되는 신호가 필터링 되는데 이로 인하여 4개의 시스템 클럭만큼 지연되어 동작하게 된다.

- Bit 6 – ICESn : Input Capture Edge Select

  이 비트는 캡처 신호를 트리거하기 위해 사용되는 입력캡처 핀(ICn)에 입력되는 신호를 어떻게 인식할지 선택한다.

- Bit 4:3 – WGMn3:2: Waveform Generation Mode

  이 비트들은 TCCRnA 레지스터의 WGMn1, WGMn0 비트와 조합으로 타이머/카운터n의 동작모드를 <표 5.7.4>와 같이 설정한다.

- Bit 2:0 – CSn2:0: Clock Select

  타이머/카운터n의 클럭소스를 <표 5.7.5>와 같이 선택한다.

<표 5.7.5> Clock Select Bit Description

CSn2	CSn1	CSn0	Description
0	0	0	No clock source. (Timer/Counter stopped)
0	0	1	$clk_{I/O}$/1 (No prescaling
0	1	0	$clk_{I/O}$/8 (From prescaler)
0	1	1	$clk_{I/O}$/64 (From prescaler)
1	0	0	$clk_{I/O}$/256 (From prescaler)
1	0	1	$clk_{I/O}$/1024 (From prescaler)
1	1	0	External clock source on Tn pin. Clock on falling edge
1	1	1	External clock source on Tn pin. Clock on rising edge

▣ TCCR1C : Timer/Counter1 Control Register C

▣ TCCR3C : Timer/Counter3 Control Register C

Bit	7	6	5	4	3	2	1	0	
	FOC1A	FOC1B	FOC1C	–	–	–	–	–	TCCR1C
Read/Write	W	W	W	R	R	R	R	R	
Initial Value	0	0	0	0	0	0	0	0	

Bit	7	6	5	4	3	2	1	0	
	FOC3A	FOC3B	FOC3C	–	–	–	–	–	TCCR3C
Read/Write	W	W	W	R	R	R	R	R	
Initial Value	0	0	0	0	0	0	0	0	

- Bit 7 – FOCnA: Force Output Compare for Channel A
- Bit 6 – FOCnB: Force Output Compare for Channel B
- Bit 5 – FOCnC: Force Output Compare for Channel C

이 비트는 PWM모드가 아닌경우에만 유효하며, 이 비트의 값을 1로 셋(set)하면 비교출력단자 OCnx 핀을 통하여 COMnx1:COMnx0 비트에 의해 설정된 동작모드로 신호를 출력한다.

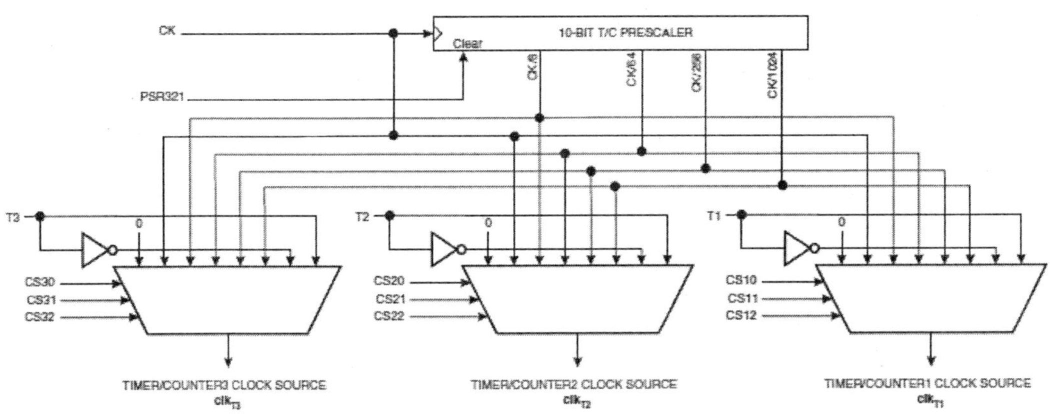

【그림 5.7.1】 타이머/카운터1, 2, 3 프리스케일러

▣ TCNT1 : Timer/Counter1 H and L Register

▣ TCNT3 : Timer/Counter3 H and L Register

16비트 레지스터로 카운터의 값을 저장한다.

Bit	7	6	5	4	3	2	1	0	
	TCNT1[15:8]								TCNT1H
	TCNT1[7:0]								TCNT1L
Read/Write	R/W	R/W	R/W	R/W	R/W	R/W	R/W	R/W	
Initial Value	0	0	0	0	0	0	0	0	

Bit	7	6	5	4	3	2	1	0	
	TCNT3[15:8]								TCNT3H
	TCNT3[7:0]								TCNT3L
Read/Write	R/W	R/W	R/W	R/W	R/W	R/W	R/W	R/W	
Initial Value	0	0	0	0	0	0	0	0	

■ OCR1x : Timer/Counter1 Output Compare Register

TCNT1레지스터의 값과 일치할 때 OC1A, OC1B, OC1C 핀으로 파형을 출력한다.

Bit	7	6	5	4	3	2	1	0	
	OCR1A[15:8]								OCR1AH
	OCR1A[7:0]								OCR1AL
Read/Write	R/W	R/W	R/W	R/W	R/W	R/W	R/W	R/W	
Initial Value	0	0	0	0	0	0	0	0	

Bit	7	6	5	4	3	2	1	0	
	OCR1B[15:8]								OCR1BH
	OCR1B[7:0]								OCR1BL
Read/Write	R/W	R/W	R/W	R/W	R/W	R/W	R/W	R/W	
Initial Value	0	0	0	0	0	0	0	0	

Bit	7	6	5	4	3	2	1	0	
	OCR1C[15:8]								OCR1CH
	OCR1C[7:0]								OCR1CL
Read/Write	R/W	R/W	R/W	R/W	R/W	R/W	R/W	R/W	
Initial Value	0	0	0	0	0	0	0	0	

■ OCR3x : Timer/Counter1 Output Compare Register

TCNT3레지스터의 값과 일치할 때 OC3A, OC3B, OC3C 핀으로 파형을 출력한다.

Bit	7	6	5	4	3	2	1	0	
	OCR3A[15:8]								OCR3AH
	OCR3A[7:0]								OCR3AL
Read/Write	R/W	R/W	R/W	R/W	R/W	R/W	R/W	R/W	
Initial Value	0	0	0	0	0	0	0	0	

Bit	7	6	5	4	3	2	1	0	
	OCR3B[15:8]								OCR3BH
	OCR3B[7:0]								OCR3BL
Read/Write	R/W	R/W	R/W	R/W	R/W	R/W	R/W	R/W	
Initial Value	0	0	0	0	0	0	0	0	

Bit	7	6	5	4	3	2	1	0	
	OCR3C[15:8]								OCR3CH
	OCR3C[7:0]								OCR3CL
Read/Write	R/W	R/W	R/W	R/W	R/W	R/W	R/W	R/W	
Initial Value	0	0	0	0	0	0	0	0	

▣ ICR1 : Input Capture Register1 H and L

▣ ICR3 : Input Capture Register3 H and L

ICP1, ICP3에 이벤트가 발생할 때마다 TCNT1, TCNT3 값으로 갱신되는 16비트 레지스터 이다.

Bit	7	6	5	4	3	2	1	0	
	ICR1[15:8]								ICR1H
	ICR1[7:0]								ICR1L
Read/Write	R/W	R/W	R/W	R/W	R/W	R/W	R/W	R/W	
Initial Value	0	0	0	0	0	0	0	0	

Bit	7	6	5	4	3	2	1	0	
	ICR3[15:8]								ICR3H
	ICR3[7:0]								ICR3L
Read/Write	R/W	R/W	R/W	R/W	R/W	R/W	R/W	R/W	
Initial Value	0	0	0	0	0	0	0	0	

▣ TIMSK : Timer/Counter Interrupt Mask Register

타이머/카운터의 인터럽트를 설정한다.

Bit	7	6	5	4	3	2	1	0	
	OCIE2	TOIE2	TICIE1	OCIE1A	OCIE1B	TOIE1	OCIE0	TOIE0	TIMSK
Read/Write	R/W	R/W	R/W	R/W	R/W	R/W	R/W	R/W	
Initial Value	0	0	0	0	0	0	0	0	

- Bit 5 – TICIE1 : Timer/Counter1, Input Capture Interrupt Enable
  이 비트의 값이 1이고 상태레지스터 SREG의 I비트의 값이 1이면 타이머/카운터1의 입력캡처 인터럽트가 인에이블 된다.

- Bit 4 – OCIE1A : Timer/Counter1, Output Compare A Match Interrupt Enable
  이 비트의 값이 1이고 상태레지스터 SREG의 I비트의 값이 1이면 타이머/카운터1의 비교 A 매치 인터럽트가 인에이블 된다.

- Bit 3 – OCIE1B : Timer/Counter1, Output Compare B Match Interrupt Enable
  이 비트의 값이 1이고 상태레지스터 SREG의 I비트의 값이 1이면 타이머/카운터1의 비교 B 매치 인터럽트가 인에이블 된다.

- Bit 2 – TOIE1 : Timer/Counter1, Overflow Interrupt Enable
  이 비트의 값이 1이고 상태레지스터 SREG의 I비트의 값이 1이면 타이머/카운터1의 오버플로우 인터럽트가 인에이블 된다.

▣ ETIMSK : Extended Timer/Counter Interrupt Mask Register

타이머/카운터의 인터럽트를 설정한다.

Bit	7	6	5	4	3	2	1	0	
	–	–	TICIE3	OCIE3A	OCIE3B	TOIE3	OCIE3C	OCIE1C	ETIMSK
Read/Write	R	R	R/W	R/W	R/W	R/W	R/W	R/W	
Initial Value	0	0	0	0	0	0	0	0	

- Bit 5 – TICIE3 : Timer/Counter1, Input Capture Interrupt Enable
  이 비트의 값이 1이고 상태레지스터 SREG의 I비트의 값이 1이면 타이머/카운터3의 입력캡처 인터럽트가 인에이블 된다.

- Bit 4 – OCIE3A : Timer/Counter3, Output Compare A Match Interrupt Enable
  이 비트의 값이 1이고 상태레지스터 SREG의 I비트의 값이 1이면 타이머/카운터3의 비교 A 매치 인터럽트가 인에이블 된다.

- Bit 3 – OCIE3B : Timer/Counter3, Output Compare B Match Interrupt Enable

이 비트의 값이 1이고 상태레지스터 SREG의 I비트의 값이 1이면 타이머/카운터3의 비교 B 매치 인터럽트가 인에이블 된다.

- Bit 2 – TOIE3 : Timer/Counter3, Overflow Interrupt Enable

  이 비트의 값이 1이고 상태레지스터 SREG의 I비트의 값이 1이면 타이머/카운터3의 오버플로우 인터럽트가 인에이블 된다.

- Bit 1 – OCIE3C : Timer/Counter3, Output Compare C Match Interrupt Enable

  이 비트의 값이 1이고 상태레지스터 SREG의 I비트의 값이 1이면 타이머/카운터3의 비교 C 매치 인터럽트가 인에이블 된다.

- Bit 0 – OCIE1C : Timer/Counter1, Output Compare C Match Interrupt Enable

  이 비트의 값이 1이고 상태레지스터 SREG의 I비트의 값이 1이면 타이머/카운터1의 비교 C 매치 인터럽트가 인에이블 된다.

▣ TIFR : Timer/Counter Interrupt Flag Register

타이머/카운터0, 1, 2의 인터럽트 플래그를 포함하는 레지스터이다.

Bit	7	6	5	4	3	2	1	0	
	OCF2	TOV2	ICF1	OCF1A	OCF1B	TOV1	OCF0	TOV0	TIFR
Read/Write	R/W	R/W	R/W	R/W	R/W	R/W	R/W	R/W	
Initial Value	0	0	0	0	0	0	0	0	

- Bit 5 – ICF1 : Timer/Counter1, Input Capture Flag

  IC1핀에 캡처신호가 발생할 경우에 셋(set=1)되고 인터럽트가 발생하며, 인터럽트루틴이 실행되면 자동적으로 클리어(clear= 0)된다.

- Bit 4 – OCF1A : Timer/Counter1, Output Compare A match Flag

  TCNT1레지스터의 값과 OCR1A레지스터에 설정한 값을 비교하여 비교일치가 되면 셋 되고 인터럽트가 발생하며, 인터럽트루틴이 실행되면 자동적으로 클리어 된다.

- Bit 3 – OCF1B : Timer/Counter1, Output Compare B match Flag

  TCNT1레지스터의 값과 OCR1B레지스터에 설정한 값을 비교하여 비교일치가 되면 셋 되고 인터럽트가 발생하며, 인터럽트루틴이 실행되면 자동적으로 클리어 된다.

- Bit 2 – TOV1 : Timer/Counter1, Overflow Flag

  타이머/카운터1에서 오버플로우가 발생하면 셋 되고 인터럽트루틴이 실행되면 자동적으로 클리어 된다. Phase Correct PWM 모드에서는 카운터의 값이 0x00에서 계수 방향이 변경될 때 셋된다.

▣ ETIFR : Extended Timer/Counter Interrupt Flag Register

타이머/카운터1, 3의 인터럽트 플래그를 포함하는 레지스터이다.

Bit	7	6	5	4	3	2	1	0	
	–	–	ICF3	OCF3A	OCF3B	TOV3	OCF3C	OCF1C	ETIFR
Read/Write	R/W	R/W	R/W	R/W	R/W	R/W	R/W	R/W	
Initial Value	0	0	0	0	0	0	0	0	

- Bit 5 – ICF3 : Timer/Counter3, Input Capture Flag

  IC3핀에 캡처신호가 발생하면 셋 되고 입력캡처 인터럽트가 실행되면 자동적으로 클리어 된다.

- Bit 4 – OCF3A : Timer/Counter3, Output Compare A match Flag

  TCNT3 레지스터의 값과 OCR3A의 값을 비교하여 일치가 되면 셋 된다.

- Bit 3 – OCF3B : Timer/Counter3, Output Compare B match Flag

  TCNT3 레지스터의 값과 OCR3B의 값을 비교하여 일치가 되면 셋 된다.

- Bit 2 – TOV3 : Timer/Counter3, Overflow Flag

  타이머/카운터3에서 오버플로우가 발생하면 셋 된다.

- Bit 1 – OCF3C : Timer/Counter3, Output Compare C Match Flag

  TCNT3 레지스터의 값과 OCR3B의 값을 비교하여 일치가 되면 셋 된다.

- Bit 0 – OCF1C : Timer/Counter1, Output Compare C Match Interrupt Enable

  TCNT1 레지스터의 값과 OCR1C의 값을 비교하여 일치가 되면 셋 된다.

▣ SFIOR : Special Function I/O Register

타이머/카운터의 동기화 모드를 설정한다.

Bit	7	6	5	4	3	2	1	0	
	TSM	–	–	–	ACME	PUD	PSR0	PSR321	SFIOR
Read/Write	R/W	R	R	R	R/W	R/W	R/W	R/W	
Initial Value	0	0	0	0	0	0	0	0	

- Bit 7 - TSM : Timer/Counter Synchronization Mode
  이 비트는 모든 타이머/카운터를 동기화 시키는 기능을 한다.

- Bit 0 - PSR321 : Prescaler Reset Timer/Counter3, Timer/Counter2, and Timer/Counter1
  이 비트를 1로 설정하면 타이머/카운터1~3이 공통으로 사용하고 있는 프리스케일러를 리셋 시키며, TSM비트가 0이면 이 비트는 자동적으로 클리어 된다.

5.8 타이머/카운터1, 3의 동작

타이머/카운터1, 3의 동작모드는 <표 5.7.4>와 같고 TCCRnA 레지스터와 TCCRnB 레지스터 WGMn3, WGMn2, WGMn1, WGMn0 비트들의 조합에 따라 Normal Mode, CTC Mode, Fast PWM Mode, PC PWM Mode, PFC PWM Mode 로 구분 되는데 이들 동작에 대해서 알아보기로 한다.

5.8.1 일반모드(Normal Mode)

이 모드는 항상 업 카운터로만 동작을 하며, 16비트 최대값(0xFF=TOP)가 되면 0x00부터 다시 계수를 시작하고 타이머/카운터n의 오버플로우 인터럽트 플래그 TOVn은 TCNTn값이 0xFFFF에서 0x0000으로 될 때 1이 되어 인터럽트를 발생 시킨다.

타이머의 주기는 Time Period = $\frac{1}{Clock\,Frequency/Prescaler} \cdot 65536$ 초 이다.

5.8.2 CTC 모드(Clear Time on Compare Match Mode)

타이머/카운터n의 CTC모드는 <표 5.7.4>에서와 같이 모드4와 모드12가 있으며, TCNTn의 값이 OCRnA와 일치할 경우 이거나 ICRn과 일치하면 다음클럭에서 TCNTn은 0x00으로 클리어 된다.

OCnA로 출력되는 파형의 주파수는 모드4일 때 식(1)과 같고 【그림 5.8.1】은 CTC모드의 동작을 보여주는 것이다.

$$f_{OCnA} = \frac{f_{clk\_I/O}}{2 \cdot N \cdot (1 + OCRnA)} \quad \cdots \quad (1)$$

식(1)에서 N: 분주비(1, 8, 64, 256, 1024), $f_{clk\_I/O}$: 시스템 클럭과 같은 주파수이다.

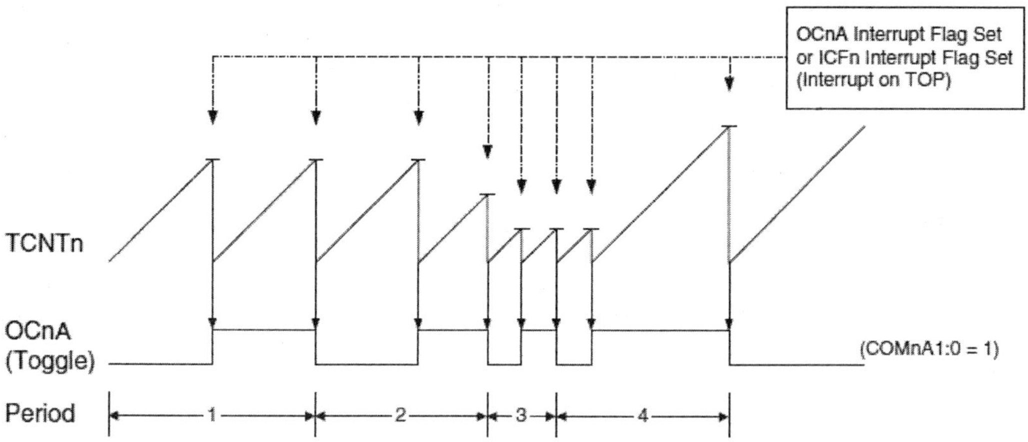

【그림 5.8.1】 타이머/카운터1, 3 의 CTC 모드

5.8.3 고속 PWM 모드(Fast Pulse Width Modulation Mode)

이 모드는 높은 주파수의 PWM파형을 발생하는데 유용하며, <표 5.7.4>와 같이 모드 5, 6, 7, 14, 15의 동작모드를 가진다.

OCnX 핀으로 출력되는 파형의 주파수는 식(1)과 같고 【그림 5.7.2】 는 고속 PWM모드의 동작을 보여주는 것이다.

$$f_{OCnxPWM} = \frac{f_{clk\_I/O}}{N \cdot (1 + TOP)} \quad \cdots \ (1)$$

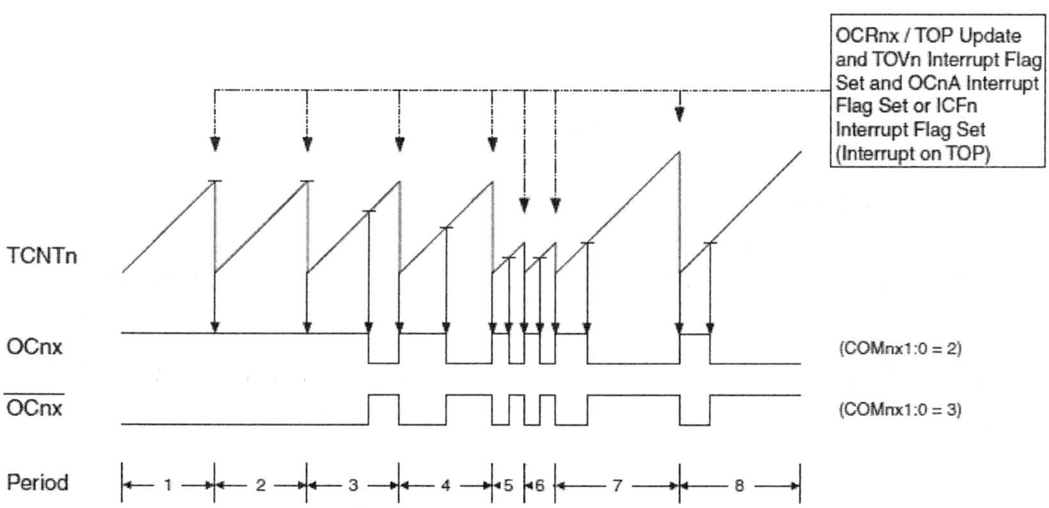

【그림 5.8.2】 Fast PWM 모드

5.8.4 PC PWM(Phase Correct PWM Mode)

이 모드는 높은 분해능의 PWM파형을 발생하는데 유용하며, <표 5.7.4>와 같이 모드 1, 2, 3, 10, 11의 동작모드를 가진다.

OCnX 핀으로 출력되는 파형의 주파수는 식(1)과 같고 【그림 5.8.3】 은 PC PWM모드의 동작을 보여주는 것 이다.

$$f_{OCnxPCPWM} = \frac{f_{clk\_I/O}}{2 \cdot N \cdot TOP} \quad \cdots (1)$$

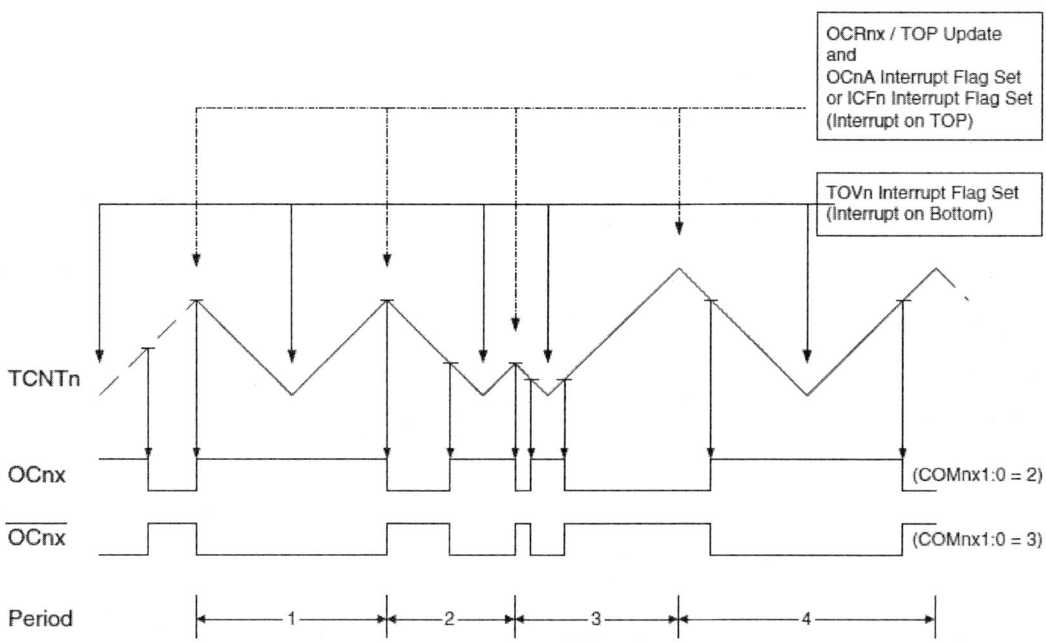

【그림 5.8.3】 PC PWM 모드

5.8.5 PFC PWM(Phase and Frequency Correct PWM Mode)

이 모드는 높은 분해능의 PWM파형을 발생하는데 유용하며, <표 5.7.4>와 같이 모드 8, 9의 동작모드를 가진다.

OCnX 핀으로 출력되는 파형의 주파수는 식(1)과 같고 【그림 5.8.4】 는 PFC PWM모드의 동작을 보여주는 것이다.

$$f_{OCnxPCPWM} = \frac{f_{clk\_I/O}}{2 \cdot N \cdot TOP} \quad \cdots (1)$$

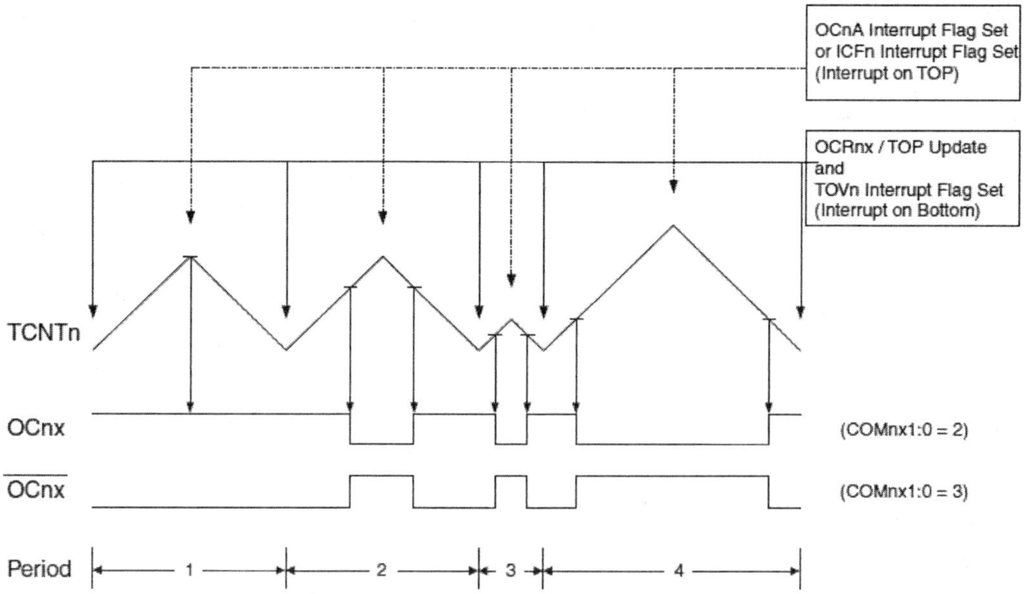

【그림 5.8.4】 PFC PWM 모드

💻 프로그래밍 💻

💻 프로그램[5.5.1] 타이머/카운터0 → 레지스터

타이머/카운터0의 동작원리를 이해하기 위해서 관련레지스터가 어떻게 동작을 하는가에 대해서 MCU의 I/O 포트를 통하여 알아본다.

1 【그림 5.5.1】 와 같이 C포트에 오실로스코프를 연결한다.

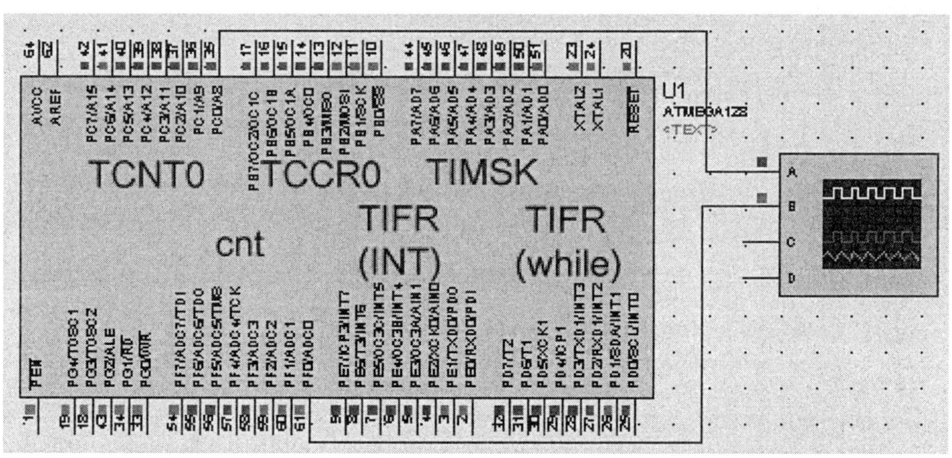

【그림 5.5.1】 타이머/카운터0 레지스터

2 소스코드를 입력 한다.

```
//Ex5.5.1.c
#include<mega128.h>
unsigned int cnt=0;
void main()
{
  DDRA=0xff;
  DDRB=0xff;
  DDRC=0xff;
  DDRD=0xff;
  DDRE=0xff;
  DDRF=0xff;

  TIMSK=0x01;                                        // ①
                                                     // ②
  TCCR0=0x07;                                        // ③
  TCNT0=0x00;                                        // ④
  SREG=0x80;

  PORTA=TIMSK;
  PORTB=TCCR0;

  while(1)
  {
   PORTC=TCNT0;
   PORTD=TIFR;
  }
}
interrupt[TIM0_OVF] void Timer0(void)                // ⑤
{
                                                     // ⑥
    PORTE=TIFR;
    PORTF=cnt++;
    if(cnt>255)cnt=0;
}
```

소스코드 분석 ☞

① Timer/Counter Mask Register (TOIEO=1)

② Timer0 overflow interrupt, 1=enabled, 0 = disabled

③ Timer/Counter Control Register(CS02=1,CS01=1,CS00=1)

④ 타이머 카운터 초기 값0으로 설정

⑤ 타이머/카운터 인터럽트

⑥ TIFR의 초기값은 0x00, OCR0의 초기값은 0x00, OCF0=1

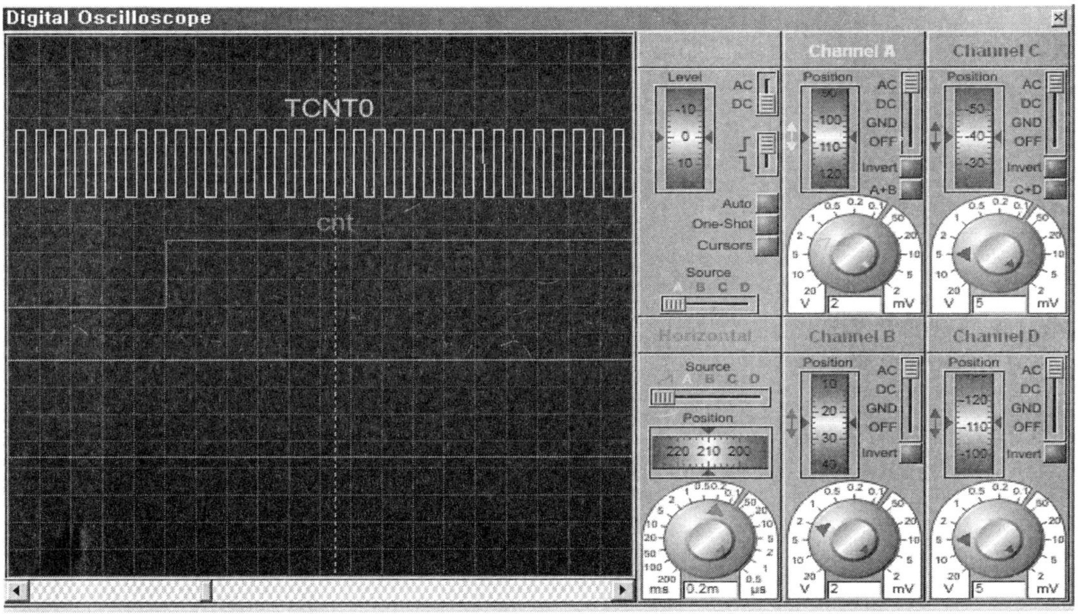

【그림 5.5.2】 타이머/카운터0 TCNT0 및 cnt변수 출력

프로그램[5.5.2] 타이머/카운터0 → CTC모드

타이머/카운터0의 CTC모드의 동작원리를 이해한다.

1 【그림 5.5.3】 과 같이 PB4(OC0)핀에 오실로스코프를 연결한다.

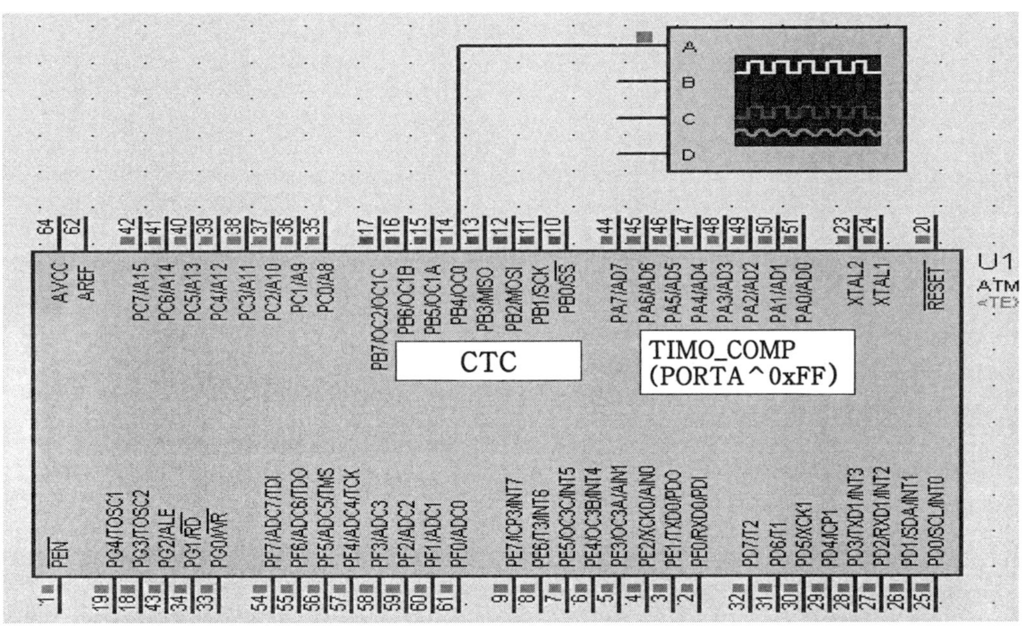

【그림 5.5.3】 타이머/카운터0 CTC 모드

2 소스코드를 입력한다.

```
//Ex5.5.2.c
#include<mega128.h>
void main()
{
  DDRA=0xff;
  DDRB=0xff;

  TIMSK=0x02;                                          // ①
  TCCR0=0x1F;                                          // ②
  OCR0=0x255;                                          // ③
  TCNT0=0x00;                                          // ④
  SREG=0x80;

  while(1)
  {
    OCR0--;
    if(OCR0<1)OCR0=255;
  }
}
                                                       // ⑤
interrupt[TIM0_COMP] void Timer0(void)
{
  PORTA=PORTA^0xFF;                                    // ⑥
}
```

소스코드 분석 ☞

① OCIE0=1 출력비교 인터럽트 인에이블
OCIE : Output Compare Interrupt Enable

② 프리스케일 1/1024 CTC모드, COM01=0,COM00=1 비교매치에서 OC0토글

③ 0x00~0xFF

④ 타이머 카운터 초기 값0으로 설정

⑤ 타이머/카운터 0 인터럽트

⑥ LED toggle 동작

3 【그림 5.5.4】 은 타이머/카운터0의 CTC 모드에서 PB4(OC0)핀의 출력파형을 보여 준 것이다.

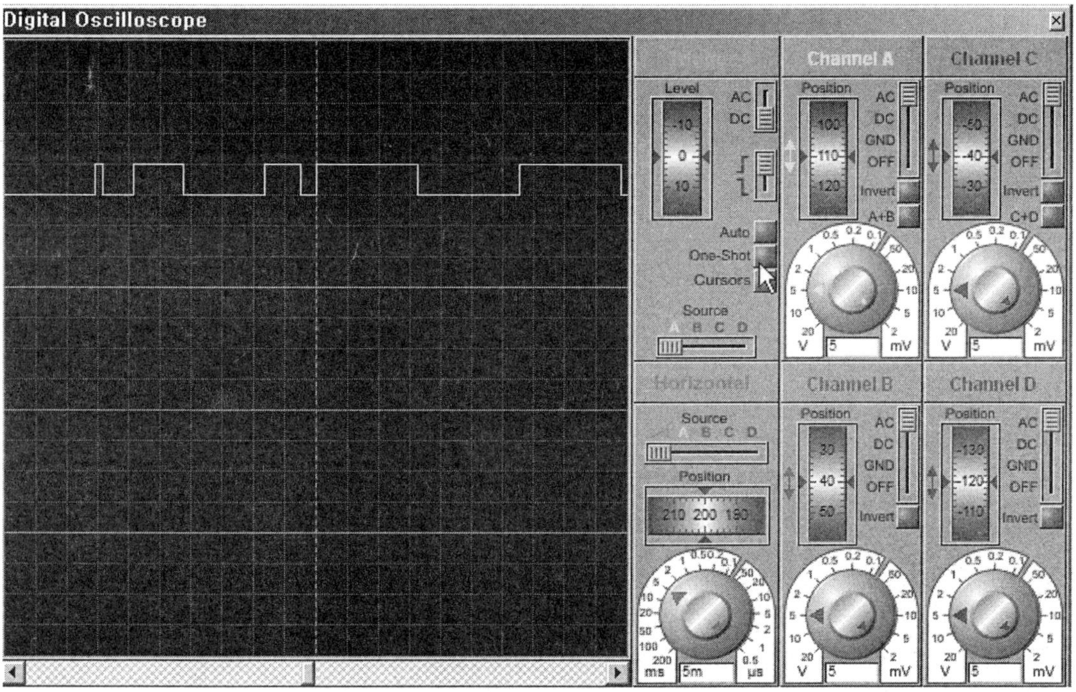

【그림 5.5.4】 타이머/카운터0 PB4(OC0)핀의 출력파형

▌응용과제 타이머/카운터0 CTC모드

⇨ 프로그램 5.5.2의 소스코드에서 while문 안에 있는 OCR0레지스터를 타이머 비교 인터럽트 루틴 안에 넣어 주면 어떻게 되는가?

프로그램[5.5.3] 타이머/카운터0 → Fast PWM 모드

타이머/카운터0의 Fast PWM 모드의 동작원리를 이해한다.

1 【그림 5.5.5】와 같이 PB4(OC0)핀에 전압계와 오실로스코프를 연결한다.

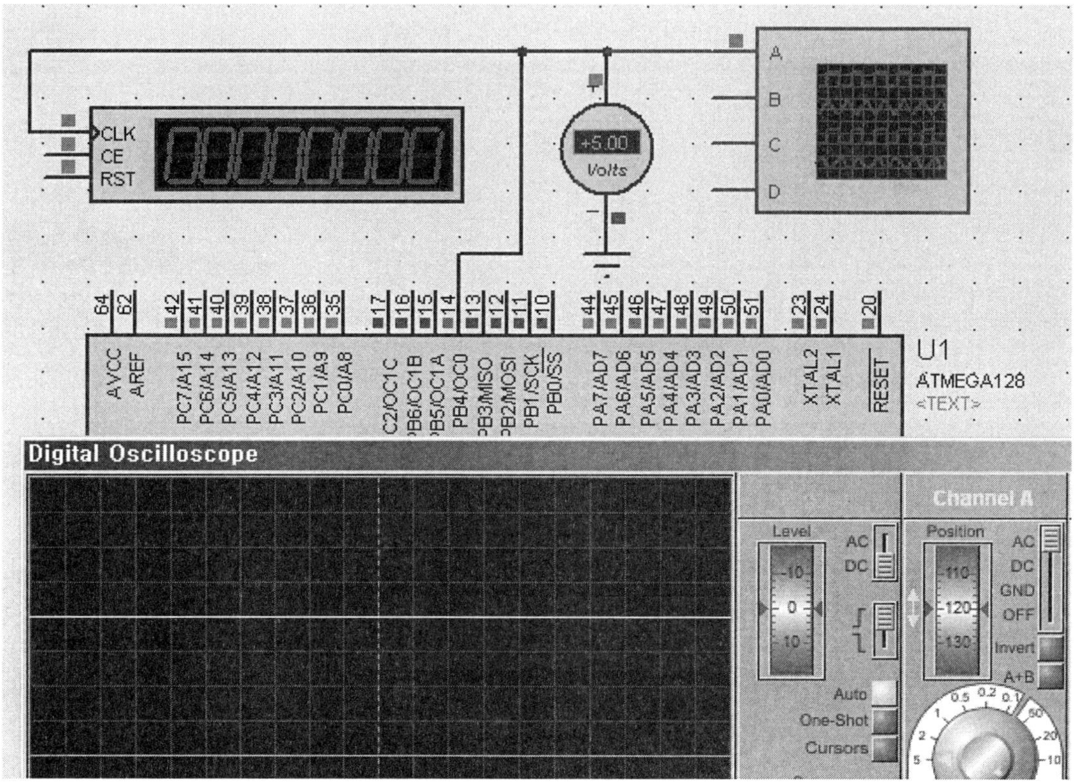

【그림 5.5.5】 타이머/카운터0 Fast PWM 모드

2 소스코드를 입력한다.

```
//Ex5.5.3.c
#include<mega128.h>
void main()
{
  DDRB=0xff;

  TIMSK=0x02;
  TCCR0=0x6F;                                          // ①
  OCR0=127;                                            // ②
  TCNT0=0x00;
  SREG=0x80;

  while(1);
}
```

소스코드 분석 ☞

① 프리스케일 1/1024 Fast PWM모드, COM01=1,COM00=0
② 0~255 ,255의 중간 값으로 듀티 비는 약 1/2 *100 =50%

3 【그림 5.5.6】은 타이머/카운터0의 Fast PWM 모드에서 OCR0값에 따른 출력파형 및 주파수를 보여주는 것이며, 【그림 5.5.5】은 OCR0=255일때 주파수는 0이고 전압은 5V인 것을 알 수 있다.

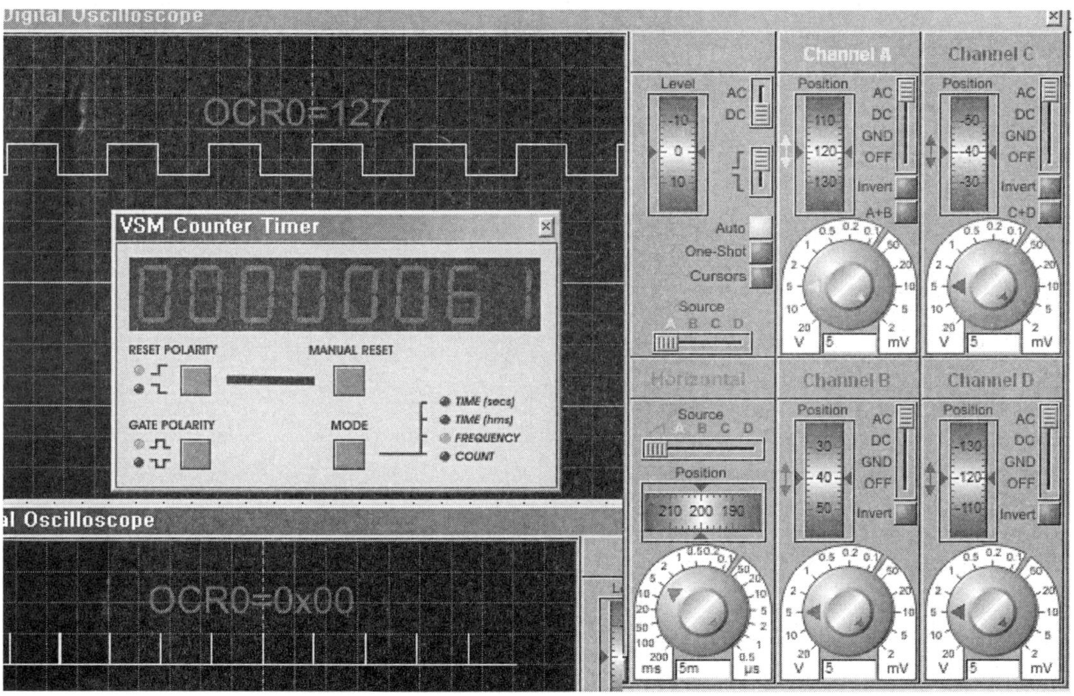

【그림 5.5.6】 Fast PWM 모드에서 출력 파형 및 주파수

프로그램[5.5.4] 타이머/카운터0 → PC PWM 모드

타이머/카운터0의 Phase Correct PWM 모드의 동작원리를 이해한다.

1 【그림 5.5.7】과 같이 PB4(OC0)핀에 오실로스코프를 연결한다.

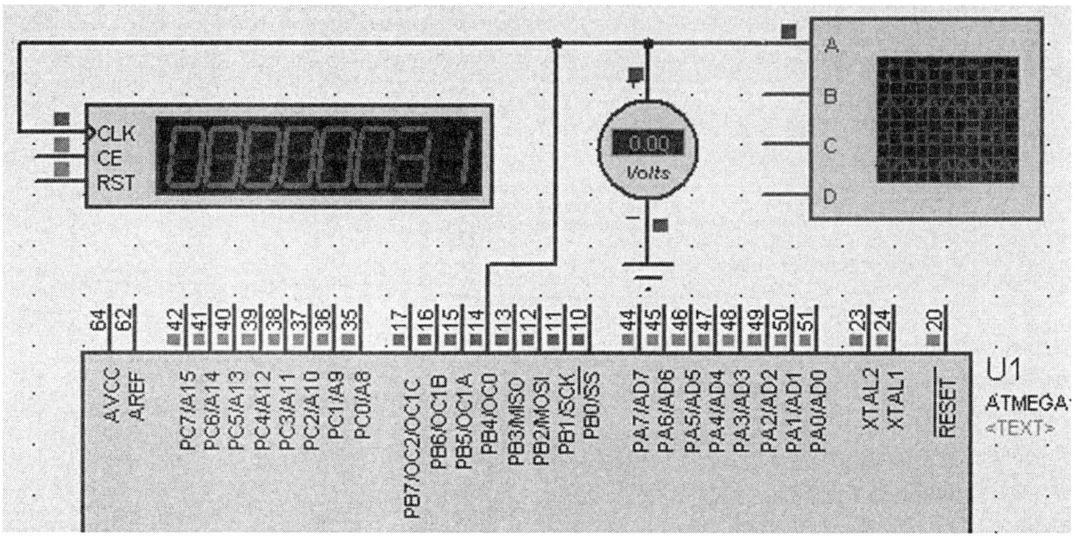

【그림 5.5.7】 Phase Correct PWM 모드에서 주파수

2 소스코드를 입력한다.

```
//Ex5.5.4.c
#include<mega128.h>
void main()
{
  DDRB=0xff;

  TIMSK=0x02;
  TCCR0=0x67;                                          // ①
  OCR0=50;                                             // ②
  TCNT0=0x00;
  SREG=0x80;

  while(1);
}
```

🗎 소스코드 분석 ☞

① 프리스케일 1/1024 Phase Correct PWM모드, COM01=1,COM00=0
WGM01:00 : 01 -> PC PWM

② 0~255 ,127은 약 50/255 *100 =20%

3 실행결과는 【그림 5.5.8】 의 Phase Correct PWM 과 같다.

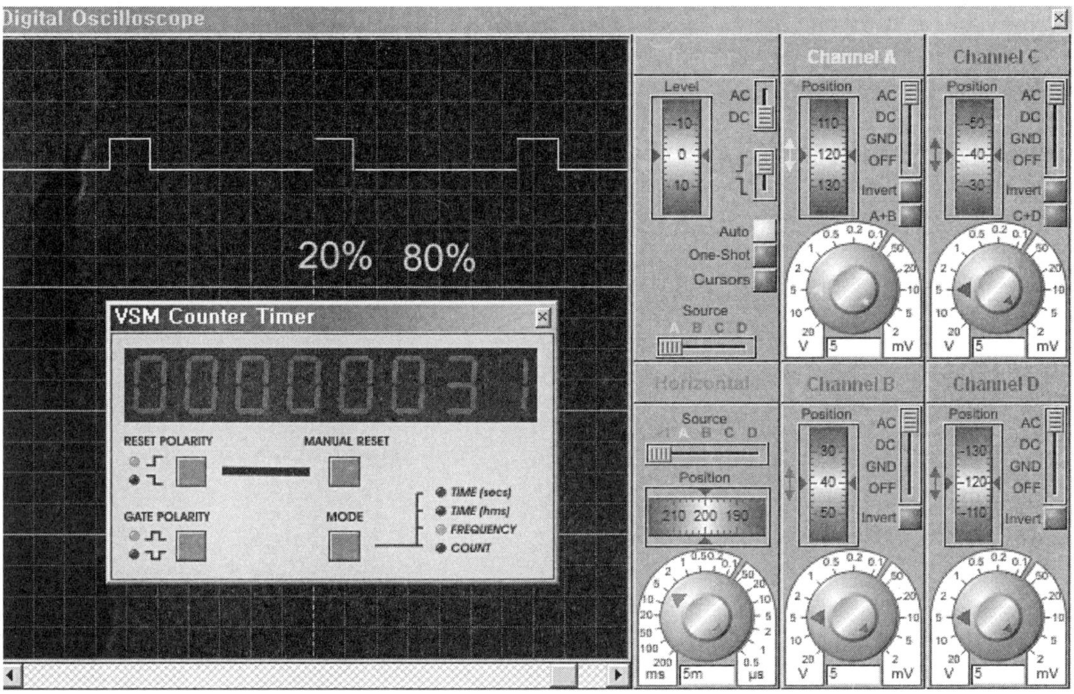

【그림 5.5.8】 Phase Correct PWM 모드에서 주파수 및 듀티 비

🗎 소스코드 분석 ☞

🗁 [그림 5.5.8]에서 타이머/카운터0의 주파수는 $f_{OC0PCPWM} = \frac{fclk\_I/O}{N.510}$ 식에서 분주비를 1,024로 했을 경우 $f_{OC0PCPWM} = \frac{16,000,000}{1026\,X\,510} = 30.637[Hz]$ 로 약 31[Hz]가 된다.

프로그램[5.5.5] 타이머/카운터1 → 일반 모드

타이머/카운터1의 동작모드 중에서 가장 간단한 일반 모드에 대한 동작원리를알아 보기로 한다.

1 【그림 5.5.9】와 같이 A포트에 VSM 타이머/카운터와 오실로스코프를 연결한다.

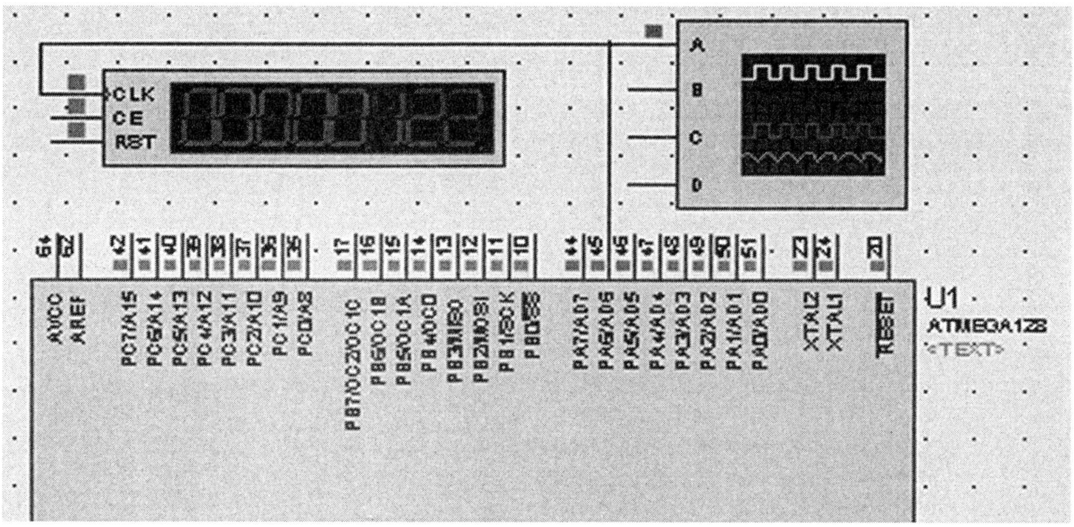

【그림 5.5.9】 Timer1 Normal Mode

2 소스코드를 입력한다.

```
//Ex5.5.5.c
#include<mega128.h>
void main()
{
  DDRA=0xff;

  TIMSK=0x04;                                        // ①
  TCCR1A=0x00;                                       // ②
  TCCR1B=0x01;                                       // ③
  TCNT1=0x00;                                        // ④
  SREG=0x80;
  while(1);
}

interrupt[TIM1_OVF]void timer_int1(void)
{
                                                     // ⑤
  PORTA=~PORTA;
}
```

소스코드 분석 ☞

① TOIE1=1 오버플로우 인터럽트 인에이블

② 일반모드 설정

③ 1분주 -> 분주비를 변경

④ 초기 값 0으로 설정

⑤ T= (1/16)us * 1분주 *65536 = 4.096 ms 마다 ON/OFF 동작
주파수는 f=1/T로 (1/8192)kHz -> 약 122Hz

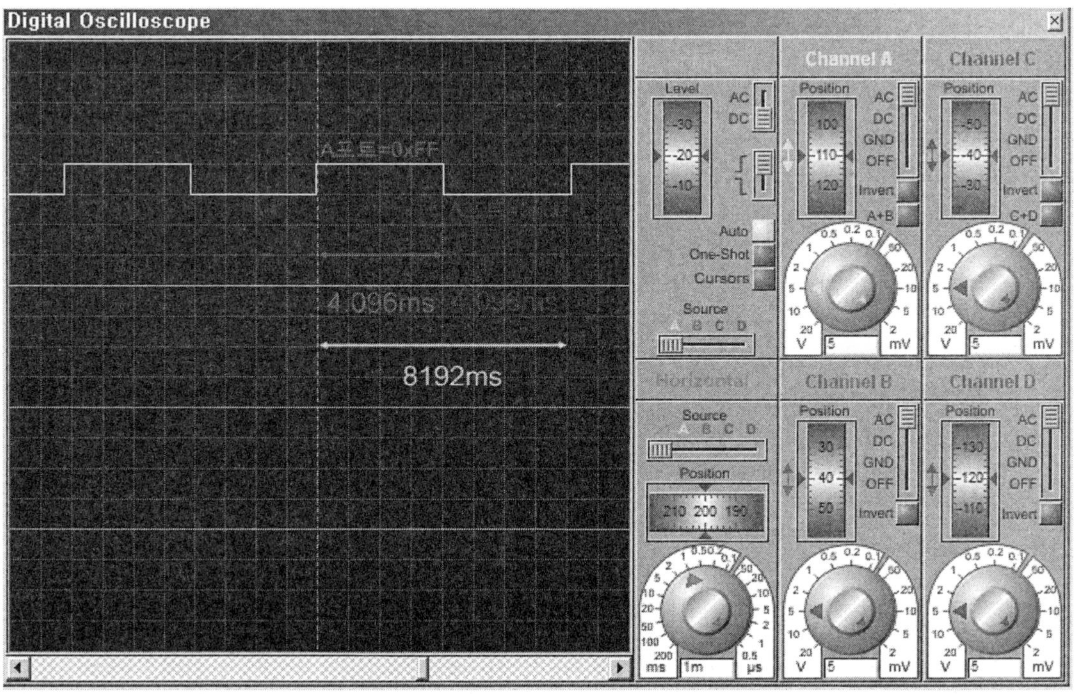

【그림 5.5.10】 Timer1 Normal Mode 파형

프로그램[5-1] LED를 이용한 타이머/카운터 제어회로

A포트에 각각 8개의 LED와 저항을 연결하고 인터럽트 D포트 하위 2포트에 스위치를 연결하여 LED가 ON/OFF 되는것을 살펴보고 동작시간을 다르게 설정해가며 타이머/카운터회로에 대해 알아본다.

1 【그림 5-1-1】과 같이 A포트에 LED 8개를 연결하고 D포트의 최하위 2비트에 스위치를 각각 연결한다.

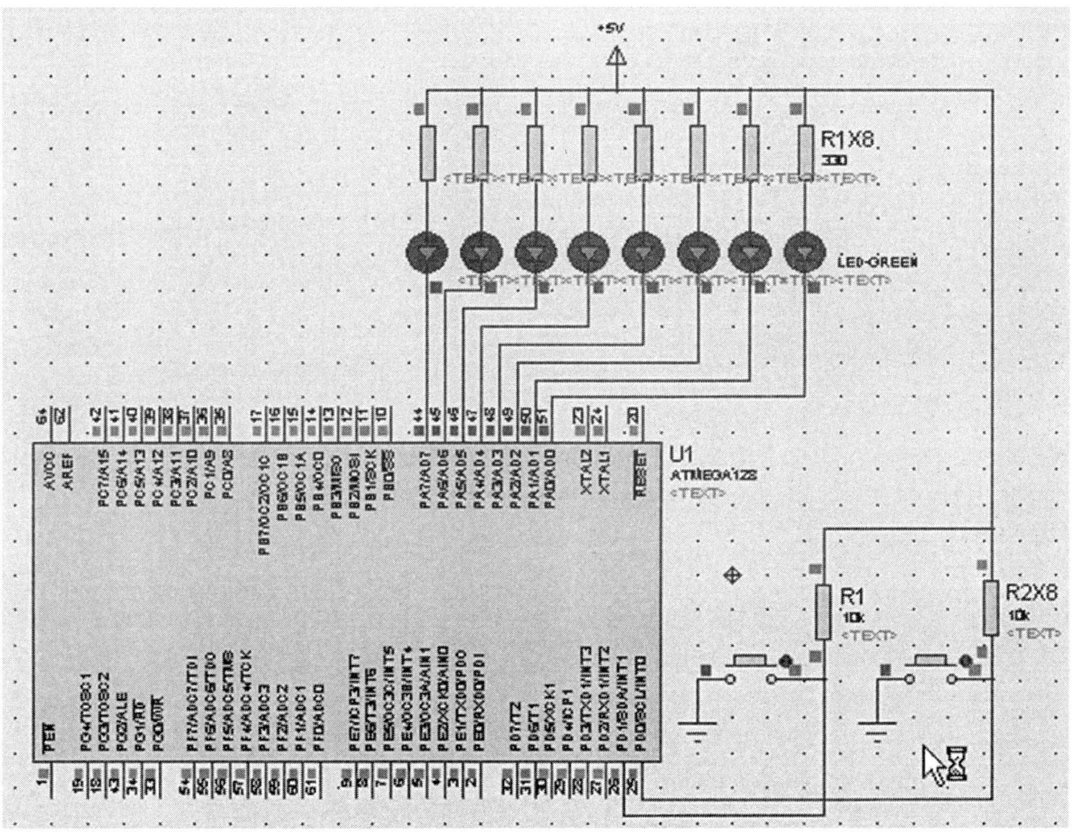

【그림 5-1-1】 타이머/카운터 제어회로 설계1

2 소스코드를 입력한 다음 컴파일을 한다.

```
//Ex5-1.c
#include<mega128.h>
int sec=0;                                                        // ①
void main()
{
  DDRA=0xff;
  PORTA=0xff;

  TIMSK=0x01;
  TCCR0=0x07;
  TCNT0=0x00;
  SREG=0x80;

  while(1);
}
interrupt[TIM0_OVF] void Timer0(void)
{
                                                                  // ②
 sec++;
 if(sec>=31){PORTA=PORTA^0xFF;sec=0;}                             // ③
                                                                  // ④
}
```

소스코드 분석 ☞

① 초 단위를 만들기 위한 변수

② 1/16us X 1024 X 256 = 16.384ms

1초를 만들려면 0.016384 X sec = 1

sec = 1/0.016384 -> 약 61.035

③ 약 0.5초 마다 LED ON/OFF 동작

④ if(sec>=61){PORTA=PORTA^0xFF;sec=0;} //약 1초 마다 LED ON/OFF 동작

응용과제 LED ON/OFF 속도제어

⇨ 【그림 5-1-1】 타이머/카운터 제어회로에서 SW0(PD0)와 SW1(PD1)의 입력 값에 따라 LED의 ON/OFF 동작의 속도가 변하도록 프로그램 하시오.

프로그램[5-2] 타이머/카운터 0, 2를 이용한 제어회로

A포트와 C포트에 각각 LED를 모두 연결하여 Timer/Counter 0, 2 Nomal Mode에대해 서로 다른 속도로 동작하는 것을 살펴보도록 한다.

1 【그림 5-2-1】과 같이 A포트와 C포트에 각각 LED를 8개씩 연결한다.
동작은 A포는 8개의 LED가 약0.5초마다 ON/OFF동작, C포트의 8개의 LED는 약 1초마다 ON/OFF동작을 한다.

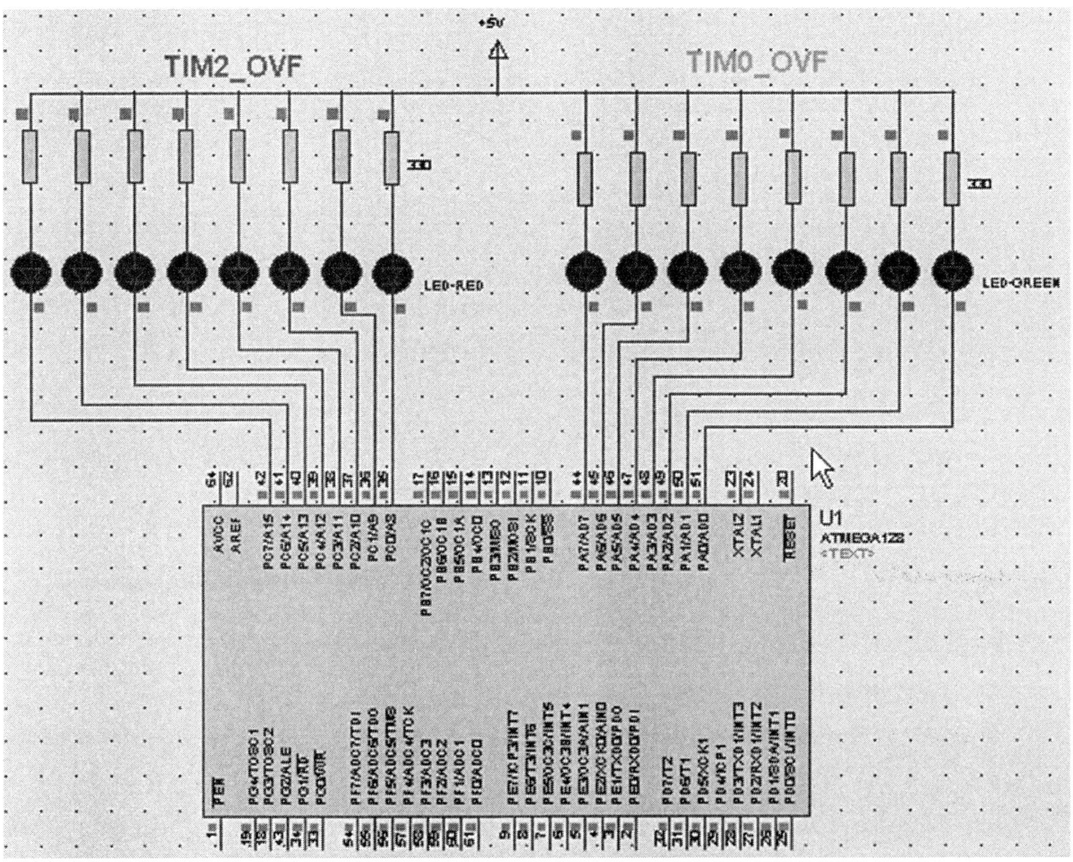

【그림 5-2-1】 타이머/카운터 제어회로 설계2

[2] 소스코드를 입력한 다음 컴파일을 한다.

```
//Ex5-2.c
#include<mega128.h>
int tcnt0=0,tcnt2=0;                                    // ①
void main()
{
  DDRA=0xff;
  DDRC=0xff;
  PORTA=0xff;
  PORTC=0xff;

  TIMSK=0x41;                                           // ②
  TCCR0=0x07;
  TCCR2=0x05;                                           // ③
  TCNT0=0x00;
  TCNT2=0x00;                                           // ④
  SREG=0x80;

  while(1);
}
interrupt[TIM0_OVF] void Timer0(void)
{
                                                        // ⑤
  tcnt0++;                                              // ⑥
 if(tcnt0>=31)
 {
  tcnt0=0;                                              // ⑦
  PORTA=PORTA^0xFF;                                     // ⑧
 }

}
interrupt[TIM2_OVF] void Timer2(void)
{
 tcnt2++;                                               // ⑨
 if(tcnt2>=61)
 {
  tcnt2=0;                                              // ⑩
  PORTC=PORTC^0xFF;                                     // ⑪
 }
}
```

소스코드 분석 ☞

① 타이머 설정을 위한 변수

② Timer/Counter Mask Register(01000001:TOIE2=1,TOIE0=1)
OCIE : Output Compare Interrupt Enable

③ (WGM21=0,WGM20=0,CS22=1,CS21=0,CS20=1)
WGM : Waveform Generation Mode, CS : clock select

④ 타이머/카운터 2 초기 값

⑤ 1/16us X 1024 X 256 = 16.384ms
0.5초를 만들려면 0.016384 X sec = 0.5
tcnt0 = 0.5/0.016384 -> 약 30.517

⑥ 0.016384초

⑦ 1초 마다 시간 값 갱신

⑧ A포트 LED ON/OFF 동작

⑨ 0.016384초

⑩ 1초 마다 시간 값 갱신

⑪ C포트 LED ON/OFF 동작

응용과제 LED 좌우점멸 속도제어

⇨ 【그림 5-2-1】 타이머/카운터 제어회로에서 SW0(PD0)와 SW1(PD1)의 입력 값에 따라 포트C와 A포트의 각각 8개의 LED가 1개씩 ON이 되면서 좌에서 우로 C포트와 A포트의 속도가 다르게 하여 이동하도록 프로그램 하시오.

프로그램[5-3] 오실로스코프로 측정하는 타이머/카운터 회로

B포트에 연결된 LED에 오실로스코프를 연결하여 각각의 파형을 살펴보면서 각기 다른 동작속도를 비교해 본다.

1 【그림 5-3-1】과 같이 B포트에 LED 오실로스코프를 연결한다.

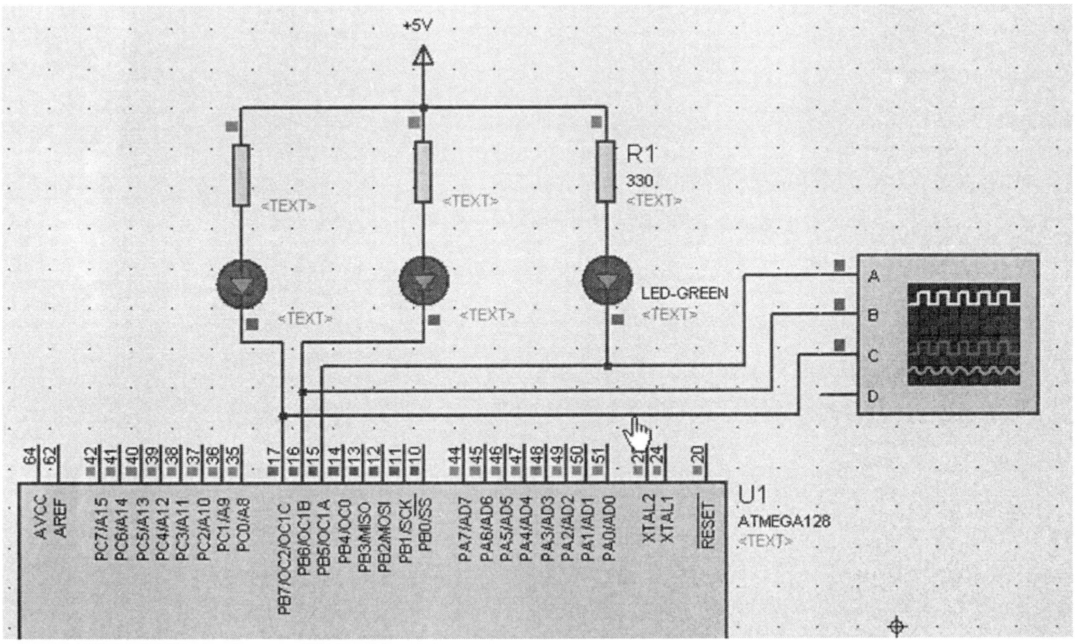

【그림 5-3-1】 타이머/카운터 제어회로 설계3

회로를 구성하고 컴파일 하면 출력파형은 【그림 5-3-2】와 같다.

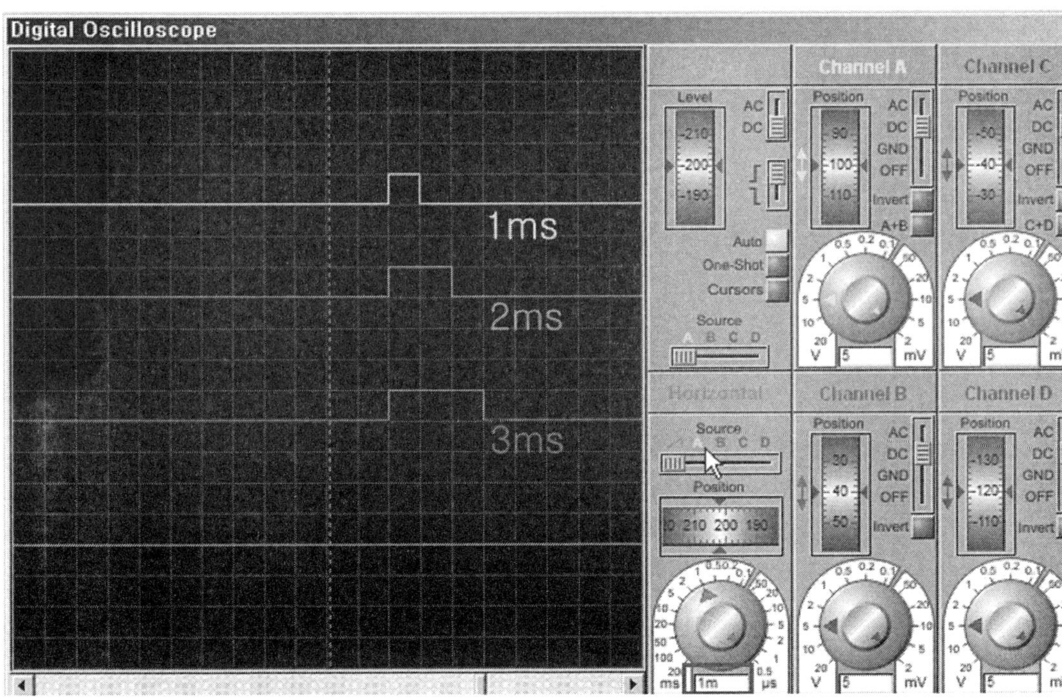

【그림 5-3-2】 타이머/카운터 OC1A, OC1B, OC1C의 출력파형

2 소스코드를 입력한 다음 컴파일을 한다.

```
//Ex5-3.c
#include<mega128.h>
void main()
{
  DDRB=0xff;

  TCCR1A=0xAA;
  TCCR1B=0x1A;

  ICR1=20000;

  while(1)
  {
   OCR1AH=0b00000011;                                              // ①
   OCR1AL=0b11101000;

   OCR1BH=0b00000111;                                              // ②
   OCR1BL=0b11010000;

   OCR1CH=0b00001011;                                              // ③
   OCR1CL=0b10111000;
  }
}
```

소스코드 분석 ☞

① 1ms -> 10진수 1000

② 2ms -> 10진수 2000

③ 3ms -> 10진수 3000

프로그램[5-4] FND를 이용한 타이머/카운터 제어회로

스위치입력을 받는 타이머/카운터의 동작원리 및 다이나믹 구동방식의 제어 회로를 이해한다.

1 【그림 5-4-1】 과 같이 회로를 구성한다. 노이즈를 제거하기 위해서 실제회로에는 SW와 병렬로 0.1uF의 콘덴서를 달아 준다.

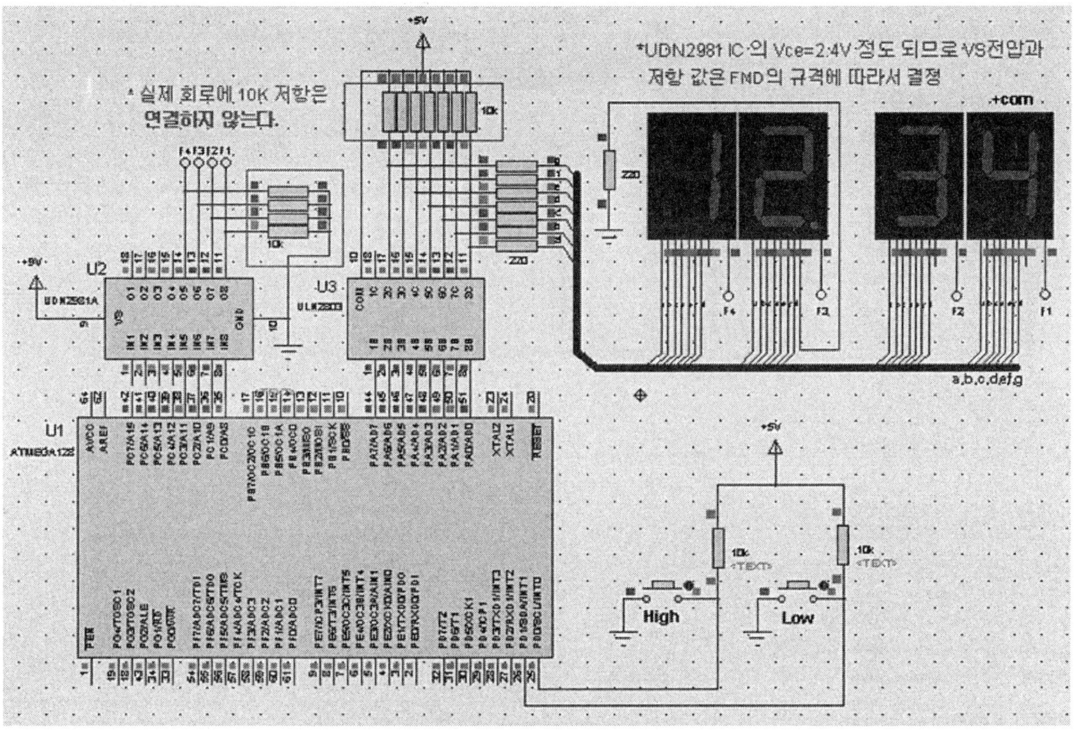

【그림 5-4-1】 타이머/카운터 제어회로 설계4

【그림 5-4-2】 는 FND 부분을 확대한 그림이고 【그림 5-4-3】 는 FND를 구동하기 위한 Tr로 IC UDN2981A의 대체 회로를 보여 준다.

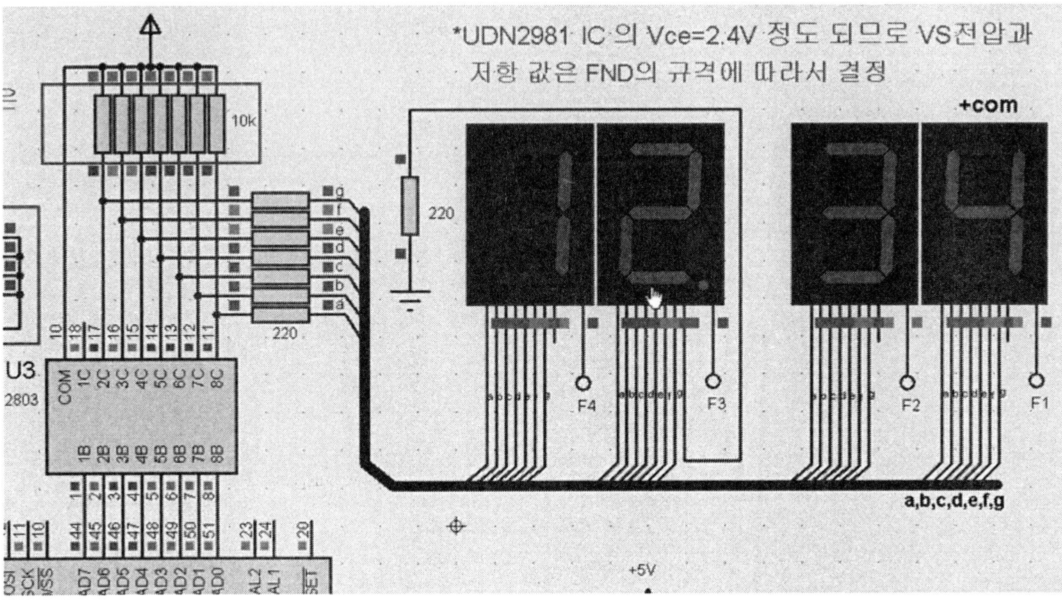

【그림 5-4-2】 타이머/카운터 제어회로 FND

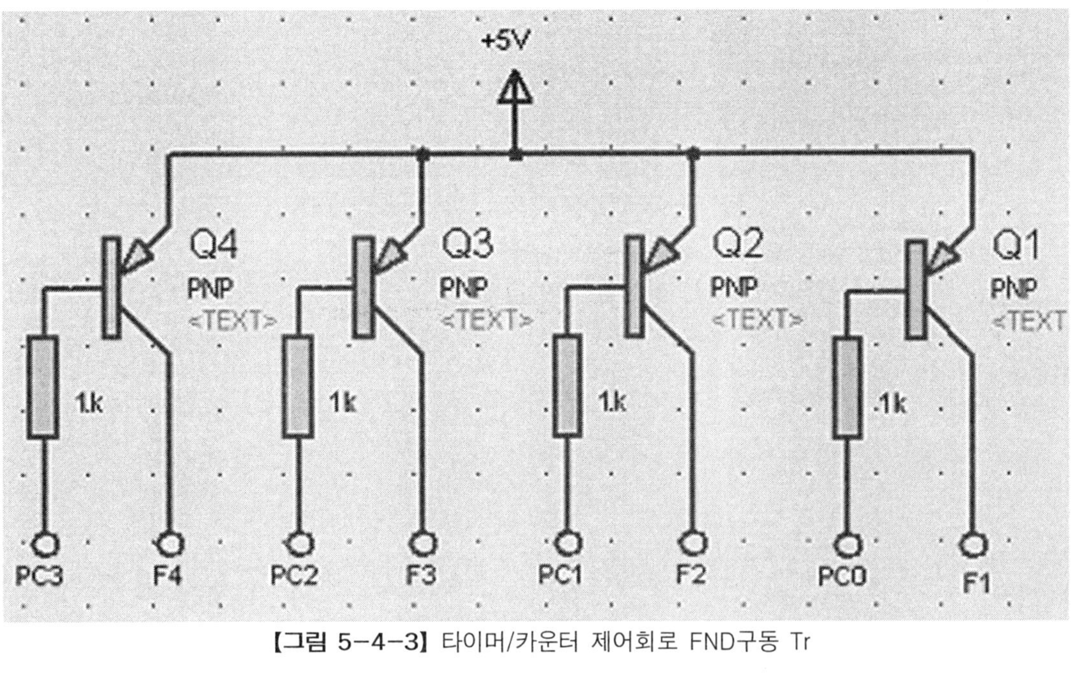

【그림 5-4-3】 타이머/카운터 제어회로 FND구동 Tr

2 소스코드를 입력한 다음 컴파일을 한다.

```
//Ex5-4.c
#include<mega128.h>
#include<delay.h>
int dt=300;                                                         // ①
void main()
{
  DDRA=0xff;
  DDRC=0xff;
  DDRD=0x00;
  PORTA=0xff;
  PORTC=0xff;
  PORTD=0xff;

  TIMSK=0x01;
  TCCR0=0x07;
  TCNT0=0x00;
  SREG=0x80;
                                                                    // ②
  while(1)
  {
   PORTC=0x08;PORTA=0x06;delay_ms(dt);                              // ③
   PORTC=0x04;PORTA=0x5b;delay_ms(dt);                              // ④
   PORTC=0x02;PORTA=0x4f;delay_ms(dt);                              // ⑤
   PORTC=0x01;PORTA=0x66;delay_ms(dt);                              // ⑥
  }
}
interrupt[TIM0_OVF] void Timer0(void)
{
                                                                    // ⑦
 if(PIND==0xFE)dt=5;
 if(PIND==0xFD)dt=300;
}
```

소스코드 분석 ☞

① FND의 동작속도를 위한 변수

② Dynamic 구동

③ 첫 번째 FND에 '1' 출력

④ 두 번째 FND에 '2' 출력

⑤ 세 번째 FND에 '3' 출력

⑥ 네 번째 FND에 '4' 출력

⑦ 1/16us X 1024 X 256 = 16.384ms 마다 입력을 받는다

프로그램[5-5] 타이머/카운터응용 디지털시계 회로

8비트 타이머와 16비트 타이머를 이용하여 스위치 입력을 받는 디지털시계 회로를 설계하고 시간을 맞춰가며 타이머/카운터에 대해 이해한다.

1 회로는 【그림 5-5-1】 과 같이 구성하고 시계회로의 시와 분을 표시 하도록 한다. 실재회로에서는 풀업저항 및 풀 다운저항 10K는 연결하지 않고 노이즈 제거용 콘덴서 0.uF를 IC 2981 전원 핀, IC 2803전원 핀에 연결한다.

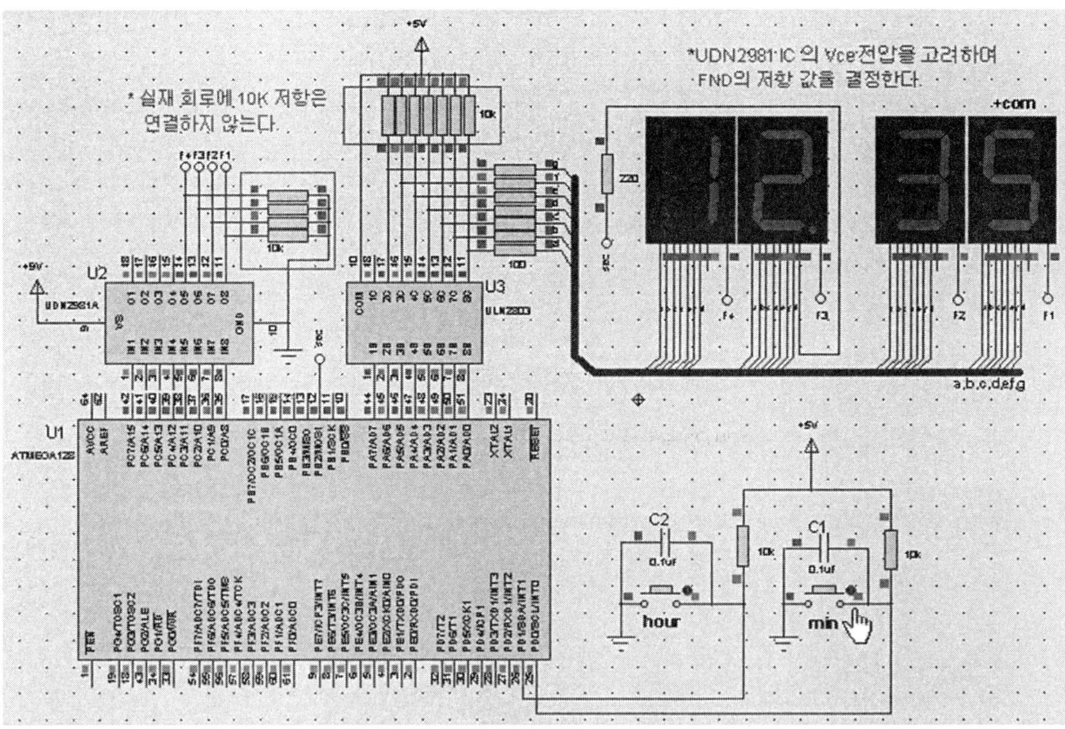

【그림 5-5-1】 타이머/카운터응용 시계회로 설계

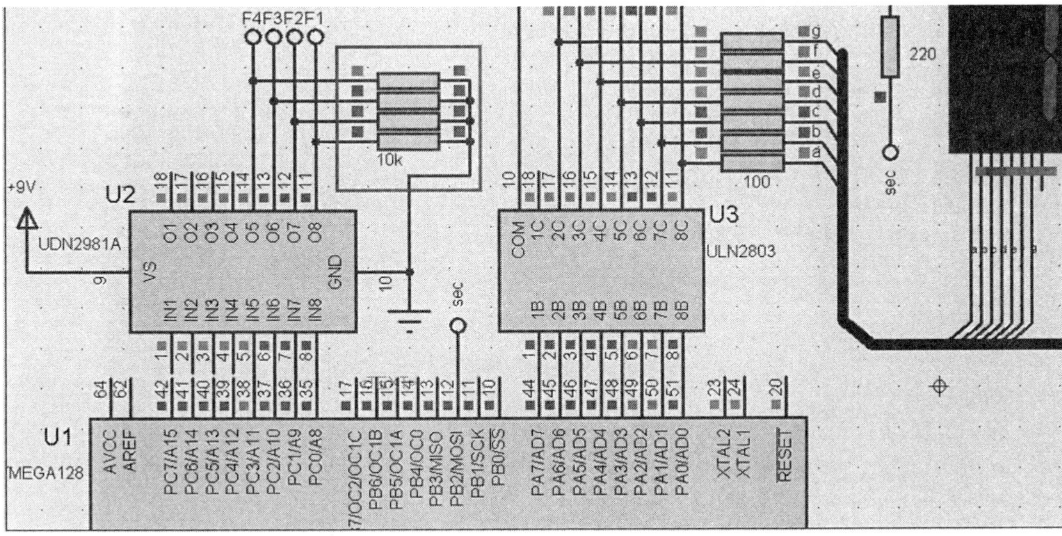

【그림 5-5-2】 타이머/카운터응용 시계회로 세부도

2 소스코드를 입력한 다음 컴파일을 한다.

```
//Ex5-5.c
#include<mega128.h>
#include<delay.h>
int sec=0,cnt=0;                                                   // ①
int hour=12,min=0,h2,h1,m2,m1;
char hm_flag=0;
void main()
{
  unsigned FND_data[10]={0x3f,0x06,0x5b,0x4f,0x66,0x6d,0x7d,0x27,0x7f,0x6f};
  DDRA=0xff;
  DDRB=0xff;
  DDRC=0xff;
  DDRD=0x00;

  TIMSK=0x05;                                                      // ②
  TCCR0=0x07;
  TCNT0=0x00;

  TCCR1A=0x00;                                                     // ③
  TCCR1B=0x05;
  TCNT1=49911;                                                     // ④

  EICRA=0b00001010;
  EIMSK=0b00000011;
  SREG=0x80;
                                                                   // ⑤
  h2=hour/10; h1=hour%10;
  m2=min/10; m1=min%10;
 while(1)
  {
   PORTC=0x08;PORTA=FND_data[h2];delay_ms(5);                      // ⑥
   PORTC=0x04;PORTA=FND_data[h1];delay_ms(5);                      // ⑦
   PORTC=0x02;PORTA=FND_data[m2];delay_ms(5);                      // ⑧
   PORTC=0x01;PORTA=FND_data[m1];delay_ms(5);                      // ⑨
  }
}
interrupt[EXT_INT0] void PD0_int0(void)
{
  hm_flag=1;                                                       // ⑩
}

interrupt[EXT_INT1] void PD0_int1(void)
{
  hm_flag=2;                                                       // ⑪
}
```

```
interrupt[TIM0_OVF] void Timer0(void)
{
                                                    // ⑫
                                                    // ⑬
 if(hm_flag==1){hm_flag=0;min++;}                   // ⑭
 if(hm_flag==2){hm_flag=0;hour++;}                  // ⑮

 if(sec==60){min++; sec=0;}                         // ⑯
    m2=min/10; m1=min%10;
 if(min>=60){hour++; min=0;}

 if(hour<10){h2=0xff; h1=hour;}                     // ⑰
 if(hour>=10){h2=hour/10; h1=hour%10;}              // ⑱
 if(hour>12)hour=1;
}

interrupt[TIM1_OVF] void Timer1(void)
{
 sec++;
 PORTB=PORTB^0xFF;                                  // ⑲
 TCNT1=49911;
}
```

소스코드 분석 ☞

① 1초 및 1분을 만들기 위한 변수

② Timer/Counter Mask Register(TOIE1=1,TOIE0=1)
   Timer0 overflow interrupt, 1=enabled, 0 = disabled

③ Timer/Counter Control Register

④ 타이머 카운터 초기 값

⑤ 초기 값 설정

⑥ h2: 시 둘째자리

⑦ h1: 시 첫째자리

⑧ m2: 분 둘째자리

⑨ m1: 분 첫째자리

⑩ 분 조정

⑪ 시 조정

⑫ (1/16)us X 1024 X 256 = 16.384ms

1초를 만들려면 0.016384 X sec = 1

sec = 1/0.016384 -> 약 61.035

소수점 이하를 무시하면 하루 3초정도의 오차 발생

⑬ 분 조정, 한 번씩만 더해주기 위해서 flag변수 사용

외부 인터럽트를 받더라도 채터링을 제거하기 위해서

⑭ 분 조정

⑮ 시 조정

⑯ 1분 마다 동작

⑰ 시간표시가 10보다 적으면 첫 번째 자리만 표시

⑱ 시간표시가 10과 같거나 크면 첫 번째 두 번째 자리 모두 표시

⑲ B포트 1초 마다 동작

【그림 5-5-3】 타이머/카운터0, 1을 이용한 시계

🗁 타이머0에서 1초를 만들어도 되는데 동시에 2개의 타이머가 동작하는 것을 보기 위해서 설계한 예제이다. 타이머0 에서는 시조정 PD1(INT0)와 분을 조정하기 위해 PD0(INT0)의 하강에지 입력이 들어오면 1/16us X 1024 X 256 = 16.384ms후에 분을 하나 증가시킨다. 이렇게 하면 채터링 현상이 제거된다. 시간의 오차를 줄이기

위해서는 RTC IC를 MCU에 연결하여 사용하거나 하루에 3초정도 빠르게 가므로 20일이면 1분 정도의 오차가 발생을 하는데 날짜 변수를 추가하여 하루 24시간마다 저장을 하고 20이 되면 분에서 1을 빼주어 보정을 해준다.

▌응용과제 초 단위 까지 표시하는 디지털시계 회로 설계

⇨ 【그림 5-5-1】 의 회로에서 초 단위 까지 표시가 되도록 FND 2개를 추가하고 프로그램 하시오.

Chapter. 6

A/D 변환기

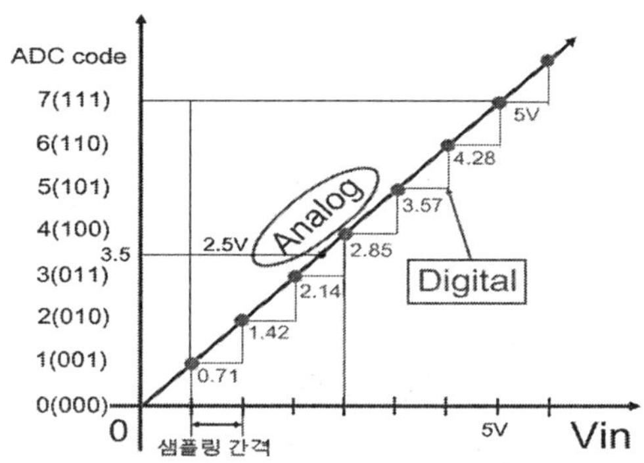

💻 프로그래밍 💻

프로그램[6-1] LED를 이용한 ADC 제어회로

프로그램[6-2] 프리런닝 모드로 제어하는 ADC회로

프로그램[6-3] 전압의 정수부와 소수부를 측정하는 ADC회로

프로그램[6-4] FND를 이용한 ADC 제어회로

프로그램[6-5] FND와 인터럽트를 이용한 ADC 제어회로

프로그램[6-6] 2개의 채널을 입력받는 ADC제어회로

프로그램[6-7] ADC 아날로그 비교기회로

제6장

A/D 변환기

6.1 A/D 변환기의 개요

아날로그 신호를 디지털 신호로 변환하는 ADC(Analog to Digital Convertor)회로에 대하여 알아보기로 한다.

전압, 전류, 온도, 습도, 압력, 속도, 유량 등의 각종 센서들로부터 입력되는 연속적인 아날로그 신호를 MCU에서 처리하기 위해서는 디지털신호로 변환해야만 한다. A/D변환을 수행 하는데 필요한 시간을 변환시간(conversion time)이라 하는데, 이것은 초당 샘플링속도(sampling rate)로 나타낸다.

분해능(resolution)은 아날로그 양을 얼마나 미세하게 읽어 들일 수 있는가를 나타내는 척도인데, ATmega128은 10비트의 분해능을 가지고 있다. 예를 들어 3비트 분해능을 가진 A/D변환기에서 0~5V의 전압을 측정하고자 한다면 양자화 레벨은 2^N-1(N=비트 수)이 되므로, $2^3-1=7$이 된다. 따라서 0.714V($\frac{5}{7}=0.714$)단위로 입력 전압을 읽어 들일 수 있으며, 【그림 6.1.1】을 참고 하기 바란다.

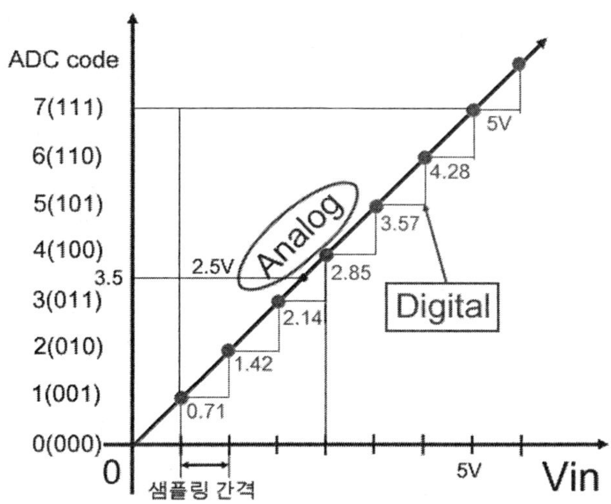

【그림 6.1.1】 3비트 A/D 변환기

6.2 A/D 변환기의 특징

ATmega128은 8채널(ADC7~ADC0)의 아날로그신호를 입력받을 수가 있으며 다음과 같은 특징이 있다.

- 10비트 분해능(1024 가지의 디지털 값으로 변환 : 0~1023)
- 0.5 LSB(약자) 적분 비선형
- 13~ 16us의 변환시간
- 8개의 단 극성 입력채널
- 10배와 200배 증폭기능을 갖는 2개의 차동입력 채널
- 선택 가능한 내부의 2.56V의 ADC 레퍼런스 전압
- ADC 변환 완료 인터럽트

【그림 6.2.1】의 내부 구성도를 보면 F포트를 통하여 8 채널의 아날로그 전압이 입력되며, ADC멀티플렉서에 의해 A/D변환기에 연결된다. A/D변환기에는 MCU의 디지털전원과는 별도로 아날로그회로의 전원단자AVCC(Analog Supply Voltage)를 가지고 있으며, 이 전압은 VCC전압의 ±0.3V 이내 이어야 한다. A/D변환기의 기준전압은 VREF(Reference)단자로 공급되는 외부전압 사용 및 MCU내부의 기준전압 2.56V를 선택하여 사용할 수 있으며, 외부에서 인가하는 기준전압 VREF는 아날로그 전원전압 AVCC 및 디지털전원전압 VCC를 초과 할 수 없다. A/D 변환기의 측정범위는 단극성(Single Ended Mode)인 경우에는 양수 0x000(0)에서 0x3FF(+1023)까지 측정 할 수가 있으며, 차동 모드(Differential Mode)에서는 음수 0x200(-512)에서 양수 0x1FF(+511) 까지 측정을 할 수가 있다. 차동입력 채널의 이득(Gain)은 1배, 10배, 200배로 선택을 할 수가 있는데, 200배 이상일 경우에는 외부에 증폭기를 달아서 입력을 받으면 된다. A/D변환 모드에는 단일변환모드(Single Conversion Mode)와 모드(Mode)가 있다.

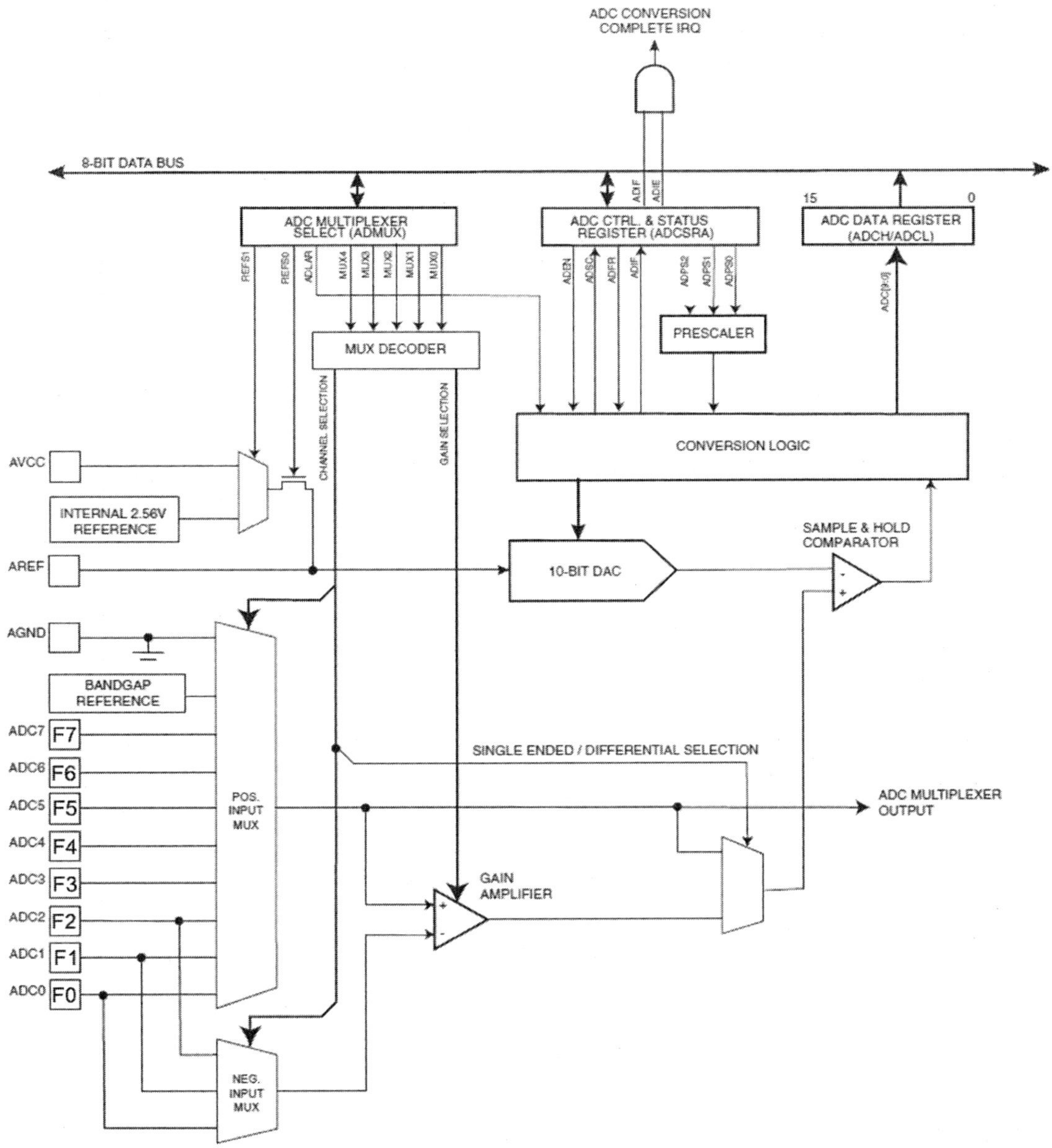

【그림 6.2.1】 A/D 변환기의 내부 구성도

6.3 A/D 변환기 관련 레지스터

A/D변환기 관련 레지스터로는 ADMUX, ADCSRA, ADCH, ADCL이 있는데 각 레지스터별로 자세히 알아보기로 한다.

▣ ADMUX : ADC Multiplexer Register

이 레지스터는 아날로그 입력채널의 선택, A/D변환기의 기준전압 소스 선택, 변환 결과의 저장 형식을 지정한다.

Bit	7	6	5	4	3	2	1	0
	REFS1	REFS0	ADLAR	MUX4	MUX3	MUX2	MUX1	MUX0
Read/Write	R/W	R/W	R/W	R/W	R/W	R/W	R/W	R/W
Initial Value	0	0	0	0	0	0	0	0

▸ Bit 7:6 - REFS1:0 : Reference Selection Bits

이 2개의 비트조합으로 A/D변환기의 기준전압을 선택한다.

REFS1	REFS0	Voltage Reference Selection
0	0	AREF, Internal Vref turned off
0	1	AVCC with external capacitor at AREF pin
1	0	Reserved
1	1	Internal 2.56V Voltage Reference with external capacitor at AREF pin

▸ Bit 5 - ADLAR : ADC Left Adjust Result

A/D변환 레지스터는 ADCH레지스터와 ADCL레지스터를 사용하여 10비트를 저장하는데, 저장형식을 상위부터 10비트를 사용할 것인지 하위부터 10비트를 사용할지를 결정하는 비트이다.(1=상위, 0=하위)

▸ Bit 4:0 - MUX:0 : Analog Channel and Gain Selection Bits

이 비트들은 아날로그입력채널과 차동입력채널에 대한 이득을 설정 하는데 사용이 되며 <표 6.3.1>을 참고하기 바란다.

<표 6.3.1> A/D변환기 입력채널 및 이득의 선택

MUX4..0	Single Ended Input	Positive Differential Input	Negative Differential Input	Gain
00000	ADC0	N/A		
00001	ADC1			
00010	ADC2			
00011	ADC3			
00100	ADC4			
00101	ADC5			
00110	ADC6			
00111	ADC7			
01000		ADC0	ADC0	10x
01001		ADC1	ADC0	10x
01010	N/A	ADC0	ADC0	200x
01011		ADC1	ADC0	200x
01100		ADC2	ADC2	10x
01101		ADC3	ADC2	10x
01110		ADC2	ADC2	200x
01111		ADC3	ADC2	200x
10000		ADC0	ADC1	1x
10001		ADC1	ADC1	1x
10010		ADC2	ADC1	1x
10011		ADC3	ADC1	1x
10100		ADC4	ADC1	1x
10101		ADC5	ADC1	1x
10110		ADC6	ADC1	1x
10111		ADC7	ADC1	1x
11000		ADC0	ADC2	1x
11001		ADC1	ADC2	1x
11010		ADC2	ADC2	1x
11011		ADC3	ADC2	1x
11101		ADC5	ADC2	1x
11110	1.23V (V_{BG})	N/A		
11111	0V (GND)			

■ ADCSRA : ADC Control and Status Register A

이 레지스터는 A/D변환기의 여러 가지 동작들을 제어하거나 상태를 표시하는 기능을 한다.

Bit	7	6	5	4	3	2	1	0
	ADEN	ADSC	ADFR	ADIF	ADIE	ADPS2	ADPS1	ADPS0
Read/Write	R/W	R/W	R/W	R/W	R/W	R/W	R/W	R/W
Initial Value	0	0	0	0	0	0	0	0

▶ Bit 7 – ADEN: ADC Enable

이 비트는 A/D변환의 동작을 허가 하거나 금지하는 기능을 수행하는 비트로 1이면 허용되고 0이면 금지된다.

▶ Bit 6 – ADSC: ADC Start Conversion

이 비트는 단일변환모드에서 1로 설정하면 한번만 작동을 하고 프리런닝 모드일 때에는 변환동작이 반복된다.

▶ Bit 5 – ADFR: ADC Free Running Select

이 비트를 1로 설정을 하면 프리런닝모드로 A/D변환기는 반복적으로 A/D변환을 수행하고 0 이면 단일변환 모드이다.

▶ Bit 4 – ADIF: ADC Interrupt Flag

A/D변환이 완료되고 데이터레지스터가 갱신되면 1로 셋(set)되고, 이때에 ADIE비트와 SREG의 I 비트가 1이면 A/D변환 완료 인터럽트가 발생된다.

이 인터럽트가 처리되고 나면 ADIF=0으로 클리어 된다.

▶ Bit 3 – ADIE: ADC Interrupt Enable

ADIE 비트가 1, SREG(상태레지스터)의 I비트가 1로 설정되면 A/D변환완료 인터럽트가 인에이블 된다.

▶ Bit 2:0 – ADPS2:0 : ADC Prescaler Select Bits

이 비트들은 A/D변환기에 입력되는 스스템 클럭에 대한 분주 비를 <표 6.3.2>와 같이 선택한다. 분주비에 따라서 A/D변환 시간은 달라진다.

<표 6.3.2> A/D변환기 클럭의 분주비 선택

ADPS2	ADPS1	ADPS0	Division Factor
0	0	0	2
0	0	1	2
0	1	0	4
0	1	1	8
1	0	0	16
1	0	1	32
1	1	0	64
1	1	1	128

▣ ADCH, ADCL : ADC Data Register – ADCL and ADCH

이 레지스터는 A/D변환기의 변환된 결과를 저장하는 레지스터이다.

단극성 채널을 사용하는 경우에는 10비트 양의정수 16진수로 표현하면 0x00 ~ 0x3FF가되고, 10진수로 표현하면 0~1023이 된다. 차동입력을 사용할 경우에는 2의 보수로 -512~511의 범위를 가지는데, 수식으로 나타내면 식(1)과 같다. n=비트 수

$$-2^{n-1} \sim (2^{n-1}-1) \;\cdots\cdots\; (1)$$

레지스터를 읽을 때에는 반드시 하위바이트 ADCL을 먼저 읽은 후에 상위 바이트인 ADCH를 읽어야 하고, ADCL이 읽혀지고 ADCH가 읽혀질 때 까지는 ADC레지스터는 갱신되지 않는다. ADMUX레지스터의 ADLAR비트의 설정 값에 따라 저장형식이 달라진다.

Bit	15	14	13	12	11	10	9	8	
ADLAR = 0	–	–	–	–	–	–	ADC9	ADC8	ADCH
	ADC7	ADC6	ADC5	ADC4	ADC3	ADC2	ADC1	ADC0	ADCL
	7	6	5	4	3	2	1	0	
Read/Write	R	R	R	R	R	R	R	R	
	R	R	R	R	R	R	R	R	
Initial Value	0	0	0	0	0	0	0	0	
	0	0	0	0	0	0	0	0	

Bit	15	14	13	12	11	10	9	8	
ADLAR = 1	ADC9	ADC8	ADC7	ADC6	ADC5	ADC4	ADC3	ADC2	ADCH
	ADC1	ADC0	–	–	–	–	–	–	ADCL
	7	6	5	4	3	2	1	0	
Read/Write	R	R	R	R	R	R	R	R	
	R	R	R	R	R	R	R	R	
Initial Value	0	0	0	0	0	0	0	0	
	0	0	0	0	0	0	0	0	

6.4 A/D 변환기의 동작

A/D변환기에서 클럭은 50 ~ 200kHz의 범위에서 사용하면 되고, 분주비는 ADC 프리스케일러의 ADPS2 ~ ADPS0 비트를 이용하여 설정해 주면 된다.

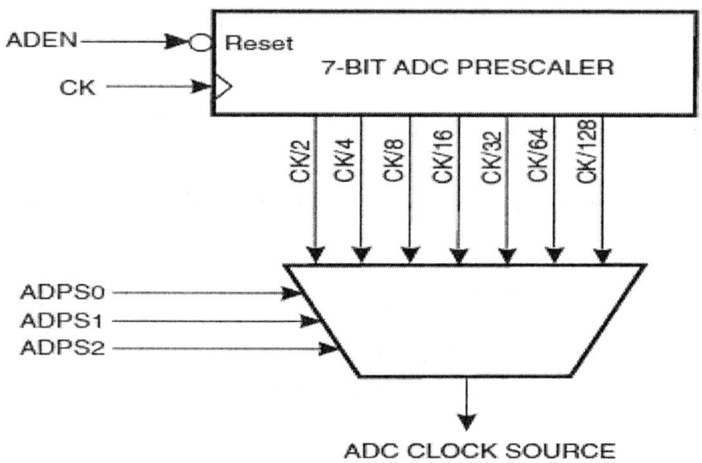

【그림 6.4.1】 A/D 변환기의 프리스케일러

【그림 6.4.2】는 단일변환모드에서 ADEN=1 설정 후 첫 번째 변환 동작 타이밍을 보여주는 그림이고 【그림 6.4.3】은 첫 번째 변환이후의 동작 타이밍을 보여주는 그림이다.

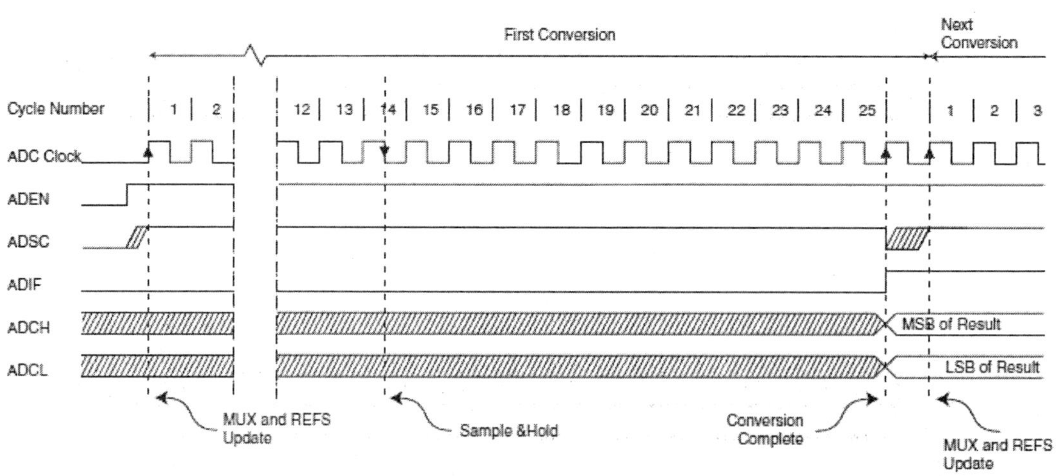

【그림 6.4.2】 ADEN=1설정 후 첫 번째 A/D변환 동작 타이밍

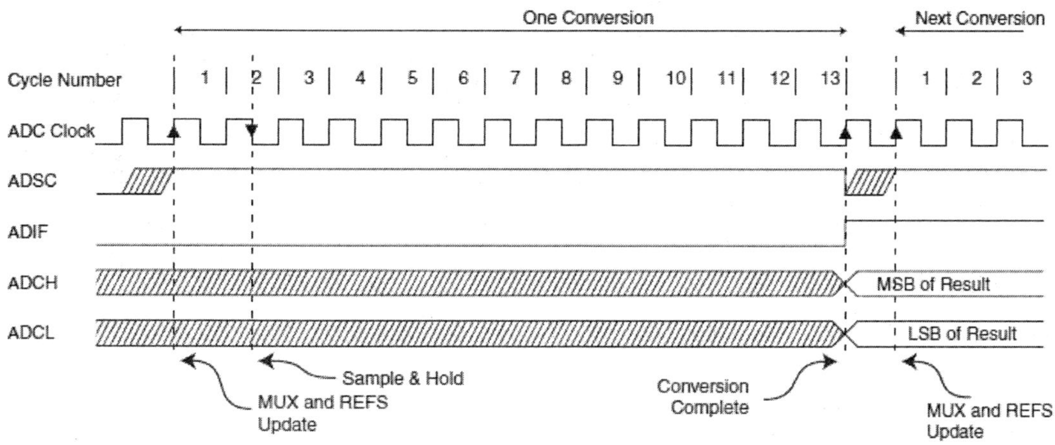

【그림 6.4.3】 첫 번째 A/D변환이후의 동작 타이밍

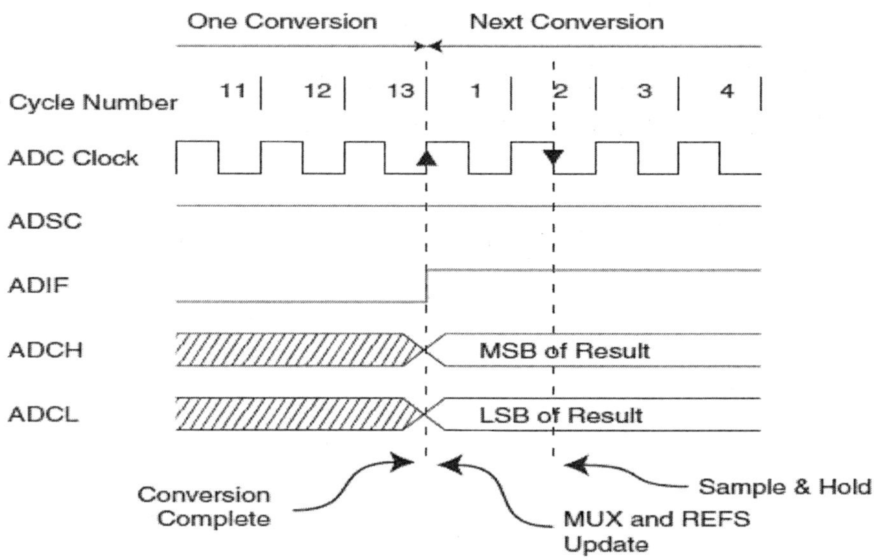

【그림 6.4.4】 프리러닝 모드에서의 A/D변환 동작 타이밍

<표 6.4.1>은 A/D변환기의 동작시간을 보여주는 것으로 ADEN비트를 1로 설정한 후 처음 변환에는 아날로그회로를 초기화하기 위해서 25클럭의 주기가 소요된다. 그 이후의 일반적인 동작에서는 단극성의 경우에 13개의 클럭이 필요하며, 샘플홀드는 1.5번째 클럭에서 이루어진다.

<표 6.4.1> A/D변환기의 동작시간

Condition	Sample & Hold (Cycles from Start of Conversion)	Conversion Time (Cycles)
First conversion	13.5	25
Normal conversions, single ended	1.5	13
Normal conversions, differential	1.5/2.5	13/14

A/D변환의 결과는 A/D변환기의 데이터레지스터 ADCH와 ADCL에 분리되어 저장이 되는데, 단 극성 변환의 경우에는 식(1)과 같고 차동입력인 경우에는 식(2)와 같다.

$$ADC = \frac{V_{IN} \times 1024}{V_{REF}} \quad \cdots\cdots \ (1)$$

$$ADC = \frac{(V_{POS} - V_{NEG}) \times GAIN \times 512}{V_{REF}} \quad \cdots\cdots \ (2)$$

A/D변환에서 차동입력의 경우에 변환 값은 2의 보수로 표현되어 0x200(−512)~0x1FF(511)의 값을 가지게 되는데, 【그림 6.4.5】은 측정범위를 보여주는 것이다.

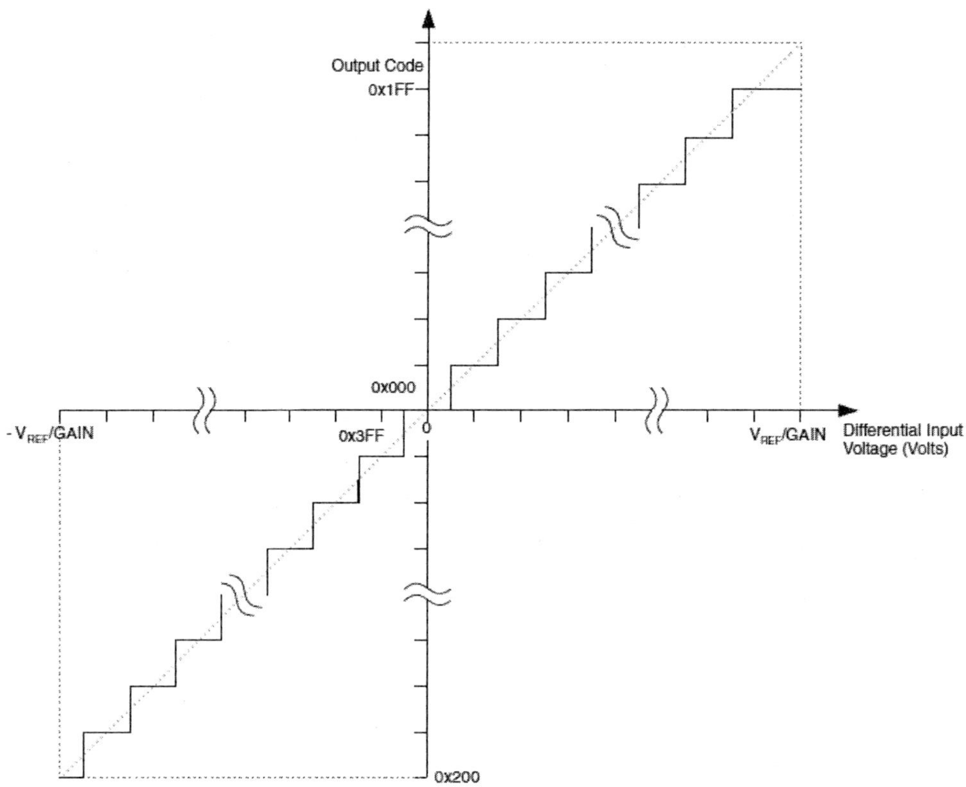

【그림 6.4.5】 차동입력에서의 측정범위

A/D변환기에서 중요한 것은 잡음에 영향을 많이 받기 때문에 잡음을 제거하는 방법에 대하여 알아보기로 한다. A/D변환기 회로는 잡음에 대한 대책으로 디지털회로전원과 별도로 아날로그회로의 전원입력단자(AVCC), 기준전압 입력단자(AREF), 아날로그회로 접지단자(AGND)를 가지고 있지만 다음과 같은 주의가 필요하다.

- 아날로그의 입력 신호 선은 가능한 짧게 연결한다.
- VCC, AVCC단자를 【그림 6.4.6】 과 같이 LC전원 필터로 안정화 시킨다.
- 잡음에 민감한 회로에서는 휴면모드나 잡음감소 모드를 사용한다.
- A/D변환 값의 평균치를 구한다.
- A/D변환이 수행되고 있는 동안에는 스위칭하지 않는다.

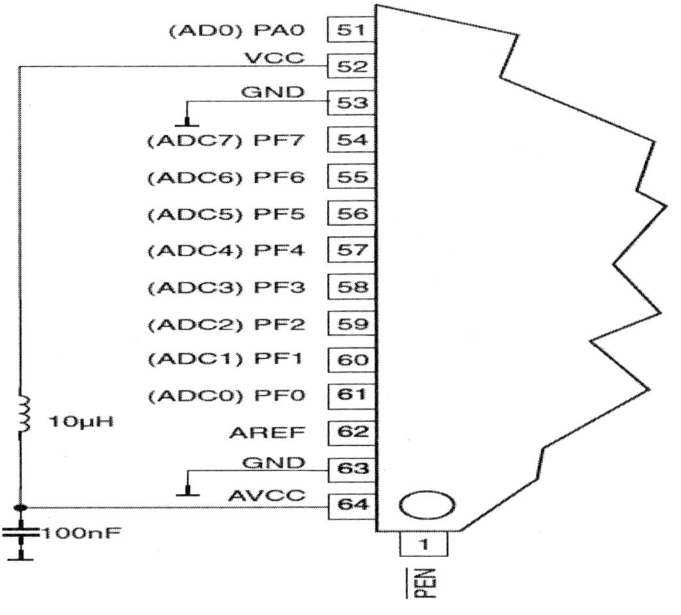

【그림 6.4.6】 A/D변환기의 전원접속 방법

프로그래밍

프로그램[6-1] LED를 이용한 ADC 제어회로

LED가 ON일 때 1, OFF일 때에는 0으로 이를 2진수로 표기되는 정수부 전압측정을 해봄으로써 ADC의 동작원리를 이해한다.

1 【그림 6-1-1】 과 같이 A포트와 C포트에 ADC의 결과 값을 출력 하려고 각각 LED 8개를 연결을 하여 총 16개의 LED를 사용하였는데 ADC는 10비트를 사용 한다.

MCU의 ADC0핀으로 5V가 입력되면 10비트로 표현이 되므로 10개의 LED가 모두 ON이 되어 2진수를 10진수로 변환하면 1023이 된다.

ADC는 10비트를 사용을 하는데 하나의 레지스터로는 8비트밖에 처리를 하지 못 하므로 AHCH레지스터에 8비트저장, ADCL레지스터에 8비트를 저장 총 16비트 중에서

ADMUX레지스터의 ADLAR의 값이 0과 1에 따라 10비트를 상위부터 10비트를 사용할것인지 하위 10비트를 사용할 것인지가 결정된다.

0(0V), 1, 2, 3, ~ 1022, 1023(5V)가 되는데 간단하게 정수부만 계산을 해보면, 1023/5= 204.6이므로 정1V에 약 204에서 205가 된다.

대략 계산을 하면, 1V(205), 2V(409), 3V(614), 4v(818), 5v(1023)정도가 되는데 5V의 최대 값은 10비트 이므로 1023이 된다.

만약 ADC0(PF0)으로 1V가 입력이 된다면 10진수 205가 되어야 하므로 DCH=00000000이 저장되고 ADCL=11001101이 저장된다.

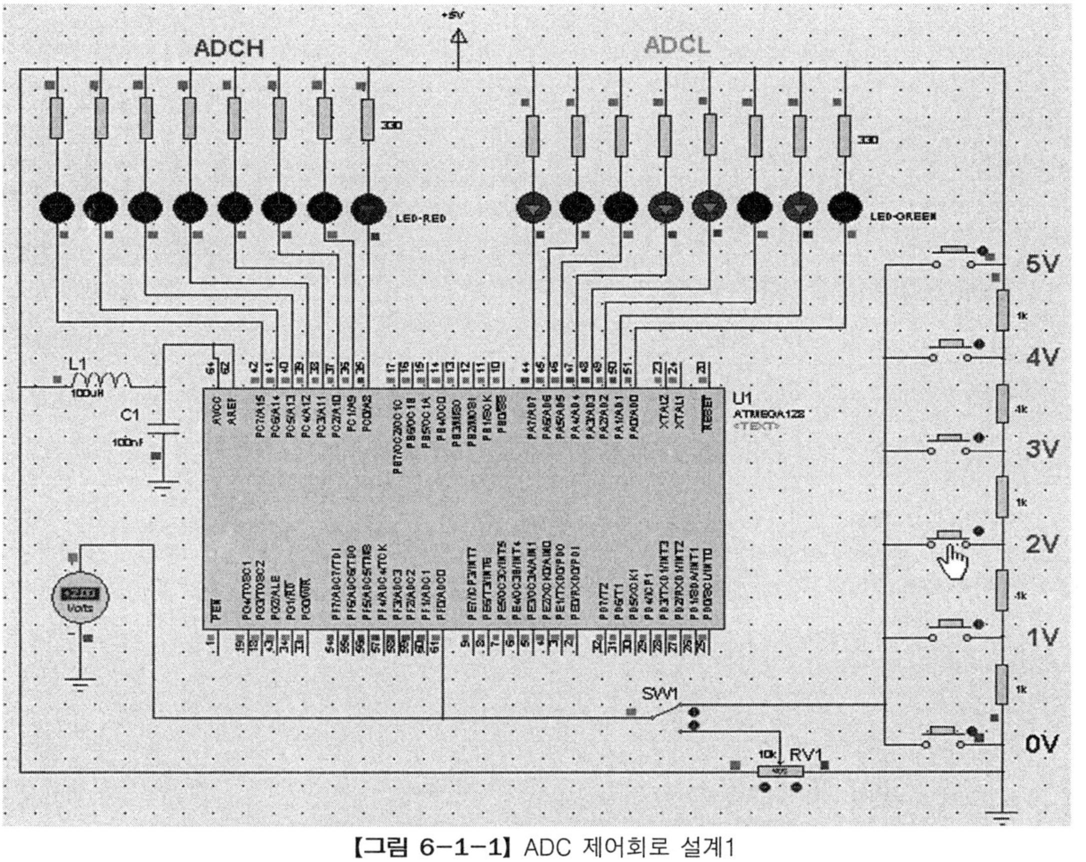

【그림 6-1-1】 ADC 제어회로 설계1

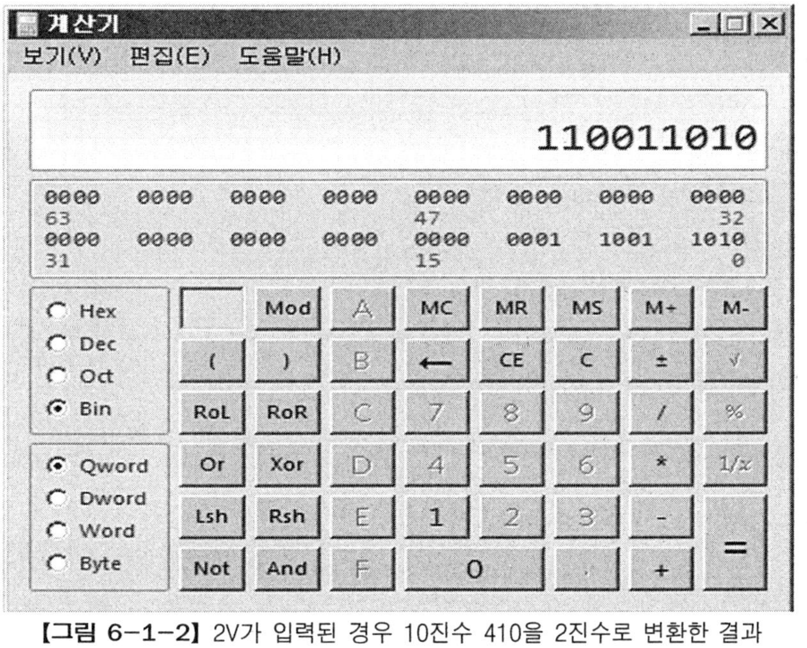

【그림 6-1-2】 2V가 입력된 경우 10진수 410을 2진수로 변환한 결과

2 소스코드를 입력한 다음 컴파일을 한다.

```
//Ex6-1.c
#include<mega128.h>
void main()
{
  DDRA=0xFF;
  DDRC=0xFF;
  DDRF=0xFE;

  ADMUX=0x00;                                         // ①
  ADCSRA=0x87;                                        // ②

  while(1)
  {
   ADCSRA|=0x40;                                      // ③
   while(ADCSRA & 0x10==0);                           // ④
   PORTA=~ADCL;                                       // ⑤
   PORTC=~ADCH;                                       // ⑥
  }
}
```

소스코드 분석 ☞

① 단극성입력(ADC0->PF0), ADLAR(ADC Left Adjust Result)=0
ADCH(8비트) + ADCL(8비트) = 16비트를 사용 하는데 하위비트에서부터 10비트 사용
ADLAR(ADC Left Adjust Result)=1이면 상위비트에서 부터 10비트 사용

② ADC Control and Status Register A
ADEN(ADC Enable)=1, ADPS2-0(ADC Prescaler Bits)=128분주

③ ADSC(ADC Start Conversion)=1

④ ADIF(ADC Interrupt Flag)=1이 될 때까지
(ADC변환이 끝날 때 까지)기다린다.

⑤ 싱크전류로 LED를 구동 하므로 반전(10비트 중 하위 8비트 표시)
소스전류로 구동 시에는 반전을 안 해도 된다.

⑥ 싱크전류로 LED를 구동 하므로 반전(10비트 중 상위 2비트 표시)

▮응용과제 다른 ADLAR 설정에 의한 LED동작 비교

⇨ ADMUX 레지스터를 ADLAR(ADC Multuplxer Selection Regisitor)=1 로 설정하고 PORTC와 PORTA의 LED의 동작을 보면서 비교 분석한다.

(브레드보드에 회로구성시 AVCC 단자를 반드시 10uF 코일을 통하여 +5V와 연결하고 또한 AVCC단자와 100nF 콘덴서를 통하여 그라운드와 연결을 해준다)

【그림 6-1-3】 A/D변환에서 2V가 입력된 경우

프로그램[6-2] 프리런닝 모드로 제어하는 ADC회로

프리런닝 모드로 제어하여 다른 ADC동작과의 차이점을 살펴본다.

1 회로는 【그림6-1-1】 과 같고 프리런닝 모드로 제어 한다.

2 소스코드를 입력한 다음 컴파일을 한다.

```
//Ex6-2.c
#include<mega128.h>
#include<delay.h>
void main()
{
  int i_vin;

  DDRA=0xFF;
  DDRC=0xFF;
  DDRF=0xFE;

  ADMUX=0x00;
  ADCSRA=0xE7;                                              // ①
  PORTC=~ADCSRA;
  if(ADCSRA==0xE7)delay_ms(3000);                           // ②
  while(1)
  {
   i_vin = (int)ADCL;                                       // ③
   i_vin += (int)ADCH<<8;                                   // ④
   PORTC=~ADCSRA;                                           // ⑤
   PORTA=~(int)(i_vin/100)>>1;                              // ⑥
  }
}
```

소스코드 분석 ☞

① ADC Control and Status Register A
ADEN(ADC Enable)=1, ADSC(ADC Start Conversion)=1, ADFR(ADC Free Running Select)=1, ADPS2-0(ADC Prescaler Bits)=128분주

② 변환이 완료되면 ADIF(ADC Interrupt Flag=1)가 1이 된다.
너무 빨리 동작을 하여 눈으로 확인 하고자 약 3초간의 시간 지연을 주었다.
리셋버튼을 누르고 난 후에 약 3초를 기다리면 ADIF에 연결된 LED가 ON이 되는 것을 확인할 수가 있다.

③ 0에서 부터 255까지

④ 0에서 부터 1023까지
ADCH<<8는 ADCH*256 과 같다.
8비트 프로세서이므로 한번에 8비트만 처리하므로 먼저 ADCL레지스터에 데이터를 쓴 다음 ADCL레지스터에 쓴다.

⑤ ADC Control and Atatus Register A의 값을 LED로 확인

⑥ 싱크전류로 LED를 구동하므로 반전 시킴.

만약 5V가 입력이 된다면 1023/10=10에서 10(1010)>>1 하면 0101에서 정수 값 5V (최대 측정 값) 결국 10을 우로 1비트 이동하면 2로 나눈것과 같다.

🗁 PORTA의 출력은 0V(00000000), 1V(00000001), 2V(00000010), 3V(00000011), 4V(00000100), 5V(00000101)이 된다.

프로그램[6-3] 전압의 정수부와 소수부를 측정하는 ADC회로

C포트에 연결된 LED로 전압의 정수부를 나타내고 A포트에 연결된 LED로 소수부를 나타내어 소수점 이하의 전압측정을 할 수 있는 ADC회로를 설계한다.

1 회로는 【그림 6-1-1】 과 같고 【그림 6-3-1】 은 소수점이하 자리를 측정한 결과로 2.5V 일때 C포트와 A포트의 LED에 결과 값을 표시한 것으로 C포트에 정수부 A포트에 소수부를 나타낸다.

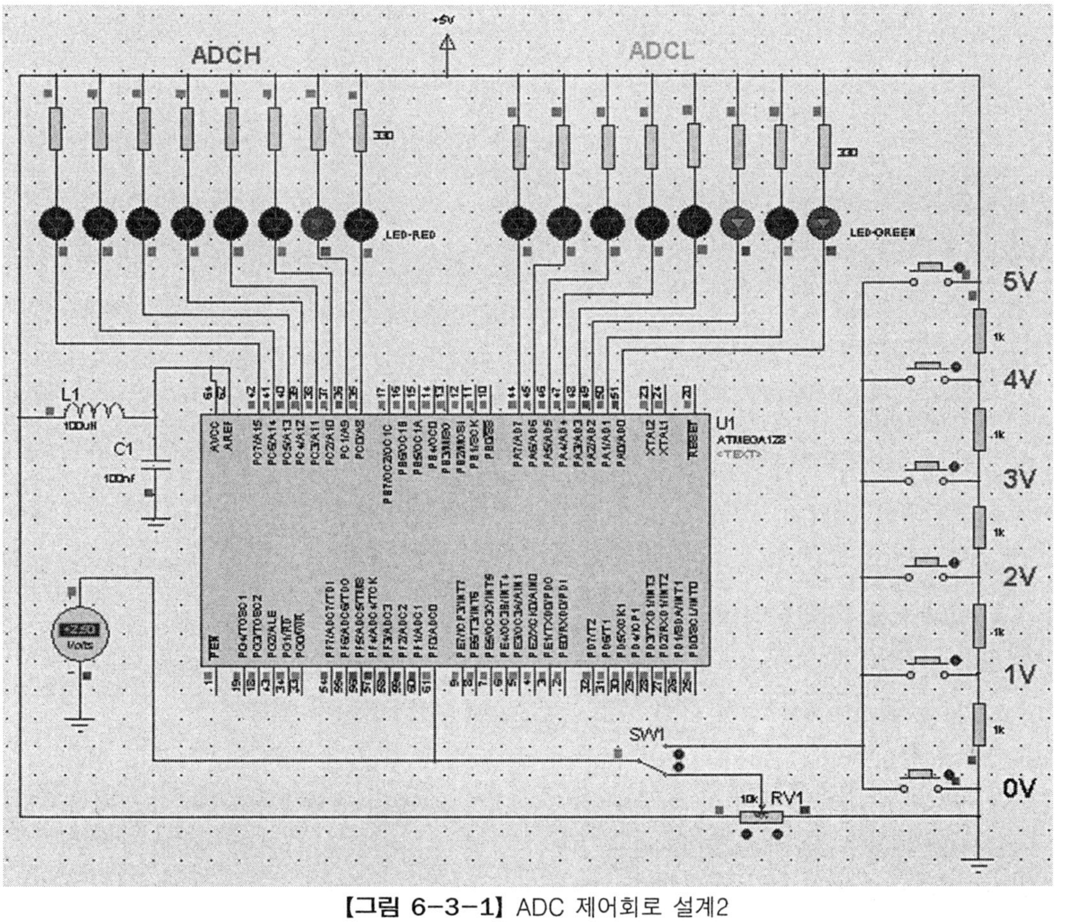

【그림 6-3-1】 ADC 제어회로 설계2

2 소스코드를 입력한 다음 컴파일을 한다.

```
//Ex6-3.c
#include<mega128.h>
void main()
{
  int i_vin;
  float f_vin;                                        // ①
  char N0,N1;                                         // ②

  DDRA=0xFF;
  DDRC=0xFF;
  DDRF=0xFE;

  ADMUX=0x00;
  ADCSRA=0xE7;

 while(1)
  {
    i_vin = (int)ADCL;
    i_vin += (int)ADCH<<8;                            // ③
    f_vin=(float)i_vin*5.0/1023;                      // ④
    N0=(int)((f_vin*10.0)+0.5)/10;                    // ⑤
    N1=(int)((f_vin*10.0)+0.5)%10;                    // ⑥
    PORTC=~N0;                                        // ⑦
    PORTA=~N1;                                        // ⑧
  }
}
```

소스코드 분석 ☞

① 실수부 입력전압 계산

② 전압을 표시하기 위한 변수
N0:정수부 전압 표시, N1:소수점 첫째자리 전압 표시

③ ADCL(0-255)의 레지스터값과 ADCH(0, 256, 512, 768)레지스터 값을 더한 결과가 i_vin변수에 1023까지 저장 된다.

④ 0(0V), 1(0.0048875V), ~ , 1023(5V)
만일 i_vin 변수(ADC)의 값이 1023이면 입력 전압은 5V가 된다.

⑤ 0.0 ~ 5.0 사이의 정수부만 추출(offset error 보정) 소수점이하를 구하려고 하면?
만약 입력 전압 f_vin= 1.2V라고 하면 1.2에서 10을 곱해준다. 다시 12 % 10으로 계산하면 2가 되는데 이러한 방법으로 소수점 첫째자리를 구하면 된다.

⑥ 소수점 첫째자리

⑦ 정수부 표시(싱크전류 LED ON)

⑧ 소수점 첫째자리 표시(싱크전류 LED ON)

🗁 만약 입력 전압 f_vin= 1.23V라고 하면 1.23에서 100을 곱해준다. 다시 123 % 100으로 계산하면 23이 되는데 소수점 첫째자리를 구하기 위해서는 23을 23/10 하면 2로 나오게 되고, 소수점 둘째자리를 구하기 위해서는 23%10을 계산하면 3으로 값을 나타낼 수 있다.

▮응용과제 전압의 소수점 셋째자리 까지 표시하기

➩ 소수점 둘째자리와 소수점 셋째자리 까지 표시되도록 프로그램 하시오.

프로그램[6-4] FND를 이용한 ADC 제어회로

FND 2개를 연결하고 ADCW레지스터를 이용하여 전압의 정수부와 소수부 모두를 표시하는 ADC제어회로를 설계한다.

1 【그림 6-4-1】 과 같이 A포트와 C포트에 각각 FND를 연결한다.
C포트에는 정수부가 A포트에는 소수부가 표시 되도록 회로설계를 한다.

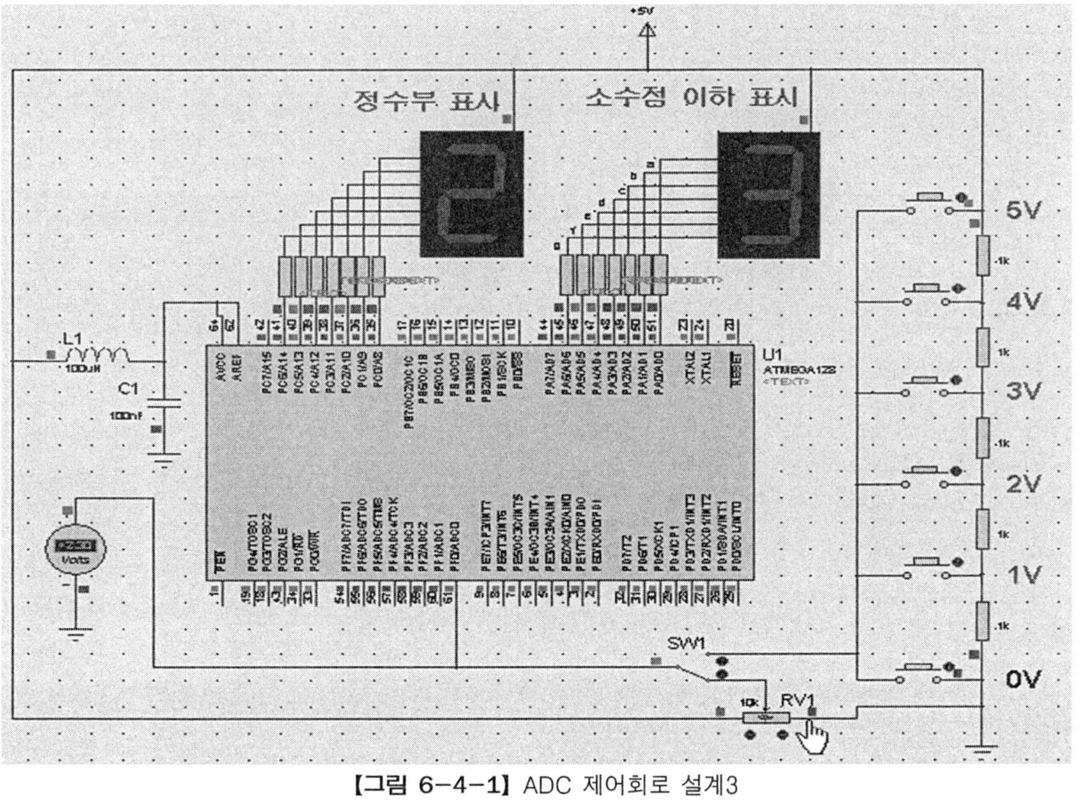

【그림 6-4-1】 ADC 제어회로 설계3

2 소스코드를 입력한 다음 컴파일을 한다.

```
//Ex6-4.c
#include<mega128.h>
void main()
{
  int cnt[10]={0x40,0xF9,0x24,0x30,0x19,0x12,0x02,0x58,0x00,0x10};

  int i_vin;
  float f_vin;
  char N0,N1;

  DDRA=0xFF;
  DDRC=0xFF;
  DDRF=0xFE;

  ADMUX=0x00;
  ADCSRA=0xE7;

  while(1)
  {
    i_vin=(int)ADCW;                                         // ①
    f_vin=(float)i_vin*5.0/1023;
    N0=(int)((f_vin*10.0)+0.5)/10;
    N1=(int)((f_vin*10.0)+0.5)%10;
    PORTC=cnt[N0];                                           // ②
    PORTA=cnt[N1];                                           // ③
  }
}
```

소스코드 분석 ☞

① ADCW(ADC Word)는 16비트 레지스터로 ADC값을 간단하게 처리할 수 있다.

② C포트 FND 정수부 표시(싱크전류 FND(LED) ON)

③ A포트 FND 소수점 첫째자리 표시(싱크전류 FND(LED) ON)

【그림 6-4-2】 A/D변환에서 2V가 입력된 경우

프로그램[6-5] FND와 인터럽트를 이용한 ADC 제어회로

프로그램[6-4]와 같은 회로에서 아래와 같이 인터럽트를 추가한 프로그래밍을 통해 차이점을 비교해 보고 ADC의 동작원리를 이해한다.

1 회로는 【그림 6-4-1】 과 같고 코딩만 다르게 컴파일한다.

2 소스코드를 입력한 다음 컴파일을 한다.

```
//Ex6-5.c
#include<mega128.h>

int i_vin;
float f_vin;

void main()
{
  int cnt[10]={0x40,0xF9,0x24,0x30,0x19,0x12,0x02,0x58,0x00,0x10};

  char N0,N1;

  DDRA=0xFF;
  DDRC=0xFF;
  DDRF=0xFE;

  ADMUX=0x00;
  ADCSRA=0xEF;                                                    // ①

  SREG=0x80;

  while(1)
  {
    N0=(int)((f_vin*10.0)+0.5)/10;
    N1=(int)((f_vin*10.0)+0.5)%10;
    PORTC=cnt[N0];
    PORTA=cnt[N1];
  }
}
                                                                  // ②
interrupt[ADC_INT] void adc_isr(void)
{
 i_vin=(int)ADCW;
 f_vin=(float)i_vin*5.0/1023;
}
```

소스코드 분석 ☞

① ADC Control and Atatus Register A

ADEN(ADC Enable)=1, ADSC(ADC Start Conversion)=1, ADFR(ADC Free Running Select)=1, ADIE(ADC Interrupt Enable)=1, ADPS2-0(ADC Prescaler Bits)=111 ->128분주

② ADC 인터럽트

프로그램[6-6] 2개의 채널을 입력받는 ADC제어회로

D포트의 하위포트에 2개의 스위치를 연결하여 F포트에 입력한 2채널(ADC1,ADC0)의 전압을 각각 측정할 수 있는 ADC제어 회로를 설계하여 동작원리를 이해한다.

1 외부인터럽트 0 (PD0)과 외부인터럽트 1(PD1)로 입력을 받아 ADC0와 ADC1으로 입력되는 아날로그 값을 측정한다. 【그림 6-6-1】은 ADC1을 측정한 값으로 2V를 나타낸다.

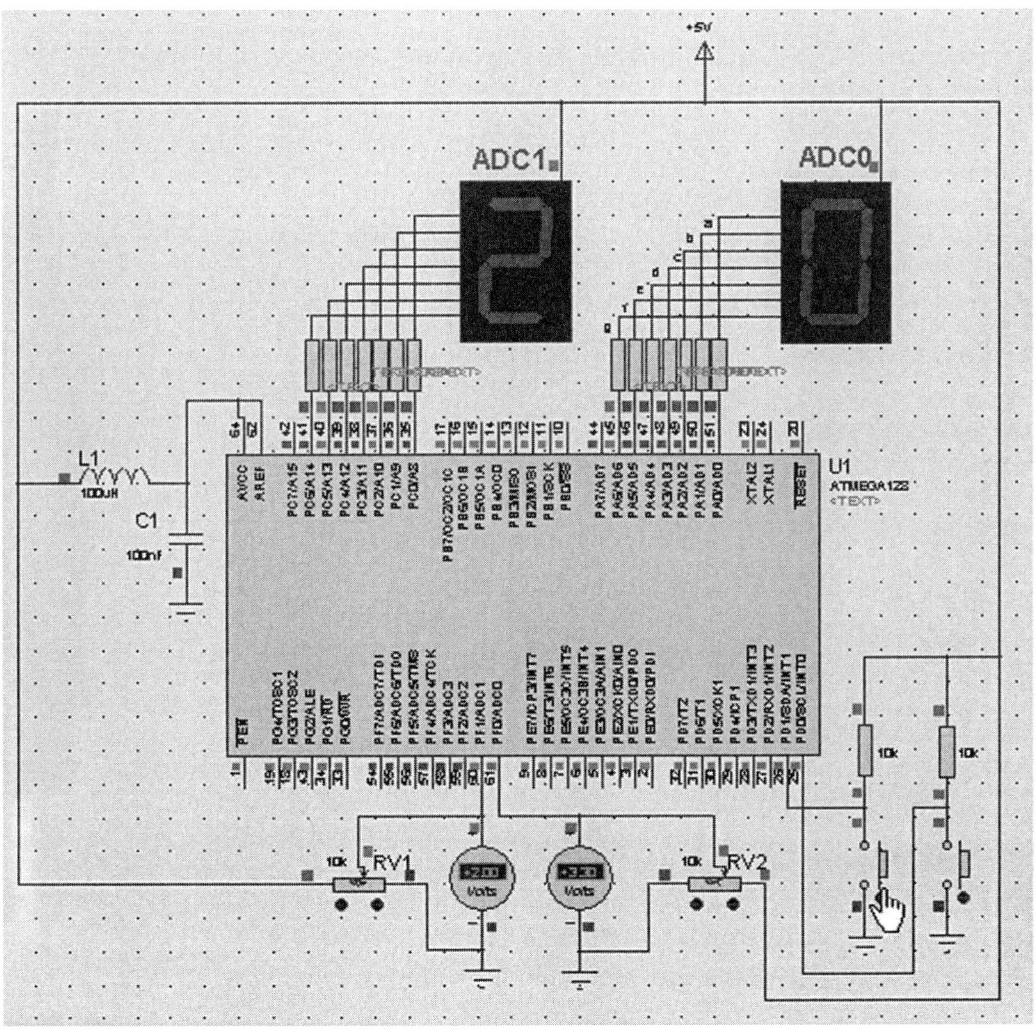

【그림 6-6-1】 ADC 제어회로 설계6

2 소스코드를 입력한 다음 컴파일을 한다.

```
//Ex6-6.c
#include<mega128.h>
#include<delay.h>
int i_vin;
float f_vin;
void main()
{
  int cnt[10]={0x40,0xF9,0x24,0x30,0x19,0x12,0x02,0x58,0x00,0x10};

  char N0,N1;

  DDRA=0xFF;
  DDRC=0xFF;
  DDRD=0x00;
  DDRF=0xFC;

  ADMUX=0x00;
  ADCSRA=0xE7;
  delay_ms(1);

  EICRA=0b00001010;
  EIMSK=0b00000011;
  SREG=0x80;
  while(1)
  {
    i_vin = (int)ADCL;
    i_vin += (int)ADCH<<8;
    f_vin=(float)i_vin*5.0/1023;

    N0=(int)((f_vin*10.0)+0.5)/10;
    N1=(int)((f_vin*10.0)+0.5)%10;
    PORTC=cnt[N0];
    PORTA=cnt[N1];
  }
}
                                                          // ①
interrupt[EXT_INT0] void PD0_int0(void)
{
    ADMUX=0x00;
    delay_ms(1);
}
                                                          // ②
interrupt[EXT_INT1] void PD1_int1(void)
{
    ADMUX=0x01;                                           // ③
    delay_ms(1);
}
```

소스코드 분석 ☞

① 외부 인터럽트 0
② 외부 인터럽트 1
③ 단극성입력(ADC1->PF1)

▮응용과제 4개의 채널을 입력받는 ADC제어회로 설계

⇨ 【그림 6-6-1】 ADC 제어회로6에서 채널3과 채널4도 받을 수 있도록 프로그램 하시오.

프로그램[6-7] ADC 아날로그 비교기회로

A포트에 LED 8개를 각각연결하여 F포트 2채널의 전압을 비교하는 회로를 설계한다.

1 【그림 6-7-1】 과 같이 회로를 설계한다.

MCU의 AIN0핀과 AIN1핀으로 입력되는 아날로그 전압을 비교하여AIN0>AIN1A, AIN0<AIN1의 결과 값에 따라 A포트에 연결된 LED를 제어 한다. A포트에 모터를 연결하면 모터의 정·역 제어를 할 수 있다.

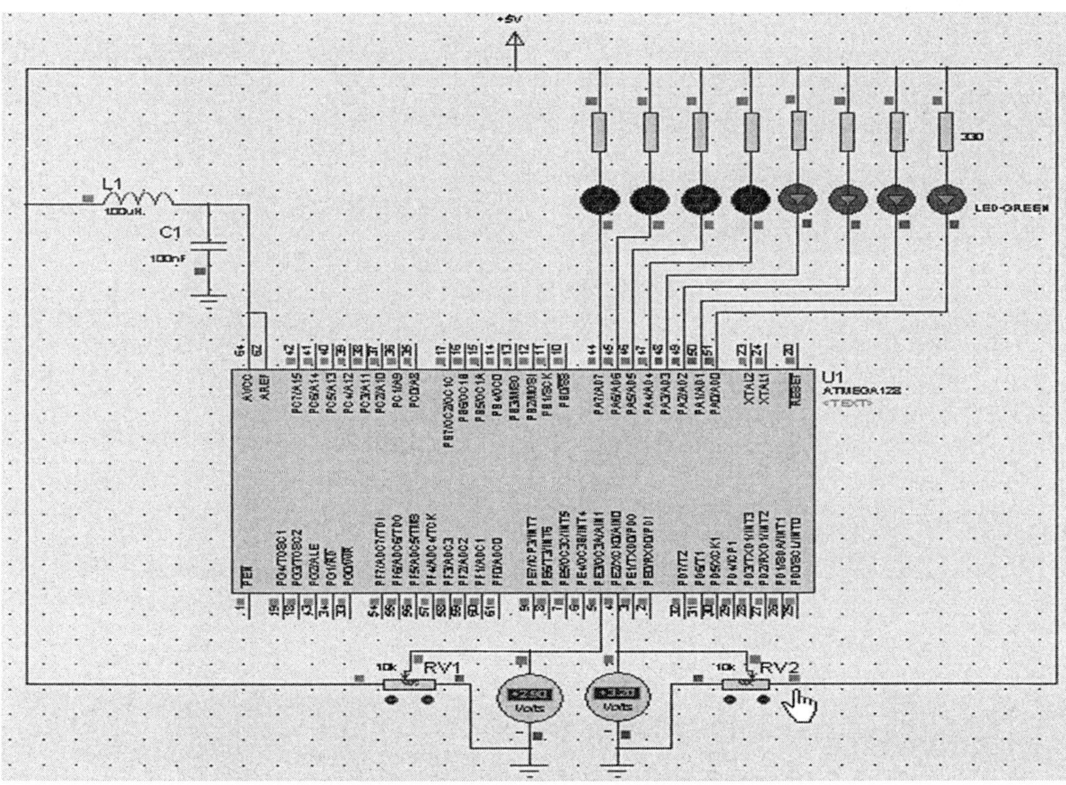

【그림 6-7-1】 ADC 제어회로 설계5

2 소스코드를 입력한 다음 컴파일을 한다.

```
//Ex6-7.c
#include<mega128.h>
void main()
{
  DDRA=0xFF;
  DDRE=0x00;

  ACSR=0x08;
  SREG=0x80;

  while(1);
}
interrupt[ANA_COMP] void ana_comp_isr()
{
  if(ACSR & 0x20)PORTA=0xf0;                                    // ①
  else PORTA=0x0f;                                              // ②
}
```

소스코드 분석 ☞

① AC0=1(AIN1<=AIN0)상위 니블 LED OFF,하위 니블 LED ON(싱크전류)

② 상위 니블 LED ON,하위 니블 LED OFF(싱크전류)

Chapter. 7

UART

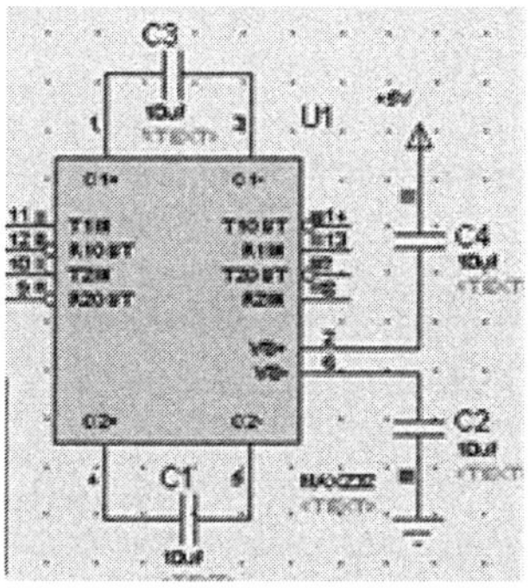

🖳 프로그래밍 🖳

프로그램[7-1] PC와 송신, 수신하는 UART회로

프로그램[7-2] PC를 통한 UART LED제어회로

프로그램[7-3] 스위치입력을 받는 UART통신 회로

프로그램[7-4] 문자를 송신하는 UART회로

프로그램[7-5] 스위치 입력과 PC입력을 받는 UART회로

제7장

UART

7.1 UART의 개요

ATmega128에는 컴퓨터나 다른 주변기기와의 통신을 위해 적은수의 배선으로 장거리 통신에 용이한 2개의 직렬 통신포트 UART(Universal Asynchronous and Asynchronous serial Receiver and Transmitter)를 내장하고 있다.

- UART0 → RXD0(PE0), TXD0(PE1)
- UART1 → RXD0(PD2), TXD0(PD3)

직렬통신방식에는 동기식과 비동기식으로 나누어지며, 동기식은 기준 클럭에 동기를 맞추어 데이터를 순차적으로 전송하는 방식으로 높은 전송속도를 필요로 하는 회로에 사용하며 제어하기가 어렵다. 비동기식은 동기클럭 없이 송·수신기기간의 데이터 전송속도를 정하여 순차적으로 전송하는 방식을 말한다.

직렬통신포트의 특징은 다음과 같다.

- 전이중 통신방식(독립적인 송·수신 레지스터 내장)
- 동기식 또는 비동기식 동작 모드
- 동기식으로 동작하는 마스터(Master) 또는 슬레이브(Slave)
- 고 분해능의 보 레이트 발생기(Baud Rate Generator)
- 5~9 비트의 데이터 비트와 1~2 비트의 정지 비트
- 오류 정정을 위한 짝수 또는 홀수 패리티 기능을 하드웨어로 지원
- 데이터 오버 런 검출(Over Run Detection)기능 내장
- 프레임 오류 검출(Framing Error Detection)기능 내장
- 노이즈 필터링(Noise Filtering) 내장
- 3개의 독립된 인터럽트 : 송신완료, 송신 데이터 레지스터 빔, 수신완료

- 다중 프로세서 통신모드 지원
- 비동기 2배속 통신모드 지원

【그림 7.1.1】은 직렬포트의 내부 구성도를 보여주는 것으로 ①클록 발생기, ②송신부, ③수신부로 이루어져 있다.

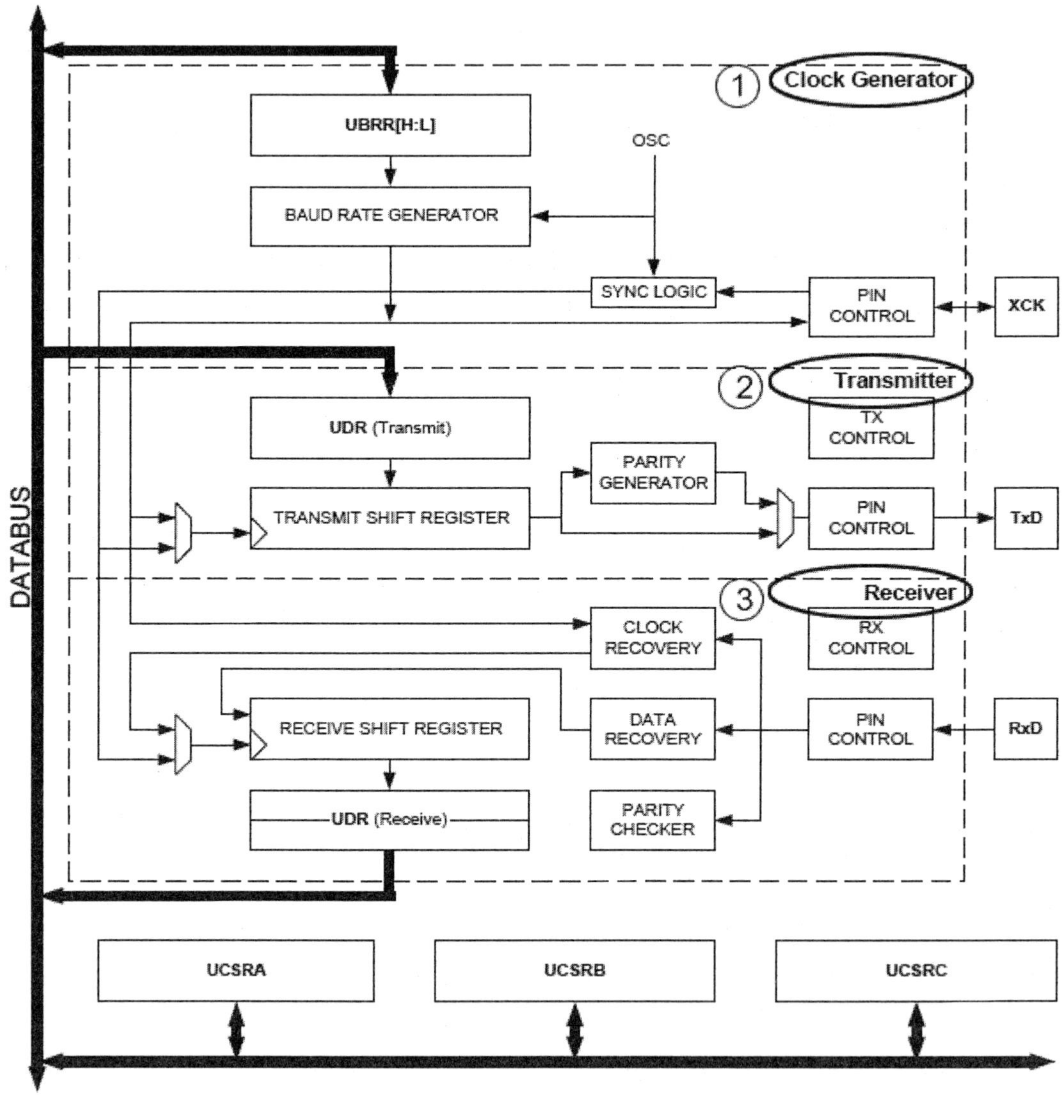

【그림 7.1.1】 UART의 구성도

직렬통신에서 데이터를 전송하기 위해서는 전송 하고자 하는 데이터의 동기를 맞추기 위한 시작비트와 정지비트, 그리고 오류검출을 위한 패리티비트로 구성되어 있다. 【그림

7.1.2】를 보면 프레임 = (1비트의 시작비트) + (5~9비트의 데이터비트) + (0, 1의 패리티 비트) + (1, 2 비트의 패리티 비트)로 구성 되어있다.

- 시작 비트 : 1비트를 사용, 송신 시에 자동으로 생성되며 항상 0 레벨이다.
- 데이터 비트 : 5~9 비트가 사용 가능하다.
- 패리티 비트 : 사용하지 않을 수도 있고, 사용할 경우에는 홀수 또는 짝수 패리트 1비트를 사용한다.
- 정지비트 : 송신 시에 자동으로 생성되며 항상 1 레벨이다.(1, 2 비트 사용)

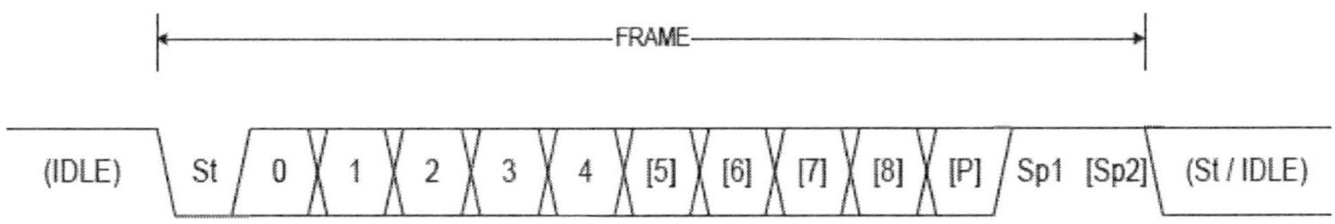

- St　Start bit, always low.
- (n)　Data bits (0 to 8).
- P　Parity bit. Can be odd or even.
- Sp　Stop bit, always high.
- IDLE　No transfers on the communication line (RxD or TxD). An IDLE line must be high.

【그림 7.1.2】 UART 통신의 데이터 프레임

7.2 UART 관련 레지스터

UART관련 레지스터로는 UDRn, UCSRA, UCSRB, UCSRC, UBRRnH/L이 있는데 이들 레지스터의 동작에 대하여 자세히 알아보기로 한다.

▣ UDRn : USARTn I/O Data Register(n=0, 1)

이 레지스터는 송·수신데이터 버퍼의 기능을 수행하며 같은 I/O번지에 위치하지만 하드웨어적으로는 서로 별개의 레지스터로 구성이 되어있다.

Bit	7	6	5	4	3	2	1	0	
	RXBn[7:0]								UDRn (Read)
	TXBn[7:0]								UDRn (Write)
Read/Write	R/W	R/W	R/W	R/W	R/W	R/W	R/W	R/W	
Initial Value	0	0	0	0	0	0	0	0	

■ UCSRnA : USART Control and Status Register A(n=0, 1)

UART의 송·수신동작을 제어 하거나 상태를 저장하는 레지스터이다.

Bit	7	6	5	4	3	2	1	0
	RXCn	TXCn	UDREn	FEn	DORn	UPEn	U2Xn	MPCMn
Read/Write	R	R/W	R	R	R	R	R/W	R/W
Initial Value	0	0	1	0	0	0	0	0

▶ Bit 7 - RXCn : USART Receive Complete

수신버퍼에 읽혀지지 않은 문자가 있으면 1로 셋 되고 CPU가 이 문자를 읽어서 수신버퍼가 비어있는 상태라면 0으로 클리어 된다.

▶ Bit 6 - TXCn : USART Transmit Complete

송신 시프트레지스터에 있는 데이터가 모두 송신되고 UDRn레지스터의 송신버퍼에 새로운 데이터가 저장되지 않은 상태이면 1로 셋 된다.

▶ Bit 5 - UDREn : USART Data Register Empty

UDRn레지스터의 송신버퍼에 데이터가 비어 있어서 새로운 데이터를 받을 준비가 되어 있을 때 1로 셋 된다.

▶ Bit 4 - FEn : Frame Error

수신되고 있는 데이터의 첫 번째 정지비트가 0일 때 1로 셋된다.

▶ Bit 3 - DORn : Data OverRun

UDRn의 수신버퍼에 현재 읽지 않은 데이터가 들어있는 상태에서 수신 시프트 레지스터에 새로운 데이터가 수신완료 되고, 그 다음 수신 데이터인 3번째 문자의 시작 비트가 검출되면 발생한다.

▶ Bit 2 - UPEn : Parity Error

UDRn의 수신버퍼에 현재 저장되어있는 데이터를 수신하는 동안에 패리티 에러가 발생하였음을 나타내는 플래그이다.

▶ Bit 1 - U2Xn : Double the USART Transmission Speed

비동기 모드에서만 사용되며, 이 비트를 1로 설정하면 클럭의 분주비를 16에서 8로 하여 전송속도를 2배로 높이는 기능이다.

▶ Bit 0 - MPCMn : Multi-Processor Communication Mode
이 비트를 1로 설정을 하면 멀티프로세서 기능을 한다.

■ UCSRnB : USART Control and Status Register B(n=0, 1)

UART의 송·수신동작을 제어 하거나 전송 데이터를 9비트로 설정한 경우에 전송데이터의 9번째 비트를 저장한다.

Bit	7	6	5	4	3	2	1	0
	RXCIEn	TXCIEn	UDRIEn	RXENn	TXENn	UCSZn2	RXB8n	TXB8n
Read/Write	R/W	R/W	R/W	R/W	R/W	R/W	R	R/W
Initial Value	0	0	0	0	0	0	0	0

▶ Bit 7 - RXCIEn : Rx Complete Interrupt Enable
수신 완료 인터럽트를 개별적으로 인에이블 하며, 이 비트와 SREG레지스터의 I비트가 1로 설정된 경우에 하나의 데이터가 수신되고 UCSRnA 레지스터의 RXCn 비트가 1로 되면 수신완료 인터럽트가 발생된다.

▶ Bit 6 - RXCIEn : Tx Complete Interrupt Enable
송신 완료 인터럽트를 개별적으로 인에이블 하며, 이 비트와 SREG레지스터의 I비트가 1로 설정된 경우에 송신 시프트레지스터가 비어 UCSRnA 레지스터의 TXCn 비트가 1로 되면 송신완료 인터럽트가 발생된다.

▶ Bit 5 - UDRIEn : USART Data Register Empty Interrupt Enable
송신 데이터 준비완료 인터럽트를 개별적으로 인에이블 하며, 이 비트와 SREG 레지스터의 I비트가 1로 설정된 경우에 송신 데이터 레지스터가 비어 UCSRnA 레지스터의 UDRIEn 비트가 1로 되면 송신데이터 준비완료 인터럽트가 발생된다.

▶ Bit 4 - RXENn : Receiver Enable
이 비트를 1로 설정하면 수신기가 인에이블 되어 RxDn핀이 병렬 I/O포트가 아니라 직렬데이터 수신단자로 동작하게 된다.

▶ Bit 3 - TXENn : Transmitter Enable
이 비트를 1로 설정하면 송신기가 인에이블 되어 TxDn핀이 병렬 I/O포트가 아니라 직렬데이터 송신단자로 동작하게 된다.

▸ Bit 2 – UCSZn2 : Character Size

이 비트는 UCSRnC레지스터의 UCSZn1-0 비트와 함께 전송 문자의 데이터 비트수를 설정하는데 사용된다.

▸ Bit 1 – RXB8n : Receive Data Bit 8

수신 문자가 9비트로 설정된 경우에 수신된 문자의 9번째 비트를 저장한다.

▸ Bit 0 – TXB8n : Transmit Data Bit 8

송신 문자가 9비트로 설정된 경우에 송신된 문자의 9번째 비트를 저장한다.

▣ UCSRnC : USART Control and Status Register C(n=0, 1)

UART의 송·수신동작을 제어 하거나 송·수신 상태를 저장한다.

Bit	7	6	5	4	3	2	1	0
	–	UMSELn	UPMn1	UPMn0	USBSn	UCSZn1	UCSZn0	UCPOLn
Read/Write	R/W	R/W	R/W	R/W	R/W	R/W	R/W	R/W
Initial Value	0	0	0	0	0	1	1	0

▸ Bit 6 – UMSELn : USART Mode Select

이 비트가 1이면 USARTn의 동작 모드가 동기모드로 동작을 하고, 0이면 비동기 모드로 동작한다.

▸ Bit 5:4 – UPMn1:0 : Parity Mode

이 비트들은 패리티비트 발생과 검사형태를 설정한다.

<표 7.2.1> UPM 비트 값에 의한 패리티 모드

UPMn1	UPMn0	Parity Mode
0	0	Disabled
0	1	(Reserved)
1	0	Enabled, Even Parity
1	1	Enabled, Odd Parity

▸ Bit 3 – USBSn : Stop Bit Select

이 비트는 정지비트의 길이를 설정하는 비트로 0이면 1비트, 1이면 2비트가 설정된다.

▸ Bit 2:1 - USCSZn1:0 : Character Size
UCSRnB레지스터의 UCSZn2와 함께 이 2개의 비는 3비트조합으로 전송데이터의 비트수를 설정한다.

<표 7.2.2> UCSZ비트 값에 의한 전송문자 비트수 설정

UCSZn2	UCSZn1	UCSZn0	Character Size
0	0	0	5-bit
0	0	1	6-bit
0	1	0	7-bit
0	1	1	8-bit
1	0	0	Reserved
1	0	1	Reserved
1	1	0	Reserved
1	1	1	9-bit

▸ Bit 0 - UCPOLn : Clock Polarity
이 비트는 동기전송모드에서만 유효하며, 송신데이터의 출력시점과 수신데이터의 입력시점을 설정한다.

<표 7.2.3> UCPOLn 비트 값에 의한 클럭의 극성 선택

UCPOLn	Transmitted Data Changed (Output of TxDn Pin)	Received Data Sampled (Input on RxDn Pin)
0	Rising XCKn Edge	Falling XCKn Edge
1	Falling XCKn Edge	Rising XCKn Edge

【그림 7.2.1】 은 동기모드에서의 타이밍 도를 나타낸 파형이다.
ATmega128의 클럭 핀은 XCK0(PE2), XCK1(PD5)이다.

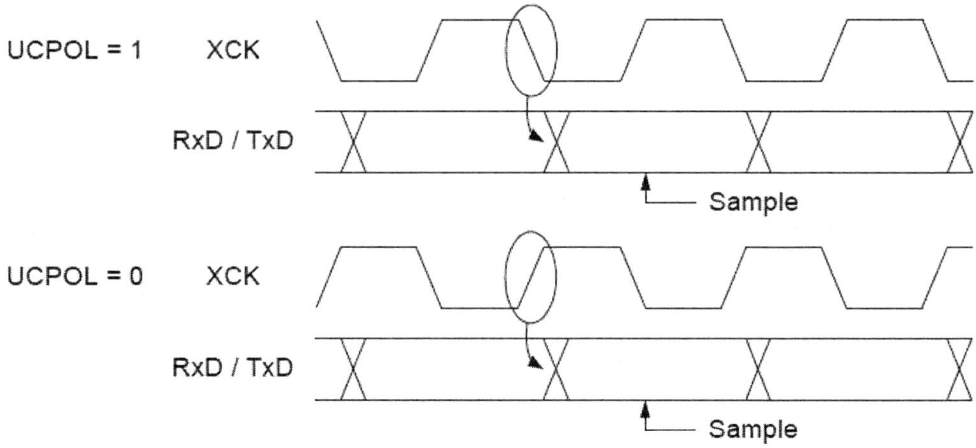

【그림 7.2.1】 동기 모드에서의 XCKn 타이밍도

▣ UBRRn : USART Baud Rate Registers - UBRRnH and UBRRnH

이 레지스터는 16비트 중에서 12비트만 사용하며, UARTn 포트의 송·수신 속도를 설정하는 기능을 한다.

Bit	15	14	13	12	11	10	9	8
	–	–	–	–	UBRRn[11:8]			
	UBRRn[7:0]							
	7	6	5	4	3	2	1	0
Read/Write	R	R	R	R	R/W	R/W	R/W	R/W
	R/W	R/W	R/W	R/W	R/W	R/W	R/W	R/W
Initial Value	0	0	0	0	0	0	0	0
	0	0	0	0	0	0	0	0

▶ Bit 11:0 - UBRRn11:0 : USARTn Baud Rate Register

이 레지스터에 값을 쓸 경우에는 16비트이기 때문에 상위바이트인 UBRRnH에 먼저 쓰고 UBRRnL을 나중에 쓴다. 전송속도를 나타내는 보 레이트의 단위는 bps(bit per second)이며, UBRRn레지스터는 12비트만 사용 하므로 $2^{12} = 4096$으로 0~4095까지 값을 가질 수 있다. <표 7.2.4>는 UBRRn 레지스터의 보레이트 설정을 위한 공식을 표현한 것이고, <표 7.2.5>는 16MHz의 시스템 클럭에서 전송속도에 따른 UBRRn레지스터의 설정값이다 .

<표 7.2.4> 전송속도 및 설정해야 할 UBRRn레지스터 값 계산식

Operating Mode	Equation for Calculating Baud Rate	Equation for Calculating UBRR Value
Asynchronous Normal Mode (U2X = 0)	$BAUD = \frac{f_{OSC}}{16(UBRR+1)}$	$UBRR = \frac{f_{OSC}}{16BAUD} - 1$
Asynchronous Double Speed Mode (U2X = 1)	$BAUD = \frac{f_{OSC}}{8(UBRR+1)}$	$UBRR = \frac{f_{OSC}}{8BAUD} - 1$
Synchronous Master Mode	$BAUD = \frac{f_{OSC}}{2(UBRR+1)}$	$UBRR = \frac{f_{OSC}}{2BAUD} - 1$

<표 7.2.5>전송속도에 따른 UBRRn레지스터의 설정 값

Baud Rate (bps)	f_{osc} = 16.0000 MHz			
	U2X = 0		U2X = 1	
	UBRR	Error	UBRR	Error
2400	416	-0.1%	832	0.0%
4800	207	0.2%	416	-0.1%
9600	103	0.2%	207	0.2%
14.4k	68	0.6%	138	-0.1%
19.2k	51	0.2%	103	0.2%
28.8k	34	-0.8%	68	0.6%
38.4k	25	0.2%	51	0.2%
57.6k	16	2.1%	34	-0.8%
76.8k	12	0.2%	25	0.2%
115.2k	8	-3.5%	16	2.1%
230.4k	3	8.5%	8	-3.5%
250k	3	0.0%	7	0.0%
0.5M	1	0.0%	3	0.0%
1M	0	0.0%	1	0.0%
Max	1 Mbps		2 Mbps	

💻 프로그래밍 💻

💻 프로그램[7-1] PC와 송신, 수신 하는 UART회로

PC의 시리얼 포트를 통해 RXEN0, TXEN0로 송신, 수신을 하는 회로를 설계하고 코드비젼 터미널에서 입력을 받는지 확인한다.

1 【그림 7-1-1】 과 같이 회로를 설계한다.

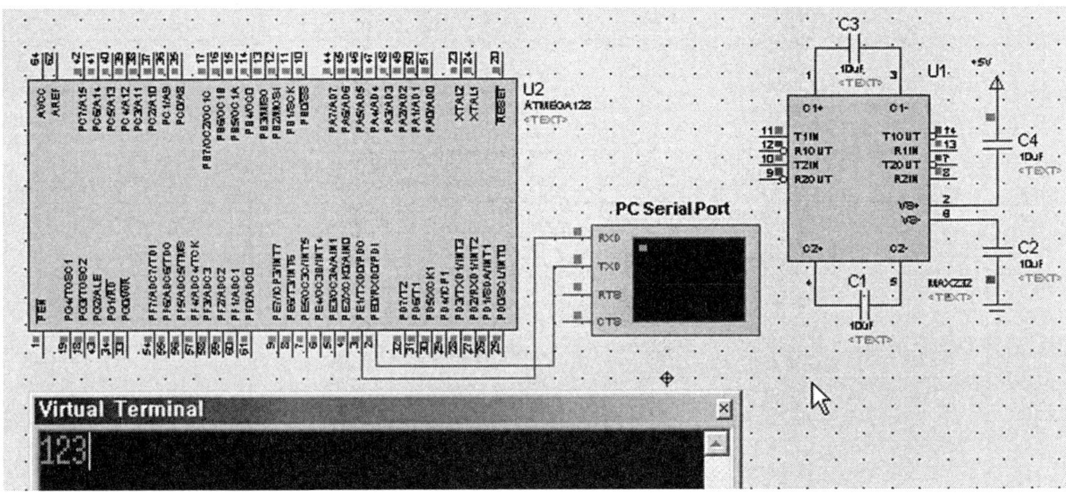

【그림 7-1-1】 UART회로 설계1

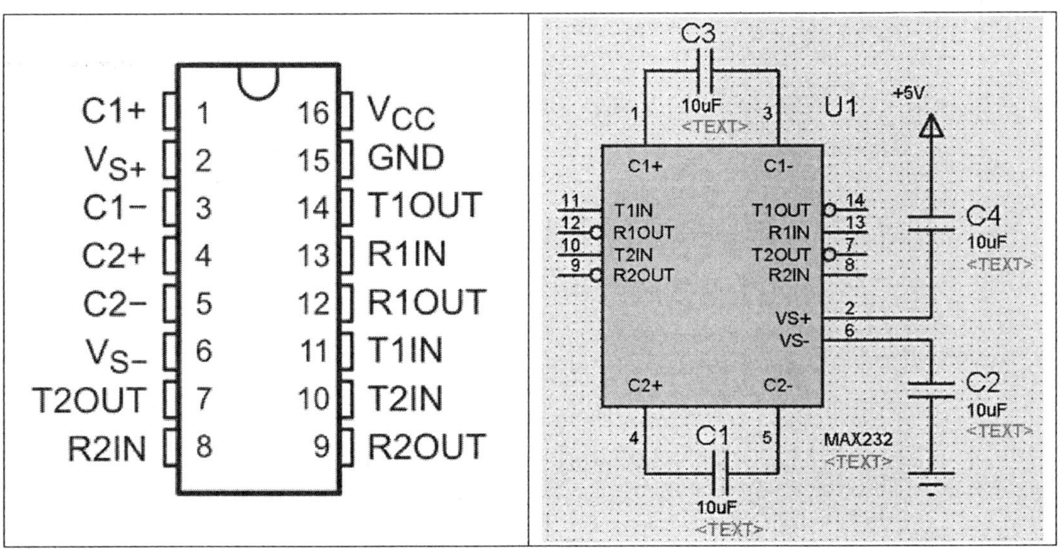

【그림 7-1-2】 PC와 통신을 위한 MAX-232 IC

2 소스코드를 입력한 다음 컴파일을 한다. 프로테우스의 시뮬레이션 툴에서 MCU의 클럭 속도를 계산하여 통신 속도를 맞추어 주어야 제대로 동작을 하고 실제 회로를 구성 할 때는 MAX232 IC를 추가하여 PC의 시리얼 포트와 연결한다.

```
//Ex7-1.c
#include<mega128.h>
#define SYSTEM_CLOCK 16000000                                    // ①
void putch(char c)                                               // ②
{
 while(!(UCSR0A & 0x20));
 UDR0=c;
}
char getch()                                                     // ③
{
 while(!(UCSR0A & 0x80));
 return UDR0;
}
void UART_Init(unsigned int setbauerate)
{
 unsigned long baudrate;
 UCSR0B=0x18;                                                    // ④
 baudrate = (SYSTEM_CLOCK/setbauerate/16) - 1;
 UBRR0L = baudrate;                                              // ⑤
}
void main()
{
  UART_Init(38400);
  while(1)
  {
   putch(getch());                                               // ⑥
  }
}
```

소스코드 분석 ☞

① CLOCK (X-tal frequency)
MCU에서 16MHz로 사용하면 변경하여 준다.
② MCU -> PC로 문자 출력
③ PC -> MCU
④ RXEN0,TXEN0 enable 송신, 수신
⑤ 보율값 설정
⑥ 키보드에서 받은 문자를 터미널로 출력

프로그램[7-2] PC를 통한 UART LED제어회로

C포트에 연결된 LED를 UART를 이용하여 PC의 키보드로 ON/OFF 제어 가능한 회로를 설계한다.

1 회로의 안정도를 위해서는 【그림 7-2-1】과 같이 IC ULN2803을 추가 하여 회로를 설계한다.

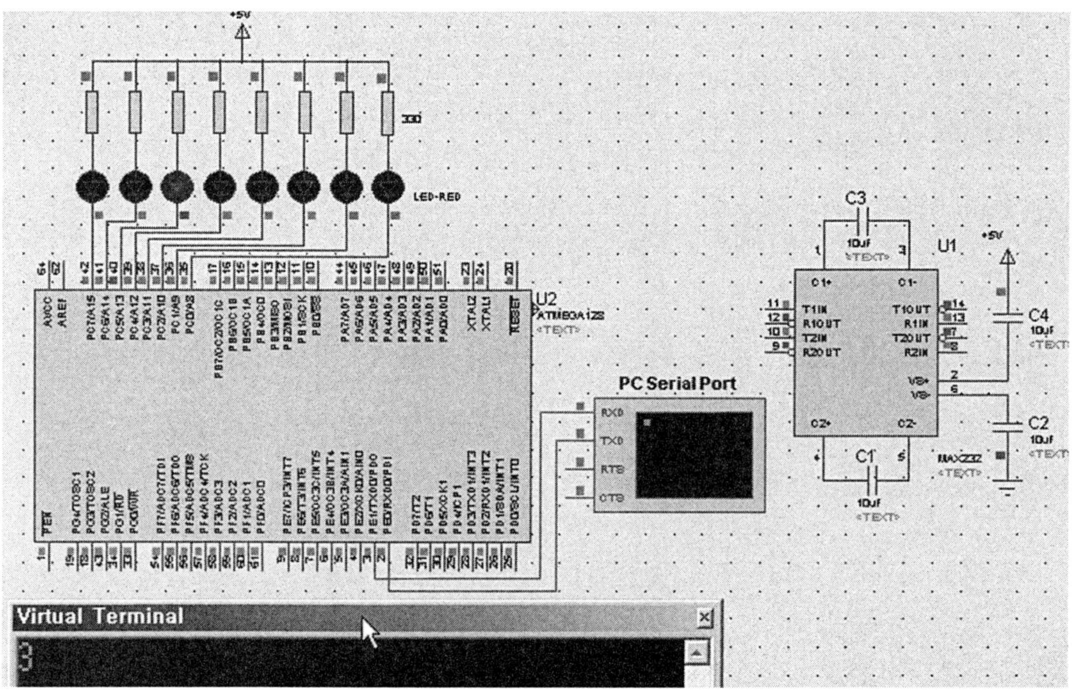

【그림 7-2-1】 UART 회로 설계2

2 소스코드를 입력한 다음 컴파일을 한다.

```
//Ex7-2.c
#include<mega128.h>
#include<delay.h>
#define SYSTEM_CLOCK 16000000

void UART_Init(unsigned int setbauerate)
{
 unsigned long baudrate;
 UCSR0B=0x18;
 baudrate = (SYSTEM_CLOCK/setbauerate/16) - 1;
 UBRR0L = baudrate;
}
char getch()
{
 char get_byte;
 while(!(UCSR0A & 0x80));
 get_byte =  UDR0;
 return get_byte;
}
void main()
{
   char in_data=0;
   DDRC=0xFF;
   SREG=0x80;
   UART_Init(38400);                                                        // ①
   PORTC=0xFF;
   while(1)
   {
     in_data = getch();
     switch(in_data)
     {
      case '1' : PORTC=0x7F; putch('1'); break;
      case '2' : PORTC=0xBF; putch('2'); break;
      case '3' : PORTC=0xDF; putch('3'); break;
      case '4' : PORTC=0xEF; putch('4'); break;
      case '5' : PORTC=0xF7; putch('5'); break;
      case '6' : PORTC=0xFB; putch('6'); break;
      case '7' : PORTC=0xFD; putch('7'); break;
      case '8' : PORTC=0xFE; putch('8'); break;
     }
   }
}
```

소스코드 분석 ☞

① baudrate 설정

▌응용과제 1 UART통신을 이용한 ADC제어회로 전압 전송

⇨ 6장의 ADC제어 회로에서 아날로그 전압을 입력받아 PC로 전송하는 프로그램을 작성하시오

▌응용과제 2 UART통신을 이용한 LCD 문자열 전송

⇨ 8장의 LCD제어 프로그램을 학습한 후에 LCD로 문자열을 전송하는 프로그램 작성하기

프로그램[7-3] 스위치입력을 받는 UART통신 회로

A포트에 연결된 스위치로 PC에 신호를 주는 회로를 설계하고 코드비전의 터미널을 통해 각각의 스위치 신호를 확인한다.

1 【그림 7-3-1】과 같이 회로를 설계한다.

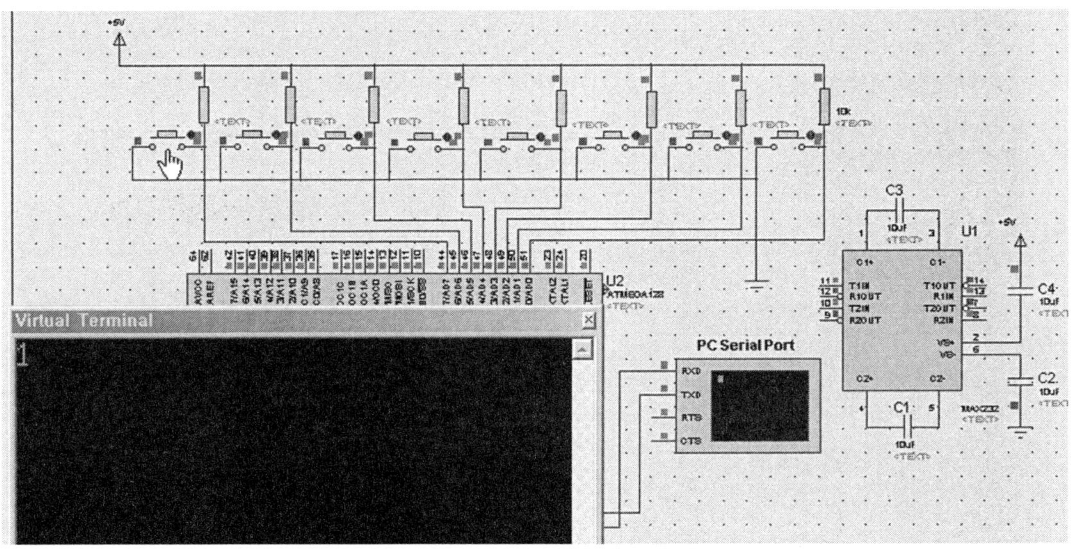

【그림 7-3-1】 UART회로 설계3

2 소스코드를 입력한 다음 컴파일을 한다.

```
//Ex7-3.c
#include<mega128.h>
#include<delay.h>
#define SYSTEM_CLOCK 16000000

void putch(char c)                                          // ①
{
 while(!(UCSR0A & 0x20));
 UDR0=c;
}
char getch()
{
 while(!(UCSR0A & 0x80));
 return UDR0;
}
void UART_Init(unsigned int setbauerate)
{
 unsigned long baudrate;
 UCSR0B=0x18;
 baudrate =(SYSTEM_CLOCK/setbauerate/16) - 1;
 UBRR0L = baudrate;
}
void main()
{
   int key;
   DDRA = 0x00;

   SREG=0x80;
   UART_Init(38400);
   while(1)
   {
     switch(PINA)
     {
      case 0x7F : putch('1'); delay_ms(300); break;         // ②
      case 0xBF : putch('2'); delay_ms(300); break;
      case 0xDF : putch('3'); delay_ms(300); break;
      case 0xEF : putch('4'); delay_ms(300); break;
      case 0xF7 : putch('5'); delay_ms(300); break;
      case 0xFB : putch('6'); delay_ms(300); break;
      case 0xFD : putch('7'); delay_ms(300); break;
      case 0xFE : putch('8'); delay_ms(300); break;
     }
   }
}
```

소스코드 분석 ☞

① 문자 입력
② 약 0.3초 마다 PC로 한 문자씩 전송

프로그램[7-4] 문자를 송신하는 UART회로

인터럽트를 이용하여 PC에서 회로의 스위치입력에 따라 문자를 받을 수 있는 회로를 설계하고 UART통신을 이해한다.

1 【그림 7-4-1】과 같이 회로를 설계한다.

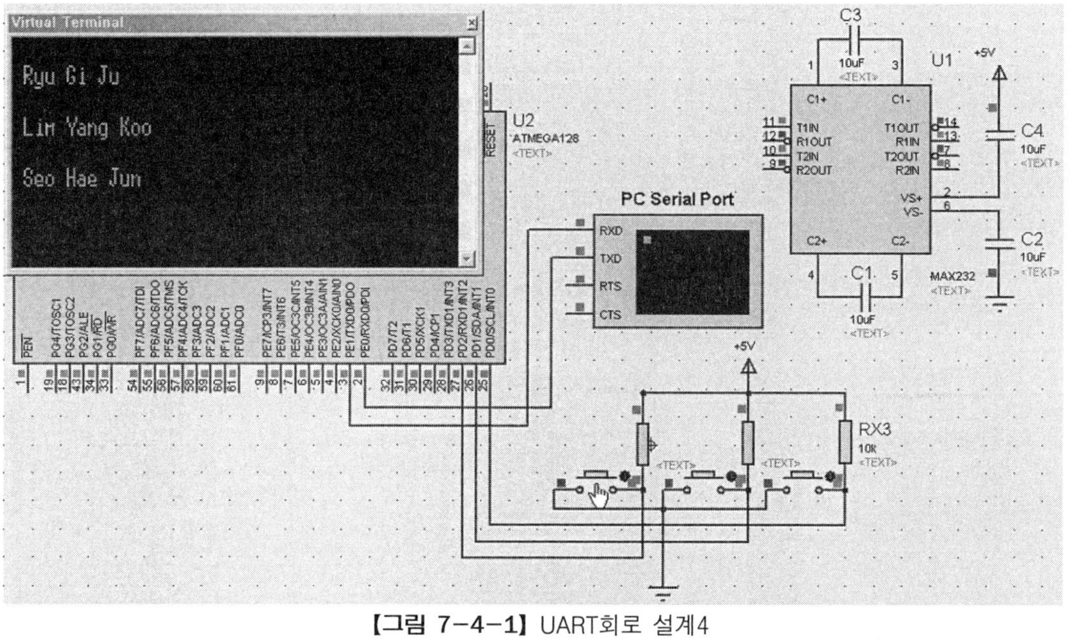

【그림 7-4-1】 UART회로 설계4

2 소스코드를 입력한 다음 컴파일을 한다.

```
//Ex7-4.c
#include<mega128.h>
#define SYSTEM_CLOCK 16000000

unsigned char *text_data,text_cnt;
unsigned char Ryu[]="\n\r Ryu Gi Ju    \r\n";
unsigned char Lim[]="\n\r Lim Yang Koo \r\n";
unsigned char Seo[]="\n\r Seo Hae Jun  \r\n";

void UART_Init(unsigned int setbauerate)
{
 unsigned long baudrate;
 UCSR0B=0xD8;
 baudrate =(SYSTEM_CLOCK/setbauerate/16) - 1;
 UBRR0L = baudrate;
}

interrupt[USART0_TXC] void UART_T(void)                        // ①
{
 text_data++;                                                  // ②
 if(--text_cnt)UDR0=*text_data;                                // ③
}

void UART_Send(unsigned char *buf, unsigned char size)
{
  if(!text_cnt)                                                // ④
  {
   text_data=buf;                                              // ⑤
   text_cnt=size;
   UDR0=*buf;
  }
}
void main()
{
  DDRD = 0x00;

  EICRA=0b00101010;
  EIMSK=0b00000111;
  SREG=0x80;

  UART_Init(38400);

  while(1);
}
```

```
interrupt[EXT_INT0] void PD0_int0(void)
{
  UART_Send(Ryu,20);
}

interrupt[EXT_INT1] void PD0_int1(void)
{
  UART_Send(Lim,20);
}

interrupt[EXT_INT2] void PD0_int2(void)
{
  UART_Send(Seo,20);
}
```

소스코드 분석 ☞

① 송신완료 인터럽트
② 송신 인터럽트가 발생 할 때마다 증가
③ 문자열이 종료 될 때까지 실행
④ 문자열이 다 입력이 될 때까지 실행
⑤ 데이터가 저장되어있는 시작 주소를 저장

프로그램[7-5] 스위치 입력과 PC입력을 받는 UART회로

A포트에 연결된 LED로 PC의 입력값을 받고 회로의 스위치 입력값을 받으며 PC와 송신, 수신하는 회로를 설계한다.
PC의 1번키에서 8번키를 누르면 MCU의 C포트에 연결되어 있는 LED가 대응하여 각각 1개씩 ON이 된다.
MCU의 D포트에 연결되어 있는 SW1을 누르면 C포트에 연결되어 있는 모든 LED가 OFF되고, SW2를 누르면 모든 LED가 ON이 된다.

1 【그림 7-5-1】과 같이 회로를 설계한다.

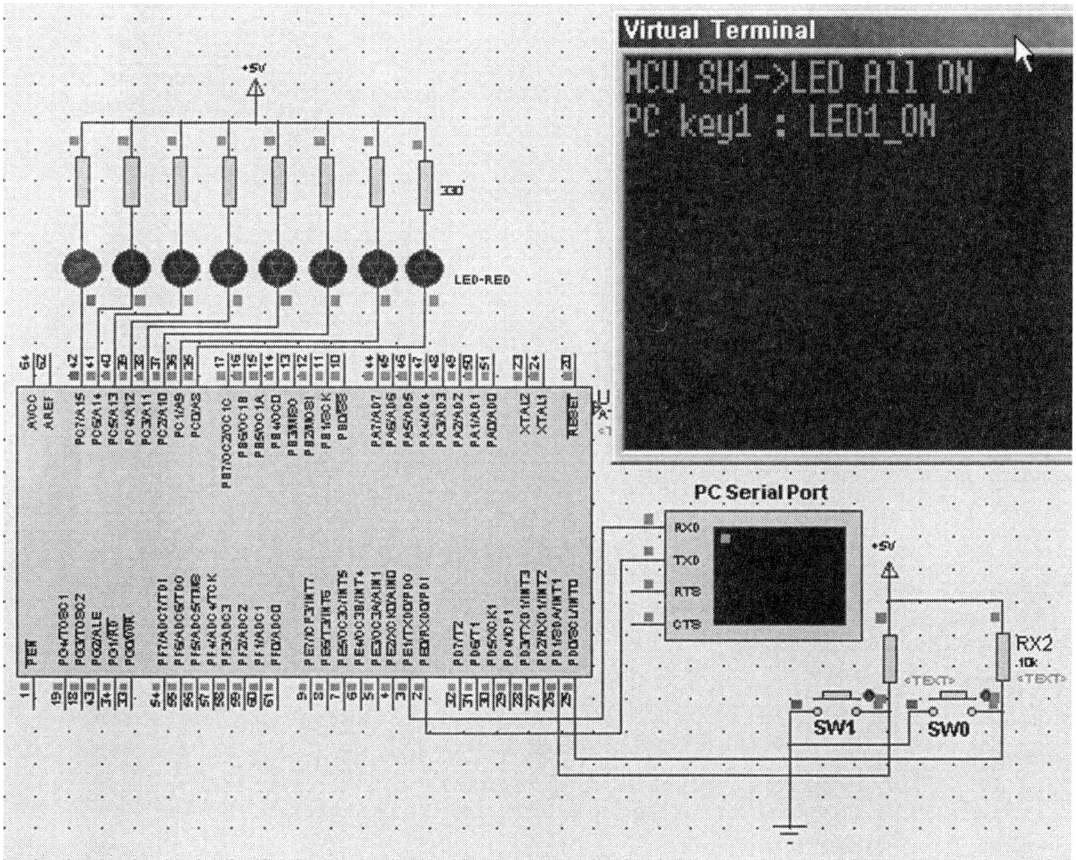

【그림 7-5-1】 UART회로 설계5

2 소스코드를 입력한 다음 컴파일을 한다.

```
//Ex7-5.c
#include<mega128.h>
#include<stdio.h>                                                    // ①
#define SYSTEM_CLOCK 8000000

void UART_Init(unsigned int setbauerate)
{
 unsigned long baudrate;
 UCSR0B=0x18;
 baudrate =(SYSTEM_CLOCK/setbauerate/16) - 1;
 UBRR0L = baudrate;
}
```

```
void main()
{
  DDRC=0xFF;

  EICRA=0b00001010;
  EIMSK=0b00000011;
  SREG=0x80;

  UART_Init(38400);
  PORTC=0xFF;
 while(1)
  {
        switch(getchar())
    {
     case '1' : puts("PC key1 : LED1_ON\r\n");                    // ②
                PORTC=0x7F; break;
     case '2' : puts("PC key2 : LED2_ON\r\n");
                PORTC=0xBF; break;
     case '3' : puts("PC key3 : LED3_ON\r\n");
                PORTC=0xDF; break;
     case '4' : puts("PC key4 : LED4_ON\r\n");
                PORTC=0xEF; break;
     case '5' : puts("PC key5 : LED5_ON\r\n");
                PORTC=0xF7; break;
     case '6' : puts("PC key6 : LED6_ON\r\n");
                PORTC=0xFB; break;
     case '7' : puts("PC key7 : LED7_ON\r\n");
                PORTC=0xFD; break;
     case '8' : puts("PC key8 : LED8_ON\r\n");
                PORTC=0xFE; break;
    }
  }
interrupt[EXT_INT0] void PD0_int0(void)
{
 PORTC=0xFF; printf("MCU SW0->LED All OFF\r\n");                   // ③
}

interrupt[EXT_INT1] void PD0_int1(void)
{
  PORTC=0x00; printf("MCU SW1->LED All ON\r\n");                   // ④
}
```

소스코드 분석 ☞

① 표준 입.출력함수를 사용하기 위해서 추가 한다.
② 1번 Key를 입력받을시 1번 LED ON
③ SW0을 입력받을시 LED OFF
④ SW1을 입력받을시 LED ON

【그림 7-5-2】 UART회로 설계6

Chapter. 8

디스플레이 제어

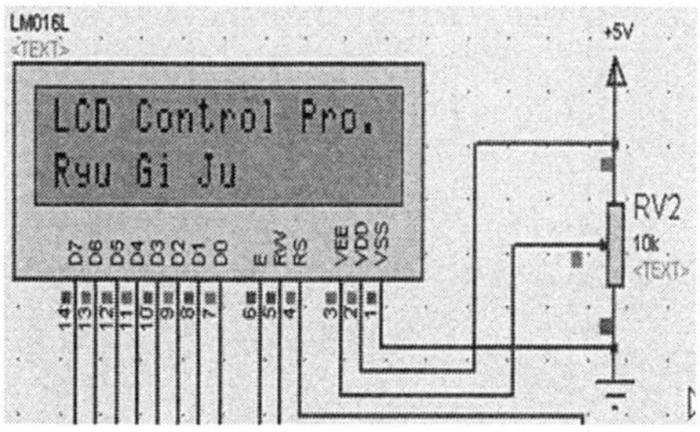

프로그래밍

프로그램[8-1] Dot Matrix 제어회로

프로그램[8-2] Dot Matrix 순차점멸회로

프로그램[8-3] Dot Matrix 하트모양출력 회로

프로그램[8-4] MAX7219 IC를 이용한 FND 제어

프로그램[8-5] LCD 문자출력 제어회로

프로그램[8-6] 스위치로 입력받는 LCD 제어회로

프로그램[8-7] LCD 디지털시계 회로

프로그램[8-8] LCD 제어관련 함수

프로그램[8-9] 문자패턴방식을 이용한 LCD 제어회로

제8장

디스플레이 제어

8.1 디스플레이 제어

8장에서는 디스플레이(display)제어에 대하여 알아보기로 한다. 먼저 도트 매트릭스(Dot Matrix)와 LCD(Liquid Crystal Display)의 동작원리와 구조를 간략 하게 살펴보고 제어 프로그램을 작성해 보기로 한다.

8.2 도트 매트릭스 제어

【그림 8.2.1】 의 b는 실제 핀 배열이며, a는 시뮬레이션 툴에서의 핀 배열이고 【그림 8.2.2】 는 Dot matrix의 내부 회로이다.

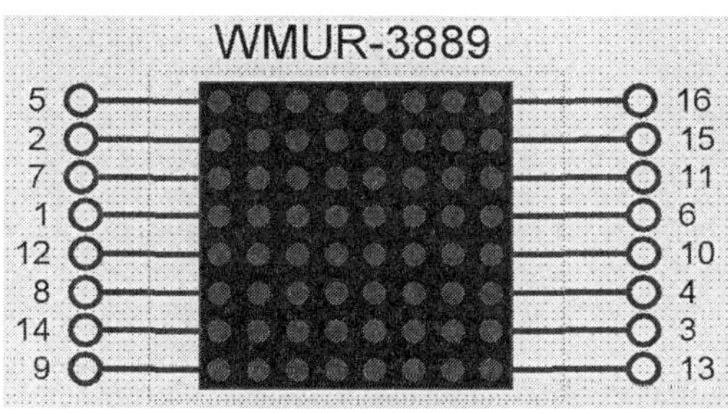

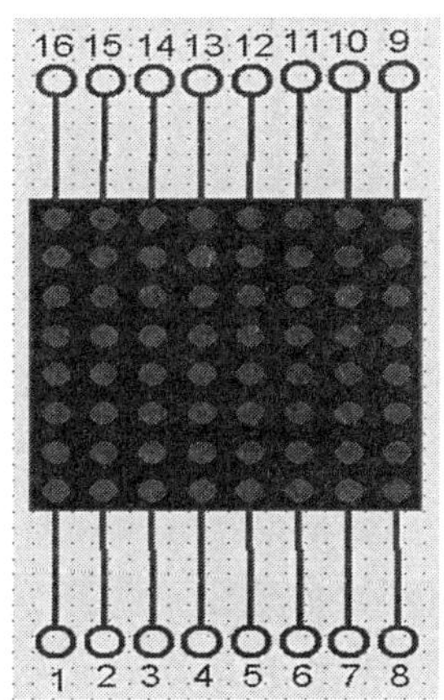

a. PROTEUS	b. 실제 핀 배열
* Dot Matrix의 규격에 따라서 +com과 -com이 있으며, 소비전류도 다르다.	

【그림 8.2.1】 Dot matrix의 핀 배열

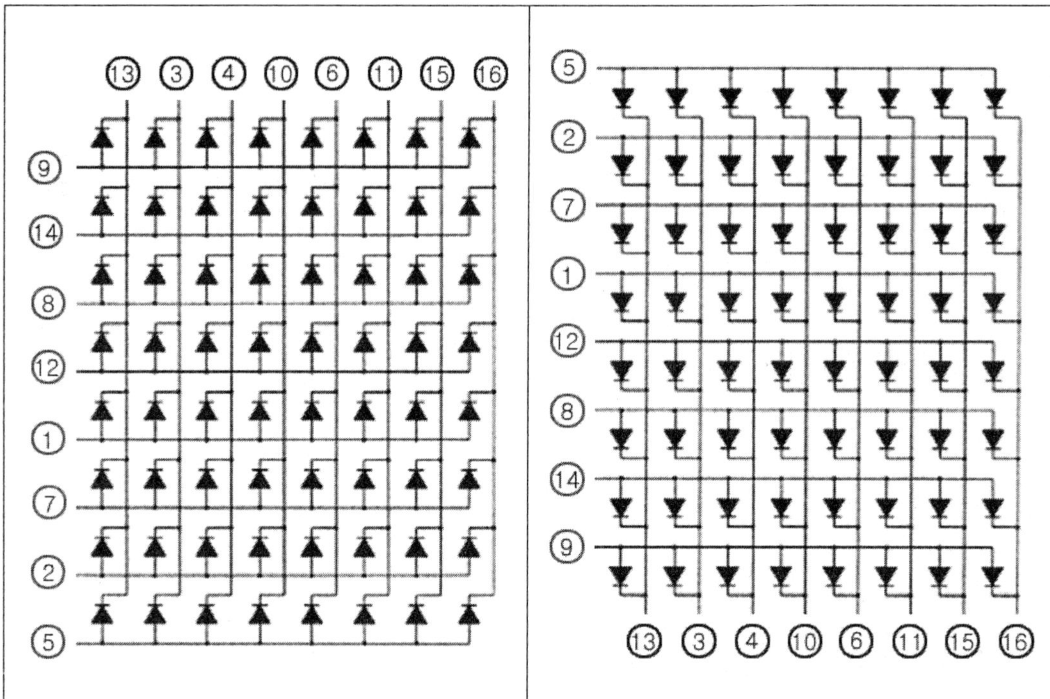

a. Bread Board	b. PROTEUS

【그림 8.2.2】 Dot matrix의 내부 회로

MCU에서 포트의 상위 비트에서부터 +com 단자를 【그림 8.2.2】의 a와 같이 연결하는 것과 b의 회로와 같이 연결하는 것에 따라서 코딩을 하면 된다.

8.3 LCD 제어

본 교재에서 사용한 LCD(HD44780)는【그림 8.3.1】와 같고, 가로 16자와 세로 2줄의 문자를 쓸 수 있다.

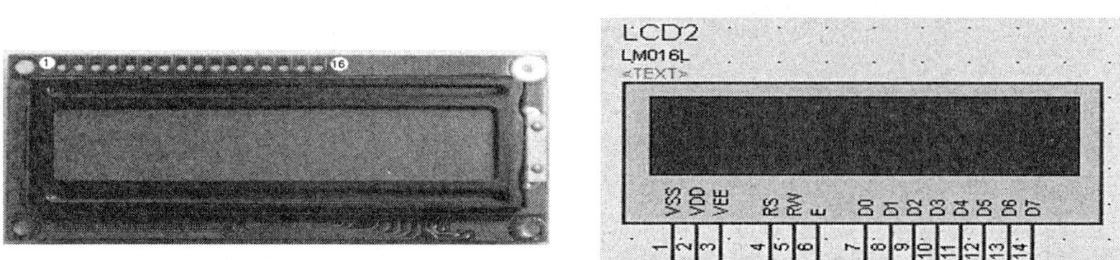

a. 실제 LCD　　　　b. 프로테우스 LCD

【그림 8.3.1】 16 X 2 LCD

텍스트(TEXT) LCD의 동작 원리는 제조회사별로 거의 비슷한데 세부 사양은 제조사별 데이터 시트를 참고하기 바란다. LCD핀은 16핀이며 각 핀별 기능은 다음과 같고, LCD제어회로를 설계 시에는 배선에 주의하기 바란다.

- 1번 핀 → Ground
- 2번 핀 → VCC (+3.3V to +5V)
- 3번 핀 → Contrast adjustment (VO)
- 4번 핀 → Register Select (RS). RS=0: Command, RS=1: Data
- 5번 핀 →. Read/Write (R/W). R/W=0: Write, R/W=1: Read
- 6번 핀 → Clock (Enable). Falling edge triggered
- 7번 핀 → Data Bit 0 (Not used in 4-bit operation)
- 8번 핀 → Data Bit 1 (Not used in 4-bit operation)
- 9번 핀 → Data Bit 2 (Not used in 4-bit operation)
- 10번 핀 → Data Bit 3 (Not used in 4-bit operation)
- 11번 핀 → Data Bit 4
- 12번 핀 → Data Bit 5
- 13번 핀 → Data Bit 6
- 14번 핀 → Data Bit 7
- 15번 핀 → Data Backlight Anode (+)
- 16번 핀 → Data Backlight Cathode (-)

LCD를 제어하기 위해서는 명령레지스터(IR : Instruction Resister)의 설정방법에 대하여 알아야 하는데 <표 8.3.1>는 명령어 요약표이다. LCD는 8비트의 명령레지스터(IR)와 데이터레지스터(DR : Data Resister)로 구성되어 있으며, RS신호에 의하여 선택된다. 명령레지스터는 LCD의 화면 클리어, 커서시프트, 문자표시 ON/OFF등 명령들을 저장한다. DR에 데이터를 쓰면, 명령어레지스터에 의해 지정된 DDRAM 또는 CGRAM의 주소로 데이터가 전달된다. DR의 데이터를 읽으면, IR에 의해 지정된 DDRAM 또는 CGRAM의 주소에 있는 데이터가 MCU로 전달된다. <표 8.3.2>은 각 비트별로 기능을 나타낸 것이다.

<표 8.3.1> LCD 컨트롤러의 명령어 요약

Instruction	Code										Execution time**
	RS	R/W	DB7	DB6	DB5	DB4	DB3	DB2	DB1	DB0	
Clear display	0	0	0	0	0	0	0	0	0	1	1.64mS
Cursor home	0	0	0	0	0	0	0	0	1	*	1.64mS
Entry mode set	0	0	0	0	0	0	0	1	I/D	S	40uS
Display On/Off control	0	0	0	0	0	0	1	D	C	B	40uS
Cursor/display shift	0	0	0	0	0	1	S/C	R/L	*	*	40uS
Function set	0	0	0	0	1	DL	N	F	*	*	40uS
Set CGRAM address	0	0	0	1	CGRAM address						40uS
Set DDRAM address	0	0	1	DDRAM address							40uS
Read busy-flag and address counter	0	1	BF	CGRAM / DDRAM address							0uS
Write to CGRAM or DDRAM	1	0	write data								40uS
Read from CGRAM or DDRAM	1	1	read data								40uS

Remarks:
- DDRAM = Display Data RAM.
- CGRAM = Character Generator RAM.
- DDRAM address corresponds to cursor position.
- * = Don't care.
- ** = Based on F_{osc} = 250kHz.

<표 8.3.2> LCD 컨트롤러의 비트별 기능

Bit name	Setting / Status	
I/D	0 = Decrement cursor position	1 = Increment cursor position
S	0 = No display shift	1 = Display shift
D	0 = Display off	1 = Display on
C	0 = Cursor off	1 = Cursor on
B	0 = Cursor blink off	1 = Cursor blink on
S/C	0 = Move cursor	1 = Shift display
R/L	0 = Shift left	1 = Shift right
DL	0 = 4-bit interface	1 = 8-bit interface
N	0 = 1/8 or 1/11 Duty (1 line)	1 = 1/16 Duty (2 lines)
F	0 = 5x7 dots	1 = 5x10 dots
BF	0 = Can accept instruction	1 = Internal operation in progress

DDRAM(Display Data RAM)은 LCD의 화면에 표시할 8비트의 문자를 저장하는 곳으로 용량은 80 X 8비트로 80문자를 저장 할 수 있으며, 주소설정은 0x80 이고 이후 전송되는 데이터는 DDRAM의 데이터이다.

00	01	02	03	04	05	06	07	08	09	10	11	12	13	14	15	16	17	18	19	20	← Character position (dec.)
00	01	02	03	04	05	06	07	08	09	0A	0B	0C	0D	0E	0F	10	11	12	13	14	← Row0 DDRAM address (hex)
40	41	42	43	44	45	46	47	48	49	4A	4B	4C	4D	4E	4F	50	51	52	53	54	← Row1 DDRAM address (hex)

21	22	23	24	25	26	27	28	29	30	31	32	33	34	35	36	37	38	39	← Character position (dec.)
15	16	17	18	19	1A	1B	1C	1D	1E	1F	20	21	22	23	24	25	26	27	← Row0 DDRAM address (hex)
55	56	57	58	59	5A	5B	5C	5D	5E	5F	60	61	62	63	64	65	66	67	← Row1 DDRAM address (hex)

【그림 8.3.2】 DDRAM주소와 문자 표시 위치

문자 발생기(CGROM : Character Generator ROM)은 【그림 8.3.3】 에 나타낸 것과 같이 8비트 문자패턴을 저장하고 있는 메모리로 문자코드 0X20번지에서 0x7F 까지 이다.

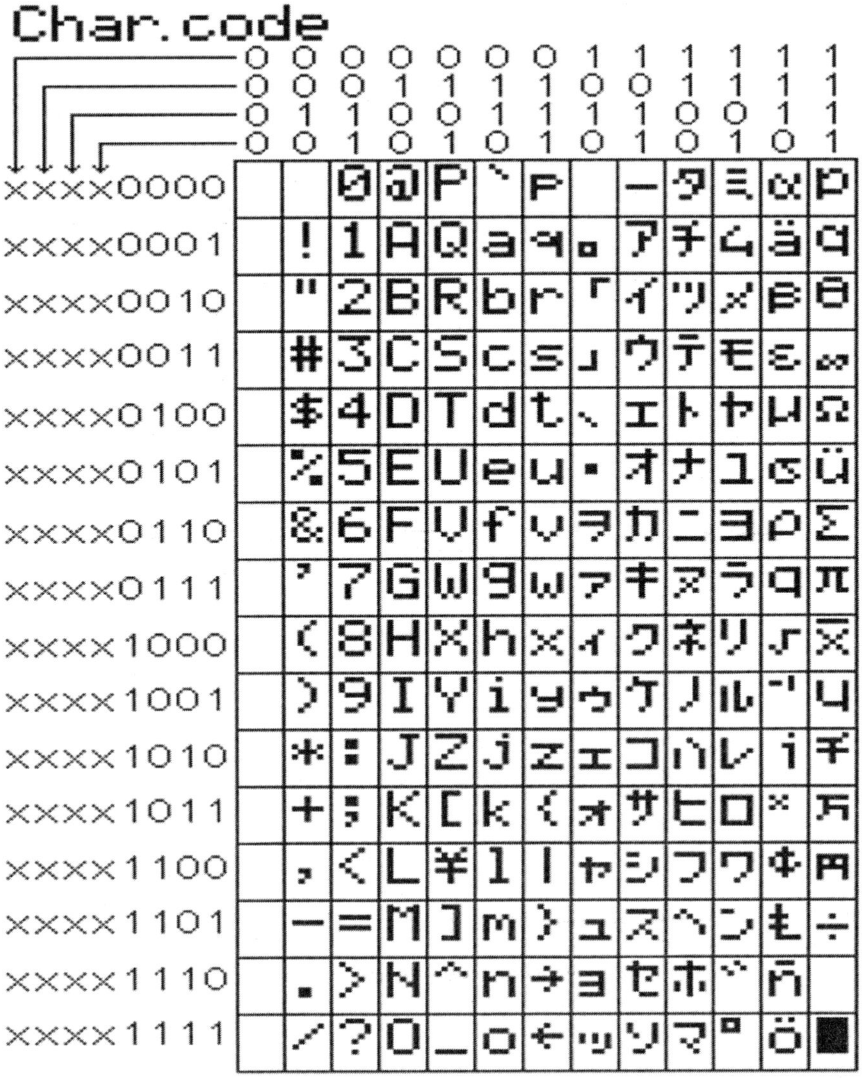

【그림 8.3.3】 LCD CG ROM의 내용

문자 발생기(CGRAM : Character Generator RAM)은 【그림 8.3.4】 에 나타낸 것과 같이 5 X 7의 문자 작성 및 5 X 10의 문자를 작성할 수 있으며, CGRAM의 주소는 0x40 이며, 이후 전송되는 데이터는 CGRAM의 데이터이다. CGRAM의 어드레스가 6비트 이면 $2^6 = 64$ 로 커서 없이 5 X 8문자 패턴을 작성할 경우에는 8개의 문자를 만들어 사용할 수 있다.

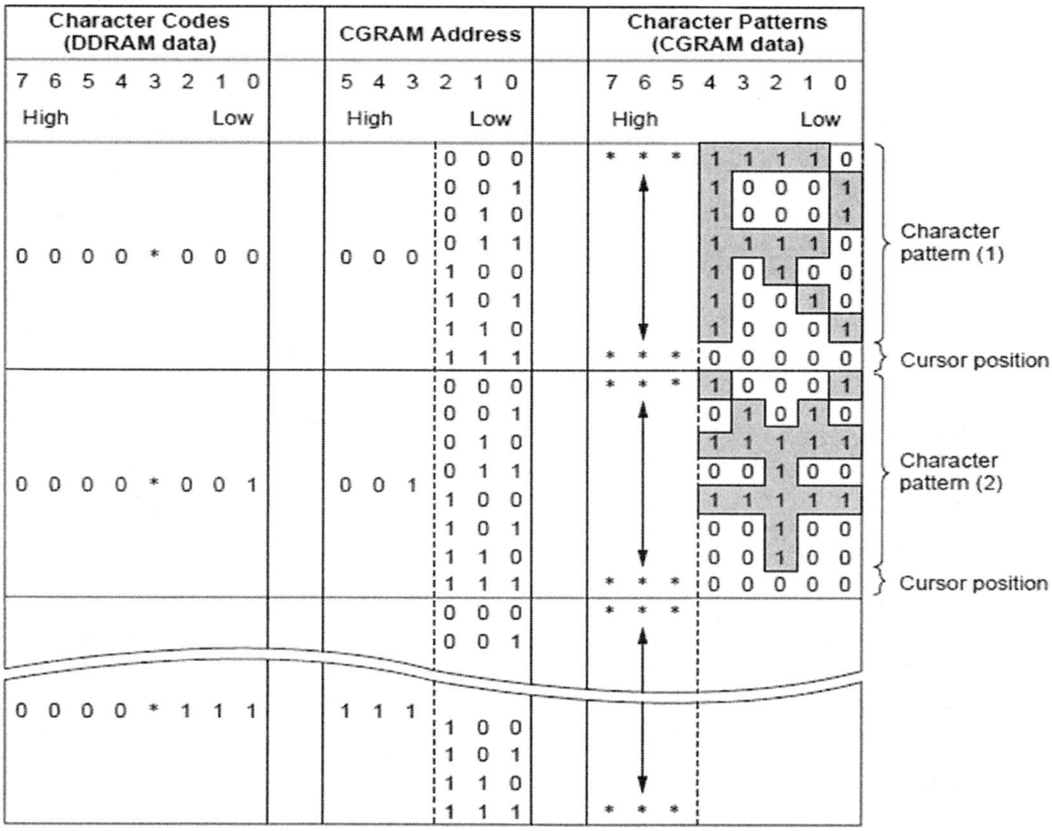

【그림 8.3.4】 CGRAM의 주소와 5 X 7의 문자 작성

<표 8.3.3> CGRAM의 5 X 8의 문자 작성

Character Display	HEX	Character Patterns(DDRAM data)							
류	0X1F	*	*	*	1	1	1	1	1
	0X01	*	*	*	0	0	0	0	1
	0X1F	*	*	*	1	1	1	1	1
	0X10	*	*	*	1	0	0	0	0
	0X1F	*	*	*	1	1	1	1	1
	0X00	*	*	*	0	0	0	0	0
	0X1F	*	*	*	1	1	1	1	1
	0X0C	*	*	*	0	1	0	1	0

프로그래밍

프로그램[8-1] Dot Matrix 제어회로

아래 그림과 설명을 보고 도트 메트릭스의 동작원리를 이해한다.

1 【그림 8-1-1】은 +com Dot matrix로 6번째 줄에 +신호를 주고 3열, 5열, 6열, 7열, 8열에 -신호가 주어졌을 때의 동작을 보여 준 것이다.

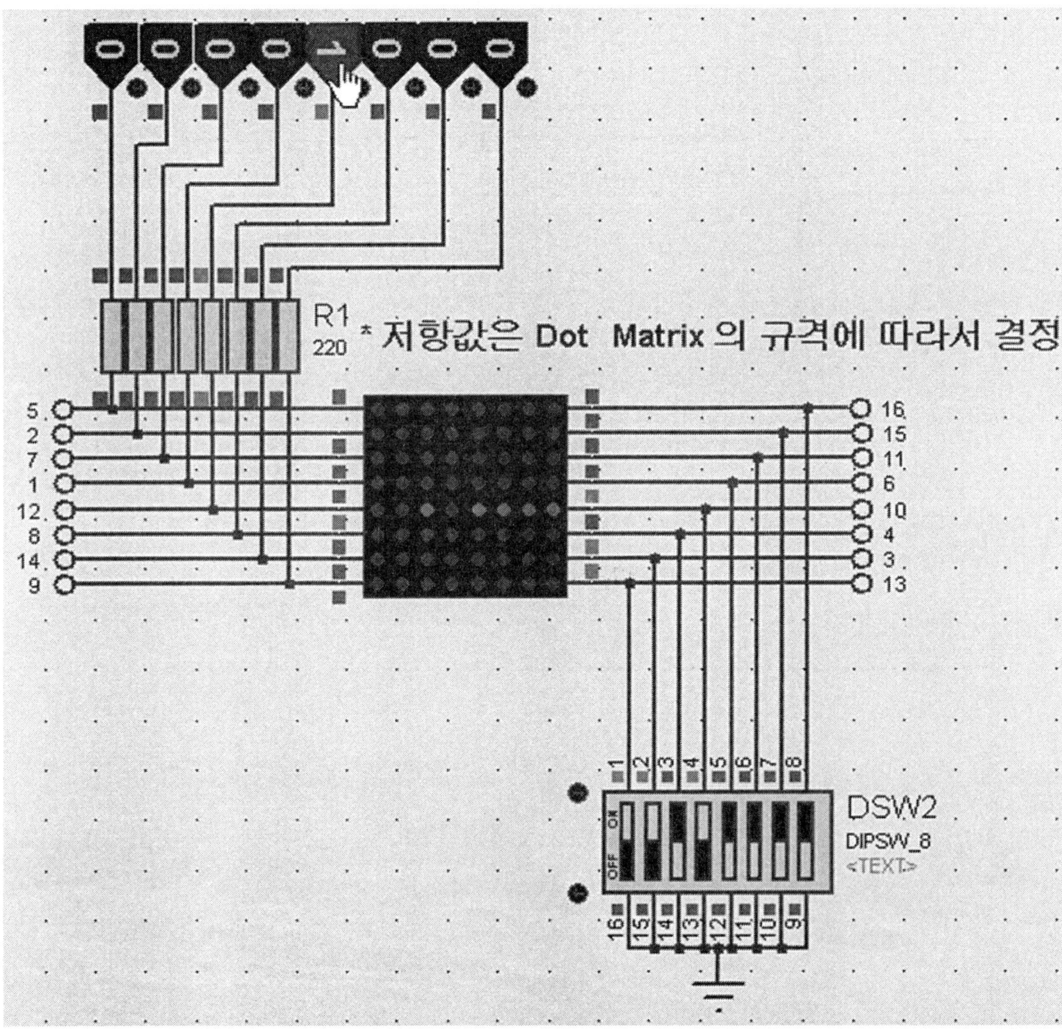

【그림 8-1-1】 Dot matrix제어회로 설계1

프로그램[8-2] Dot Matrix 순차점멸회로

【그림 8-2-1】과 같은 회로를 설계하고 프로그래밍을 통해 도트 메트릭스에서 순차점멸을 하도록 한다.

1. 【그림 8-2-1】은 +com Dot matrix로 1줄씩 아래로 이동을 하면서 동작을 하는 것을 보여준 그림이다.

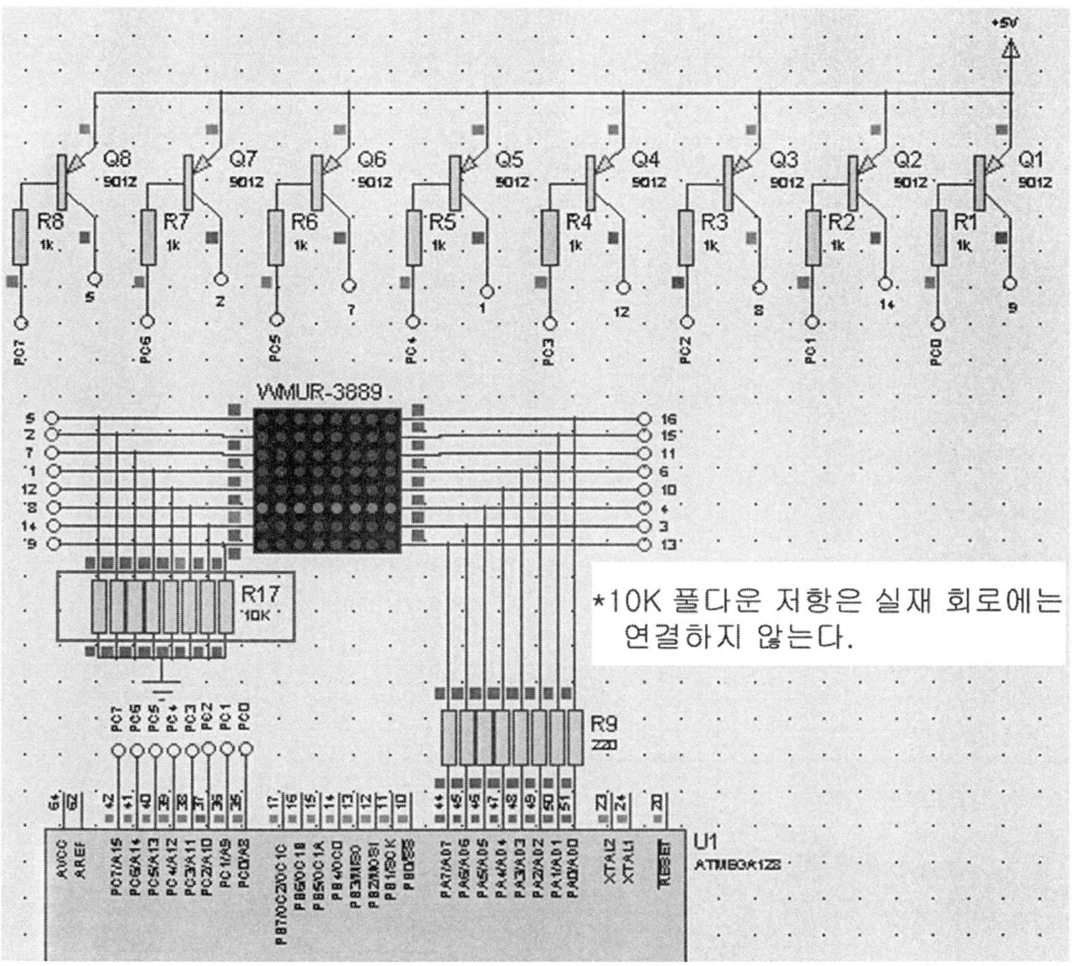

【그림 8-2-1】 Dot matrix제어회로 설계2

2 소스코드를 입력한 다음 컴파일을 한다.

```
//Ex8-2.c
#include<mega128.h>
#include<delay.h>
void main()
{

  int  Row[8]={0x7f,0xbf,0xdf,0xef,0xf7,0xfb,0xfd,0xfe};           // ①

  int i=0;

  DDRA=0xFF;
  DDRC=0xFF;

  while(1)
  {
    PORTC=Row[i];
    PORTA=0x00;
    delay_ms(100);

    i++;
    if(i>7)i=0;
  }
}
```

🗁 【그림 8-2-2】을 참조.

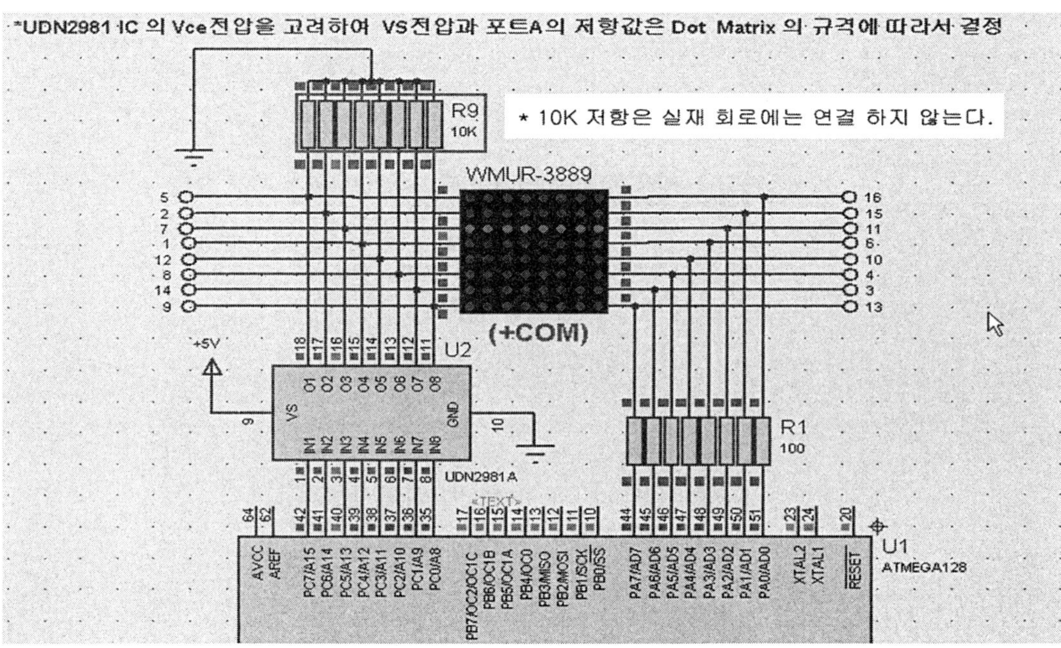

【그림 8-2-2】 Dot matrix제어회로 설계3

🗎 소스코드 분석 ☞

① Dot matrix의 세로줄(열) 값 배열

프로그램[8-3] Dot Matrix 하트모양 출력 회로

도트 메트릭스에서 하트모양으로 출력되는 회로를 설계하고 프로그래밍을 통해 모양을 바꿔가며 도트 메트릭스를 제어 할 수 있도록 한다.

1 회로의 안정도를 위해서는 【그림 8-3-1】 과 같이 ULN2803IC를 추가하여 회로를 설계한다.

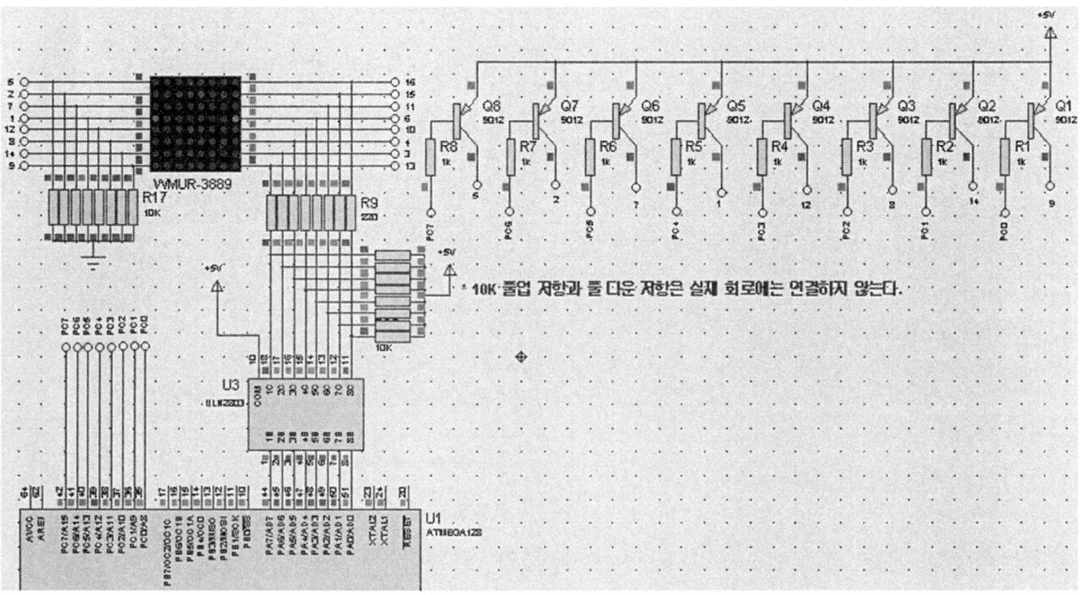

【그림 8-3-1】 Dot matrix제어회로 설계4

2 소스코드를 입력한 다음 컴파일을 한다.

```
//Ex8-3.c
#include<mega128.h>
#include<delay.h>
void main()
{
  int  Sel[8]={0x7f,0xbf,0xdf,0xef,0xf7,0xfb,0xfd,0xfe};
  int heart[8]={0x66,0x99,0x99,0x81,0x81,0x42,0x24,0x18};          // ①
  int i,j;
```

```
  DDRA=0xFF;
  DDRC=0xFF;

  while(1)
{
     for(i=0;i<150;i++)                                          // ②
     {

       for(j=0;j<8;j++)
       {
        PORTC=Sel[j];
        PORTA=heart[j];
        delay_ms(300);                                           // ③
        PORTA=0x00;                                              // ④
        PORTC=0x00;                                              // ⑤
       }
     }
  }
}
```

소스코드 분석 ☞

① 하트모양 배열값 설정

② 지정값까지 루프 설정

③ 값을 변경해 가면서 동작원리를 이해

④ Display_OFF

⑤ Display_OFF

응용과제 1 Dot Matrix 문자출력 제어회로 설계

⇨ 【그림 8-3-1】의 회로에서 L, O, V, E가 순차적으로 표시 되도록 프로그램 하시오.

응용과제 2 Dot Matrix 인터럽트 제어회로 설계

⇨ 【그림 8-3-1】의 회로에서 D포트에 외부 인터럽트회로를 추가하여 PD1(INT1)은 문자가 상에서 하로 이동하고 PD0(INT0)은 하에서 상으로 이동 하도록 프로그램 하시오.

프로그램[8-4] MAX7219 IC를 이용한 FND 제어

예제 8-4는 MAX7219 IC를 활용하여 FND8자리를 제어하는 방법에 대하여 알아본다.

이 IC를 사용하여 회로를 구성하면 데이터가 시리얼로 전송이 되므로 적은수의 선으로 제어를 할 수 있는 장점이 있다.<표 8-4-1>은 16비트로 구성된 시리얼 데이터의 형식을 보여주는 것이다.

〈표 8-4-1〉 16비트로 구성된 시리얼 데이터의 형식

D15	D14	D13	D12	D11	D10	D9	D8	D7	D6	D5	D4	D3	D2	D1	D0
X	X	X	X	ADDRESS				MSB			DATA				LSB

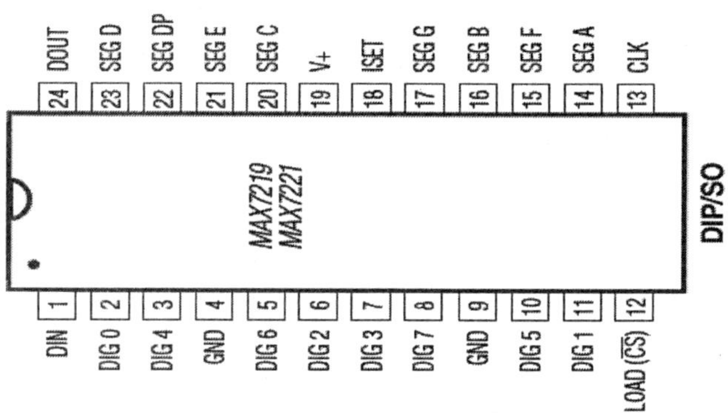

[그림 8-4-1] MAX7219 IC의 핀 구성

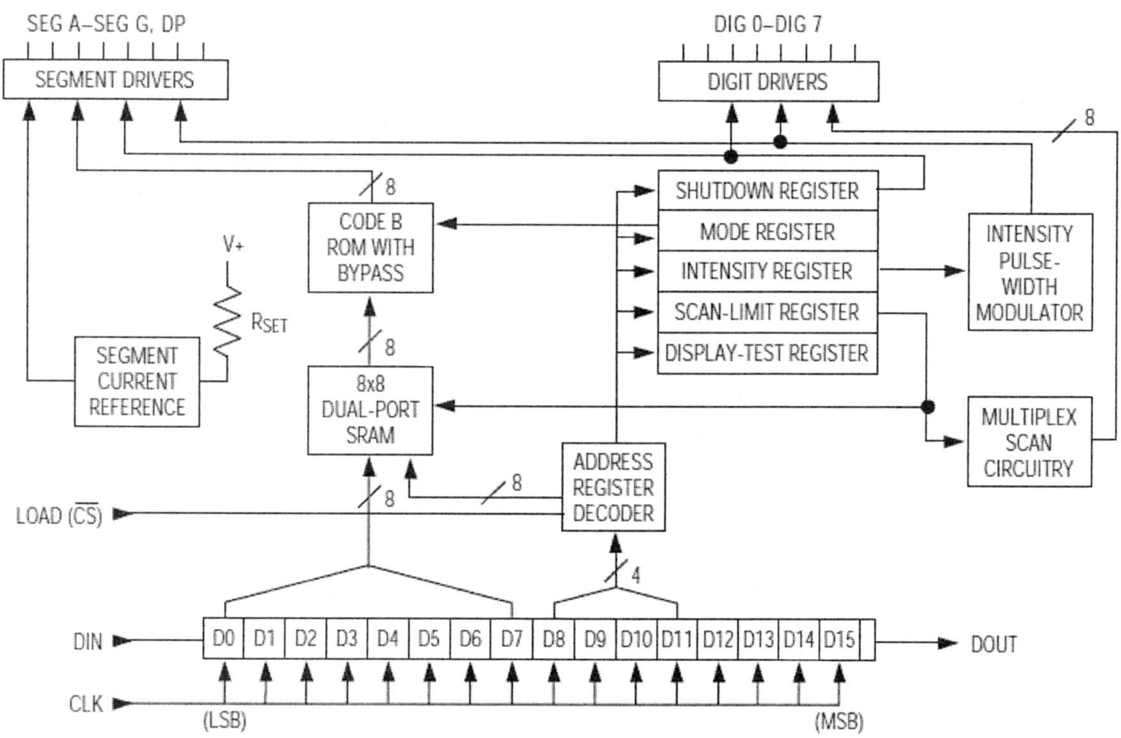

[그림 8-4-2] MAX7219 IC의 내부 블록도

<표 8-4-2> 레지스터 어드레스 맵

REGISTER	ADDRESS					HEX CODE
	D15–D12	D11	D10	D9	D8	
No-Op	X	0	0	0	0	0xX0
Digit 0	X	0	0	0	1	0xX1
Digit 1	X	0	0	1	0	0xX2
Digit 2	X	0	0	1	1	0xX3
Digit 3	X	0	1	0	0	0xX4
Digit 4	X	0	1	0	1	0xX5
Digit 5	X	0	1	1	0	0xX6
Digit 6	X	0	1	1	1	0xX7
Digit 7	X	1	0	0	0	0xX8
Decode Mode	X	1	0	0	1	0xX9
Intensity	X	1	0	1	0	0xXA
Scan Limit	X	1	0	1	1	0xXB
Shutdown	X	1	1	0	0	0xXC
Display Test	X	1	1	1	1	0xXF

1 【그림 8-4-3】과 같이 회로를 설계한다.

【그림 8-4-3】 MAX7219 IC를 이용한 FND 제어

※ 이때 【그림 8-4-4】와 같이 불러온 FND를 더블클릭하여 Minimum Trigger Time을 1us로 설정해 주어야 한다.

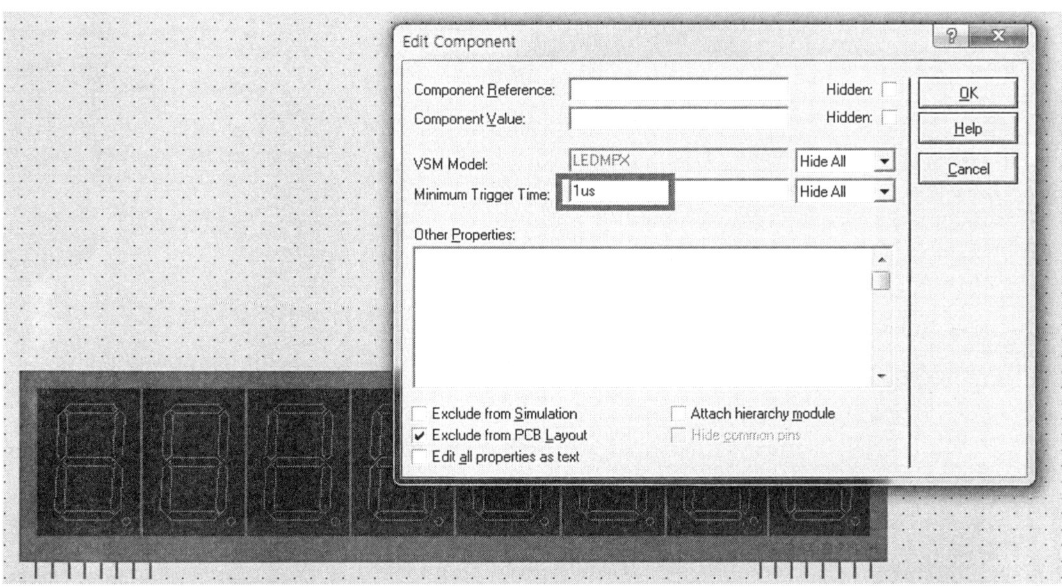

【그림 8-4-4】 8 Digit FND 설정

2 소스코드를 입력한 다음 컴파일을 한다.

```
//Ex8-4.c
#include <mega128.h>
#include <delay.h>

#define MAX7219_CLOCK  (1<<2)                                    // ①
#define MAX7219_LOAD   (1<<1)                                    // ②
#define MAX7219_DATA   (1<<0)                                    // ③
#define DDR_WRITE   0x07                                         // ④

#define MAX7219_data  PORTB
#define MAX7219_ctl   DDRB

static void shift_8bit(unsigned char val)
{
   unsigned char cnt;
   MAX7219_data &= (~MAX7219_CLOCK & ~MAX7219_LOAD);             // ⑤

   for (cnt = 8; cnt; --cnt, val <<= 1)                          // ⑥
   {
      MAX7219_data &= ~MAX7219_DATA;                             // ⑦

      if (val & 0x80) MAX7219_data |= MAX7219_DATA;
      MAX7219_data |= MAX7219_CLOCK;                             // ⑧
      MAX7219_data &= ~MAX7219_CLOCK;                            // ⑨
   }
   MAX7219_data |= MAX7219_DATA;                                 // ⑩
}
void MAX_Pos_Data(unsigned char pos, unsigned char val)
{
   shift_8bit(pos);                                              // ⑪
   shift_8bit(val);                                              // ⑫
   MAX7219_data |=  MAX7219_LOAD;                                // ⑬
   MAX7219_data &= ~ MAX7219_LOAD;                               // ⑭
}

void init_MAX7219(void)
{
   MAX7219_ctl = DDR_WRITE;
   MAX_Pos_Data(0x0a, 0x09);                                     // ⑮
   MAX_Pos_Data(0x0b, 0x07);                                     // ⑯
   MAX_Pos_Data(0x09, 0xFF);                                     // ⑰
   MAX_Pos_Data(0x0c, 0x01);                                     // ⑱
   MAX_Pos_Data(0x0f, 0x00);                                     // ⑲
}
```

```
void main(void)
{
  init_MAX7219();

  MAX_Pos_Data(0x01, 0x01);                                    // ⑳
  MAX_Pos_Data(0x02, 0x02);                                    // ㉑
  MAX_Pos_Data(0x03, 0x03);                                    // ㉒
  MAX_Pos_Data(0x04, 0x04);                                    // ㉓
  MAX_Pos_Data(0x05, 0x05);                                    // ㉔
  MAX_Pos_Data(0x06, 0x06);                                    // ㉕
  MAX_Pos_Data(0x07, 0x07);                                    // ㉖
  MAX_Pos_Data(0x08, 0x08);                                    // ㉗
}
```

소스코드 분석 ☞

① PB2-> Clk (MAX7219)

② PB1-> LOAD (MAX7219)

③ PB0-> D/N (MAX7219)

④ bit 2:CLK, bit 1:LOAD, bit 0:DIN

⑤ CLOCK(PB2) = LOAD(PB1) = 0

⑥ val 값 8회 이동

⑦ MCU-> MAX7219(DIN)

⑧ MCU(PB2)-> CLOCK=1

⑨ MCU(PB2)-> CLOCK=0

⑩ MCU-> MAX7219(DIN)

⑪ 시리얼 데이터 D15-D16

⑫ 시리얼 데이터 D7-D0

⑬ MCU(PB1)LOAD=1

⑭ MCU(PB1)LOAD=0

⑮ intensity(0~F)

⑯ scan limit

⑰ decode 8 digit

⑱ not shutdown

⑲ display test

⑳ MAX7219 Dig0 Pin Low, A

㉑ MAX7219 Dig1 Pin Low, B
㉒ MAX7219 Dig2 Pin Low, C
㉓ MAX7219 Dig3 Pin Low, D
㉔ MAX7219 Dig4 Pin Low, E
㉕ MAX7219 Dig5 Pin Low, F
㉖ MAX7219 Dig6 Pin Low, G
㉗ MAX7219 Dig7 Pin Low, DP

※ 【그림 8-4-5】과 같이 FND에 숫자7의 모양(【그림 8-4-6】의 (b))을 【그림 8-4-3】의 숫자7(【그림 8-4-6】의 (a))의 모양과 다르게 동작시킬 수 있다. 【그림 8-4-6】의 그림(C)와 같이 DP(점)을 추가할 수도 있다. 다음에 나오는 소스코드를 통해 알아보도록 하자.

1 【그림 8-4-5】와 같이 회로를 설계한다.

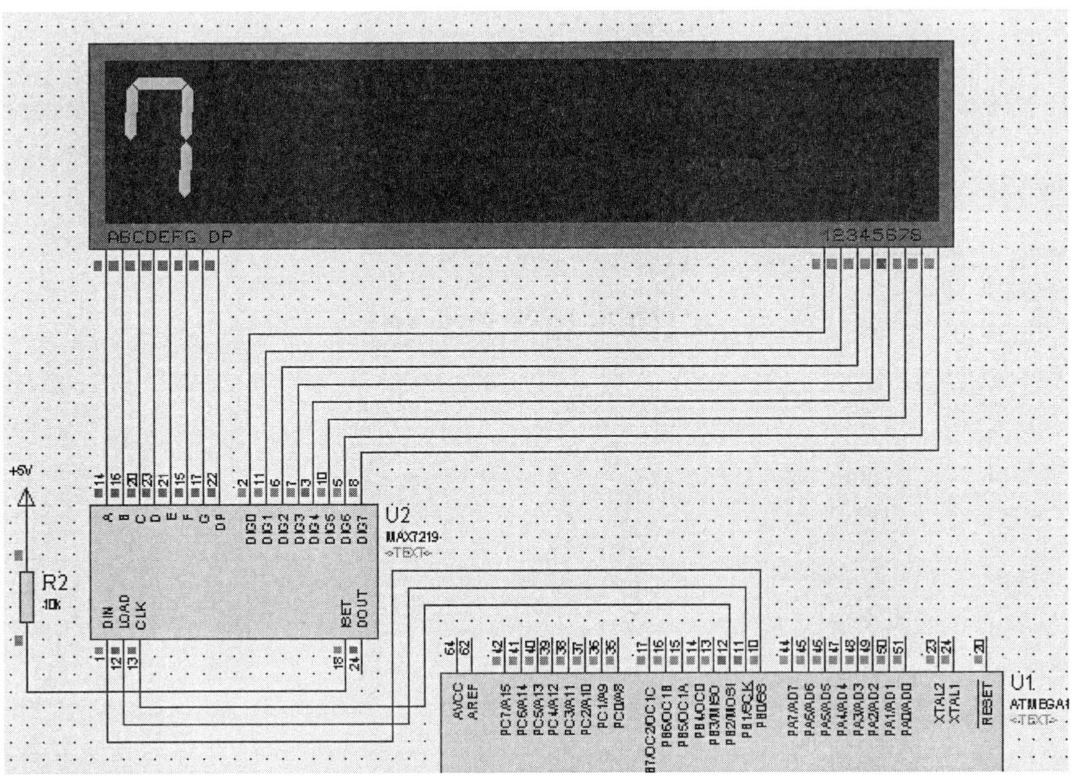

【그림 8-4-5】 MAX7219 IC를 이용한 FND 제어 2

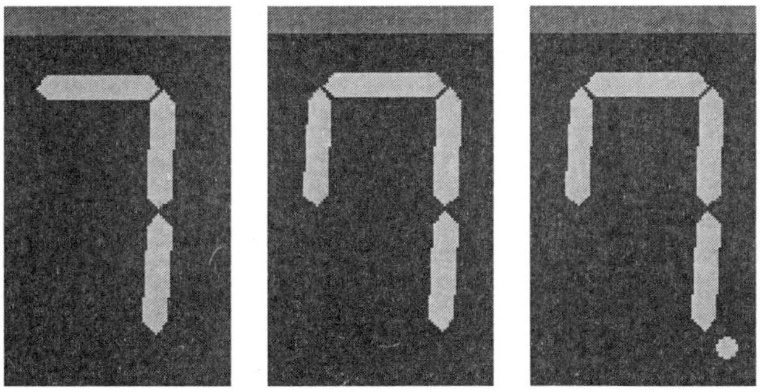

(a) (b) (c)

【그림 8-4-6】 FND 숫자 7표시

다음 소스코드는 프로그램[8-4]의 소스코드 중 한 부분을 수정한 것 이다.

여기서 【그림 8-4-5】와 같은 모양으로 숫자7을 FND의 첫 번째 칸에 표시하기 위해 굵은 글씨로 표시된 부분을 주석처리 하고 ① 번 줄의 두 번째 데이터 값을 변경함으로써 FND의 LED를 제어 할 수 있다. 이와 마찬가지로 순서대로 아래에 주석처리 된 데이터 값을 변경하여 8Digit 7Segment의 모든 8자리를 제어 할 수 있다. 자세한 사항은 IC MAX7219의 데이터시트를 참고하라.

```
void init_MAX7219(void)
{
   MAX7219_ctl = DDR_WRITE;
   MAX_Pos_Data(0x0a, 0x09);
   MAX_Pos_Data(0x0b, 0x07);
   //MAX_Pos_Data(0x09, 0xFF);
   MAX_Pos_Data(0x0c, 0x01);
   MAX_Pos_Data(0x0f, 0x00);
}

void main(void)
{
  init_MAX7219();

  MAX_Pos_Data(0x01, 0x72);          // ①
  // MAX_Pos_Data(0x02, 0x02);
  // MAX_Pos_Data(0x03, 0x03);
  // MAX_Pos_Data(0x04, 0x04);
  // MAX_Pos_Data(0x05, 0x05);
  // MAX_Pos_Data(0x06, 0x06);
  // MAX_Pos_Data(0x07, 0x07);
  // MAX_Pos_Data(0x08, 0x08);
}
```

▌응용과제 MAX7219 IC를 이용한 Dot Matrix 제어 응용

⇨ IC MAX7219를 이용하여 Dot Matrix에서 문자 또는 하트모양을 출력하는 프로그램을 작성하시오.

프로그램[8-5] LCD 문자출력 제어회로

아래 그림과 같이 LCD 회로를 설계하고 프로그래밍을 통해 LCD로 문자를 출력시켜 본다.

1 【그림 8-5-1】 과 같이 회로를 설계한다.

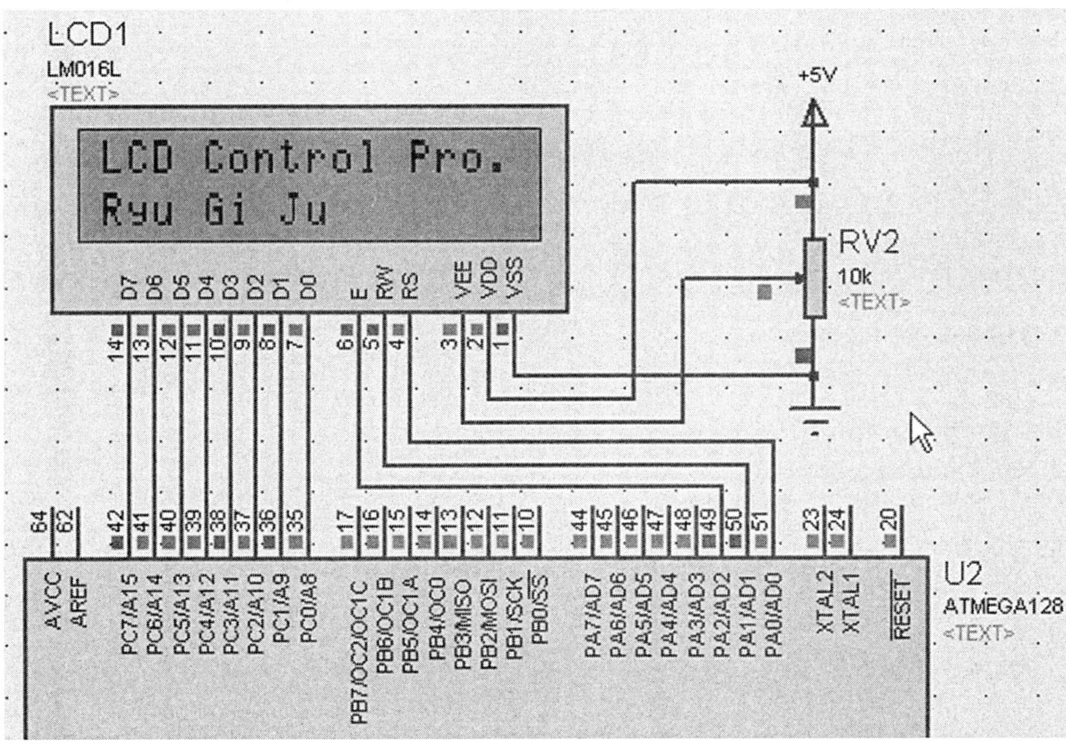

【그림 8-5-1】 LCD제어회로 설계1

2 소스코드를 입력한 다음 컴파일을 한다.

```
//Ex8-5.c
#include<mega128.h>
#include<delay.h>
                                                    // ①
#define LCD_RS PORTA.0
#define LCD_RW PORTA.1
#define LCD_E  PORTA.2
                                                    // ②
#define LCD_DATA PORTC
                                                    // ③
#define ON    1
#define OFF   2
#define NO    3
#define RIGHT 5
#define LEFT  6
                                                    // ④
void E_Pulse(void);
void Func_set(void);
void Init_LCD(void);
                                                    // ⑤
void clrscr(void);
void gotoxy(char , char );
void Write_Char(char );
void Write_LCD(char ,char ,unsigned char flash *);
void Move_Display(char);
void Move_Cursor(char);
void Entry_Shift(char);
void Display_ON_OFF(char ,char ,char );              // ⑥
void Cursor_home(void);
void Cnt(char n);
                                                    // ⑦
void E_Pulse()
{
  LCD_E=1;
  delay_ms(2);
  LCD_E=0;
}

void Func_set()
{
  LCD_RW=0;
  LCD_RS=0;
  LCD_DATA=0x38;
  E_Pulse();
}
```

```
void Init_LCD(void)
{
  LCD_E=0;
  delay_ms(15);
  Func_set();
  delay_ms(5);
  Func_set();
  delay_us(100);
  Func_set();
                                                                  // ⑧
  LCD_DATA=0x0f;
  E_Pulse();
                                                                  // ⑨
  LCD_DATA=0x06;
  E_Pulse();
}
void clrscr(void)                                                 // ⑩
{
 LCD_RW=0;
 LCD_RS=0;
 LCD_DATA=0x01;
 E_Pulse();
 delay_us(1640);
}
                                                                  // ⑪
void gotoxy(char x, char y)
{
 LCD_RW=0;
 LCD_RS=0;

 if(y==0)LCD_DATA=x+0x80;
 else if(y==1)LCD_DATA=x+0xc0;
 E_Pulse();
}
                                                                  // ⑫
void Write_Char(char c)
{
 LCD_RS=1;
 LCD_DATA=c;
 E_Pulse();
}
                                                                  // ⑬
void Write_LCD(char x,char y,unsigned char flash *str)
{
 gotoxy(x,y);
 while(*str) Write_Char(*str++);
}
                                                                  // ⑭
```

```
void Move_Display(char m)
{
 LCD_RW=0;
 LCD_RS=0;

 if(m==LEFT) LCD_DATA=0x18;
 else if(m==RIGHT) LCD_DATA=0x1c;
 E_Pulse();
}

void Move_Cursor(char m)
{
 LCD_RW=0;
 LCD_RS=0;

 if(m==RIGHT) LCD_DATA=0x14;
 else if(m==LEFT) LCD_DATA=0x10;
 E_Pulse();
}
void Entry_Shift(char e)
{
 LCD_RW=0;
 LCD_RS=0;

 if(e==RIGHT) LCD_DATA=0x05;
 else if(e==LEFT) LCD_DATA=0x07;
 else if(e==NO) LCD_DATA=0x06;
 E_Pulse();
}

void Display_ON_OFF(char d,char c,char b)
{
 LCD_RW=0;
 LCD_RS=0;

 if(d==ON) d=0x04; else d=0x00;
 if(c==ON) c=0x02; else c=0x00;
 if(b==ON) b=0x01; else b=0x00;
 LCD_DATA=0x08|d|c|b;
 E_Pulse();
}

void Cursor_home(void)
{
 LCD_RW=0;
 LCD_RS=0;
 LCD_DATA=0x02;
```

```
 delay_us(1640);
 E_Pulse();
}
                                                                         // ⑮
void Cnt(char n)
{
  LCD_RS=1;
  LCD_DATA=n+0x30;
  E_Pulse();
}

void main()
{
                                                                         // ⑯
  DDRA.0=1;                                                              // ⑰
  DDRA.1=1;                                                              // ⑱
  DDRA.2=1;                                                              // ⑲
                                                                         // ⑳
  DDRC=0xFF;
  Init_LCD();
  clrscr();
  Display_ON_OFF(ON,OFF,OFF);
  Write_LCD(0,0,"LCD Control Pro.");
  Write_LCD(0,1,"Ryu Gi Ju");
}
```

소스코드 분석 ☞

① A포트 - 비트단위 출력 설정
② C포트 - 포트단위 출력 설정
③ 함수에 사용될 문자열 정의
④ 기본 함수선언
⑤ 유용한 함수 선언
⑥ display, cursor, blank
⑦ 함수 정의
⑧ 디스플레이와 커서제어
⑨ 엔트리 모드
⑩ 지우기 (클리어) 설정
⑪ x, y좌표
⑫ 한 문자 쓰기

⑬ 좌표 및 문자열 쓰기
⑭ 좌.우로 이동
⑮ 10진 카운터
⑯ A포트 비트단위 출력
⑰ LCD_RS
⑱ LCD_R/W
⑲ LCD_E
⑳ C포트 출력 (LCD-DATA)

▮응용과제 사용자 정의함수를 이용한 LCD동작원리 이해

➩ 사용자 정의함수를 실행해 보면서 LCD의 동작원리를 이해해보자.

프로그램[8-6] 스위치로 입력받는 LCD 제어회로

D포트 하위 포트 3개에 인터럽트로 입력받는 스위치를 통해 LCD로 출력되는 회로를 설계한다.

1 【그림 8-6-1】과 같이 회로를 설계한다.

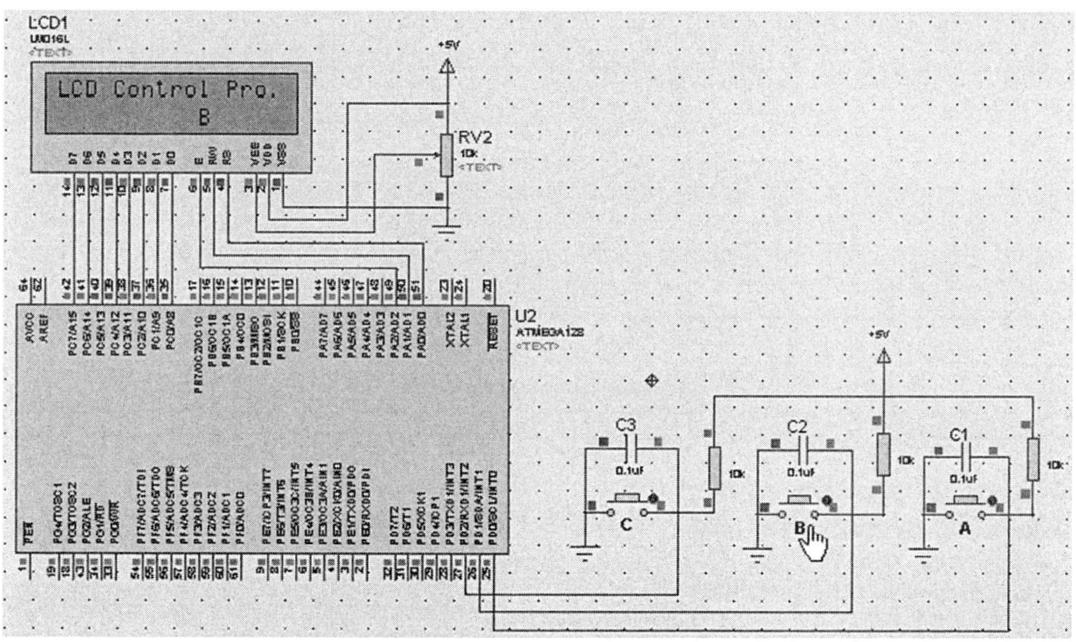

【그림 8-6-1】 LCD제어회로 설계2

2 소스코드를 입력한 다음 컴파일을 한다.

```
//Ex8-6.c
#include<mega128.h>
#include<delay.h>

#define LCD_RS PORTA.0
#define LCD_RW PORTA.1
#define LCD_E  PORTA.2

#define LCD_DATA PORTC

#define ON     1
#define OFF    2
#define NO     3
#define RIGHT  5
#define LEFT   6

void E_Pulse(void);
void Func_set(void);
void Init_LCD(void);

void clrscr(void);
void gotoxy(char , char );
void Write_Char(char );
void Write_LCD(char ,char ,unsigned char flash *);
void Move_Display(char);
void Move_Cursor(char);
void Entry_Shift(char);
void Display_ON_OFF(char ,char ,char );
void Cursor_home(void);
void Cnt(char n);
void E_Pulse()
{
  LCD_E=1;
  delay_ms(2);
  LCD_E=0;

}

void Func_set()
{
  LCD_RW=0;
  LCD_RS=0;
  LCD_DATA=0x38;
  E_Pulse();
}
```

```
void Init_LCD(void)
{
  LCD_E=0;
  delay_ms(15);
  Func_set();
  delay_ms(5);
  Func_set();
  delay_us(100);
  Func_set();

  LCD_DATA=0x0f;
  E_Pulse();

  LCD_DATA=0x06;
  E_Pulse();
}

void clrscr(void)
{
 LCD_RW=0;
 LCD_RS=0;
 LCD_DATA=0x01;
 E_Pulse();
 delay_us(1640);
}

void gotoxy(char x, char y)
{
 LCD_RW=0;
 LCD_RS=0;

 if(y==0)LCD_DATA=x+0x80;
 else if(y==1)LCD_DATA=x+0xc0;
 E_Pulse();
}

void Write_Char(char c)
{
 LCD_RS=1;
 LCD_DATA=c;
 E_Pulse();
}

void Write_LCD(char x,char y,unsigned char flash *str)
{
 gotoxy(x,y);
 while(*str) Write_Char(*str++);
}
```

```
void Move_Display(char m)
{
 LCD_RW=0;
 LCD_RS=0;

 if(m==LEFT) LCD_DATA=0x18;
 else if(m==RIGHT) LCD_DATA=0x1c;
 E_Pulse();
}

void Move_Cursor(char m)
{
 LCD_RW=0;
 LCD_RS=0;

 if(m==RIGHT) LCD_DATA=0x14;
 else if(m==LEFT) LCD_DATA=0x10;
 E_Pulse();
}

void Entry_Shift(char e)
{
 LCD_RW=0;
 LCD_RS=0;

 if(e==RIGHT) LCD_DATA=0x05;
 else if(e==LEFT) LCD_DATA=0x07;
 else if(e==NO) LCD_DATA=0x06;
 E_Pulse();
}

void Display_ON_OFF(char d,char c,char b)
{
 LCD_RW=0;
 LCD_RS=0;

 if(d==ON) d=0x04; else d=0x00;
 if(c==ON) c=0x02; else c=0x00;
 if(b==ON) b=0x01; else b=0x00;
 LCD_DATA=0x08|d|c|b;
 E_Pulse();
}

void Cursor_home(void)
{
 LCD_RW=0;
 LCD_RS=0;
 LCD_DATA=0x02;
```

```
 delay_us(1640);
 E_Pulse();
}

void Cnt(char n)
{
  LCD_RS=1;
  LCD_DATA=n+0x30;
  E_Pulse();
}

char key=0;

void main()
{
  DDRA.0=1;
  DDRA.1=1;
  DDRA.2=1;

  DDRC=0xFF;
  DDRD=0x00;

  Init_LCD();
  clrscr();
  Display_ON_OFF(ON,OFF,OFF);
  Write_LCD(0,0,"LCD Control Pro.");

  EICRA=0b00101010;
  EIMSK=0b00000111;
  SREG=0x80;

 while(1)
  {
   switch(key)
   {
    case 1 : gotoxy(10,1); Write_Char('A'); break;     // ①
    case 2 : gotoxy(10,1); Write_Char('B'); break;     // ②
    case 3 : gotoxy(10,1); Write_Char('C'); break;     // ③
   }
  }
}

interrupt[EXT_INT0] void PD0_int0(void)
{
  key=1;
}

interrupt[EXT_INT1] void PD1_int1(void)
{
  key=2;
}
```

```
interrupt[EXT_INT2] void PD2_int2(void)
{
  key=3;
}
```

소스코드 분석 ☞

① 문자 A 주어진 좌표(10, 1)에 출력
② 문자 B 주어진 좌표(10, 1)에 출력
③ 문자 C 주어진 좌표(10, 1)에 출력

응용과제 LCD 60진 카운터 프로그래밍

➪ 【그림 8-7-1】 LCD제어회로 설계2에서 LCD의 두 번째 줄에 60진 Up/Down 카운터 동작이 되도록 프로그램 하시오. INT2(Down), INT1(Up), INT0(Stop).

프로그램[8-7] LCD 디지털시계 회로

LCD에 시간을 나타내고 D포트에 연결된 3개의 스위치로 각각 시, 분을 조절 하고 초를 리셋 가능하도록 하는 회로를 설계한다.

1 【그림 8-7-1】과 같이 회로를 설계한다.

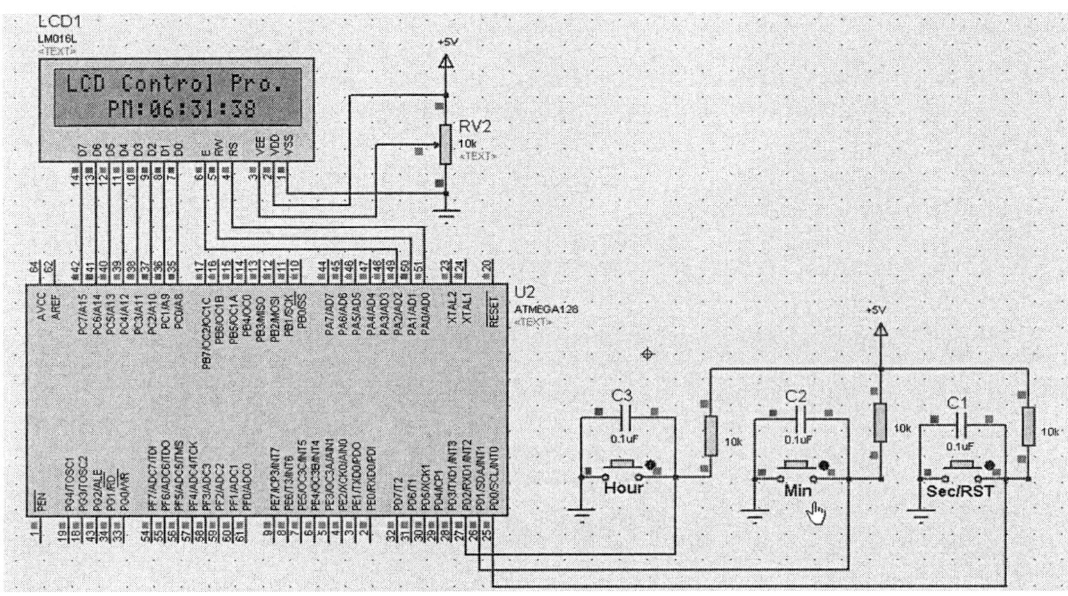

【그림 8-7-1】 LCD제어회로 설계2

[2] 소스코드를 입력한 다음 컴파일을 한다.

```
//Ex8-7.c
#include<mega128.h>
#include<delay.h>

#define LCD_RS PORTA.0
#define LCD_RW PORTA.1
#define LCD_E  PORTA.2

#define LCD_DATA PORTC

#define ON    1
#define OFF   2
#define NO    3
#define RIGHT 5
#define LEFT  6

void E_Pulse(void);
void Func_set(void);
void Init_LCD(void);

void clrscr(void);
void gotoxy(char , char );
void Write_Char(char );
void Write_LCD(char ,char ,unsigned char flash *);
void Move_Display(char);
void Move_Cursor(char);
void Entry_Shift(char);
void Display_ON_OFF(char ,char ,char );
void Cursor_home(void);
void Cnt(char n);

void E_Pulse()
{
  LCD_E=1;
  delay_ms(2);
  LCD_E=0;
}

void Func_set()
{
  LCD_RW=0;
  LCD_RS=0;
  LCD_DATA=0x38;
  E_Pulse();
}
```

```
void Init_LCD(void)
{
  LCD_E=0;
  delay_ms(15);
  Func_set();
  delay_ms(5);
  Func_set();
  delay_us(100);
  Func_set();

  LCD_DATA=0x0f;
  E_Pulse();

  LCD_DATA=0x06;
  E_Pulse();
}

void clrscr(void)
{
 LCD_RW=0;
 LCD_RS=0;
 LCD_DATA=0x01;
 E_Pulse();
 delay_us(1640);
}

void gotoxy(char x, char y)
{
 LCD_RW=0;
 LCD_RS=0;

 if(y==0)LCD_DATA=x+0x80;
 else if(y==1)LCD_DATA=x+0xc0;
 E_Pulse();
}

void Write_Char(char c)
{
 LCD_RS=1;
 LCD_DATA=c;
 E_Pulse();
}

void Write_LCD(char x,char y,unsigned char flash *str)
{
 gotoxy(x,y);
 while(*str) Write_Char(*str++);
}
```

```
void Move_Display(char m)
{
 LCD_RW=0;
 LCD_RS=0;

 if(m==LEFT) LCD_DATA=0x18;
 else if(m==RIGHT) LCD_DATA=0x1c;
 E_Pulse();
}

void Move_Cursor(char m)
{
 LCD_RW=0;
 LCD_RS=0;

 if(m==RIGHT) LCD_DATA=0x14;
 else if(m==LEFT) LCD_DATA=0x10;
 E_Pulse();
}
void Entry_Shift(char e)
{
 LCD_RW=0;
 LCD_RS=0;

 if(e==RIGHT) LCD_DATA=0x05;
 else if(e==LEFT) LCD_DATA=0x07;
 else if(e==NO) LCD_DATA=0x06;
 E_Pulse();
}

void Display_ON_OFF (char d,char c,char b)
{
 LCD_RW=0;
 LCD_RS=0;

 if(d==ON) d=0x04; else d=0x00;
 if(c==ON) c=0x02; else c=0x00;
 if(b==ON) b=0x01; else b=0x00;
 LCD_DATA=0x08|d|c|b;
 E_Pulse();
}

void Cursor_home(void)
{
 LCD_RW=0;
 LCD_RS=0;
 LCD_DATA=0x02;

 delay_us(1640);
 E_Pulse();
}
```

```
void Cnt(char n)
{
  LCD_RS=1;
  LCD_DATA=n+0x30;
  E_Pulse();
}
char sec=0,scale=0;                                    // ①
char AP=0,hour=1,min=0,h2,h1,m2,m1,s2,s1;
char AP_flag=0, hm_flag;

void main()
{
  DDRA.0=1;
  DDRA.1=1;
  DDRA.2=1;

  DDRC=0xFF;
  DDRD=0x00;                                           // ②
  PORTD=0xFF;

  TIMSK=0x01;
  TCCR0=0x07;
  TCNT0=0x00;

  EICRA=0b00101010;
  EIMSK=0b00000111;

  SREG=0x80;

  Init_LCD();
  clrscr();
  Display_ON_OFF(ON,OFF,OFF);
                                                       // ③
  Write_LCD(0,0,"LCD Control Pro.");
while(1)
  {
                                                       // ④
   if(AP==0)Write_LCD(3,1,"AM");
   if(AP==1)Write_LCD(3,1,"PM");
                                                       // ⑤
   gotoxy(5,1); Write_Char(':');
   gotoxy(6,1); Cnt(h2); gotoxy(7,1); Cnt(h1);
                                                       // ⑥
   gotoxy(8,1); Write_Char(':');
   gotoxy(9,1); Cnt(m2); gotoxy(10,1); Cnt(m1);
                                                       // ⑦
   gotoxy(11,1); Write_Char(':');
   gotoxy(12,1); Cnt(s2); gotoxy(13,1); Cnt(s1);
  }
}
```

```
interrupt[EXT_INT0] void PD0_int0(void)
{
  sec=0;                                                        // ⑧
}

interrupt[EXT_INT1] void PD0_int1(void)
{
  hm_flag=1;
}

interrupt[EXT_INT2] void PD1_int2(void)
{
   hm_flag=2;
}

interrupt[TIM0_OVF] void Timer0(void)
{
 if(hm_flag==1){hm_flag=0;min++;}                               // ⑨
 if(hm_flag==2){hm_flag=0;hour++;}                              // ⑩

 scale++;
 if(scale>=61){scale=0; sec++;}                                 // ⑪
 if(sec>=60){sec=0; min++;}                                     // ⑫
 if(min>=60){min=0; hour++;}                                    // ⑬

 if(hour==12&&AP_flag==0){AP_flag=1; AP++;}                     // ⑭
 if(hour!=12)AP_flag=0;

 if(AP>1)AP=0;
 if(hour>12)hour=1;

 s2=sec/10; s1=sec%10;
 m2=min/10; m1=min%10;
 h2=hour/10; h1=hour%10;
}
```

소스코드 분석 ☞

① 1초 및 1분을 만들기 위한 변수

② D_PORT IN, 시, 분, 초를 맞추기 위한 입력

③ LCD의 첫번째 줄 메시지 표시

④ LCD의 두번째 줄 시계 표시

⑤ 시 단위 표시

⑥ 분 단위 표시
⑦ 초 단위 표시
⑧ 초 단위 리셋
⑨ 분 조정
⑩ 시 조정
⑪ 1초 마다 동작
⑫ 1분 마다 동작
⑬ 1시간 마다 동작
⑭ AM->PM 한번만 실행

※ '1초 단위를 컨트롤하기' 위해서는 5장의 타이머/카운터에 있는 예제 8-5에서 처럼 타이머1을 사용해도 된다.

【그림 8-7-2】 LCD 8비트 데이터 동작

▌응용과제 스위치 입력에 따른 전압 측정

⇨ 【그림 8-7-1】 LCD제어회로 설계3의 회로에서 SW 3개를 각 각 누를 때마다 LCD에 ADC2, ADC1, ADC0의 전압을 표시 하도록 프로그램 하시오.

프로그램[8-8] LCD제어관련 함수

이번 예제 에서는 CodeVisionAVR 컴파일러에서 제공하는 함수들을 이용하여 보다 편리하게 LCD 제어를 할 수 있는 방법을 알아 보고자 한다. lcd.h 파일의 내용을 보면 LCD제어관련 함수들이 정의 되어 있고, mega128.h 파일의 특수기능 레지스터(SFR : Special Function Register)에는 각 포트의 주소가 저장된다. LCD를 연결하고자 하는 포트의 주소를 .equ __lcd_port=0x18 에 대입해 준다.

```
lcd.h의 일부
EXAMPLE FOR PORTB:
    #asm
        .equ __lcd_port=0x18
    #endasm
    #include <lcd.h>

void _lcd_ready(void);
void _lcd_write_data(unsigned char data);
// write a byte to the LCD character generator or display RAM
void lcd_write_byte(unsigned char addr, unsigned char data);
// read a byte from the LCD character generator or display RAM
unsigned char lcd_read_byte(unsigned char addr);
// set the LCD display position  x=0..39 y=0..3
void lcd_gotoxy(unsigned char x, unsigned char y);
// clear the LCD
void lcd_clear(void);
void lcd_putchar(char c);
// write the string str located in SRAM to the LCD
void lcd_puts(char *str);
// write the string str located in FLASH to the LCD
void lcd_putsf(char flash *str);
// initialize the LCD controller
unsigned char lcd_init(unsigned char lcd_columns);
// writes a control byte to the LCD
void lcd_control (unsigned char control);
```

〈표 8-8-1〉 mega128.h파일에 정의되어 있는 포트의 주소

sfrb PINE=1;
sfrb DDRE=2;
sfrb PORTE=3;
	sfrb PIND=0x10;
	sfrb DDRD=0x11;
	sfrb PORTD=0x12;
		sfrb PINC=0x13;
		sfrb DDRC=0x14;
		sfrb PORTC=0x15;

sfrb PINB=0x16;
sfrb DDRB=0x17;
sfrb PORTB=0x18;
	sfrb PINA=0x19;
	sfrb DDRA=0x1a;
	sfrb PORTA=0x1b;
		※ b : byte(8비트)
		w : word(16비트)

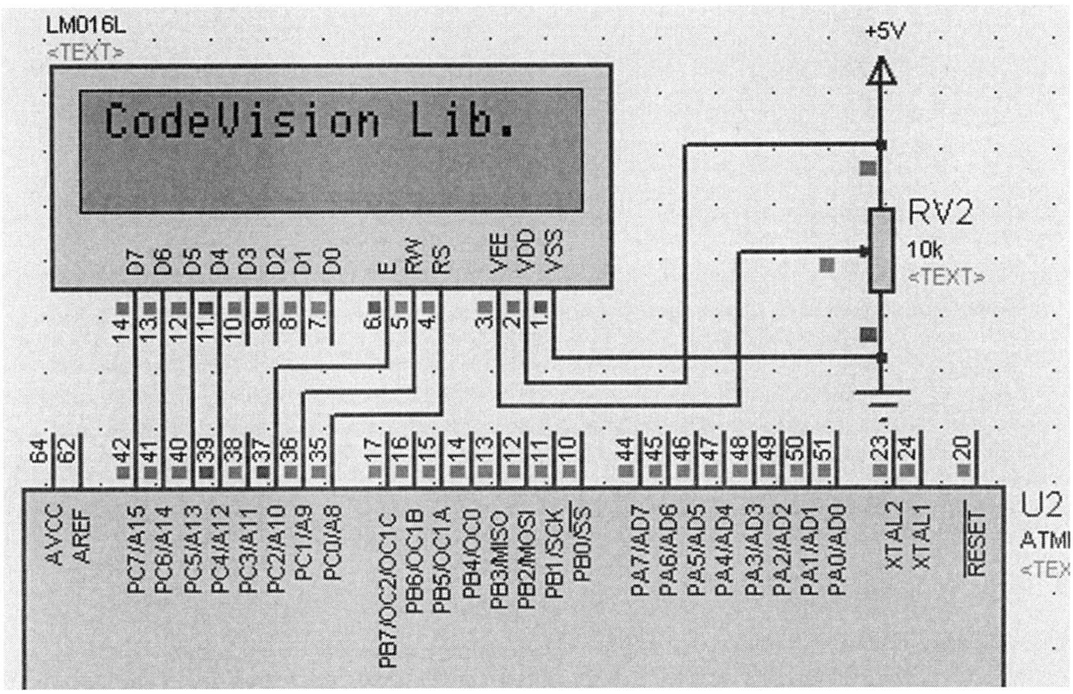

[그림 8-8-1] LCD 4비트 데이터 시뮬레이션

```
//Ex8-8.c
#include<mega128.h>
#asm
 .equ __lcd_port=0x15                                          // ①
#endasm
#include<lcd.h>

void main()
{
 lcd_init(16);
 lcd_gotoxy(0,0);
 lcd_puts("CodeVision Lib.");                                  // ②
}
```

소스코드 분석 ☞

① C포트(0x15)로 출력

② 따음표 안에 있는 문자 CodeVision Lib. 출력

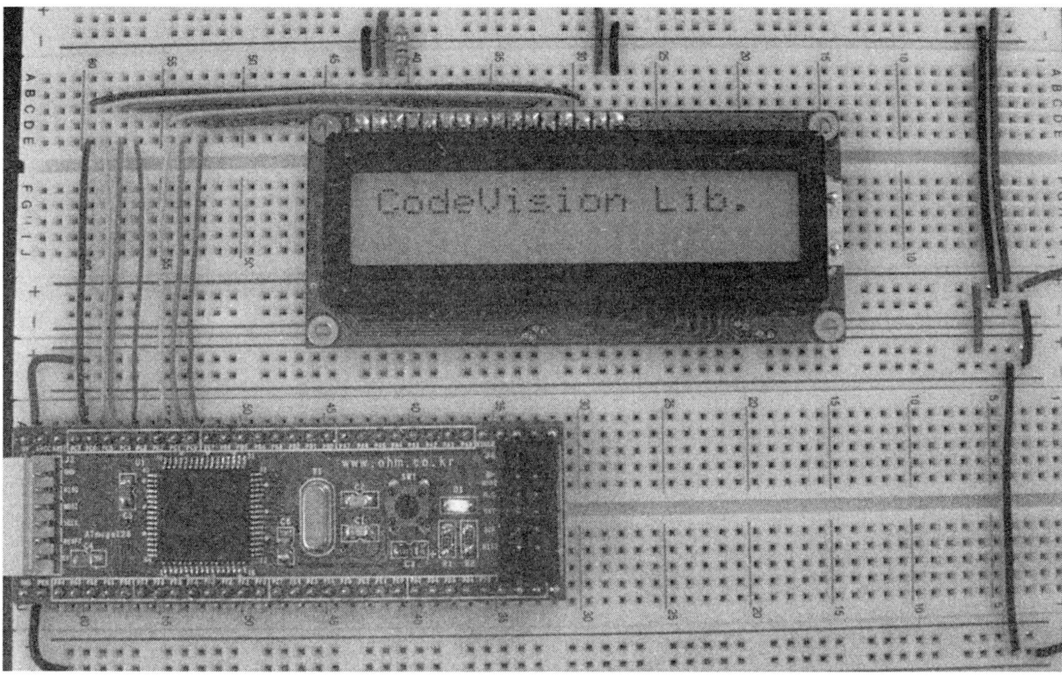

【그림 8-8-2】 LCD 4비트 데이터 동작

프로그램[8-9] 문자패턴방식을 이용한 LCD 제어회로

LCD의 CG(Character Generator) RAM에 문자 패턴을 만들어 원하는 문자를 표시하는 프로그램을 작성한다.

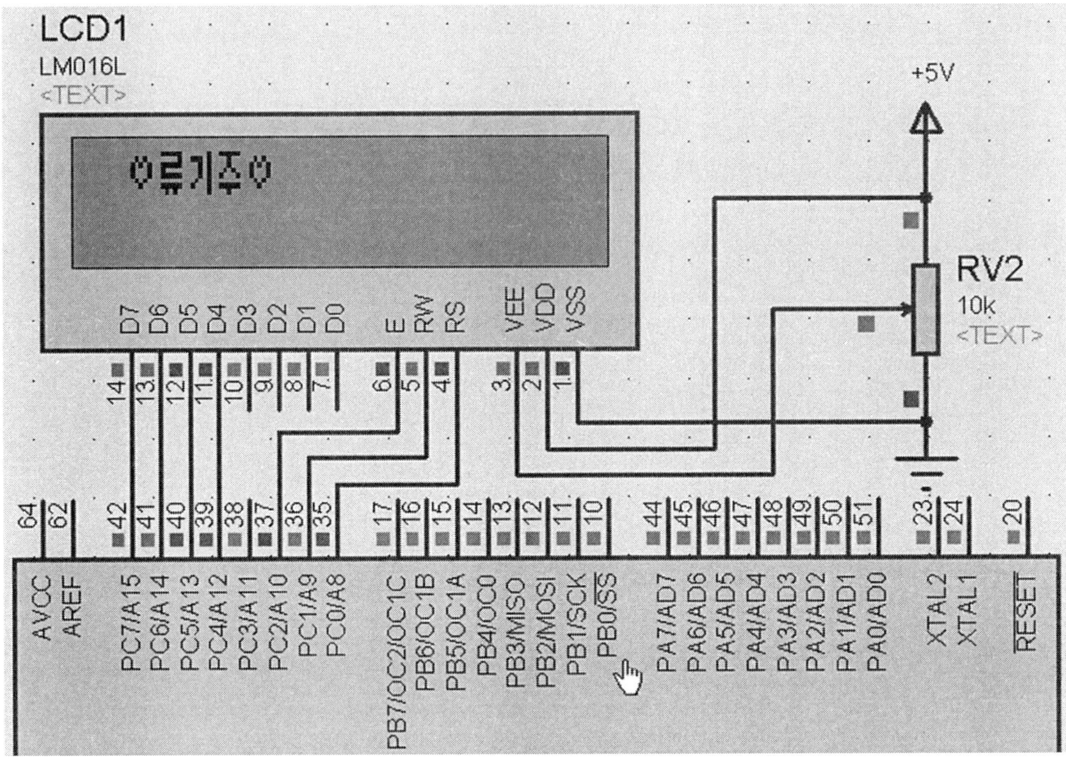

【그림 8-9-1】 CG RAM 문자패턴 회로 설계

```
//Ex8-9.c
#include<mega128.h>
#include<delay.h>
#asm
 .equ __lcd_port=0x15
#endasm
#include<lcd.h>

typedef unsigned char byte;                                    // ①
flash byte heart[8]={
                    0b00000000,
                    0b00001010,
                    0b00010101,
                    0b00010001,
                    0b00010001,
                    0b00001010,
                    0b00000100,
                    0b00000000};

flash byte Ryu[8]={                                            // ②
                  0b00011111,
```

```
                    0b00000001,
                    0b00011111,
                    0b00010000,
                    0b00011111,
                    0b00000000,
                    0b00011111,
                    0b00001010};
flash byte Gi[8]={                                              // ③
                    0b00000001,
                    0b00011101,
                    0b00000101,
                    0b00000101,
                    0b00000101,
                    0b00001001,
                    0b00010001,
                    0b00000001};

flash byte Ju[8]={                                              // ④
                   0b00011111,
                   0b00000100,
                   0b00000100,
                   0b00001010,
                   0b00010001,
                   0b00000000,
                   0b00011111,
                   0b00000100};

void define_char(byte flash *pc,byte char_code)
{
  byte i, a;
  a=(char_code<<3)|0x40;                                        // ⑤
  for(i=0;i<8;i++)lcd_write_byte(a++,*pc++);
                                                                // ⑥
}
void main()
{
 lcd_init(16);
                                                                // ⑦
 define_char(heart,0);
 lcd_gotoxy(1,0);
 lcd_putchar(0);
                                                                // ⑧
 define_char(Ryu,1);
 lcd_gotoxy(2,0);
 lcd_putchar(1);
                                                                // ⑨
 define_char(Gi,2);
 lcd_gotoxy(3,0);
```

```
 lcd_putchar(2);
                                                              // ⑩
 define_char(Ju,3);
 lcd_gotoxy(4,0);
 lcd_putchar(3);
                                                              // ⑪
 lcd_gotoxy(5,0);
 lcd_putchar(0);

  _lcd_ready();                                               // ⑫
  _lcd_write_data(0x2c);

 while(1);
}
```

소스코드 분석 ☞

① 그림모양 '♡' 데이터 설정
② 글자모양 '류' 데이터 설정
③ 글자모양 '기' 데이터 설정
④ 글자모양 '주' 데이터 설정
⑤ CG RAM->char_code가 0이면, 40번지 부터
CG RAM->char_code가 1이면, 48번지 부터
⑥ write a byte to the LCD character generator or display RAM
void lcd_write_byte(unsigned char addr, unsigned char data);
5X8문자 8개를 사용
⑦ Heart 그림모양 '♡' 데이터 설정값 주어진 좌표에 출력
⑧ Ryu 그림모양 '류' 데이터 설정값 주어진 좌표에 출력
⑨ Gi 그림모양 '기' 데이터 설정값 주어진 좌표에 출력
⑩ Ju 그림모양 '주' 데이터 설정값 주어진 좌표에 출력
⑪ Heart 그림모양 '♡' 데이터 설정갑 주어진 좌표에 출력
⑫ LCD에 데이터를 쓰기 위해서
CG RAM, DL=0(4비트 인터페이스), N=1(2행 설정), F=1(Font 5X10)

【그림 8-9-2】 LCD CG RAM 문자패턴 동작

Chapter. 9

모터 제어

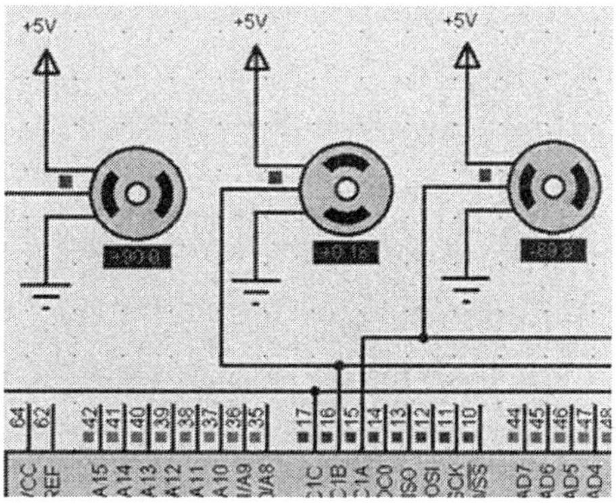

💻 프로그래밍 💻

프로그램[9-1]　스위치 입력 값에 따른 DC모터속도제어

프로그램[9-2]　DC모터 방향제어

프로그램[9-3]　IC를 이용한 2개의 DC모터 제어회로

프로그램[9-4]　서보모터 제어회로

프로그램[9-5]　스위치 입력 값에 따른 서보모터 제어회로

프로그램[9-6]　3개의 서보모터 제어회로

프로그램[9-7]　스위치를 이용한 3개의 서보모터 제어회로

프로그램[9-8]　스테핑모터 제어회로

프로그램[9-9]　SW 입력에 따른 스테핑모터 상변화 제어회로

프로그램[9-10] 방향전환 스테핑모터 제어회로

프로그램[9-11] SW 입력값에 따른 스테핑모터 속도 제어회로

제9장

모터 제어

9.1 모터 제어

9장에서는 각종 자동화기기에 사용이 되고 있는 DC모터, 서보모터, 스테핑모터의 동작 원리 및 구조에 대하여 간략하게 알아보기로 한다. 모터의 제어에는 회전방향, 회전속도, 회전각으로 분류 할 수 있으며, 이를 제어하기 위한 프로그램을 작성해 본다.

9.2 DC모터 제어

DC 모터의 회전방향제어 및 속도제어는 5장의 타이머/카운터 회로에서 배운 PWM파형을 이용하여 제어를 한다. 모터를 구동하기 위해서는 전력증폭용 트랜지스터가 필요한데, L298 IC를 사용하면 간단하게 2개의 DC모터를 제어할 수 있다. 본 교재에서는 Ohm사의 DC Motor 모듈 : K_MOTOR1로 제어를 하였다.

주요사양	모터제어	최대 전류	구동전압	컨트롤러	제어 신호
기능	2개	2A	5V~45V	L298N(1개)	CW/CCW, PWM

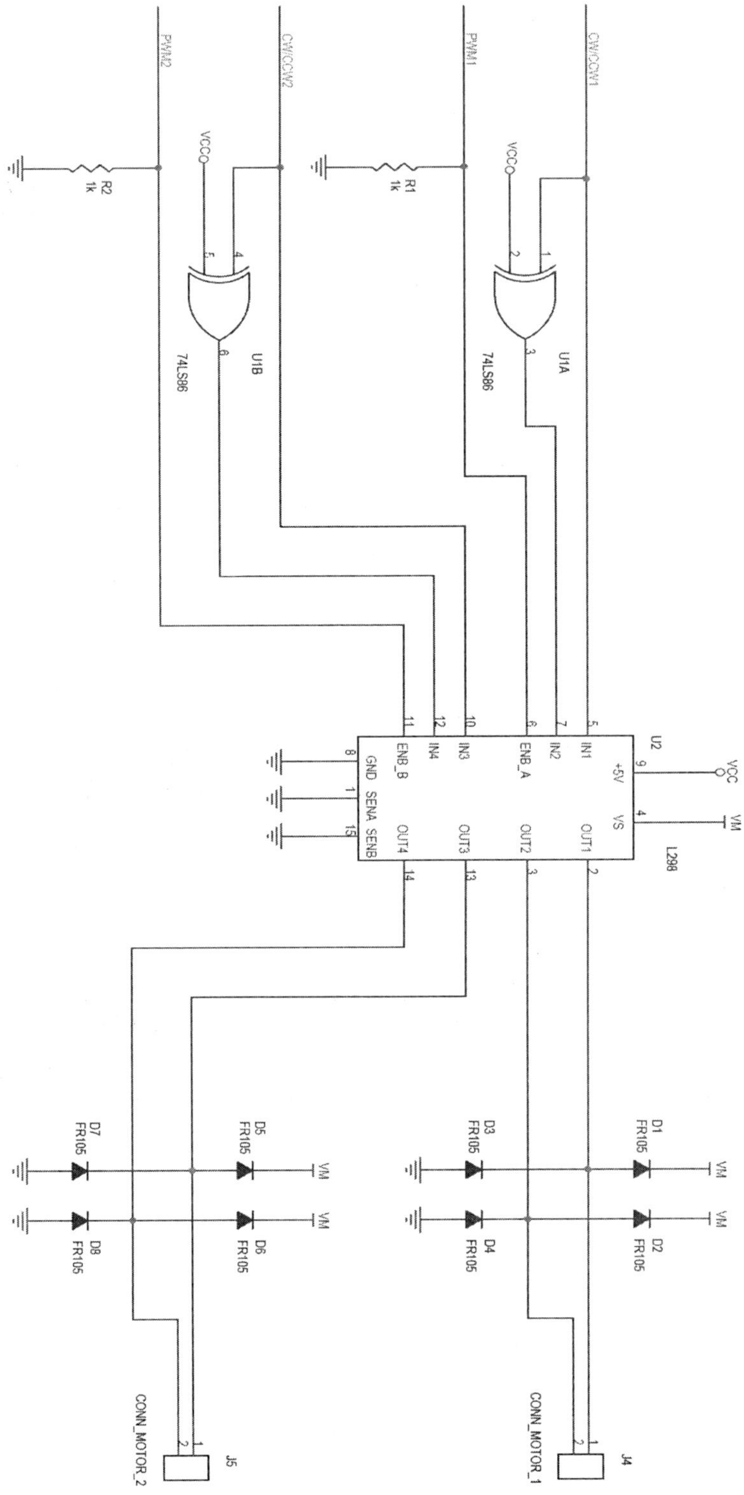
PWM2
CW/CCW2
PWM1
CW/CCW1
VCCO
R1
1k
R2
1k
U1A
74LS86
U1B
74LS86
U2
L298
IN1
IN2
ENB_A
IN3
IN4
ENB_B
GND
SENA
SENB
+5V
VS
OUT1
OUT2
OUT3
OUT4
VCC
VM
D1
FR105
D2
FR105
D3
FR105
D4
FR105
D5
FR105
D6
FR105
D7
FR105
D8
FR105
J4
CONN_MOTOR_1
J5
CONN_MOTOR_2

[DC 모터 제어모듈]

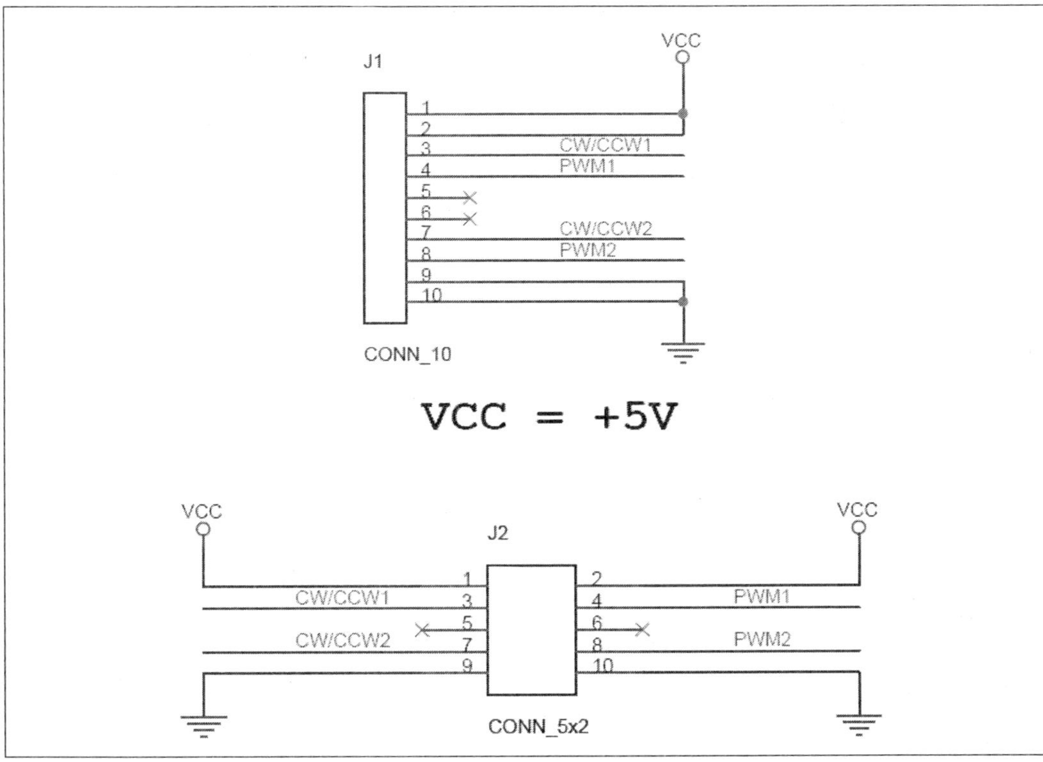
J1
VCC
1
2
3
4
5
6
7
8
9
10
CW/CCW1
PWM1
CW/CCW2
PWM2
CONN_10
VCC = +5V
VCC
J2
VCC
CW/CCW1
CW/CCW2
PWM1
PWM2
CONN_5x2

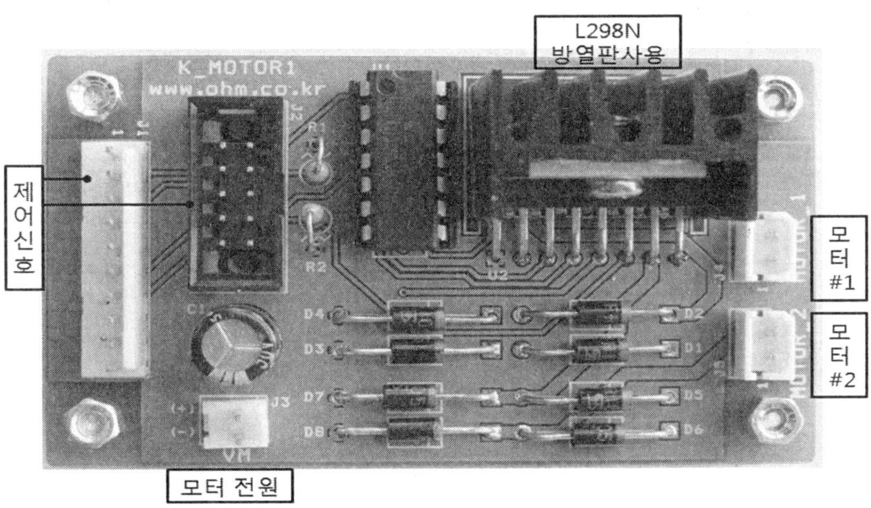
L298N
방열판사용
K_MOTOR1
www.ohm.co.kr
제어신호
모터 #1
모터 #2
모터 전원

[10핀 Flat 케이블 커넥터]

핀번호	1	3	5	7	9
핀 명	5V	CW/CCW1	x	PWM2	GND
핀번호	2	4	6	8	10
핀 명	5V	PWM1	CW/CCW2	x	GND

[10핀 모렉스 커넥터]

핀 번호	1	2	3	4	5	6	7	8	9	10
핀 명	5V	5V	CW/CCW1	PWM1	x	CW/CCW2	PWM2	x	GND	GND

[동작 타이밍(방향 및 속도 제어)]

핀명	기능
CW/CCW1, CW/CCW2	정회전/역회전 제어(1 : 정회전, 0 : 역회전)
PWM1, PWM2	모터 속도 제어를 위한 PWM(Pulse Width Modulation) 펄스 1 : 모터 회전, 0 : 모터 정지

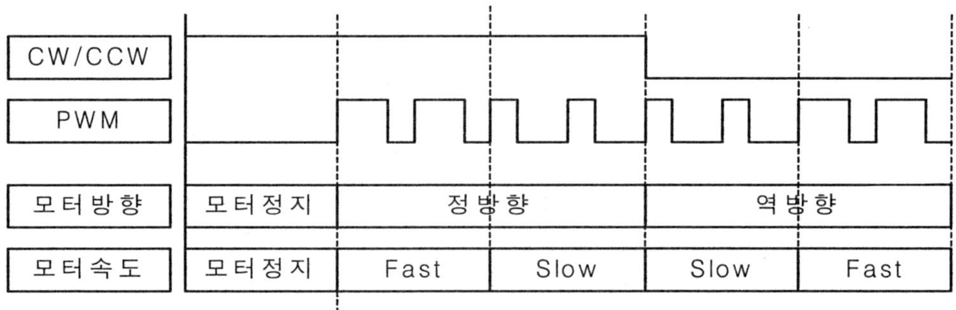

9.3 서보모터 제어

서보모터는 모터의 회전각을 이용하는 기기에 사용이 되는데, 서보(servo)라는 의미는 "추종한다, 따른다." 라는 뜻으로 PWM 파형에 따라서 각도를 제어할 수 있는 모터이다. 【그림 9.3.1】은 서보모터의 PWM파형에 따른 각도를 나타낸 것이다.

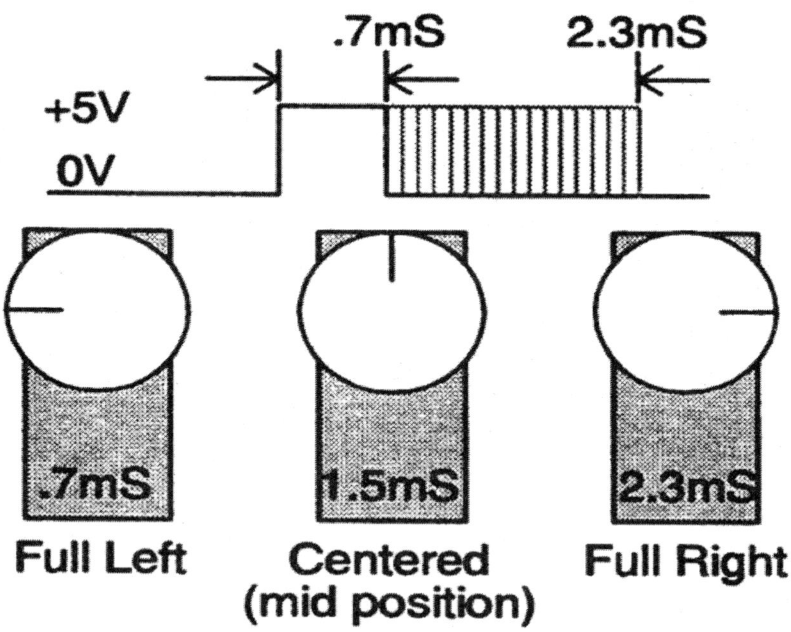

【그림 9.3.1】 PWM에 의한 서보모터의 각도제어

9.4 스테핑모터 제어

스테핑모터는 펄스에 의해 디지털적으로 편리하게 제어할 수 있으며, 모터의 샤프트의 위치를 검출하기 위한 피드백이 없어도 정해진 각도로 회전하고 비교적 높은 정확도로 정지할 수 있는 장점이 있다. 모터의 총 회전각은 입력 펄스수의 총수에 비례하고, 모터의 속도는 1초간당의 입력 펄스 수에 비례한다. 본 교재에서는 Ohm사의 Step Motor 모듈 : K_MOTOR2로 제어를 하였다. 【그림 9.4.1】은 스테핑 모터의 구동방식을 나타낸 것이다.

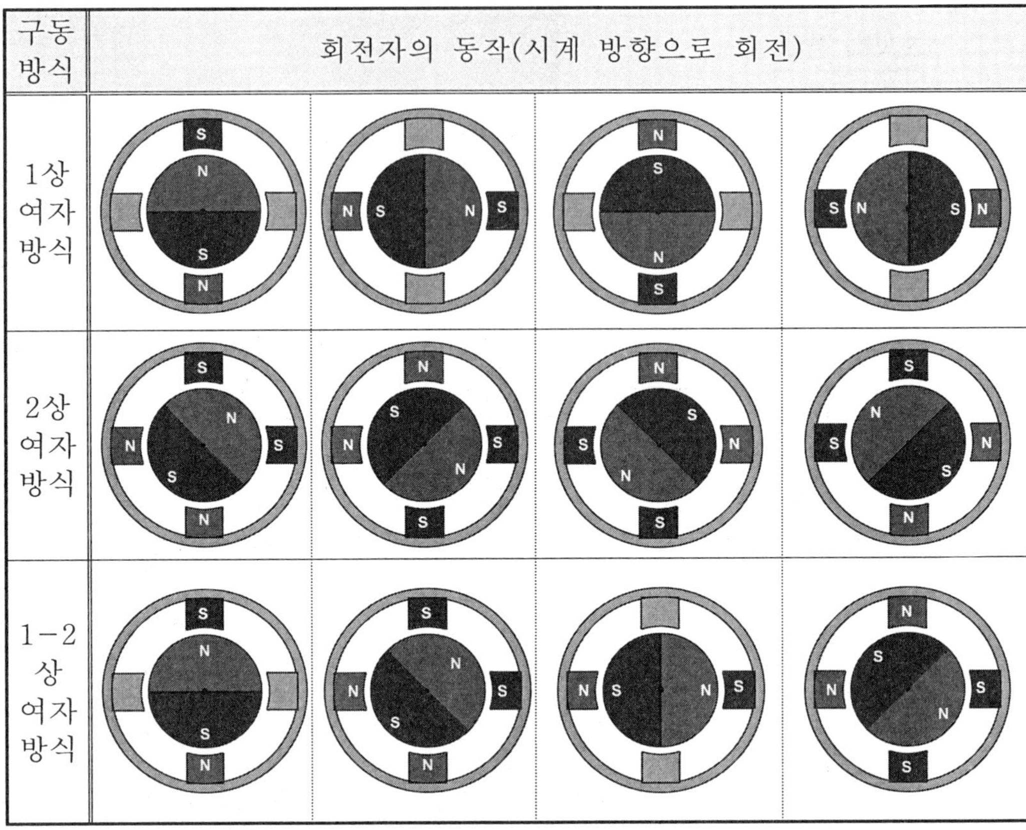

【그림 9.4.1】 구동방식에 따른 스테핑모터의 제어

주요사양	모터제어	최대 전류	구동 전압	컨트롤러	제어 신호
기능	2개	각 1.5A	최대 45V (6~12V 내외 권장)	SLA7024 2개 (2상 여자 구동)	DIR, ENABLE PULSE

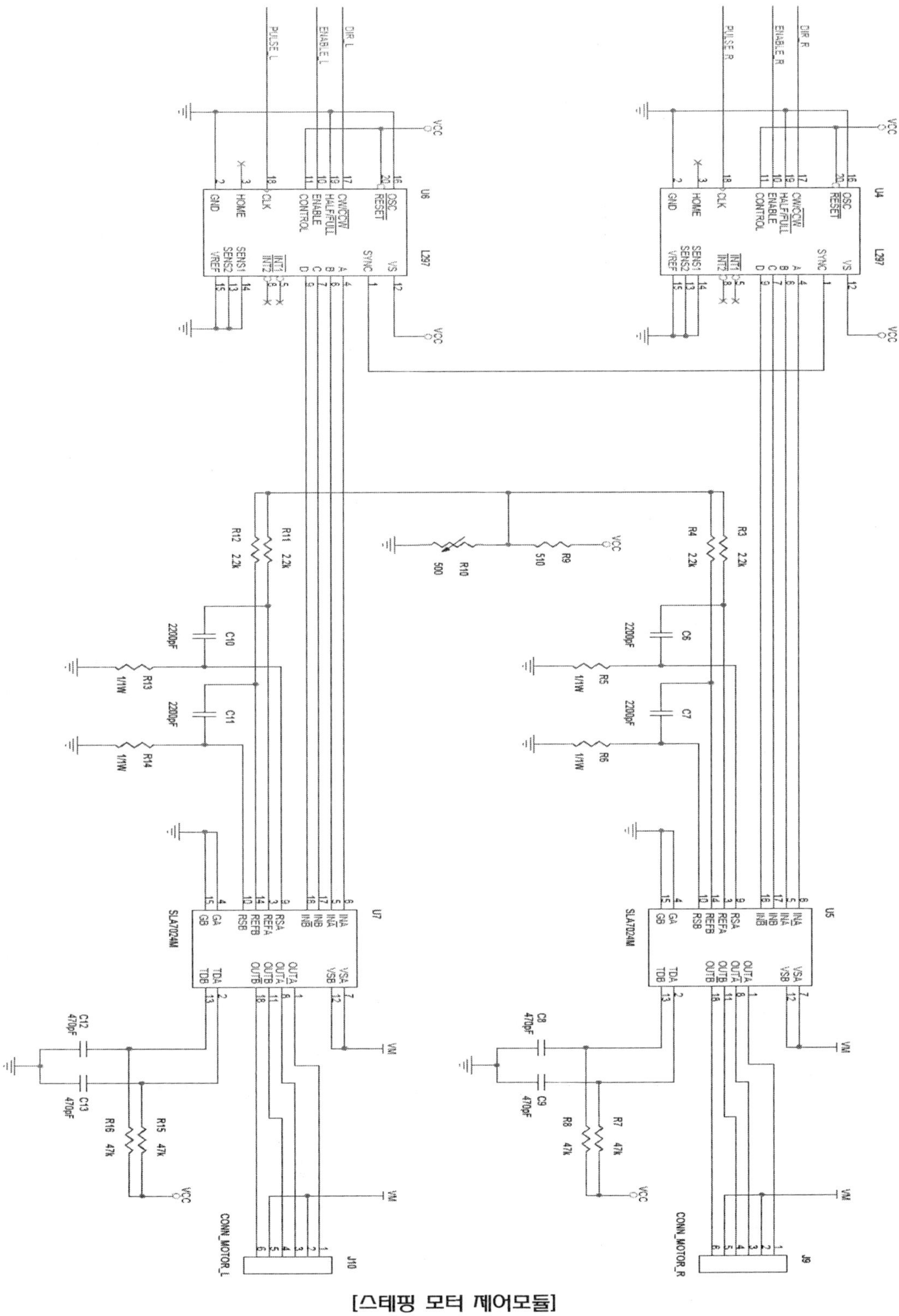
PULSE_L
ENABLE_L
DIR_L
PULSE_R
ENABLE_R
DIR_R
U6
U4
L297
U7
U5
SLA7024M
J10
J9
CONN_MOTOR_L
CONN_MOTOR_R

[스테핑 모터 제어모듈]

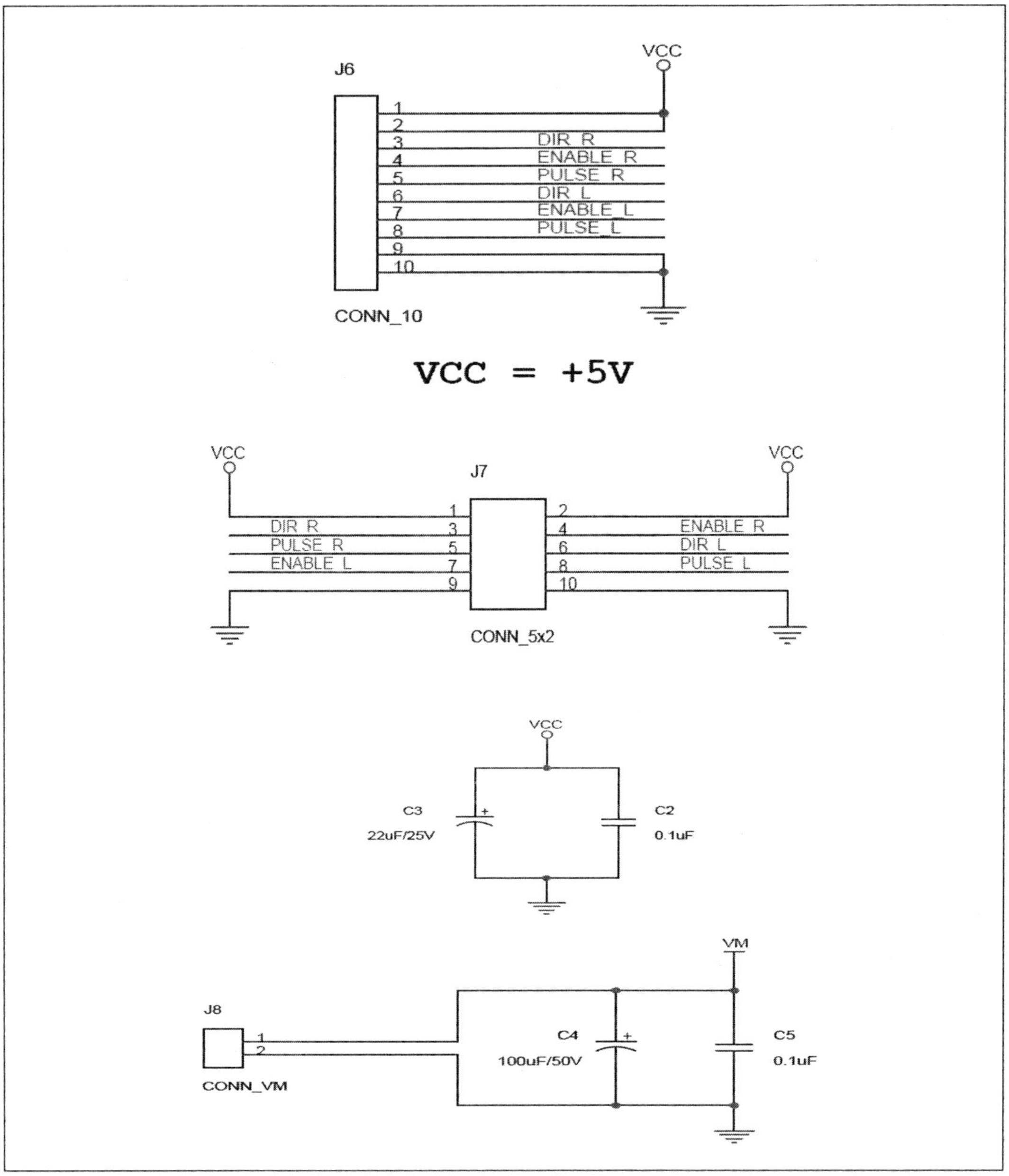
J6
VCC
1
2
3
4
5
6
7
8
9
10
DIR_R
ENABLE_R
PULSE_R
DIR_L
ENABLE_L
PULSE_L
CONN_10
VCC = +5V
VCC
J7
VCC
DIR_R
PULSE_R
ENABLE_L
ENABLE_R
DIR_L
PULSE_L
CONN_5x2
VCC
C3
22uF/25V
C2
0.1uF
VM
J8
CONN_VM
C4
100uF/50V
C5
0.1uF

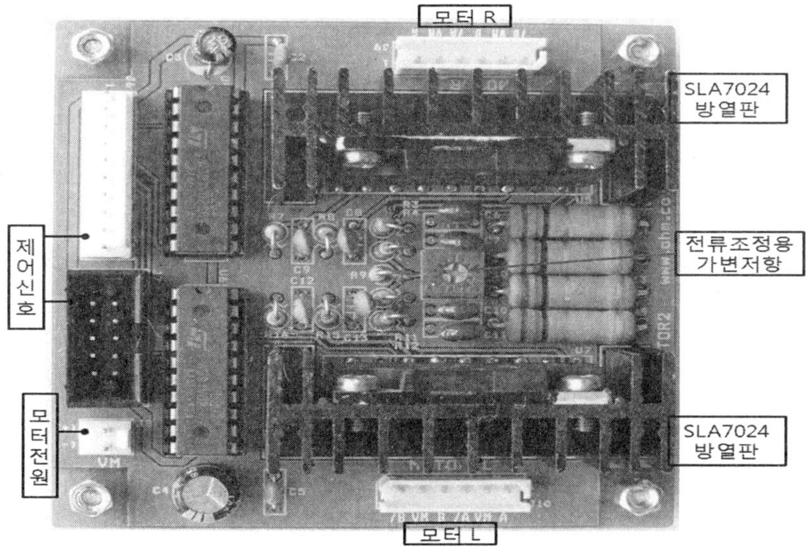

[제어 신호 커넥터]

[10핀 모렉스 커넥터]

핀번호	1	2	3	4	5	6	7	8	9	10
핀 명	5V	5V	DIR_R	ENA_R	PUL_R	DIR_L	ENA_L	PUL_L	GND	GND

[10핀 Flat 케이블 커넥터]

핀번호	1	3	5	7	9
핀 명	5V	DIR_R	PUL_R	ENA_L	GND
핀번호	2	4	6	8	10
핀 명	5V	ENA_R	DIR_L	PUL_L	GND

[모터 연결 커넥터]

[모터 R 커넥터]

핀번호	1	2	3	4	5	6
핀명	/B	V_M (COM_B)	B	/A	V_M (COM_A)	A

[모터 L 커넥터]

핀번호	1	2	3	4	5	6
핀명	/B	V_M (COM_B)	B	/A	V_M (COM_A)	A

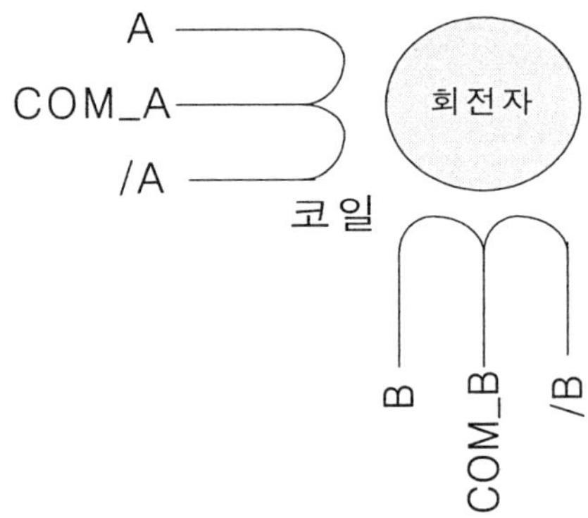

[동작 타이밍(방향 및 속도 제어)]

핀명	기능
DIR_R, DIR_L	정회전/역회전 제어(1 : 정회전, 0 : 역회전)
ENABLE_R, ENABLE_L	모터 회전/정지 제어(1 : 회전, 0 : 정지)
PULSE_R, PULSE_L	모터 구동 펄스

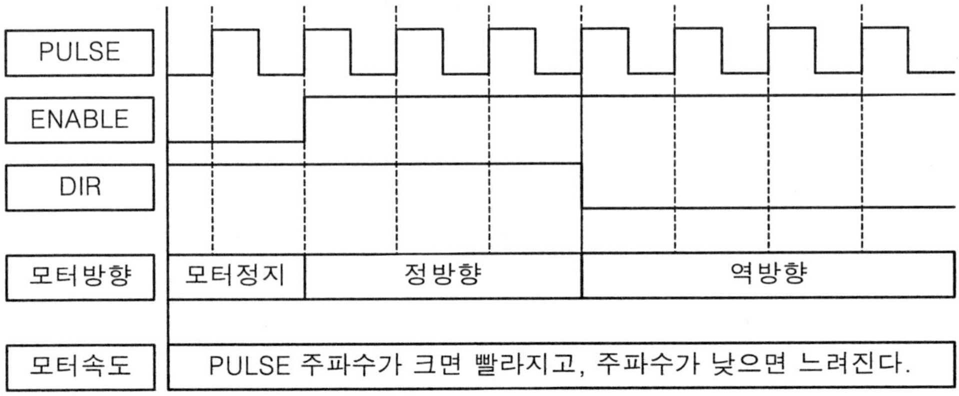

🖳 프로그래밍 🖳

🖳 프로그램[9-1] 스위치 입력값에 따른 DC모터 속도 제어

A포트에 연결된 SW의 입력으로 DC모터의 속도조절과 정지 시킬 수 있는 회로를 설계한다.

1 【그림 9-1-1】과 같이 DC모터제어 A포트의 SW입력 값에 따른 B포트의 출력 값에 의한 DC 모터를 제어한다.

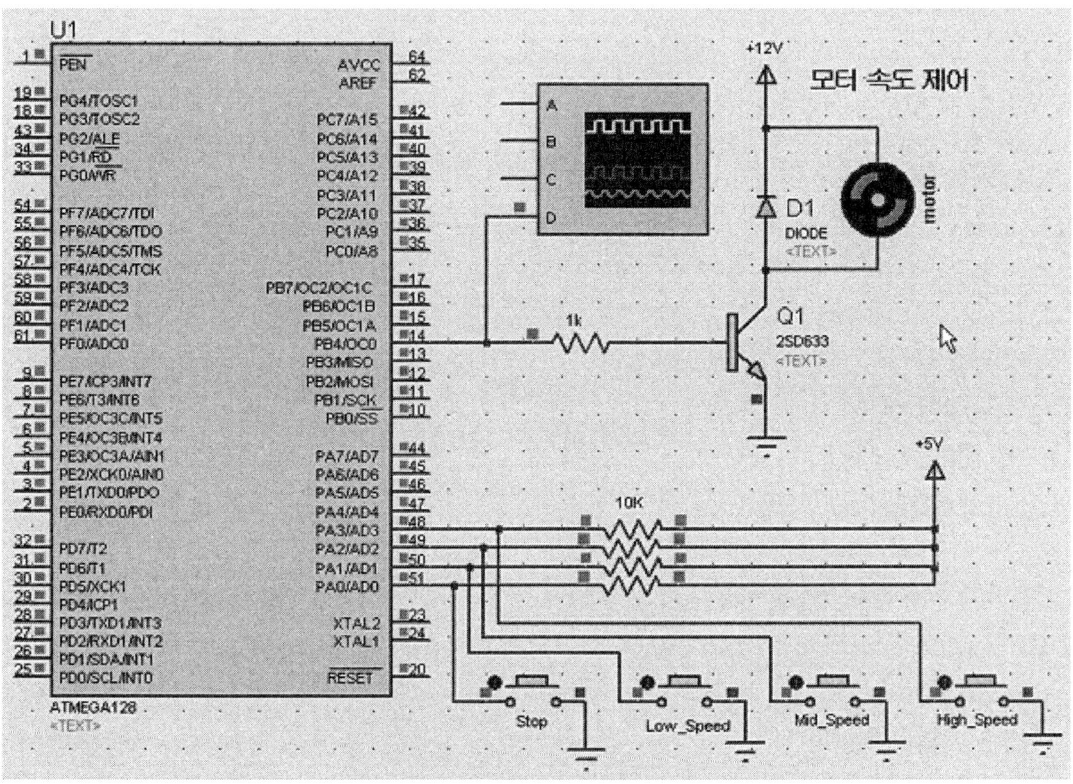

【그림 9-1-1】 DC모터제어 회로

2 소스코드를 입력한 다음 컴파일을 한다.

```
//Ex9-1.c
#include<mega128.h>
void main()
{
  unsigned char Sw=0x0E;
  DDRA=0x00;
  DDRB=0xFF;

  TCCR0=0x63;                                       // ①
  while(1)
  {
   if(PINA!=0xFF)Sw=PINA;                           // ②
   Sw=Sw&0x0F;                                      // ③
   switch(Sw)
   {
     case 0x0E : OCR0=0; break;                     // ④
     case 0x0D : OCR0=50; break;                    // ⑤
     case 0x0B : OCR0=100; break;                   // ⑥
     case 0x07 : OCR0=255; break;                   // ⑦
    }
  }
}
```

소스코드 분석 ☞

① 타이머/카운터 비교출력

② Sw를 누를 때만 값 저장

③ 하위 4비트만 입력을 받는다.

④ Stop

⑤ Low_Speed

⑥ Mid_Speed

⑦ High_Speed

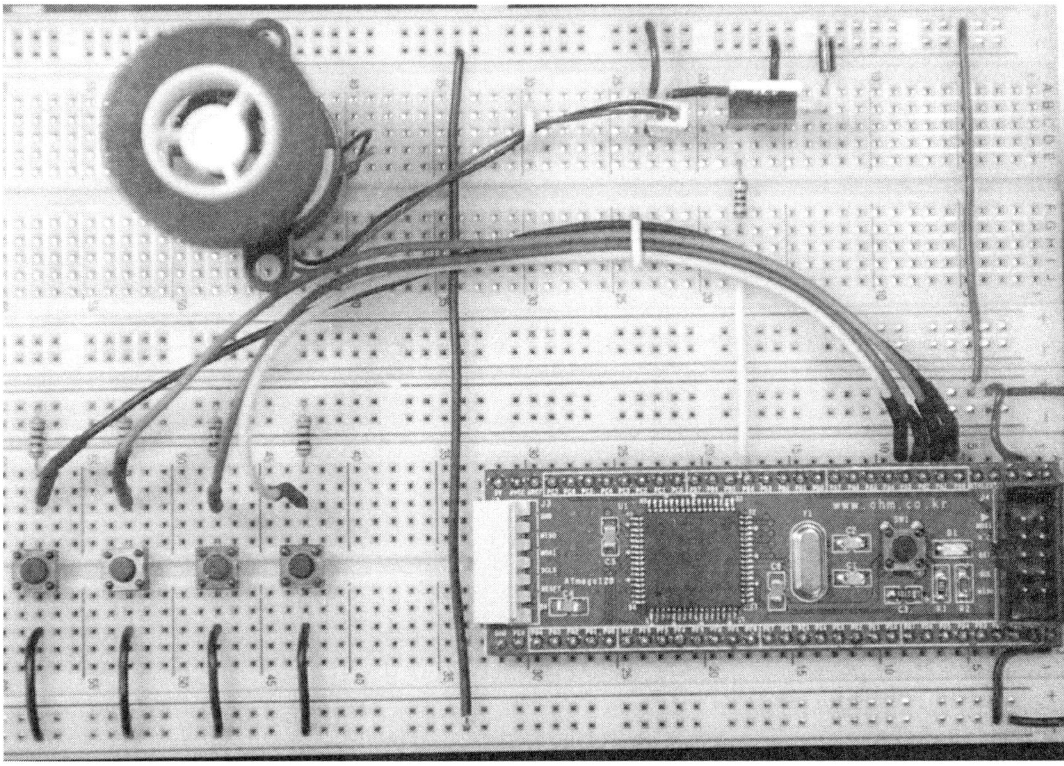

【그림 9-1-2】 DC 모터 제어회로 설계 1

프로그램[9-2] DC모터 방향제어

소스코드를 조금씩 바꿔가며 세 가지의 소스코드로 DC모터에서 정회전, 역회전, 정지 세 동작을 하는 회로를 설계하여 DC 모터 방향 회전의 동작 특성을 이해한다.

1 【그림 9-2-1】과 같이 회로를 구성하고 스위치와 관계없이 프로그래밍을 통해 DC 모터의 방향을 전환 시킨다. (응용과제에서 스위치 입력을 받도록 설계해 본다.)

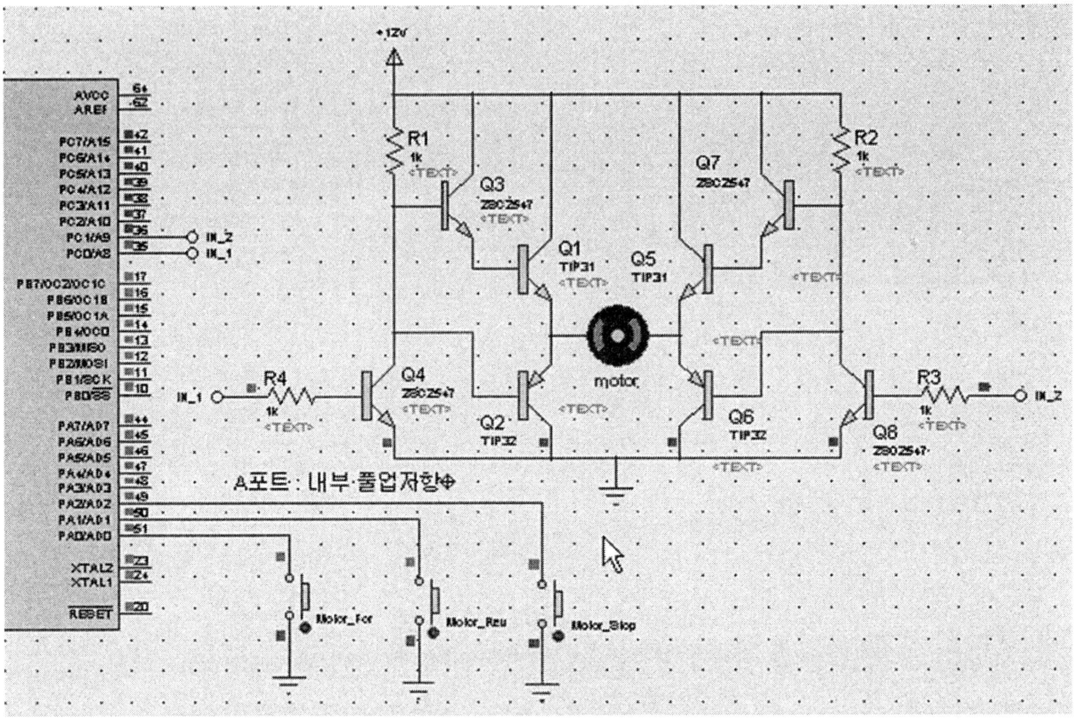

【그림 9-2-1】 DC모터의 회전방향제어

2 소스코드를 입력한 다음 컴파일을 한다.

```
//Ex9-2.c
#include<mega128.h>

void main()
{
  DDRA=0x00;
  DDRC=0xFF;

  PORTA=0xFF;
  PORTC=0x01;                                                   // ①
                                                                // ②
}
```

소스코드 분석 ☞

① 정회전

② PORTC=0x02;　　// 역회전

PORTC=0x00;　　// 정지

▌응용과제 폴링방식을 이용한 SW입력 값에 따른 DC모터 제어

➪ A포트에 연결된 3개의 SW를 이용하여 CW, CCW, Stop 동작이 되도록 프로그램 하시오. (폴링방식으로 하고 인터럽트방식으로 제어를 하려면 E포트나 D포트로 입력받아 프로그램 한다)

프로그램[9-3] IC를 이용한 2개의 DC모터 제어회로

A포트에 연결된 각 SW의 입력 값에 따라 IC(DC 모터 제어 모듈)에 신호를 인가하여 2개의 DC 모터를 제어한다.

1 【그림 9-3-1】과 같이 ATmega128의 A포트에 4개의 SW를 연결하고 C포트에 모터 구동 IC를 연결하여 DC모터 2개를 동시에 제어할 수 있는 회로를 설계한다. (이 예제는 우리가 사용하는 시뮬레이션 툴 으로는 눈으로 직접적으로 확인하는 것이 어렵다. 따라서 실제회로를 제작하여 동작을 이해하거나 코딩을 통해 이해하도록 한다.)

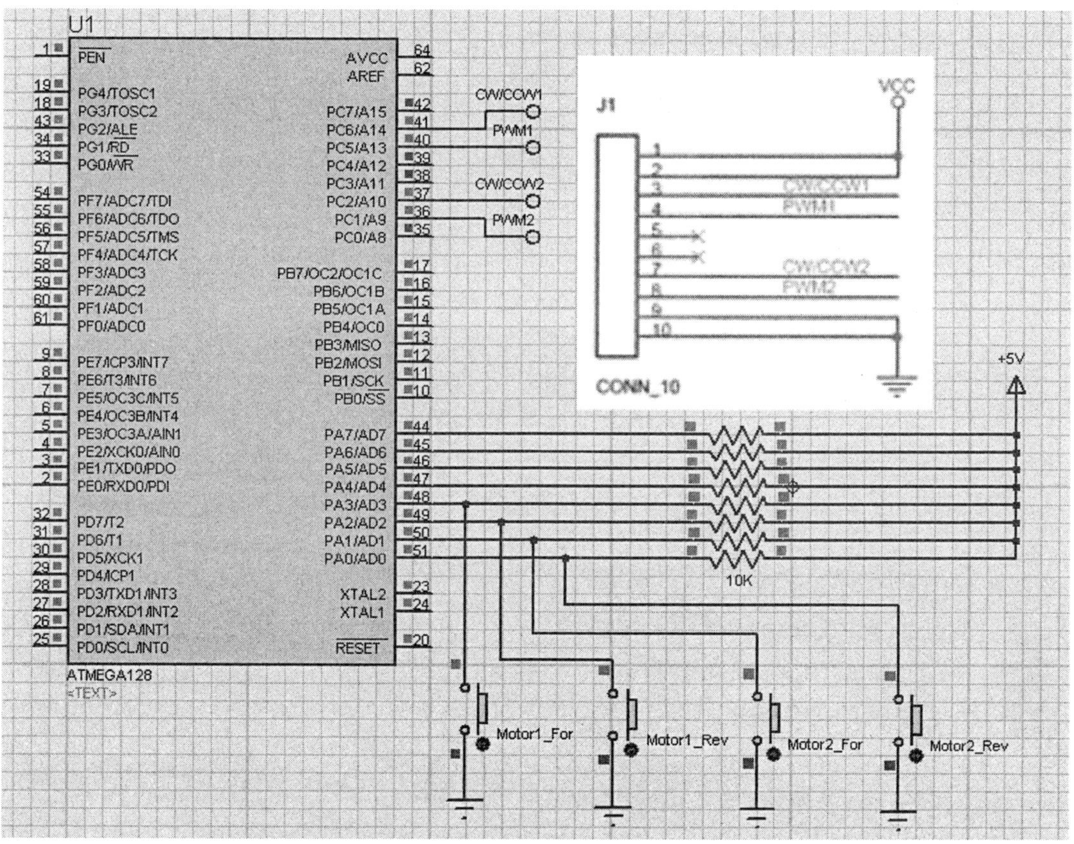

【그림 9-3-1】 DC모터 제어 모듈을 이용한 DC 모터 제어회로

2 소스코드를 입력한 다음 컴파일을 한다.

```
//Ex9-3.c
#include    <mega128.h>
#include    <delay.h>

#define     CWCCW_1   PORTC.1
#define     PWM_1      PORTC.2

#define     CWCCW_2   PORTC.5
#define     PWM_2      PORTC.6

int     t_cnt = 0, on_off = 128;

void main(void)
{
        DDRC = 0xFF;
        PORTC = 0x00;
        CWCCW_1 = 0;                                              // ①
        CWCCW_2 = 0;                                              // ②
        PWM_1 = 0;                                                // ③
        PWM_2 = 0;                                                // ④

        EIMSK = 0b00001111;
        EICRA = 0b10101010;

        TCCR0 = 0x03;                                             // ⑤
        ASSR = 0x0;                                               // ⑥
        TCNT0 = 254;                                              // ⑦
        TIMSK = 0x01;                                             // ⑧

        delay_ms(1000);
        SREG = 0x80;

        while(1);
}
                                                                  // ⑨
interrupt [EXT_INT0] void ex_int0(void)
{
        CWCCW_1 = !CWCCW_1;                                       // ⑩
}
                                                                  // ⑪
interrupt [EXT_INT1] void ex_int1(void)
{
        CWCCW_2 = !CWCCW_2;                                       // ⑫
}
```

```
                                                                 // ⑬
interrupt [EXT_INT2] void ex_int2(void)
{
        if(on_off < 249) on_off = on_off + 1;                    // ⑭
}
                                                                 // ⑮
interrupt [EXT_INT3] void ex_int3(void)
{
        if(on_off > 0) on_off = on_off - 1;                      // ⑯
}

interrupt [TIM0_OVF] void timer0(void)
{
        TCNT0 = 254;                                             // ⑱

        t_cnt++;                                                 // ⑲
        if(t_cnt == 250){                                        // ⑳
        t_cnt = 0;                                               // ㉑
        PWM_1 = 1;                                               // ㉒
        PWM_2 = 1;                                               // ㉓
        }
        else if(t_cnt >= on_off){                                // ㉔
        PWM_1 = 0;                                               // ㉕
        PWM_2 = 0;                                               // ㉖
        }
}
```

소스코드 분석 ☞

① 모터1 방향 정회전

② 모터2 방향 정회전

③ 모터1 PWM 신호 0 출력

④ 모터2 PWM 신호 0 출력

⑤ 일반모드, 32분주

⑥ 타이머/카운터0 타이머 동작

⑦ 1/16us * 32 * (256 - 254) = 4Us

⑧ 타이머/카운터0 오버플로우 인터럽트 인에이블

⑨ 스위치1 : 모터1 방향 전환

⑩ 방향 제어값 반전 출력

⑪ 스위치2 : 모터2 방향 전환

⑫ 방향 제어값 반전 출력
⑬ 스위치3 : 모터 속도 빠르게(PWM ON 시간 길게)
⑭ ON 시간변수 증가
⑮ 스위치4 : 모터 속도 느리게(PWM ON 시간 짧게)
⑯ ON 시간변수 감소
⑰ 타이머/카운터0 오버플로우 인터럽트
1/16us * 32분주 * (256 - 254) = 4us
⑱ 4us 주기 초기값 설정
⑲ 4us 카운터 증가
⑳ 1ms마다 리셋(PWM 주기)
㉑ 4us 카운터값 리셋
㉒ 모터1 ON
㉓ 모터2 ON
㉔ ON 시간 경과 후 모터 OFF
㉕ 모터1 OFF
㉖ 모터2 OFF

【그림 9-3-2】 DC모터 제어회로 설계 2

프로그램[9-4] 서보모터 제어회로

B포트의 OC2/OC1C핀에 서보 모터를 연결하여 PWM 출력파형 값에 따른 서보모터의 동작특성을 이해한다.

1 【그림 9-4-1】과 같이 B포트에 서보 모터와 오실로스코프를 연결한다.

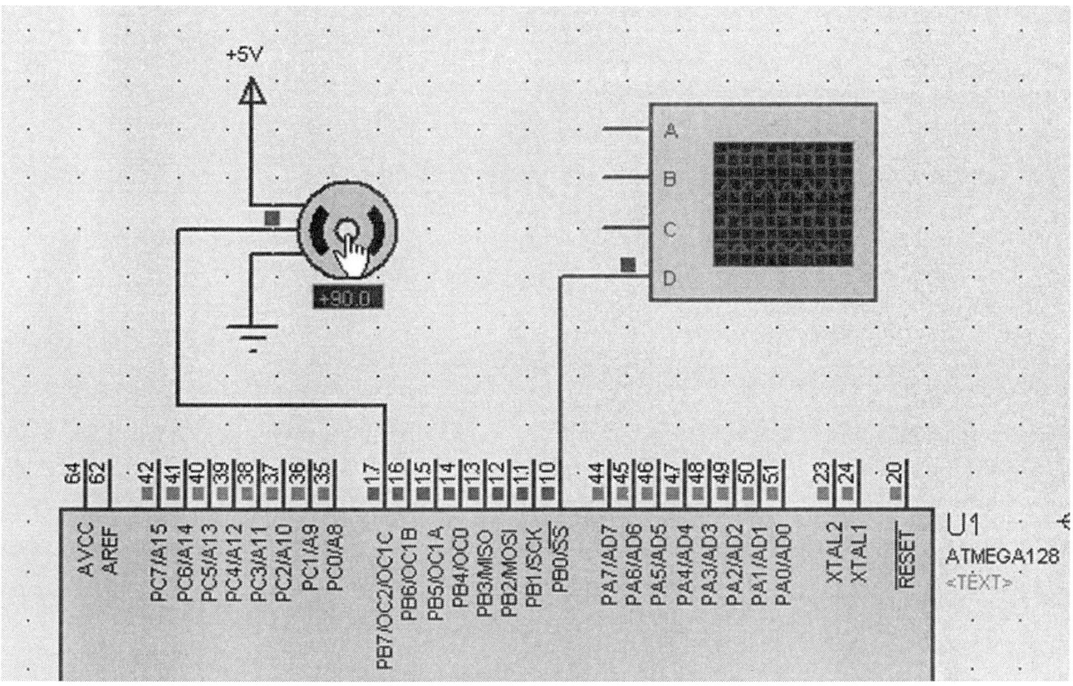

【그림 9-4-1】 서보모터 제어회로설계1

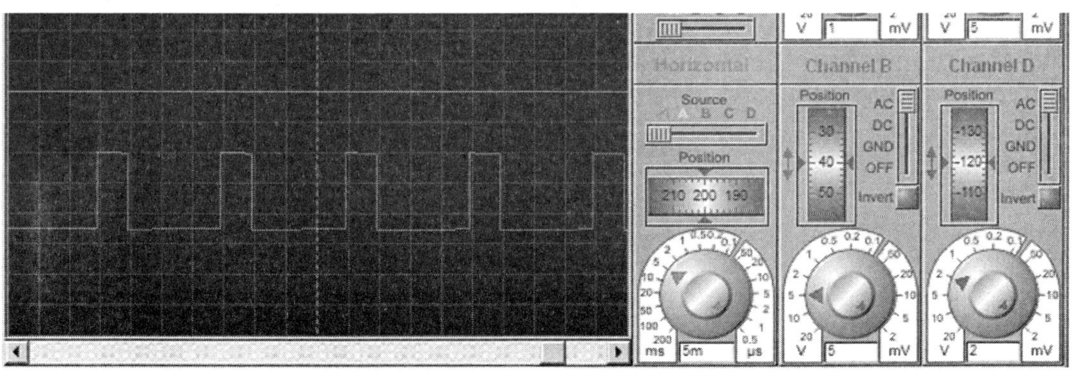

【그림 9-4-2】 서보모터제어 PWM파형

2 소스코드를 입력한 다음 컴파일을 한다.

```
//Ex9-4.c
#include<mega128.h>
#include<delay.h>

void main()
{
  unsigned int i=0;
  DDRB=0xFF;
  while(1)
  {
                                                    // ①
   for(i=0;i<100;i++)                               // ②
     {
      PORTB=0xFF;
      delay_us(500);
      PORTB=0x00;
      delay_us(9500);
      }
                                                    // ③
     for(i=0;i<100;i++)                             // ④
     {
      PORTB=0xFF;
      delay_us(2500);
      PORTB=0x00;
      delay_us(7500);
      }
   }
 }
```

소스코드 분석 ☞

① time_base 10ms(0.5ms + 9.5ms)

② 0도

③ time_base 10ms(2.5ms + 7.5ms)

④ 180도

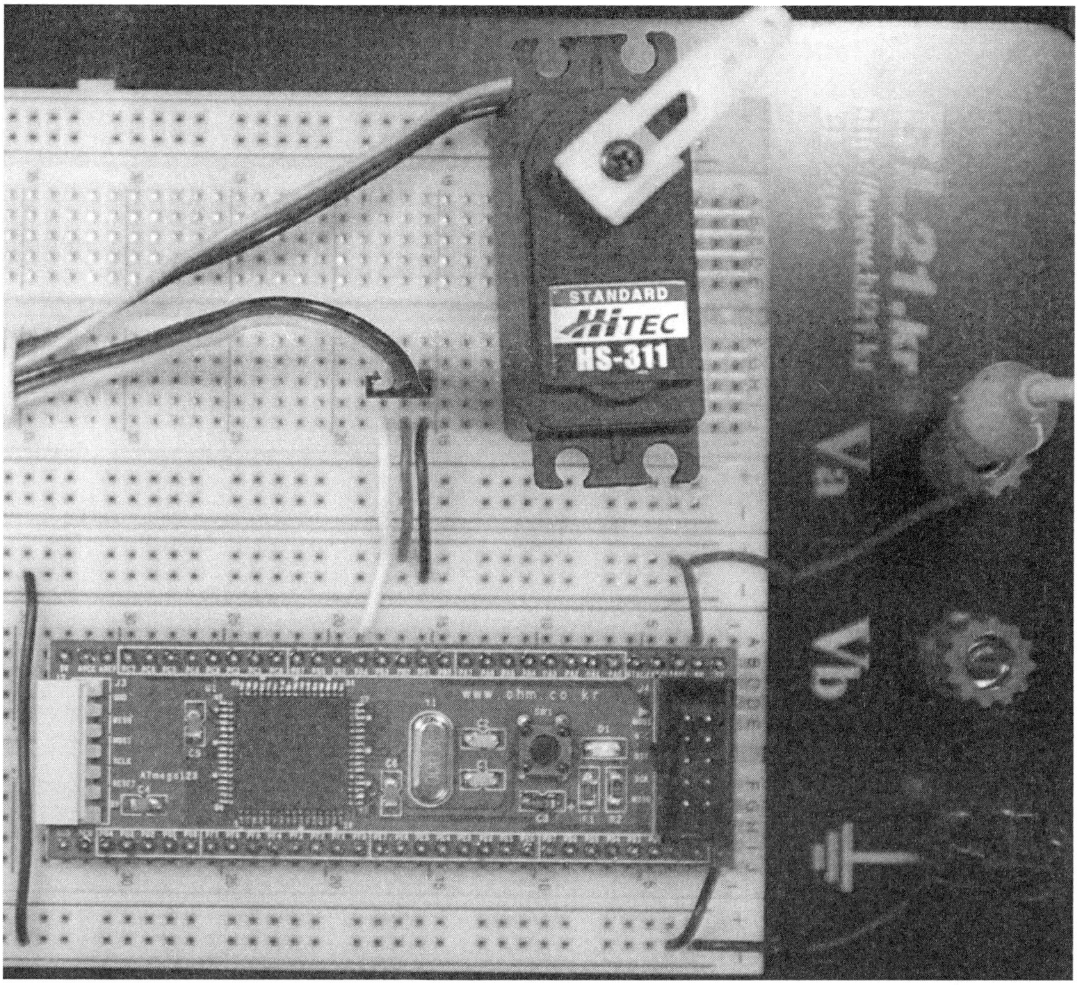

【그림 9-4-3】 서보모터 회로제작

프로그램[9-5] 스위치 입력 값에 따른 서보모터 제어회로

D포트에 연결된 스위치의 입력을 받아 PWM 출력파형 값에 따른 서보모터의 동작특성을 이해한다.

1 【그림 9-5-1】 과 같이 B포트에 서보 모터와 오실로스코프를 연결한다.

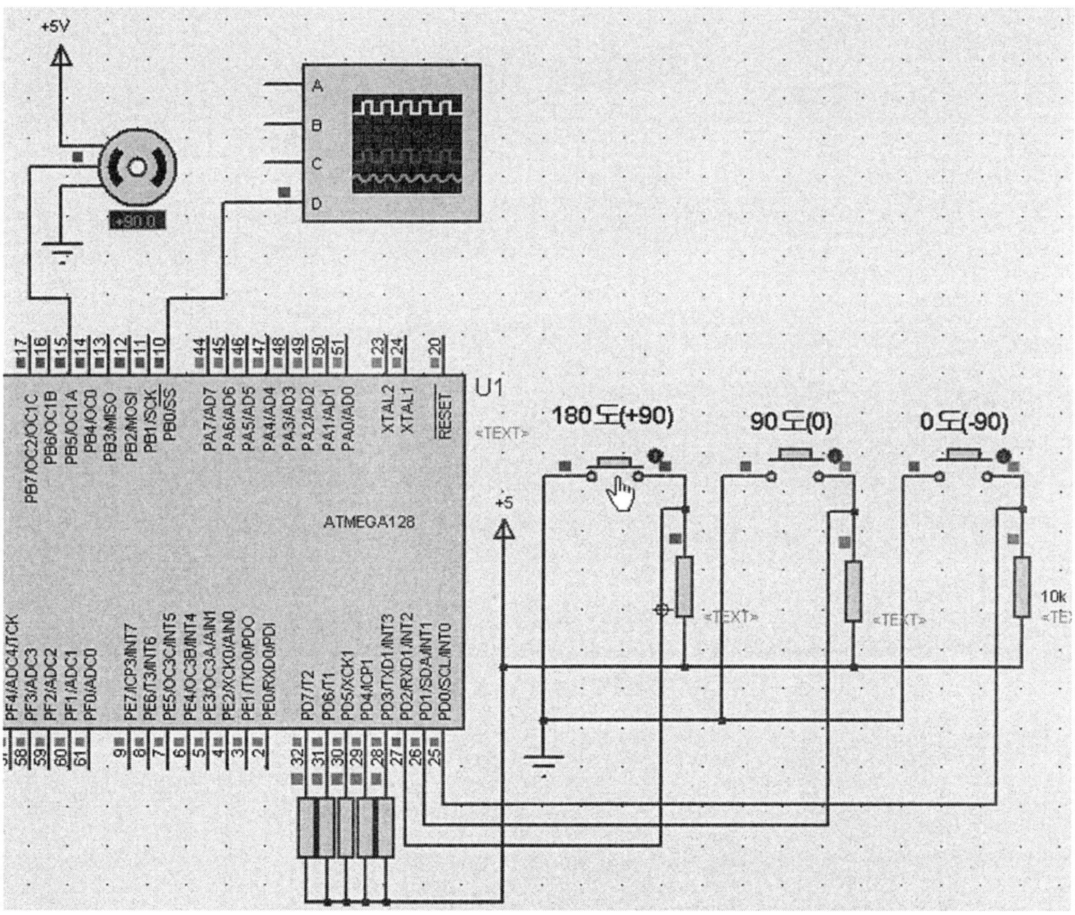

【그림 9-5-1】 서보모터 제어회로설계 2

2 소스코드를 입력한 다음 컴파일을 한다.

```
//Ex9-5.c
#include<mega128.h>

unsigned char key;
void main()
{
  DDRB=0xff;

  TCCR1A=0xAA;
  TCCR1B=0x1A;

  ICR1=10000;                                              // ①

  TIMSK=0x01;
  TCCR0=0x07;
  TCNT0=0x00;
  SREG=0x80;

  while(1)
  {
    switch(key)
    {
     case 0xFE : OCR1A=1000; break;                        // ②
     case 0xFD : OCR1A=1500; break;                        // ③
     case 0xFB : OCR1A=2000; break;                        // ④
    }
  }
}

interrupt[TIM0_OVF] void Timer0(void)
{
  if(PIND!=0xFF)key=PIND;                                  // ⑤
}
```

소스코드 분석 ☞

① 16비트 레지스터 서보모터는 50Hz-400Hz범위의 주파수에서 사용 8000(400Hz)에서 40000(50Hz)사이

② 0도

③ 90도

④ 180도

⑤ D포트의 스위치를 누를 때만 동작

▌응용과제 서보모터 제어 각도 추가

➪ 【그림 9-5-1】의 서보모터 제어회로설계에서 SW를 2개 추가하여 0도, 45도, 90도, 135도, 180도 로 제어할 수 있도록 프로그램 하시오.

프로그램[9-6] 3개의 서보모터 제어회로

서로 다른 각도로 움직이는 3개의 서보모터를 통해 각각의 출력파형을 살펴본다.

1 【그림 9-6-1】과 같이 B포트에 서보 모터와 오실로스코프를 연결한다.

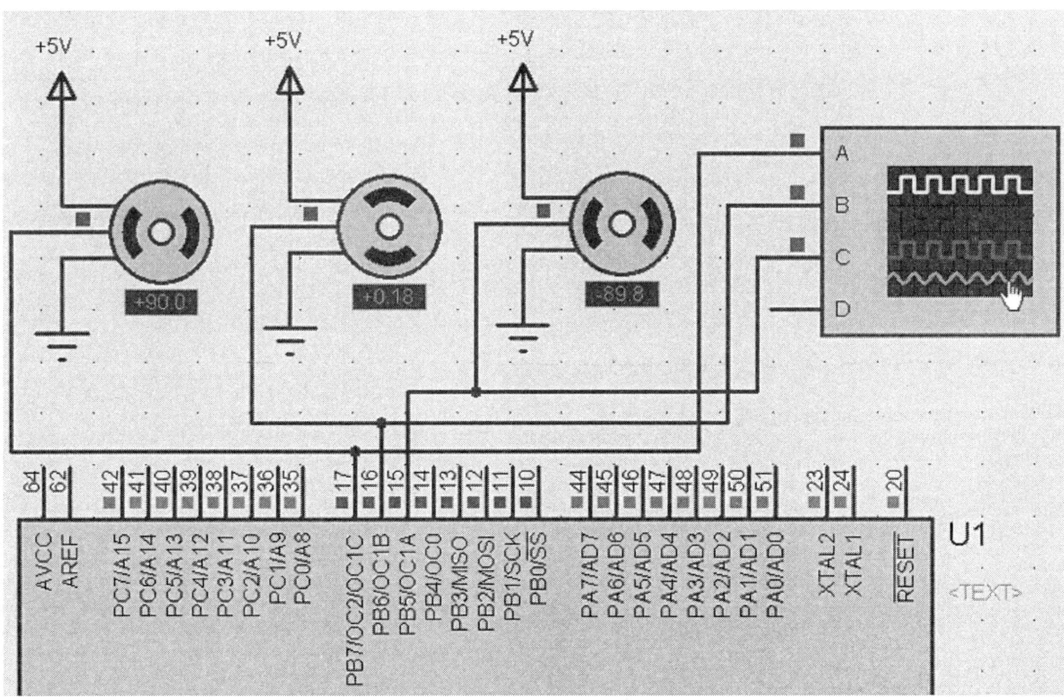

【그림 9-6-1】 서보모터 제어회로설계 3

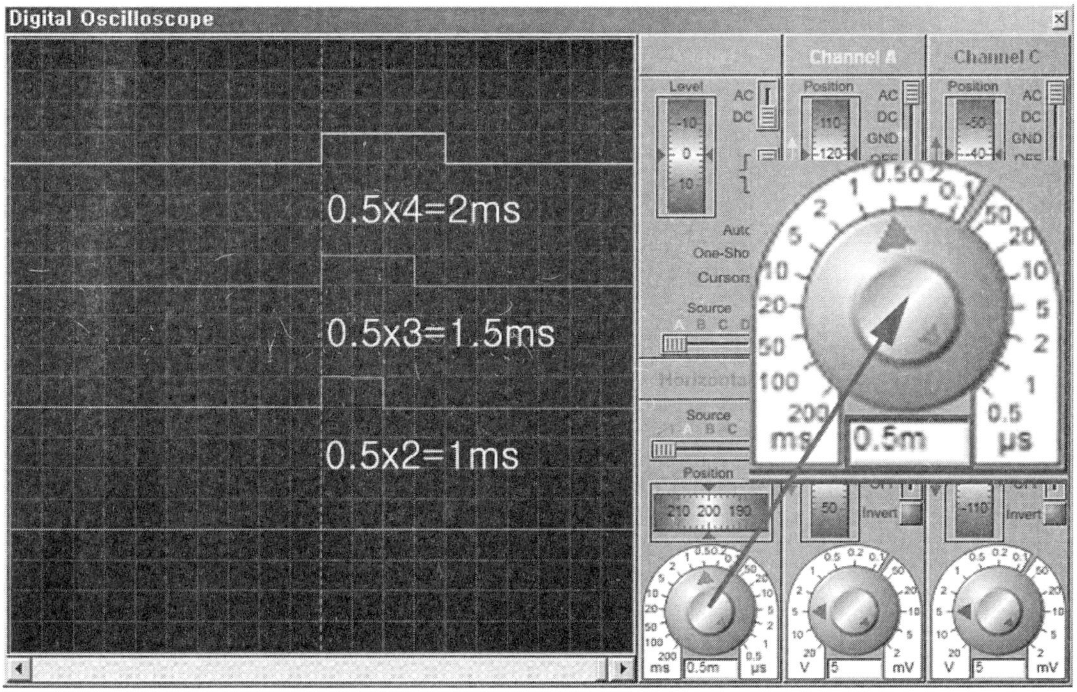

【그림 9-6-2】 서보모터1, 모터2, 모터3의 PWM파형

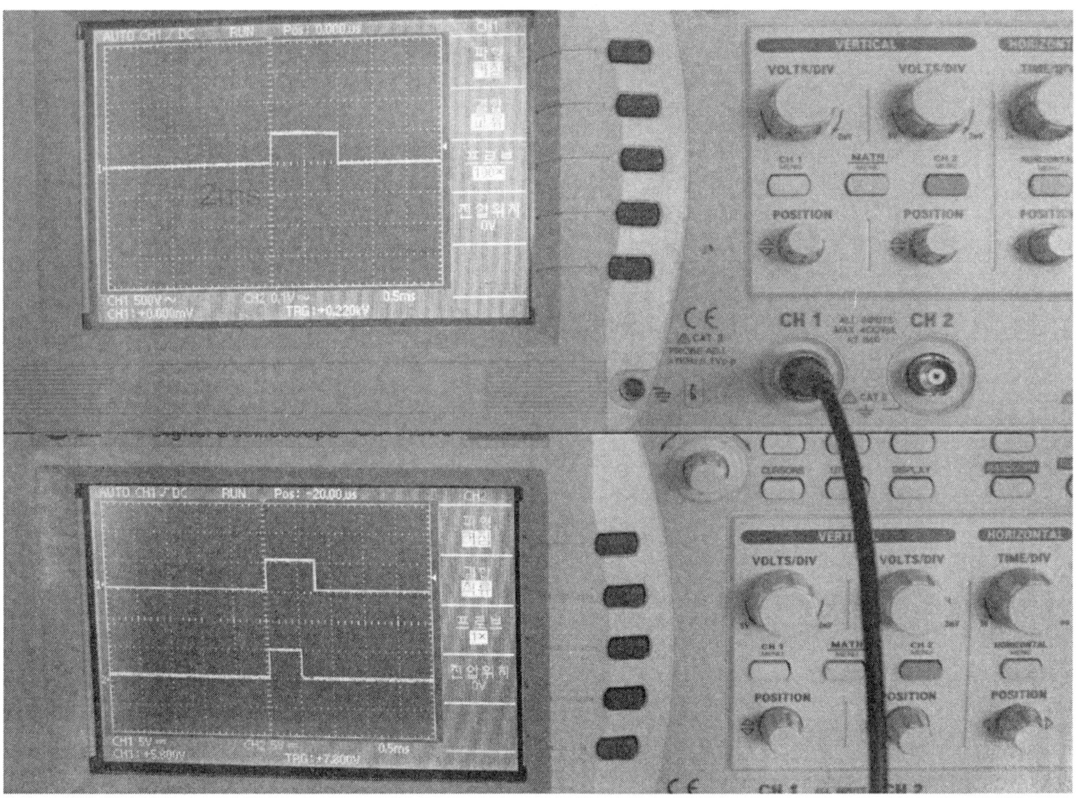

2 소스코드를 입력한 다음 컴파일을 한다.

```
//Ex9-6.c
#include<mega128.h>
#include<delay.h>

void main()
{
  DDRB=0xff;

  TCCR1A=0xAA;
  TCCR1B=0x1A;

  TCNT1=0x00;
  ICR1=40000;

  while(1)
  {
   OCR1AH=0b00000011; OCR1AL=0b11101000;                    // ①
   OCR1BH=0b00000101; OCR1BL=0b11011100;                    // ②
   OCR1CH=0b00000111; OCR1CL=0b11010000;                    // ③
  }
}
```

소스코드 분석 ☞

① 10진수 1000
② 10진수 1500
③ 10진수 2000

🗁 C레지스터는 헤더파일에서 상위8비트와 하위8비트로 나누어져 있어서 16비트로 제어하려고 하면 에러가 발생한다. OCR1C=0b0000011111010000 -> **undefined symbol 'OCR1C'**

프로그램[9-7] 스위치를 이용한 3개의 서보모터 제어회로

스위치를 입력받아 스위치 입력에 따라 3가지 각도로 움직이는 서보모터를 제작해 본다.

1 【그림 9-7-1】 과 같이 B포트에 서보 모터와 오실로스코프를 연결하고 인터럽트 하위 3개의 핀에 각각 스위치를 연결한다.

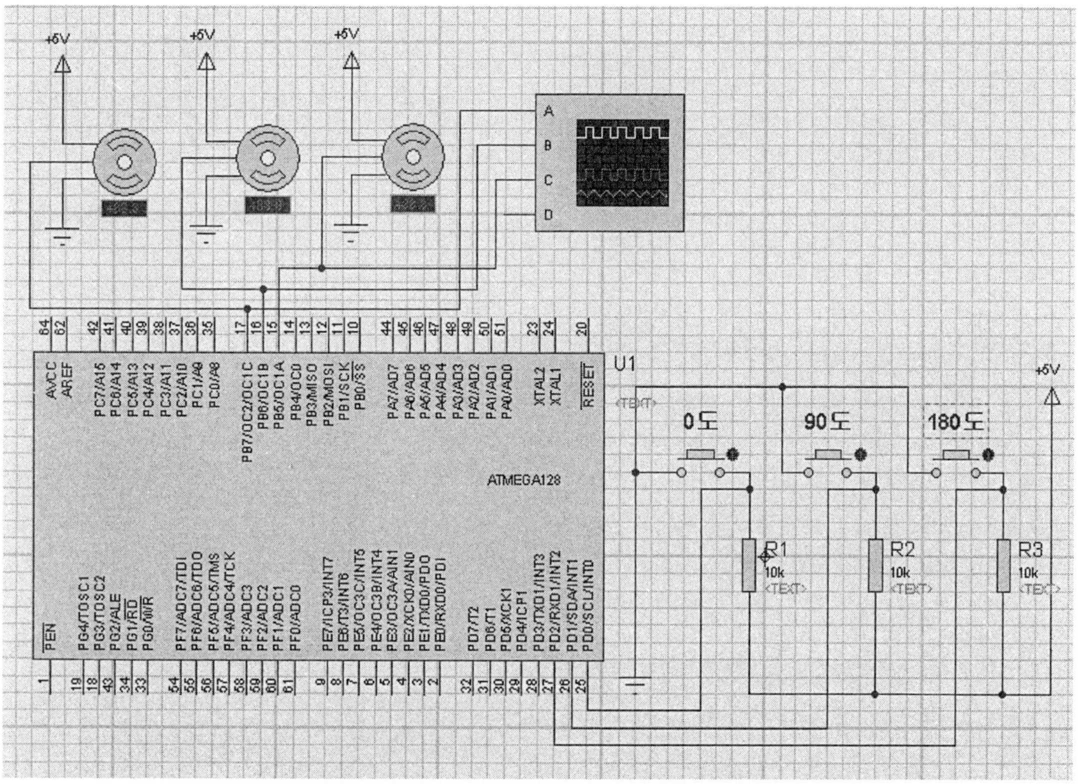

【그림 9-7-1】 서보모터 제어회로설계 4

2 소스코드를 입력한 다음 컴파일을 한다.

```
//Ex9-7.c
#include<mega128.h>
#include<delay.h>
int motor=10;
void main()
{
  unsigned int i=0,key;

  DDRB=0xFF;
  DDRD=0x00;
  EICRA=0b10101010;
  EIMSK=0b00000111;
  SREG=0x80;

   while(1)
   {
    if(motor==0)for(i=0;i<100;i++)                              // ①
    {
      PORTB=0xFF;
      delay_us(500);
      PORTB=0x00;
      delay_us(9500);
    }
                                                                // ②
    if(motor==1)for(i=0;i<100;i++)                              // ③
     {
      PORTB=0xFF;
      delay_us(1500);
      PORTB=0x00;
      delay_us(8500);
      }

                                                                // ④
     if(motor==2) for(i=0;i<100;i++)                            // ⑤
     {
      PORTB=0xFF;
      delay_us(2300);
      PORTB=0x00;
      delay_us(7700);
      }
   }
}
```

🗎 소스코드 분석 ☞

① 0도 제어
② time_base 10ms(0.5ms + 9.5ms)
③ 90도 제어
④ time_base 10ms(2.5ms + 7.5ms)
⑤ 180도 제어

【그림 9-7-2】 서보모터 제어회로설계 5

▌응용과제 여러 개의 서보모터 제어방법 생각해 보기

➪ 타이머/카운터 1과3을 이용하면 서보모터 6개를 제어 할 수가 있는데, 만약 10개 이상을 제어하고자 한다면 어떻게 해야 되는가?

프로그램[9-8] 스테핑모터 제어회로

C포트에 스테핑모터를 연결하고 프로그래밍을 통해 동작원리를 이해한다.

1 【그림 9-8-1】과 같이 C포트에 파워트랜지스터와 스테핑모터를 연결한다.

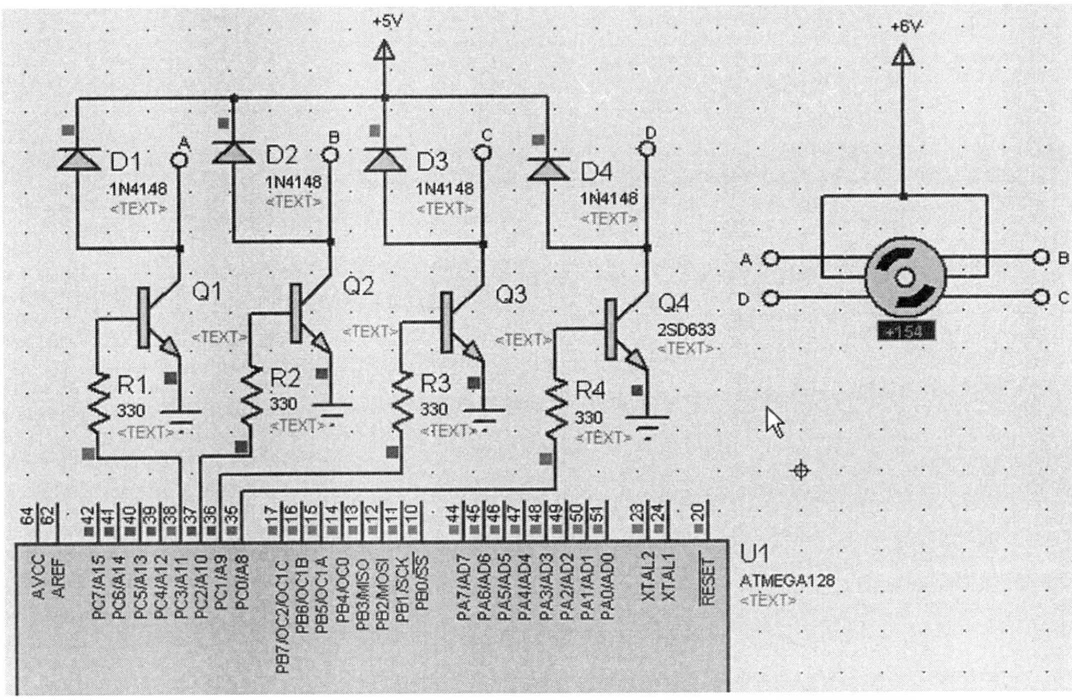

【그림 9-8-1】 스테핑모터제어회로 설계 1

2 소스코드를 입력한 다음 컴파일을 한다.

```
//Ex9-8.c₩
#include<mega128.h>
#include<delay.h>
void main()
{
  unsigned char dt=5;
  DDRC=0xFF;
                                                            // ①
  while(1)
  {

   PORTC=0x0C;                                              // ②
   delay_ms(dt);
```

```
    PORTC=0x06;                                          // ③
    delay_ms(dt);

    PORTC=0x03;                                          // ④
    delay_ms(dt);

    PORTC=0x09;                                          // ⑤
    delay_ms(dt);
  }
}
```

소스코드 분석 ☞

① 2상 제어 방식

② 0000 1100

③ 0000 0110

④ 0000 0011

⑤ 0000 1001

→ 출력 순서에 의한 모터의 회전

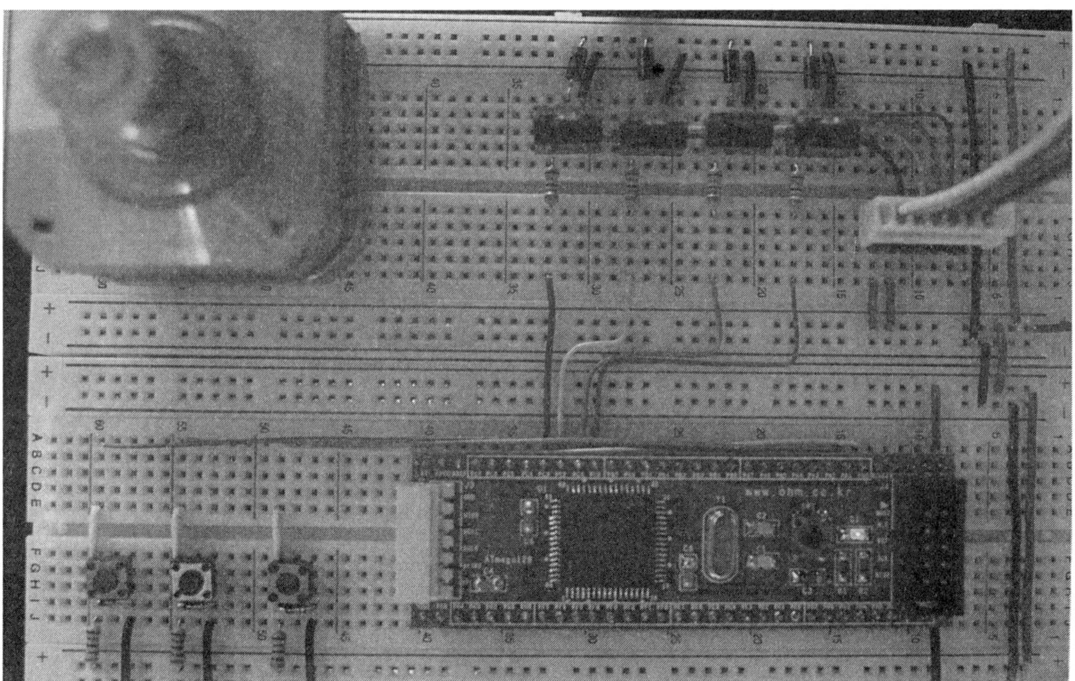

【그림 9-8-2】 스테핑모터제어회로 설계 2

프로그램[9-9] SW입력에 따른 스테핑모터 상변화 제어회로

A포트에 연결된 SW입력에 따라 스테핑모터의 상을 1상 제어, 2상 제어, 1-2상 제어로 변환하는 회로를 설계하고 각각의 값에 따른 스테핑모터의 파형을 측정해본다.

1 【그림 9-9-1】의 회로는 A포트로 3개의 입력을 받아서 1상 제어, 2상 제어, 1-2상 제어로 동작을 한다.

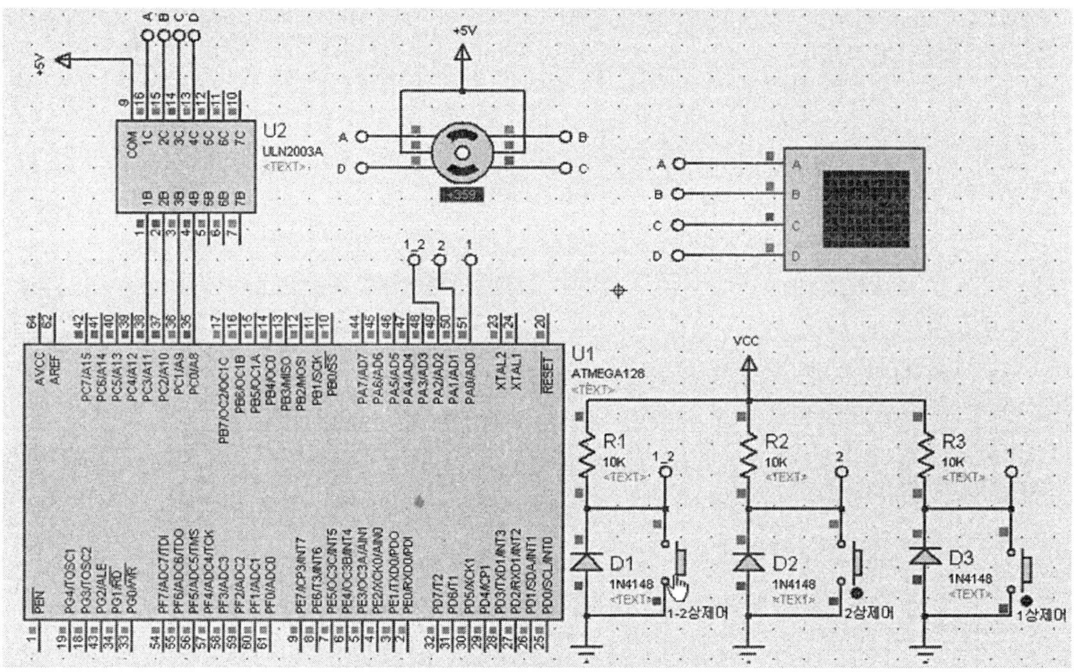

【그림 9-9-1】 스테핑모터제어회로 설계 3

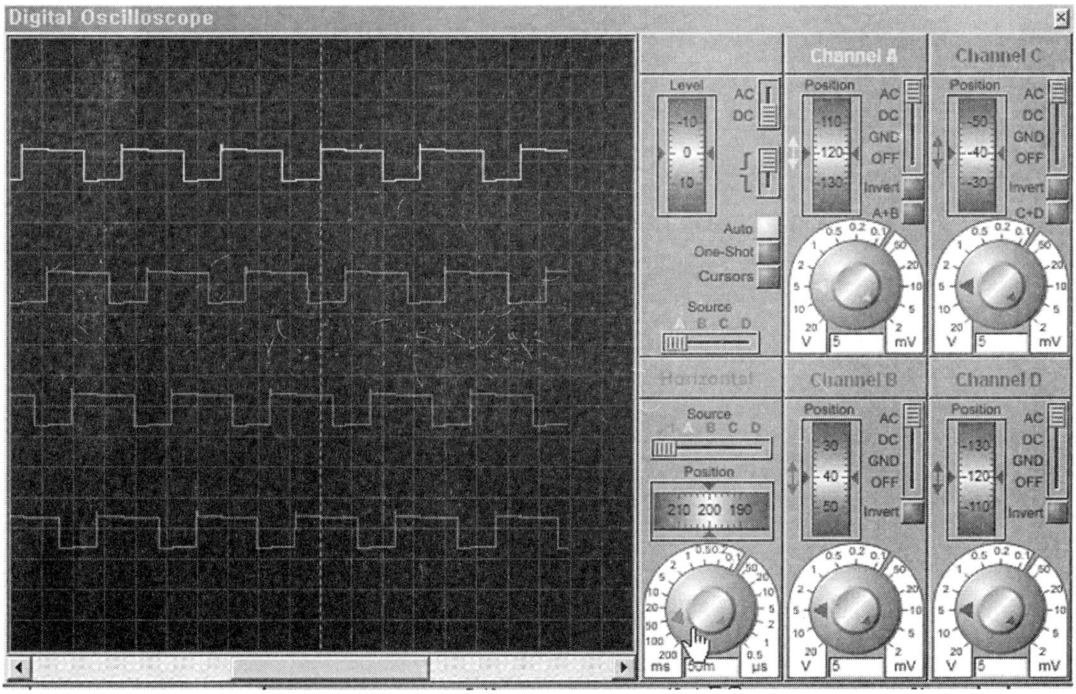

【그림 9-9-2】 스테핑모터 1-2상 제어 회로인 경우 파형

2 소스코드를 입력한 다음 컴파일을 한다.

```
//Ex9-9.c
#include<mega128.h>
#include<delay.h>

unsigned char key;
                                                        // ①
void Step1(unsigned char dt);                           // ②
                                                        // ③
void Step2(unsigned char dt);
                                                        // ④
void Step1_2(unsigned char dt);

void main()
{
  DDRA=0x00;
  DDRC=0xFF;

  TIMSK=0x01;
  TCCR0=0x07;
  TCNT0=0x00;
  SREG=0x80;
```

```
  PORTA=0xFF;                                           // ⑤

  while(1)
  {
    switch(key)
    {
      case 0xfe : Step1(10); break;                     // ⑥
      case 0xfd : Step2(10); break;                     // ⑦
      case 0xfb : Step1_2(10); break;                   // ⑧
    }
  }
}
interrupt[TIM0_OVF] void Timer0(void)
{
 if(PINA!=0xFF){key=PINA;PORTA=key;}
}
                                                        // ⑨
void Step1(unsigned char dt)
{
  PORTC= 0x08; delay_ms(dt);
  PORTC= 0x04; delay_ms(dt);
  PORTC= 0x02; delay_ms(dt);
  PORTC= 0x01; delay_ms(dt);
}
                                                        // ⑩
void Step2(unsigned char dt)
{
  PORTC= 0x0c; delay_ms(dt);
  PORTC= 0x06; delay_ms(dt);
  PORTC= 0x03; delay_ms(dt);
  PORTC= 0x09; delay_ms(dt);
}
                                                        // ⑪
void Step1_2(unsigned char dt)
{
  PORTC= 0x08; delay_ms(dt);                            // ⑫
  PORTC= 0x0c; delay_ms(dt);                            // ⑬
  PORTC= 0x04; delay_ms(dt);                            // ⑭
  PORTC= 0x06; delay_ms(dt);                            // ⑮
  PORTC= 0x02; delay_ms(dt);                            // ⑯
  PORTC= 0x03; delay_ms(dt);                            // ⑰
  PORTC= 0x01; delay_ms(dt);                            // ⑱
  PORTC= 0x09; delay_ms(dt);                            // ⑲
}
```

소스코드 분석 ☞

① 1상 제어
② dt -> 속도변수
③ 2상 제어
④ 1_2상 제어
⑤ 풀업저항 대신 A포트의 각 비트 값을 1로 한다.
⑥ 1상 제어
⑦ 2상 제어
⑧ 1_2상 제어
⑩ 2상 제어
⑪ 1_2상 제어
⑫ 1상
⑬ 2상
⑭ 1상
⑮ 2상
⑯ 1상
⑰ 2상
⑱ 1상
⑲ 2상

프로그램[9-10] 방향전환 스테핑모터 제어회로

D포트의 SW입력 값에 따라 스테핑모터의 회전방향을 제어한다.

1 【그림 9-10-1】과 같이 하위 C포트의 하위 4비트에 구동IC를 연결하고 스테핑모터를 연결한다. D포트의 SW입력 값에 따라 CW 및 CCW 방향으로 모터가 회전한다.

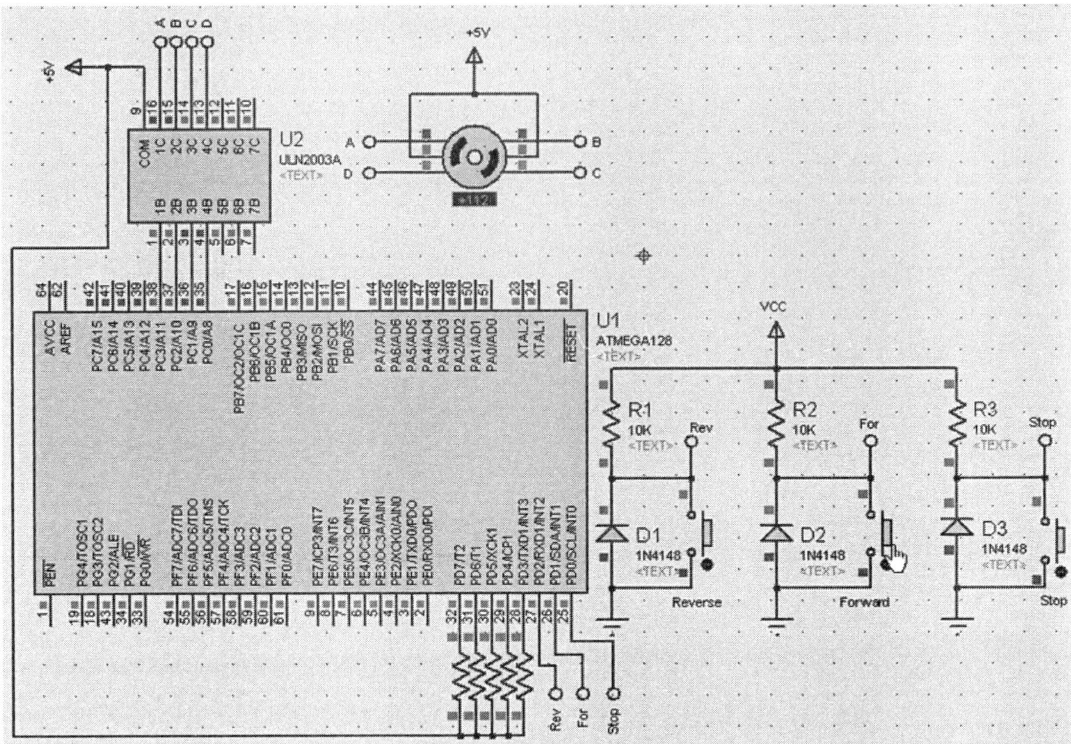

【그림 9-10-1】 스테핑모터제어 회로 설계 4

2 소스코드를 입력한 다음 컴파일을 한다.

```
//Ex9-10.c
#include<mega128.h>
#include<delay.h>

void Step_For(unsigned char dt);
void Step_Rev(unsigned char dt);
unsigned char dt=5, motor=0;

void main()
{
  DDRD=0x00;
  DDRC=0xFF;

  EICRA=0b10101010;
  EIMSK=0b00000111;
  SREG=0x80;
  PORTD=0xFF;

  while(1)
```

```
  {
    if(motor==1)Step_For(dt);
    if(motor==2)Step_Rev(dt);
  }
}
interrupt[EXT_INT0] void PD0_int0(void)
{
  motor=0;                                              // ①
}

interrupt[EXT_INT1] void PD1_int1(void)
{
 motor=1;                                               // ②
}

interrupt[EXT_INT2] void PD2_int2(void)
{
  motor=2;                                              // ③
}
void Step_For(unsigned char dt)
{
  PORTC= 0x0c;
  delay_ms(dt);
  PORTC= 0x06;
  delay_ms(dt);
  PORTC= 0x03;
  delay_ms(dt);
  PORTC= 0x09;
  delay_ms(dt);
}
void Step_Rev(unsigned char dt)
{
  PORTC= 0x09;
  delay_ms(dt);
  PORTC= 0x03;
  delay_ms(dt);
  PORTC= 0x06;
  delay_ms(dt);
  PORTC= 0x0c;
  delay_ms(dt);
}
```

소스코드 분석 ☞

① 모터정지
② 시계방향으로 제어
③ 시계 반대 방향으로 제어

응용과제 SW 입력 값에 따른 스테핑모터 속도제어

⇨ 【그림 9-10-1】의 회로에서 각 SW의 입력 값에 따라 스테핑모터 동작 속도를 제어할 수 있도록 프로그램 하시오.

프로그램[9-11] SW입력값에 따른 스테핑모터 속도 제어회로

D포트에 연결된 스위치의 입력값에 따라 스테핑모터의 속도제어, 정지를 할 수 있는 회로를 설계한다.

1 【그림 9-11-1】과 같이 D포트에 스위치를 연결하고 A포트에 스테핑모터 제어 IC를 연결한다. D포트의 스위치 입력 값에 때라 스테핑 모터의 속도가 조절된다.

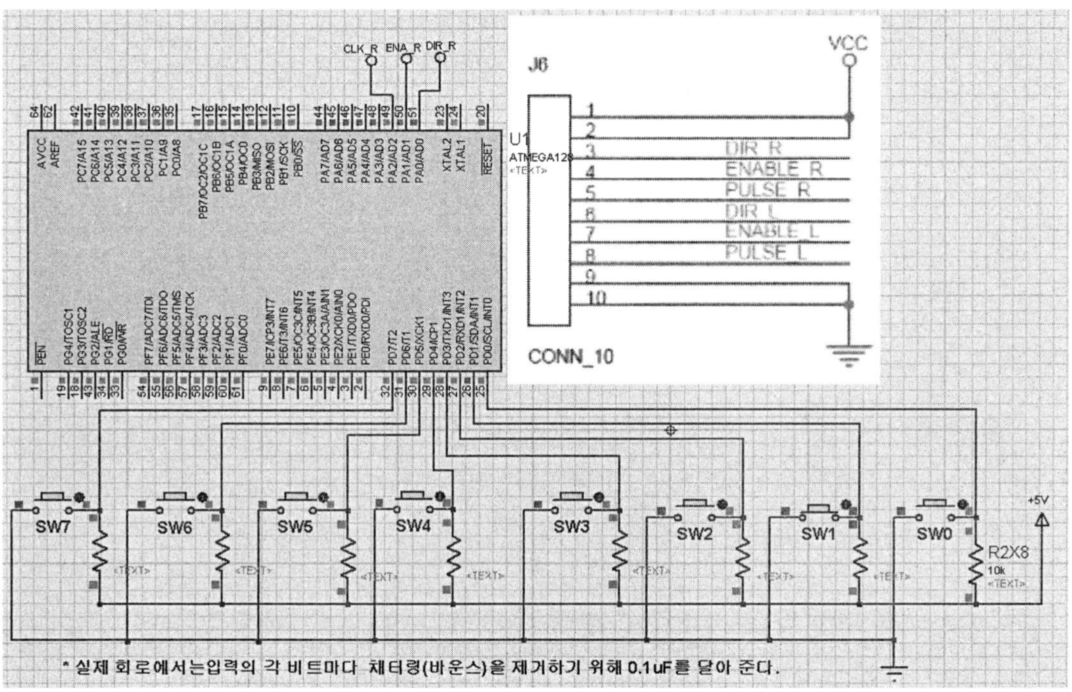

【그림 9-11-1】 스테핑모터제어 회로 설계 5

2 소스코드를 입력한 다음 컴파일을 한다.

```
//Ex9-11.c
#include    <mega128.h>
#include    <delay.h>

#define     DIR_R   PORTA.1                                     // ①
#define     ENA_R   PORTA.2                                     // ②
#define     CLK_R   PORTA.3                                     // ③
unsigned int m_sp=100;                                          // ④
void main(void)
{
    DDRA = 0xFF;
    DIR_R = 0;                                                  // ⑤
    ENA_R = 0;                                                  // ⑥

   EICRA=0b10101010;
   EICRB=0b10101010;
   EIMSK=0b11111111;
   SREG=0x80;

     while(1)
            {
              CLK_R = 1;                                        // ⑦
              delay_ms(m_sp);                                   // ⑧
              CLK_R = 0;                                        // ⑨
              delay_ms(m_sp);                                   // ⑩
            }
}
interrupt[EXT_INT0] void PD0_int0(void)
{
  ENA_R=0;                                                      // ⑪
}

interrupt[EXT_INT1] void PD1_int1(void)
{
 ENA_R=1;                                                       // ⑫
}

interrupt[EXT_INT2] void PD2_int2(void)
{
  m_sp=300;
}

interrupt[EXT_INT3] void PD3_int3(void)
{
```

```
    m_sp=100;
}

interrupt[EXT_INT4] void PE4_int4(void)
{
  m_sp=50;
}

interrupt[EXT_INT5] void PE5_int5(void)
{
  m_sp=20;
}

interrupt[EXT_INT6] void PE6_int6(void)
{
  m_sp=6;
}

interrupt[EXT_INT7] void PE7_int7(void)
{
  m_sp=3;
}
```

소스코드 분석 ☞

① 방향제어
② 동작/정지 제어
③ 구동 펄스
④ 모터 속도 조정을 위한 변수
unsigned int sp_data[10]={5,10,30,50,80,100,200,400,700,1000};
⑤ 오른쪽 스텝모터 회전방향
⑥ 초기값 : 오른쪽 스텝모터 정지
⑦ 펄스 1
⑧ 폭 조정(모터속도)
⑨ 펄스 0
⑩ 폭 조정
⑪ 모터정지
⑫ 모터 동작

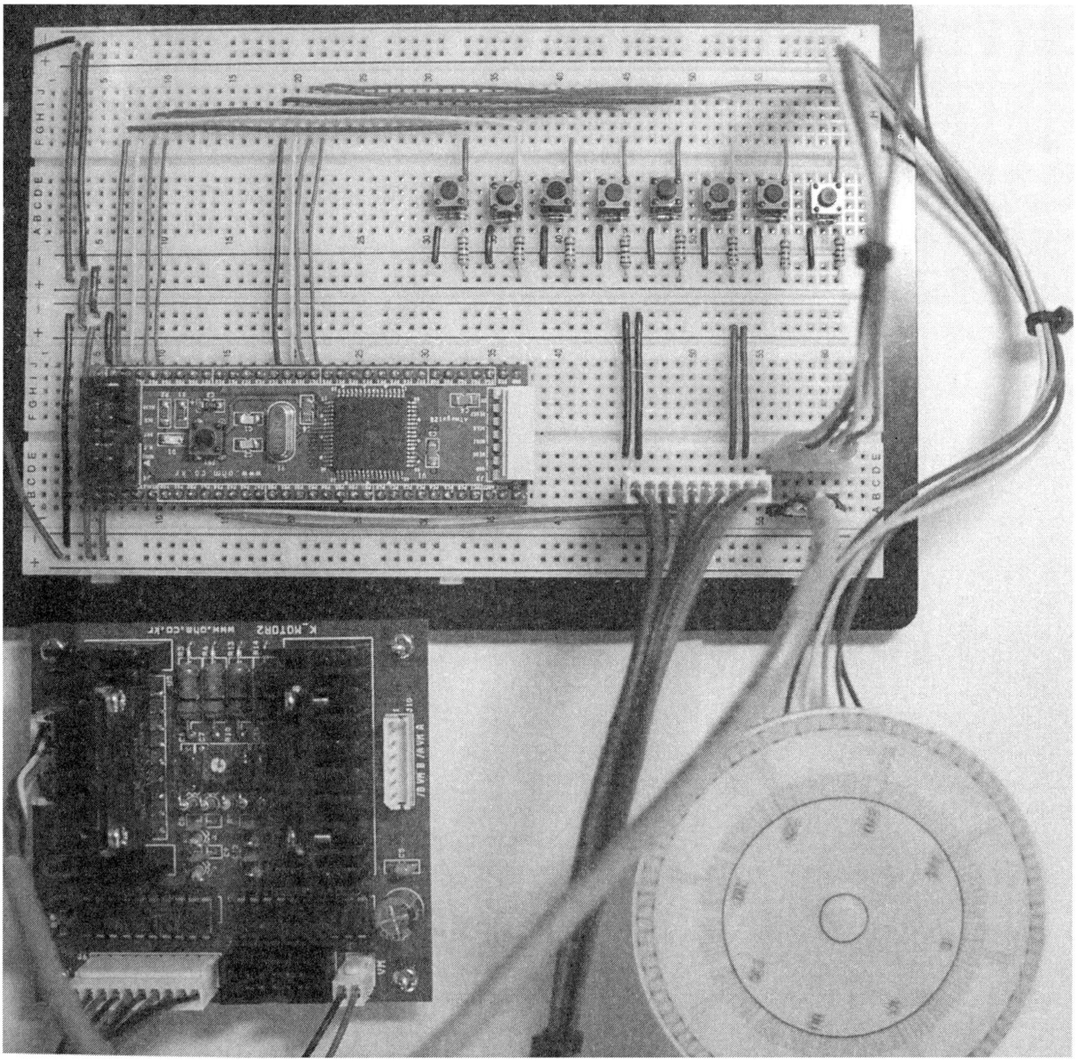

【그림 9-11-2】 스테핑모터제어 회로 설계 6

http://www.ohm.co.kr

Ohm사 · R&C사 홈페이지 안내

OHM사 홈페이지를 방문하시면 보다 많은 정보를 얻을 수 있습니다. 앞으로도 OHM사는 엔지니어들을 위한 학습교재와 최신 기술들을 보급하여 나가는데 최선을 다할 것이며 엔지니어들이 우대받는 세상이 되도록 선도하여 나가겠습니다.

▶ 도서상품

OHM사에서 발행되는 교재를 직접 구매할 수 있으며, 상품에 따라 정해진 마일리지를 적립하여 드리고, 일정 금액이 적립되면 현금과 동일하게 사용할 수 있습니다.

▶ 키트상품

교재와 관련하여, 부설기관인 R&C사에서 교육용 키트를 제작, 그와 관련된 장비 등의 기자재를 함께 판매하고 있습니다.

▶ 특판상품

교재와 함께 그에 관련된 학습용 키트를 한데 모아 특판 상품으로 구성하여 개별 구입시보다 저렴하게 구입할 수 있도록하여 판매하고 있습니다.

▶ 할인상품

교재 및 R&C사에서 제작되는 학습용 키트상품 중 일부 품목의 할인율을 높혀 매우 저렴한 가격에 판매하고 있습니다.

▶ 커뮤니티

교재 및 학습용 키트에 대한 의문점을 분야별로 세분화된 커뮤니티를 통해 저자들과 관련 분야의 전문가들에게 직접 질문하고 상담할 수 있습니다.

▶ 상품관련 자료실

교재 및 R&C사에서 제작되는 학습용 키트상품 관련 예제소스 등의 본사 상품에 관련된 자료를 열람하고 다운로드 하실 수 있습니다.

E-mail : ohm@ohm.co.kr

AVR-8515 Kit

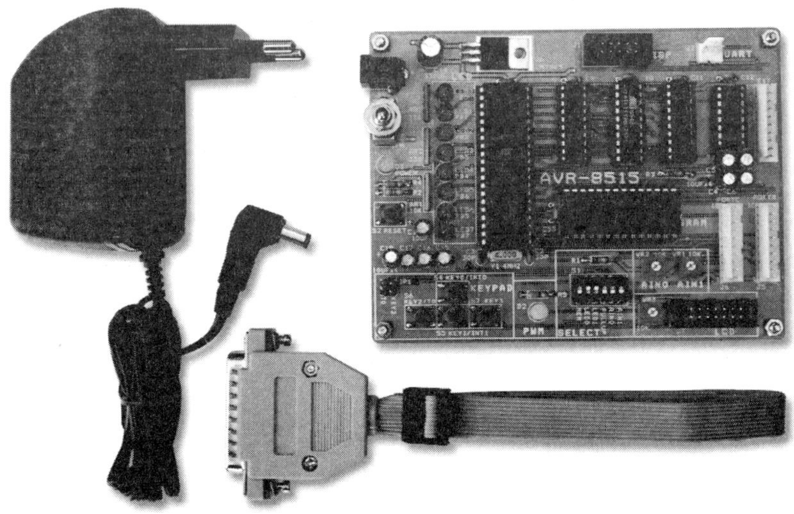

♣ 부품 SET 별도 판매

저 자 : 조영준
ISBN : 89-7101-717-1
판 형 : B5
쪽 수 : 301
가 격 : 25,000원

AVR-8515 KIT의 주요 사양

항 목	사 양	비 고
CPU	AT90S8515	4MHz 클럭 사용(8MHz 까지 가능)
메모리	RAM : 32K 바이트	선택적 사용
내장 주변장치	B 포트 : LED×8	선택적 사용
	D 포트 : LED×4	인터럽트와 연동 사용
	PWM	LED로 확인
	아날로그 입력	가변저항 이용
	직렬 포트 : RS232C	MAX232 내장
외부 인터럽트	RAM : 32K 바이트	스위치 입력
디스플레이	LCD : 16 문자 × 2줄	C 포트에 연결
전원	+9V ~ +12V 외부 전원 사용	아답터 잭, 5V 정전압 회로 내장
외부 인터페이스	ISP 케이블	프로그래밍용(PC의 프린터 포트에 연결)
PCB 외형	132×102mm 2층 에폭시 기판	

ATMEL사의 AVR 8 비트 RISC 프로세서인 AT90S8515의 기본적인 하드웨어 구조와 프로그래밍 연습을 해볼 수 있는 **쉽고 간단하며, 저렴한** Training KIT이다. 가장 기본적인 기능을 익히고 실험하는데 필요한 최소한의 하드웨어로 구성되어 초보자가 익히고 실험하기에 적합하다.

ISP 케이블과 CodeVisionAVR C 컴파일러를 이용하여 사용자가 작성한 프로그램을 PC로 다운로드하여 즉시 실험해 볼 수 있기 때문에 롬라이터와 같은 별도의 장비가 필요하지 않으며, 기본적인 사양만으로 설계되어 학생들이나 AVR을 익히려는 일반인이 사용하기 적합한 저가형 KIT이다.

구입문의 : 학습기기 R&C사 / 도서출판 Ohm사 ✆ 02) 776-4868-9

KUT-51 Kit

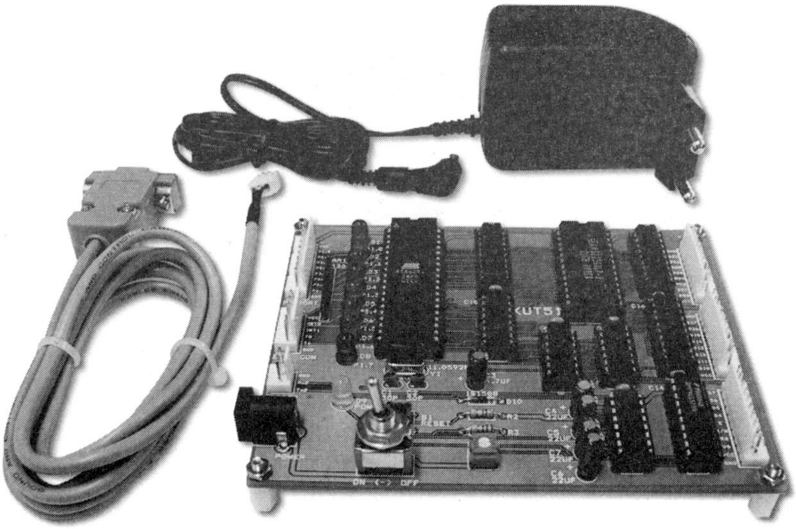

♣ 부품 SET 별도 판매

저 자 : 신동욱, 조영준
ISBN : 89-7101-718-X
판 형 : B5
쪽 수 : 382
가 격 : 28,000원

KUT-51 KIT의 주요 사양

항 목	사 양	비 고
CPU	AT89C51(ATMEL)	11.0592MHz 클럭 사용
메모리	FLASH : 4K 바이트 RAM : 32K 바이트	AT89C51에 내장 프로그램 & 데이터 메모리로 사용
내장 주변장치	P1 포트 : LED×8 직렬 포트 : RS232C	커넥터를 통해 외부와 연결 가능 MAX232 내장
디스플레이	LCD : 16문자 ×2줄	외부 커넥터에 연결
확장 커넥터	입력 : 8 비트 출력 : 8 비트 LCD : 8 비트 P1 포트 : 8 비트 인터럽트 신호 : 4 비트 총 36비트	래치에 의한 입력 래치에 의한 출력 래치에 의한 출력 – 4비트 제어 P1 포트의 입출력 사용 INTn, Tn 신호
전원	+5V의 외부 전원 사용	아답터 잭, 5V 정전압 아답터 사용
프로그래밍	직렬 포트에 의한 다운로딩	모니터 프로그램 내장
PCB 외형	127×101mm 2층 에폭시 기판	

Intel의 MCS51과 100% 호환되는 ATMEL의 AT89C51을 사용한 **KUT51 Training KIT**는 8051을 배우고 익힐 수 있는 최소한의 기능을 내장하고 있다. 간단하게 구성되었기 때문에 가격이 저렴하고 크기가 작아 좁은 공간에서도 쉽게 사용할 수 있으며, 응용 실험을 할 수 있도록 외부 커넥터를 내장하여 사용자가 직접 구성한 외부 기기나 책의 응용예제에 사용된 보드 등을 제작 연결하여 실험해 볼 수 있도록 되어 있다. 또한, **AT89C51 내부의 플래시 메모리에 모니터 프로그램을 내장하고 있어서 별도의 롬라이터가 필요 없이 시리얼 포트를 통해서 프로그램을 다운로드하여 실행시켜 볼 수 있는 장점**이 있다.
KEIL-C 컴파일러 평가판을 사용하여 C언어와 어셈블러로 플그램을 연습할 수 있다.

OK-8051 Kit

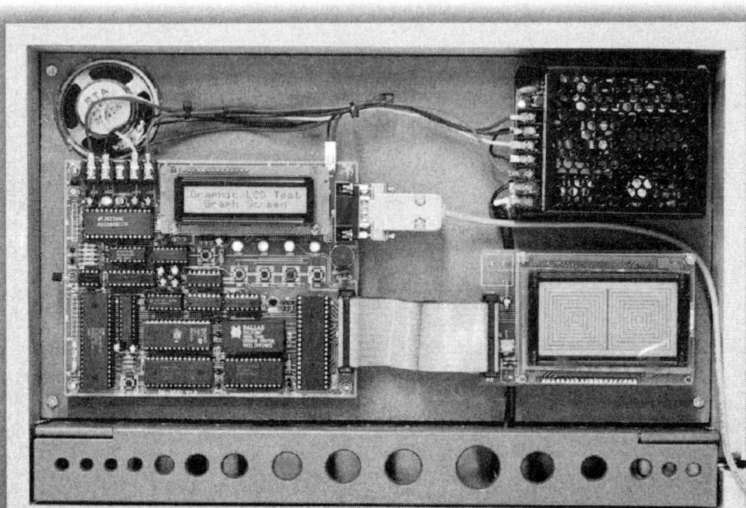

저 자 : 윤덕용
ISBN : 89-7101-715-5
판 형 : B5
쪽 수 : 870
가 격 : 30,000원

OK-8051 KIT의 주요 사양

항 목	사 양	비 고
CPU	89C52(12MHz)	12MHz 수정발진 모듈 사용
ROM	27C256-15(32 KB)	모니터 프로그램 및 응용 프로그램
RAM	62256-7(32 KB) (80C32에 내장된 256바이트는 별도)	사용자의 프로그램 및 데이터 저장
프로그램의 입력 및 실행	1. IBM PC의 직렬 포트를 사용하는 방법 (RS-232C 통신 에뮬레이터 DL51 기본 제공) 2. 키트에 ROM을 삽입하여 사용하는 방법 3. ROM 에뮬레이터를 사용하는 방법	1. 9핀 RS-232C 케이블 기본 제공 2. 모니터 프로그램 기본 내장 (트레이스 기능, 2개의 브레이크 포인트 기능, 역어셈블러 내장)
I/O	1. CPU가 직접 제어하는 I/O (1) RS-232C 직렬통신 포트(CN2) (2) +5V용 버저, 스피커 사운드 제어 (3) 스위치에 의한 사용자 인터럽트 (4) 포트1 콘넥터(CN3) 2. DS12C887 배터리 백업형 리얼타임 클럭 3. 82C54 타이머 (1) 외부 클럭 입력(CN4) (2) 스피커 출력(CN5) 4. 82C55 병렬 인터페이스 (1) 외부 병렬 입출력 콘넥터(CN4) (2) 4개의 키입력 스위치 및 상태표시 LED (3) 스텝 모터 제어 콘넥터(CN6) 5. 16자×2행 LCD 모듈 (backlight 가능) 6. ADC0809 8채널 8비트 A/D 컨버터 (1) 전압센서, 온도센서, 광센서 각 1개 (2) 4채널 아날로그 입력 콘넥터(CN7) 7. DAC0800 8비트 D/A 컨버터	1. 기본적인 주변 인터페이스용 LSI와 TTL 소자만을 사용하여 저렴한 가격으로 손쉽게 키트를 조립할 수 있도록 설계 2. A/D 입력 범위는 0V~+5V 3. D/A 출력 범위는 0V~+10V, -10V~+10V 중에서 선택 사용 4. 모니터 프로그램 사용시 9600, 19200 bps 중에서 선택 사용 5. 어셈블리 및 C언어로 작성된 수십가지의 응용 예제 프로그램을 기본으로 제공
전원	+5V, ±15V (또는 ±12V도 사용 가능)	±15V는 아날로그 회로에서만 사용
PCB	160×130mm 양면 에폭시 기판	

구입문의 : 학습기기 R&C사 / 도서출판 Ohm사 ✆ 02) 776-4868-9

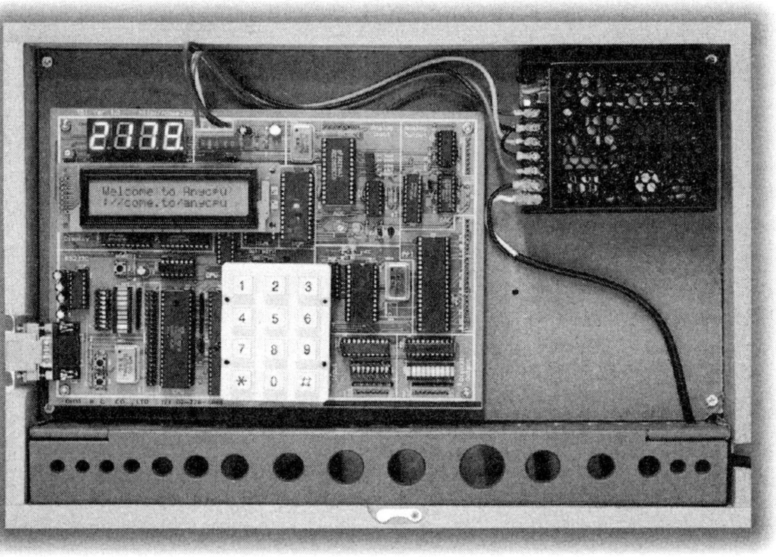

♣ PCB 별도 판매

저 자 : 박귀태, 이상락
ISBN : 89-7101-713-9
판 형 : B5
쪽 수 : 650
가 격 : 25,000원

T-51 KIT의 주요 사양

항 목	사 양	비 고
CPU	8051/8052 겸용 80C251 지원	11.0592MHz 15배 성능 향상
메모리	ROM : 32K 바이트 RAM : 32K 바이트	27C256, 플래시 사용 가능 62256
내장 주변장치	P1 포트 : LED×8, 스위치×8 직렬 포트 : RS232C 타이머/카운터 : 16비트×2	 MAX232 내장 입력 스위치 내장
외부 인터럽트	2채널	입력 스위치 내장
디지털 입출력 포트	디지털 입력 : 8채널, 스위치×8 내장 디지털 입력 : 8채널, LED×8 내장 PPI 8255 : 24채널 입출력	8핀 헤더 제공 8핀 헤더 제공 8핀 헤더×3 제공
디스플레이	7세그먼트 표시기 : 4자리 LCD 표시기 : 20자×2줄	숫자 표시용 80×2, 40×4 확장 가능
키패드	12키	전화기용, 64키 확장 가능
아날로그 입력 DAC	8채널 입력 입력범위 : 0~5[V] 분해능 : 8비트 변환시간 : 100usec 가변저항, Cds, 온도센서, DAC 루프백 내장	ADC0809 OpAmp 버퍼 내장 8핀 헤더 제공 LM35DZ
아날로그 출력 DAC	1채널 출력 출력범위 : 0~5 또는 ±10V[V] 안정시간 : 150nsec 슬루레이트 : 8mA/usec	DAC0800 OpAmp 버퍼 내장 8핀 헤더
전원	−12, 0, +12, 0, 5[V]	5핀 헤더
윈도우용 소프트웨어	문제출시, 풀이제시 프로그램 컴파일 통합환경 프로그램 다운로드 트레이스, 실행 직렬통신 터미널, 그래픽 터미널	AnyCpu Tutor 제공 Keil사 제공 AnyCpu Tutor 제공 Os51.hex 제공 AnyCpu Tutor 제공

OK-196 Kit

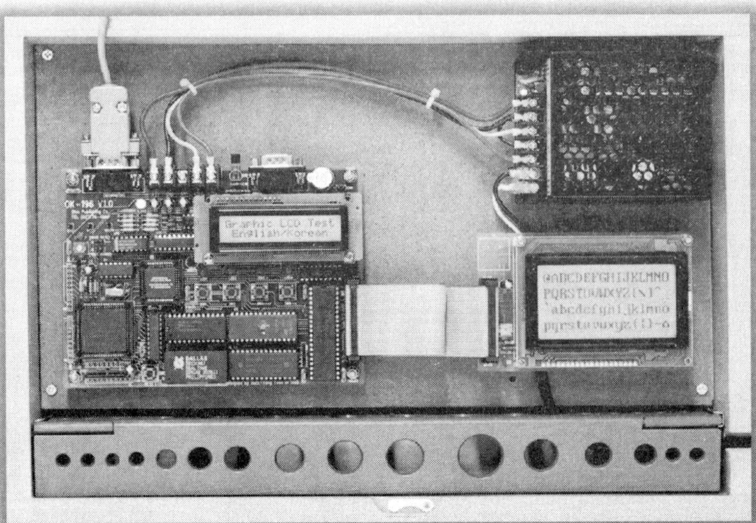

♣ PCB 별도 판매

저 자 : 윤덕용
ISBN : 89-7101-726-0
89-7101-727-9
판 형 : B5
쪽 수 : 808/535
가 격 : 33,000/28,000원

OK-196 KIT의 주요 사양

항 목	사 양	비 고
CPU	N80C196KC20(20MHz)	20MHz 수정발진자 사용
ROM	27C256-15(32 KB)	모니터 프로그램 및 응용 프로그램
RAM	62256-7(32 KB) (80C196KC에 내장된 488바이트는 별도)	사용자의 프로그램 및 데이터용
프로그램의 입력 및 실행	1. IBM PC의 직렬 포트를 사용하는 방법 2. 키트에 ROM을 삽입하여 사용하는 방법 3. ROM 에뮬레이터를 사용하는 방법	1. 9핀 RS-232C 케이블 기본 제공 2. 모니터 프로그램 기본 내장 (트레이스 기능, 4개의 브레이크 포인트 기능, 역어셈블러 내장)
I/O	1. CPU가 직접 제어하는 I/O (1) +5V용 버저, 온도센서, 전압센서 (2) RS-232C 직렬통신 포트(CN3) (3) 스텝/서보 모터 제어 콘넥터(CN5) (4) 포트1 콘넥터(CN6) (5) HSI/HSO 콘넥터(CN7) (6) 6채널 아날로그 입력 콘넥터(CN8) 2. 1채널 8비트 D/A 컨버터(DAC0800) 3. 8255A 병렬 인터페이스 (1) 4개의 키입력 스위치 (2) 4개의 상태표시 LED (3) 외부 병렬 입출력 콘넥터(CN4) 4. 8251A 및 RS-232C 포트(CN2, 모니터 전용) 5. 8254 타이머 및 스피커(CN9) 6. 16자×2행 LCD 모듈 (backlight 기능) 7. DS12887 배터리 백업형 리얼타임 클럭	1. EPLD를 사용하여 컴팩트하고 유연한 인터페이스 설계 2. A/D 입력 범위는 0V~+5V 3. D/A 출력 범위는 0~+10V, -10V~+10V중에서 선택 사용 4. 모니터 프로그램 사용시 9600, 19200 bps 중에서 선택 사용 5. 어셈블리 및 C언어로 작성된 수십가지의 응용 예제 프로그램을 기본으로 제공
전원	+5V, ±15V (또는 ±12V도 사용 가능)	±15V는 아날로그 회로에서만 사용
PCB	163×120mm 4층 에폭시 기판	

구입문의 : 학습기기 R&C사 / 도서출판 Ohm사 ✆ 02) 776-4868-9

저 자 : 김대근, 정순배 외
ISBN : 89-7101-725-2
판 형 : B5
쪽 수 : 770
가 격 : 33,000원

MDS-196 KIT의 주요 사양

항 목	사 양	비 고
CPU	N80C196KC20(20MHz)	
ROM	27C256-15(32 KB)	
RAM	62256-7(32 KB) (80C196KC에 내장된 488바이트는 별도)	
프로그램의 입력 및 실행	1. IBM PC의 직렬 포트를 사용하는 방법 2. 키트에 ROM을 삽입하여 사용하는 방법	
I/O	1. 기본 입출력 기판 (1) 출력 장치-LCD 모듈 (2) 입력 장치-키패드 2. 응용 보드 (1) 소형 DC 모터 제어 회로 (2) 스텝 모터 구동 회로 (3) AD 변환기 - 광센서 - 온도센서 - 가변저항 3. 다양한 시스템 응용을 위한 입출력 인터페이스 보드	 16문자×2줄 LCD 사용 16진 숫자 입력 스위치 16개 제어 입력 스위치 3개 PWM을 이용한 속도 제어 고속 출력(HSO)를 이용한 구동회로 고속 입력(HSI) 기능을 이용 포토 TR과 적외선 LED 사용 CdS 광센서 사용 외부 확장용 전원 회로 포함
전원	+12V(외부 입력 전압), +5V(정전압 회로 내장)	+12V는 모터 제어에 사용

TMS-31 Kit

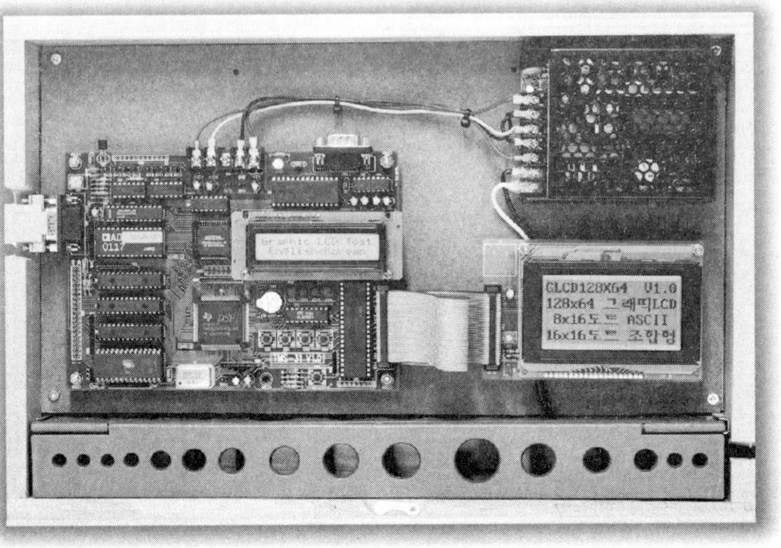

♣ 중간형 별도 판매
PCB+CPU+EPLD

저 자 : 윤덕용
ISBN : 89-7101-750-3
판 형 : B5
쪽 수 : 636
가 격 : 30,000원

TMS-31 KIT의 주요 사양

항 목	사 양	비 고
DSP	TMS320C31PQL-40 (40MHz)	40MHz 수정발진 모듈사용
ROM	27C256(32 KB) 또는 27C512(64KB)	PCB 진단 및 각종 응용 프로그램
RAM	68257-15(32 KB)×4개= 32K 워드 (TMS320C31에 내장된 2K 워드는 별도)	사용자의 프로그램 및 데이터용
프로그램의 입력 및 실행	1. XDS-510 에뮬레이터를 사용하는 방법 2. 내장 ROM을 사용하는 방법 3. IBM PC의 프린터포트를 사용하는 방법	1. 에뮬레이터용 콘넥터 내장 2. 예제가 포함된 27C256 기본 제공 3. 프린터포트용의 케이블 기본 제공
A/D 컨버터	12비트 MAX122 1개 (5MHz, 2.6μs) 8채널 아날로그 스위치 (1) 4개 채널은 콘넥터로 아날로그 입력 (2) 반고정 저항에 의한 -5V~+5V 입력 (3) 온도센서 LM35DZ 입력 (4) 2개 채널은 D/A 컨버터의 출력을 입력	1. 아날로그 입력 범위는 -5V~+5V 2. 아날로그 출력 범위는 -5V~+5V 3. 내장된 D/A 컨버터의 출력을 A/D 컨버터 에 입력함으로써 외부에 별도의 함수발생기를 사용하지 않고 신호처리 실험이 가능
D/A 컨버터	12비트 AD664 (4채널 전압 출력) (1) 4개 채널 모두 콘넥터로 외부출력 (2) 2개 채널은 A/D 컨버터에 입력 가능	
기타 I/O	1. 시스템 확장용 콘넥터 2. 8255A 1개 내장 (1) 16자×2행 LCD 모듈 (backlight 가능) (2) buzzer (3) 4개의 상태표시용 LED (4) 4개의 입력키 (5) 8255A를 통한 외부 입출력 콘넥터 3. 8251A 및 MAX232 내장 외부와 RS-232C 직렬통신 4. 직류 서보모터 제어를 위한 콘넥터	
전원	+5V, ±15V (또는 ±12V)	±15V는 A/D, D/A 컨버터에서 사용
PCB	180×130mm 4층 에폭시 기판	

구입문의 : 학습기기 R&C사 / 도서출판 Ohm사 ✆ 02) 776-4868-9

OK-128 Kit

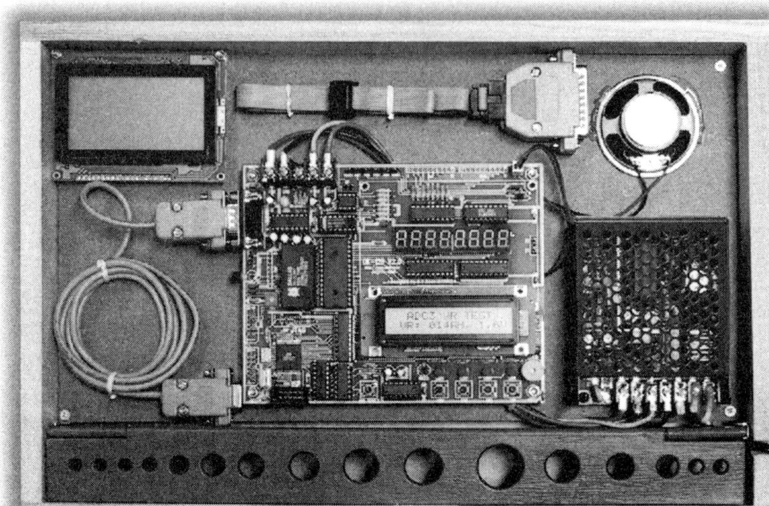

♣ PCB 별도 판매
(CPU 포함)

저 자 : 윤덕용
ISBN : 89-7101-765-1
판 형 : B5
쪽 수 : 920
가 격 : 38,000원

OK-128 KIT의 주요 사양

항 목	사 양	비 고
CPU	ATmega128-16AI(16MHz)	16MHz 수정발진자 사용
ROM	CPU에 내장된 128KB의 플래시 메모리	프로그램 저장
외부 RAM	62256-7(32 KB) (CPU에 내장된 4KB는 별도)	사용자 데이터 저장
프로그램의 입력/실행	1. JTAG ICE 에뮬레이터를 사용하는 방법 2. AVR ISP와 병렬 포트를 사용하는 방법 3. 기타 ISP와 직렬 포트를 사용하는 방법	1. 병렬포트형 AVR ISP 케이블 제공 (직렬포트형과 USB 포트형은 옵션) 2. 테스트 프로그램 기본 제공
I/O	1. CPU 프로그램용 콘넥터 (1) AVR ISP용 10핀 DIP 콘넥터(CN2) (2) JTAG ICE용 10핀 DIP 콘넥터(CN3) 2. CPU가 직접 제어하는 I/O (1) 2개의 RS-232C 직렬포트(CN4, CN5) (2) 4개의 키입력 스위치(SW1~SW4) (3) 4개의 상태표시 LED(LED1~LED4) (4) +5V용 버저 (5) 스피커 사운드 출력(CN6) (6) LM35D에 의한 온도센서(ADC1, ADC2) (7) 가변저항에 의한 전압센서(ADC3) (8) DAC0800 8비트 D/A 컨버터 (9) AT93C56 및 AT24C16 직렬 EEPROM (10) 도트 매트릭스 LED 접속(CN10) (11) 병렬 I/O 포트 확장 콘넥터(CN9) 3. 16자×2 문자 텍스트형 LCD 모듈 4. 128×64 도트 그래픽형 LCD 모듈 5. 8개의 7세그먼트 LED 6. DS12C887 배터리 백업형 리얼타임 클럭 7. 8비트 병렬출력 인터페이스(CN7) 8. 스텝모터 구동 인터페이스(CN8)	 STK200/300의 AVR ISP 표준 Atmel사의 JTAG ICE 표준 RS-232C 통신 케이블 기본 제공 A/D 입력 범위는 0V~+5V 0V~+10V, -10V~+10V 중에서 선택 화면밝기 조절 및 백라이트 기능 포함 화면밝기 조절 및 백라이트 기능 포함 ULN2803 출력
전원	+5V, ±15V (또는 ±12V도 사용 가능)	±15V는 아날로그 회로에서만 사용
PCB 외형	160×130mm 양면 에폭시 기판	

☞ 이것은 *OK-128*키트와 *OK-64*키트 겸용이므로 ATmega64-16AI를 조립하면 *OK-64*키트가 된다.

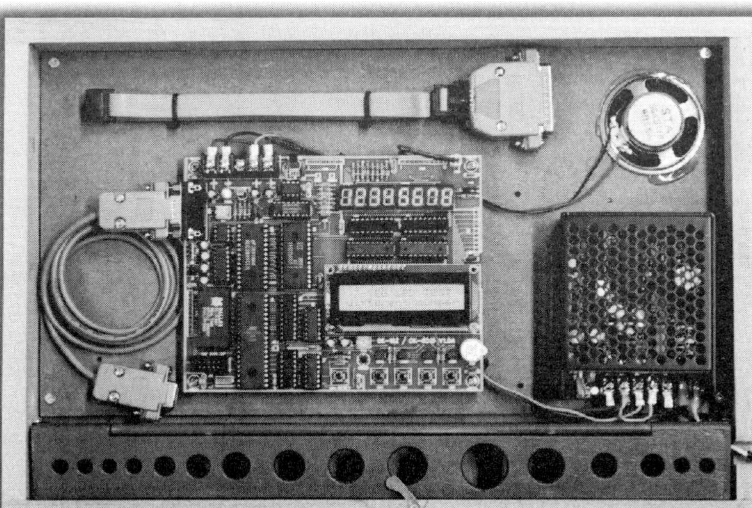

♣ PCB 별도 판매
(MPU 장착)

저 자 : 윤덕용
ISBN : 89-7101-759-7
판 형 : B5
쪽 수 : 726
가 격 : 32,000원

OK-162 KIT의 주요 사양

항 목	사 양	비 고
CPU	ATmega162-16PI(16MHz)	16MHz 수정발진자 사용
ROM	CPU에 내장된 16KB의 플래시 메모리	프로그램 저장
외부 RAM	62256-7(32 KB) (CPU에 내장된 1KB는 별도)	사용자 데이터 저장
프로그램의 입력/실행	1. AVR ISP와 병렬 포트를 사용하는 방법 2. 기타 ISP와 직렬 포트를 사용하는 방법 3. JTAG ICE 에뮬레이터를 사용하는 방법	1. AVR ISP 케이블 기본 제공 2. 응용 프로그램 기본 제공 (☞ JTAG 콘넥터는 사용자가 조립)
I/O	1. CPU 프로그램용 콘넥터 (1) AVR ISP용 10핀 DIP 콘넥터(CN2) (2) JTAG용 콘넥터는 사용자가 조립해야 함 2. CPU가 직접 제어하는 I/O (1) 포트 B 및 포트 D 확장 콘넥터(CN3) (2) 2개의 RS-232C 직렬포트(CN4, CN5) (3) 4개의 키입력 스위치(SW1~SW4) (4) 4개의 상태표시 LED(LED1~LED4) (5) +5V용 버저, 스피커 사운드 출력(CN6) (6) DAC0800 8비트 D/A 컨버터 (7) SPI 직렬통신에 의한 시리얼 EEPROM (8) 아날로그 비교기(J2, J3) 3. CPU 외부의 확장 I/O (1) 16자×2 문자 텍스트형 LCD 모듈 (2) 8개의 7세그먼트 LED (3) 8비트 병렬출력 인터페이스(CN7) (4) 스텝모터 구동 인터페이스(CN8) (5) DS12C887 베터리 백업형 리얼타임 클럭 (6) 8비트 8채널 A/D 컨버터 ADC0809 - 전압센서(VR1), 온도센서(LM35), 광센서(CdS) - 4채널 A/D 입력 콘넥터(CN9)	STK200/300의 AVR ISP 표준 RS-232C 통신 케이블 기본 제공 0V~+10V, -10V~+10V 중에서 선택 화면밝기 조절 및 백라이트 기능 포함 ULN2803 출력 A/D 입력 범위는 0V~+5V
전원	+5V, ±15V (또는 ±12V도 사용 가능)	±15V는 아날로그 회로에서만 사용
PCB 외형	160×130mm 양면 에폭시 기판	

☞ *OK-162* 키트는 *OK-8515* 키트와 PCB를 공통으로 사용한다.

OK-8515 Kit

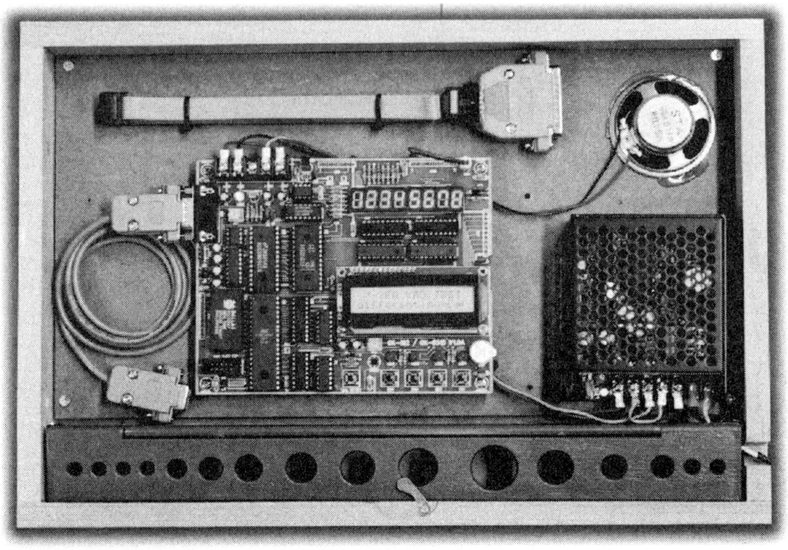

♣ PCB 별도 판매

저 자 : 윤덕용
ISBN : 89-7101-762-7
판 형 : B5
쪽 수 : 692
가 격 : 28,000원

OK-8515 KIT의 주요 사양

항 목	사 양	비 고
CPU	ATmega8515-16PI(16 MHz)	16 Mhz 수정발진자 사용
ROM	CPU에 내장된 8KB의 플래시 메모리	프로그램 저장
외부 RAM	62256-7(32 KB) (CPU에 내장된 512바이트는 별도)	사용자 데이터 저장
프로그램의 입력/실행	1. AVR ISP와 병렬 포트를 사용하는 방법 2. 기타 ISP와 직렬 포트를 사용하는 방법	1. AVR ISP 케이블 기본 제공 2. 응용 프로그램 기본 제공
I/O	1. CPU 프로그램용 콘넥터 AVR ISP용 10핀 DIP 콘넥터(CN2) 2. CPU가 직접 제어하는 I/O (1) 포트 B 및 포트 D 확장 콘넥터(CN3) (2) 1개의 RS-232C 직렬포트(CN4) (3) 4개의 키입력 스위치(SW1~SW4) (4) 4개의 상태표시 LED(LED1~LED4) (5) +5V용 버저, 스피커 사운드 출력(CN6) (6) DAC0800 8비트 D/A 컨버터 (7) SPI 직렬통신에 의한 시리얼 EEPROM (8) 아날로그 비교기(J2, J3) 3. CPU 외부의 확장 I/O (1) 16X2 문자 텍스트형 LCD 모듈 (2) 8개의 7세그먼트 LED (3) 8비트 병렬출력 인터페이스(CN7) (4) 스텝모터 구동 인터페이스(CN8) (5) DS12C887 배터리 백업형 리얼타임 클럭 (6) 8비트 8채널 A/D 컨버터 ADC0809 -전압센서(VR1), 온도센서(LM35), 광 센서(CdS) -4채널 A/D 입력 콘넥터(CN9)	STK200/300의 AVR ISP 표준 RS-232C 통신 케이블 기본 제공 0V~+10V, -10V~+10V 중에서 선택 화면밝기 조절 및 백라이트 기능 포함 ULN2803 출력 A/D 입력 범위는 0V~+5V
전원	+5V, ±15V (또는 ±12V도 사용 가능)	±15V는 아날로그 회로에서만 사용
PCB 외형	160×130mm 양면 에폭시 기판	

☞ *OK-8515* 키트는 *OK-162* 키트와 PCB를 공통으로 사용한다.

구입문의 : 학습기기 R&C사 / 도서출판 Ohm사 ✆ 02) 776-4868-9

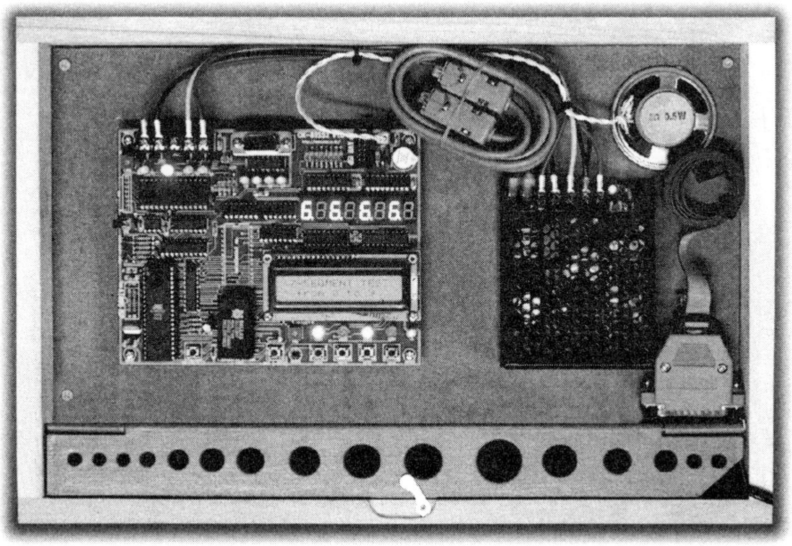

♣ PCB 및 AT89S ISP 케이블 별도 판매

저 자 : 윤덕용
ISBN : 89-7101-769-4
판 형 : B5
쪽 수 : 830
가 격 : 30,000원

OK-89S52 KIT의 주요 사양

항 목	사 양	비 고
CPU	AT89S52-24PC 또는 AT89S52-24PI (AT89S51이나 AT89S8253도 사용 가능)	24MHz 수정발진자 사용
ROM	1. CPU에 내장된 8KB의 플래시 메모리 2. 외부 확장 27C256 또는 29C256(32KB)	사용자 프로그램용
RAM	CPU에 내장된 256 바이트	스택 및 데이터 저장용
프로그램의 입력/실행	1. 병렬포트형 AT89ISP를 사용(Atmel 표준) 2. 병렬포트형 AVR ISP를 사용 3. 직렬포트형 AVR ISP를 사용 4. USB포트형 AVR ISP를 사용	1. AT89S ISP 케이블(Atmel 호환) 2. AVR-ISP Parallel 케이블(기본 제공) 3. AVR-ISP Studio/STK500 케이블 4. USB-ISP 케이블
I/O	1. CPU가 직접 제어하는 I/O (1) RS-232C 직렬통신 포트(CN4) (2) +5V용 버저 (3) 스피커 사운드 출력(CN5) (4) 4개의 키입력 (5) 스위치에 의한 사용자 인터럽트(SW2) (6) AT89S ISP 케이블 접속용 콘넥터(CN2) (7) AVR ISP 케이블 접속용 콘넥터(CN3) 2. 외부 확장 I/O (1) 16×2행 텍스트형 LCD 모듈 (2) 8글자의 7세그먼트 LED (3) 4개의 상태표시 LED (4) ADC0809 8채널 8비트 A/D 컨버터 - 전압센서, 온도센서, 조도센서 각 1개 - 4채널 아날로그 입력 콘넥터(CN6) (5) DAC0800 8비트 D/A 컨버터 (6) DS12C887 배터리 백업형 리얼타임 클럭	backlight 기능 사용 가능 A/D 입력 범위는 0V~+5V D/A 출력 범위는 0V~+10V, -10V~+10V 중에서 선택 사용
전원	+5V, ±15V (또는 ±12V도 사용 가능)	±15V는 아날로그 회로에서만 사용
PCB 외형	160×130mm 양면 에폭시 기판	

▲
KUT-128 인터페이스 보드 + MCU 보드 장착

MCU 보드 ▶

♣ 상품 구성
Interface 보드+CPU 보드(Full Set) 판매
Interface 보드 별도 판매
MCU 보드 별도 판매

저 자 : 신동욱/오창헌 공저
ISBN : 89-7101-768-6
판 형 : B5
쪽 수 : 380
가 격 : 20,000원

KUT-128 KIT의 주요 사양

항 목	사 양	비 고
MCU	ATmega128	16MHz 클럭 사용
내장 주변장치	• 포트 B, F : 7-Segment × 4 • 포트 C : LED × 8 • 포트 E : 스위치 × 4 • PWM 출력 • 아날로그 입력 비교 • A/D변환 2 입력	• 동적 구동 • 선택적 사용 • 인터럽트와 연동 사용 • LED로 확인 • 가변 저항 이용 • 가변저항 이용
전원	+5V	아답터 잭
외부 인터페이스	• 포트 A 커넥터 • 포트 C 커넥터 • 포트 G 커넥터 • RS-232 커넥터 • LCD 커넥터 • ISP 커넥터	• 5V, PA0-PA7, GND(10핀) • 5V, PC0-PC7, GND(10핀) • 메모리, I/O 확장 제어신호(10핀) • MAX232 내장(3핀) • 4비트 데이터 버스 방식 (16문자 × 2라인 LCD 사용) • ISP 케이블 제작 필요 (또는 Ohm사 별매품 이용 가능)
PCB 외형	KUT-128 MCU 보드 : 38mm × 40mm KUT-128 인터페이스 보드 : 142mm × 104mm	2층 에폭시 기판 2층 에폭시 기판

KUT-128 **완성 보드**는 Atmel사의 AVR 8비트 RISC 프로세서인 ATmega128 MCU 보드와 인터페이스 보드로 구성되며, ATmega128의 기본적인 기능을 익히고 실험하는데 필요한 최소한의 하드웨어로 구성된 **쉽고 간단하며, 저렴한 트레이닝 키트**이다. 기존의 트레이닝 키트와는 달리 많은 주변기기를 내장하고 있지 않기 때문에 크기가 작아서 PC 옆에 놓고 사용하기에도 편리하다. 그리고 어느 정도의 기본 학습이 끝나면, 단순한 교육용 키트가 아니라 독자 여러분이 제작하는 졸업작품 또는 응용 시스템의 메인 CPU 보드로도 손쉽게 이용할 수가 있다. 책에서 소개된 ISP 케이블과 *CodeVisionAVR C* 컴파일러를 이용하여 사용자가 작성한 프로그램을 PC로부터 다운로드 하여 즉시 실험해 볼 수 있기 때문에 롬라이터와 같은 별도의 장비가 필요하지 않다.

GLCD128X64

♣ PCB 포함

저 자 : 윤덕용
ISBN : 89-7101-760-0
판 형 : B5
쪽 수 : 798
가 격 : 43,000원

그래픽 LCD 확장보드의 주요 사양

항 목	사 양	비 고
해상도	128×64 도트, 단색	
사용 가능 LCD 모듈	(1) 삼성 SDI UG-13B04-SEAT5-2 (2) 현대 LCD HG12605NY-LY (3) 기타 이와 호환되는 그래픽형 LCD 모듈	EL 백라이트형 LED 백라이트형
접속 가능 키트	(1) *OK-8051* 키트 (2) *OK-196* 키트 (3) *TMS-31* 키트 (4) *TMS-32* 키트	
인터페이스 방법	(1) 82C55A를 사용하여 구동 (2) HIF3F-30PA-2.54DSA 콘넥터를 사용	
전원	키트에서 공급되는 +5V (LCD 모듈 내부에서 -10V를 만들어 사용)	30핀(전원 포함) EL 백라이트형은
PCB 외형	114×75 mm 양면 에폭시 기판	인버터 사용

그래픽형 LCD 모듈 확장보드 *GLCD128X64*는 *OK-8051* **키트**, *OK-196* **키트**, 그리고 *TMS-31/32* **키트**에 128×64 해상도의 그래픽형 LCD 모듈을 확장하여 사용할 수 있는 제품이다.

이들 키트에는 모두 16자×2행의 텍스트형 LCD 모듈이 내장되어 있으므로 이를 사용하는데는 문제가 없으나, 이들 키트들이 그래픽형 LCD 모듈은 가지고 있지 않으므로 이를 사용하려면 외부에 추가로 확장하여야 한다.

구입문의 : 학습기기 R&C사 / 도서출판 Ohm사 ✆ 02) 776-4868-9

MSTK2440 Training Kit

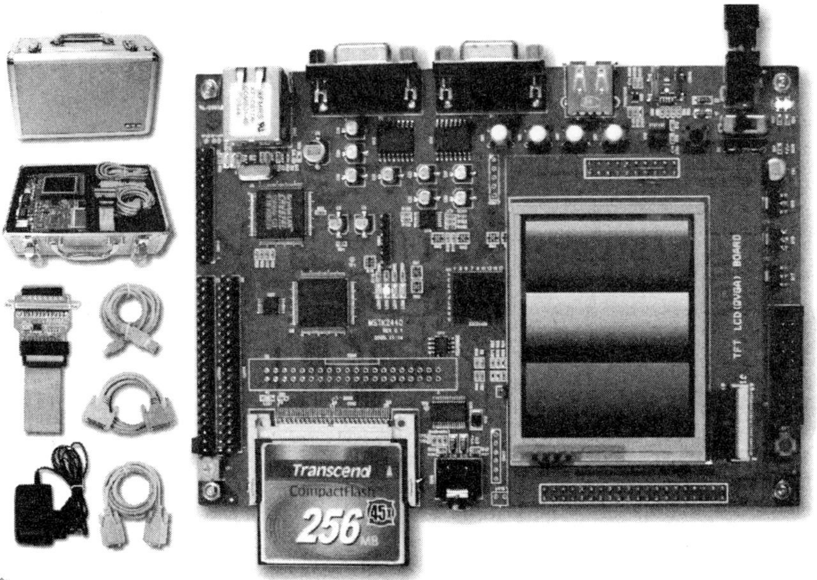

♣ 완성품 판매
RAM 별도 판매

저 자 : 홍건표/하동호 공저
ISBN : 89-7101-770-8
판 형 : B5
쪽 수 : 728
가 격 : 35,000원

MSTK2440 Training Kit의 주요 사양

항 목	사 양	
CPU	Samsung S3C2440A-40 (ARM920T with MMU) - CPU Operation Frequency : Up to 400MHz	
Boot ROM	AM29LV800 Nor Flash (1MByte) K9F1208 Nand Flash (64MByte)	
SDRAM	K4S561632E 4EA (128MByte)	
LCD	2.8" LTP280QV-E01 (240×320 Size TFT LCD, Touch Screen)	
Peripheral	IDE & CF Interface	XC95144XL-TQ100 (각각 1 Port)
	Ethernet	CS8900A (10 Based-T 1 Port)
	SD/MMC	1 Slot
	Audio	UDA1341TS (Audio Jack)
	Serial	RS-232 2 Port
	USB	Host & Device
	Speaker	0.25W/20mm
	JTAG	20 Pin Box Header
	Infrared Receiver	KSM603LM
	Key Pad	4EA & 1 External Interrupt SW
	Connector	Data, Address, Camera, IrDA External Interrupt, GPIO
Internal Function	IIC	AT24C16 EEPROM
	Timer, Watch-Dog, RTC, ADC(10bit 8:1 Mux CH & Pen Drag)	
OS Support	uC/OS-II	
OPerating Temperature	0 ~ 70°C	

MSTK2440은 삼성전자 S3C2440A(ARM920T 코어) 기반의 트레이닝 키트입니다. S3C2440A는 최대 400MHz까지의 빠른 속도와 다양한 Peripheral을 가지고 있는 강력한 프로세서이며 RTOS(Real Time O/S) 포팅 및 Pen Drag, CF & HDD 인터페이스가 가능합니다.

OK-128 V3.0 Kit

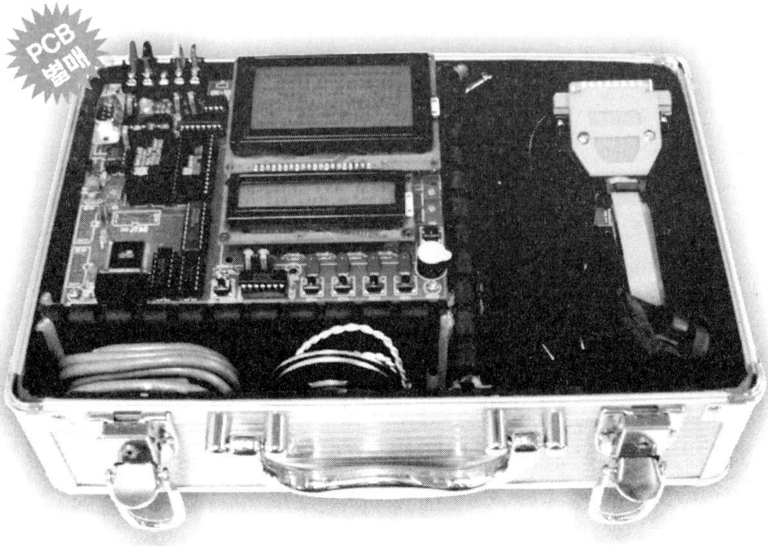

♣ PCB 별도 판매
(CPU 포함)

저 자 : 윤덕용
ISBN : 89-7101-771-6
판 형 : B5
쪽 수 : 1044
가 격 : 42,000원

OK-128 V3.0 KIT의 주요 사양

항 목	사 양	비 고
CPU	ATmega128-16AI/AU(16MHz)	16MHz 수정발진자 사용
ROM	CPU에 내장된 128KB의 플래시 메모리	프로그램 저장
외부 RAM	62256-7(32KB) (CPU에 내장된 4KB는 별도)	사용자 데이터 저장
프로그램의 입력/실행	1. AVR ISP 다운로드 케이블을 사용하는 방법 2. JTAG ICE 에뮬레이터를 사용하는 방법	1. 병렬포트형 AVR ISP 케이블 제공 (직렬포트형과 USB 포트형은 옵션) 2. 테스트 프로그램 기본 제공
I/O	1. CPU 프로그램용 콘넥터 (1) AVR ISP용 10핀 DIP 콘넥터(CN2) (2) JTAG ICE용 10핀 DIP 콘넥터(CN3) 2. CPU가 직접 제어하는 I/O (1) 4개의 키입력 스위치(KEY1~KEY4) (2) 4개의 상태표시 LED(LED1~LED4) (3) 외부 인터럽트 스위치(SW2) (4) +5V용 버저, 스피커 사운드 출력(CN6) (5) LM35D에 의한 온도센서(ADC1, ADC2) (6) 가변저항에 의한 전압센서(ADC3) (7) DAC0800 8비트 D/A 컨버터 (8) AT93C56 및 AT24C16 직렬 EEPROM (9) 2개의 RS-232C 직렬포트(CN4, CN5) (10) 병렬 I/O 포트 확장 콘넥터(CN8) (11) 도트 매트릭스 LED 접속 콘넥터(CN9) 3. 16×2 문자 텍스트형 LCD 모듈 4. 128×64 도트 그래픽형 LCD 모듈 5. 8개의 7세그먼트 LED 6. DS12C887 배터리 백업형 리얼타임 클록 7. 스텝모터 구동 인터페이스 콘넥터(CN7)	 STK200/300의 AVR ISP 표준 Atmel사의 JTAG ICE 표준 A/D 입력 범위는 0V~+5V 0V~+10V, -10V~+10V 중에서 선택 RS-232C 통신 케이블 기본 제공 화면밝기 조절 및 백라이트 기능 포함 화면밝기 조절 및 백라이트 기능 포함 ULN2803 출력
전원	+5V, ±15V (또는 ±12V도 사용 가능)	±15V는 아날로그 회로에서만 사용
PCB 외형	160×130mm 양면 에폭시 기판	

☞ 이것은 *OK-128* 키트와 *OK-64* 키트 겸용이므로 ATmega64-16AI/AU를 조립하면 *OK-64* 키트가 된다.

구입문의 : 학습기기 R&C사 / 도서출판 Ohm사 ✆ 02) 776-4868-9

OK-1281/2561 Kit

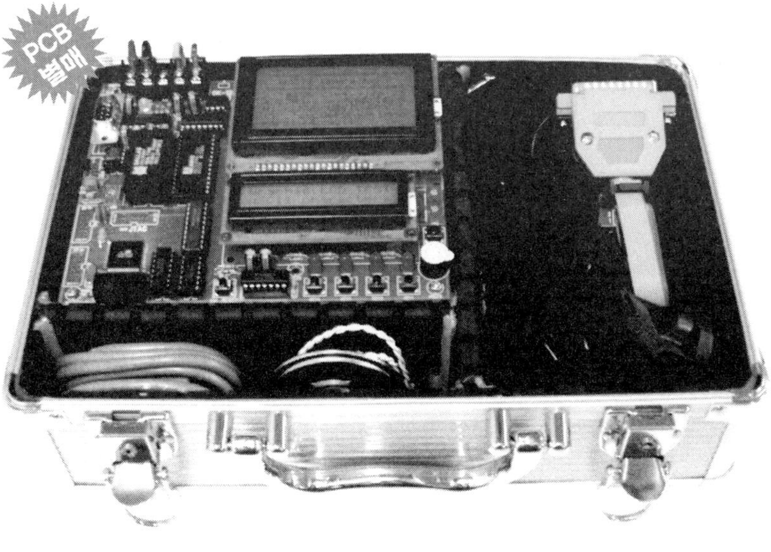

♣ 완성품 판매
SD, CF 카드 별매

저 자 : 윤덕용
ISBN : 89-7101-772-4
판 형 : B5
쪽 수 : 1092
가 격 : 43,000원

OK-1281/2561 KIT의 주요 사양

항 목	사 양	비 고
CPU	ATmega1281-16AU(16MHz) 또는 ATmega2561-16AU(16MHz)	16MHz 수정발진자 사용
ROM	CPU에 내장된 128/256KB의 플래시 메모리	프로그램 저장
외부 RAM	62256-7(32KB) (CPU에 내장된 8KB는 별도)	스택 및 사용자 데이터 저장
프로그램의 입력/실행	1. AVR ISP 다운로드 케이블을 사용하는 방법 2. JTAG ICE 에뮬레이터를 사용하는 방법	1. 병렬포트형 AVR ISP 케이블 제공 (직렬포트형과 USB 포트형은 옵션) 2. 테스트 프로그램 및 예제 기본 제공
I/O	1. CPU 프로그램용 콘넥터 (1) AVR ISP용 10핀 DIP 콘넥터(CN2) (2) JTAG ICE용 10핀 DIP 콘넥터(CN3) 2. CPU가 직접 제어하는 I/O (1) 4개의 키입력 스위치(KEY1~KEY4) (2) 4개의 상태표시 LED(LED1~LED4) (3) 외부 인터럽트 스위치(SW2) (4) +5V용 버저, 스피커 사운드 출력(CN6) (5) LM35D에 의한 온도센서(ADC1, ADC2) (6) 가변저항에 의한 전압센서(ADC3) (7) DAC0800 8비트 D/A 컨버터 (8) AT93C56 및 AT24C16 직렬 EEPROM (9) 2개의 RS-232C 직렬포트(CN4, CN5) (10) 병렬 I/O 포트 확장 콘넥터(CN8) (11) 도트 매트릭스 LED 접속 콘넥터(CN9) 3. 16×2 문자 텍스트형 LCD 모듈 4. 128×64 도트 그래픽형 LCD 모듈 5. 8개의 7세그먼트 LED 6. DS12C887 배터리 백업형 리얼타임 클록 7. 스텝모터 구동 인터페이스 콘넥터(CN7)	STK200/300의 AVR ISP 표준 Atmel사의 JTAG ICE 표준 A/D 입력 범위는 0V~+5V 0V~+10V, -10V~+10V 중에서 선택 RS-232C 통신 케이블 기본 제공 화면밝기 조절 및 백라이트 기능 포함 화면밝기 조절 및 백라이트 기능 포함 ULN2803 출력
전원	+5V, ±15V (또는 ±12V도 사용 가능)	±15V는 아날로그 회로에서만 사용
PCB 외형	160×130mm 양면 에폭시 기판	

☞ 이것은 *OK-1281* 키트와 *OK-2561* 키트 겸용이므로 자신이 원하는 MCU 소자를 조립하면 된다.

OK-1280/2560 Kit

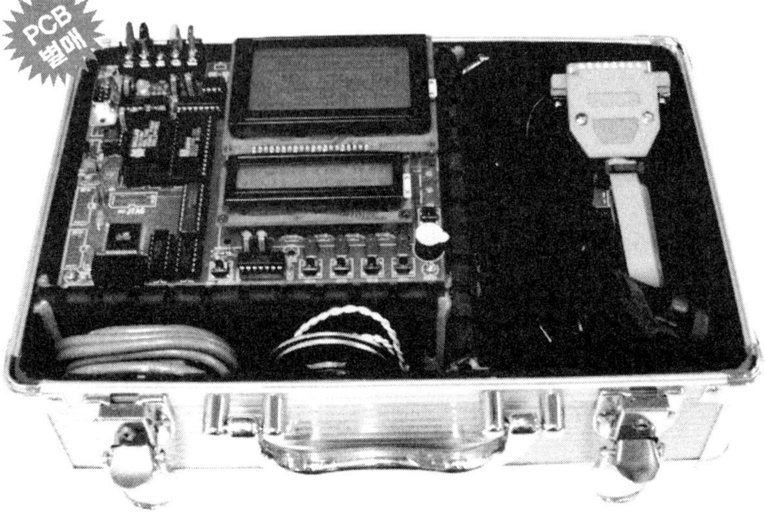

♣ PCB 별도 판매
(CPU 포함)

저 자 : 윤덕용
ISBN : 89-7101-773-2
판 형 : B5
쪽 수 : 1092
가 격 : 43,000원

OK-1280/2560 KIT의 주요 사양

항 목	사 양	비 고
CPU	ATmega1280-16AU(16MHz) 또는 ATmega2560-16AU(16MHz)	16MHz 수정발진자 사용
ROM	CPU에 내장된 128/256KB의 플래시 메모리	프로그램 저장
RAM	CPU에 내장된 8KB의 플래시 메모리	스택 및 사용자 데이터 저장
프로그램의 입력/실행	1. AVR ISP 다운로드 케이블을 사용하는 방법 2. JTAG ICE 에뮬레이터를 사용하는 방법	1. 병렬포트형 AVR ISP 케이블 제공 (직렬포트형과 USB 포트형은 옵션) 2. 테스트 프로그램 및 예제 기본 제공
I/O	1. CPU 프로그램용 콘넥터 (1) AVR ISP용 10핀 DIP 콘넥터(CN2) (2) JTAG ICE용 10핀 DIP 콘넥터(CN3) 2. CPU가 직접 제어하는 I/O (1) 4개의 키입력 스위치(KEY1~KEY4) (2) 4개의 상태표시 LED(LED1~LED4) (3) 외부 인터럽트 스위치(SW2) (4) +5V용 버저, 스피커 사운드 출력(CN6) (5) LM35D에 의한 온도센서(ADC1, ADC2) (6) 가변저항에 의한 전압센서(ADC3) (7) DAC0800 8비트 D/A 컨버터 (8) AT93C56 및 AT24C16 직렬 EEPROM (9) 2개의 RS-232C 직렬포트(CN4, CN5) (10) 병렬 I/O 포트 확장 콘넥터(CN8~CN10) (11) 16×2 문자 텍스트형 LCD 모듈 (12) 128×64 도트 그래픽형 LCD 모듈 (13) 8개의 7세그먼트 LED (14) 스텝모터 구동 인터페이스 콘넥터(CN7) 3. DS12C887 배터리 백업형 리얼타임 클록	 STK200/300의 AVR ISP 표준 Atmel사의 JTAG ICE 표준 A/D 입력 범위는 0V~+5V 0V~+10V, -10V~+10V 중에서 선택 RS-232C 통신 케이블 기본 제공 화면밝기 조절 및 백라이트 기능 포함 화면밝기 조절 및 백라이트 기능 포함 ULN2803 출력
전원	+5V, ±15V (또는 ±12V도 사용 가능)	±15V는 아날로그 회로에서만 사용
PCB 외형	160×130mm 양면 에폭시 기판	

☞ 이것은 *OK-1280* 키트와 *OK-2560* 키트 겸용이므로 자신이 원하는 MCU 소자를 조립하면 된다.

구입문의 : 학습기기 R&C사 / 도서출판 Ohm사 ✆ 02) 776-4868-9

OK-7S256 Kit

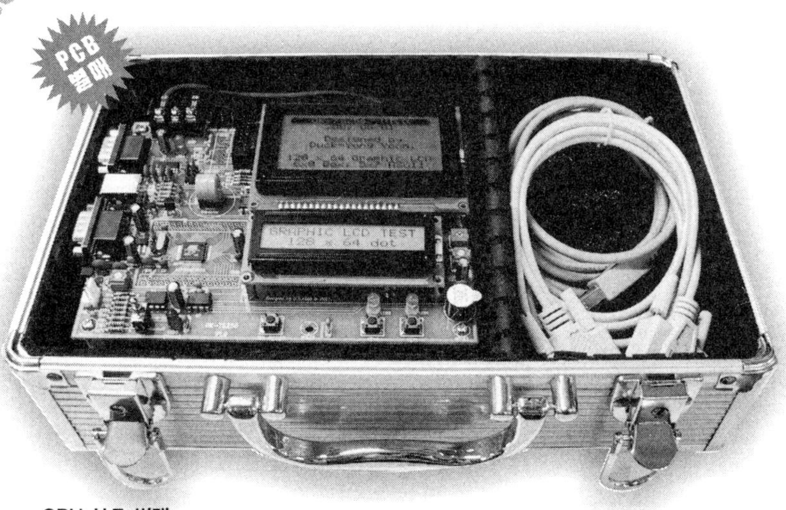

ARM 시작하기 시리즈 1

ARM7TDMI
AT91SAM7S256으로 시작하기

저 자 : 윤덕용
ISBN : 89-7101-775-9
판 형 : B5
쪽 수 : 924
가 격 : 39,000원

CPU 보드 별매

☞ CPU는 메인보드에 직접 납땜할 수도 있고, CPU보드에 납땜하여 메인보드에 장착할 수도 있다.

OK-7S256 키트의 주요 사양

항 목	사 양	비 고
CPU	AT91SAM7S256-AU-001	1.메인 보드에 직접 조립하는 방법 2.CPU 보드를 사용하는 방법(CN10~11)
ROM	CPU에 내장된 256KB(64KW)의 플래시 메모리	프로그램 및 상수 데이터 저장
RAM	CPU에 내장된 64KB의 SRAM	프로그램, 스택, 사용자 데이터 저장
프로그램의 입력/실행	1. USB포트형 다운로드 케이블을 사용하는 방법 2. 직렬포트형 다운로드 케이블을 사용하는 방법 3. JTAG 인터페이스를 사용하는 방법	1. USB A-B형 케이블 사용(기본 제공) 2. RS-232C 케이블 사용(기본 제공) 3. *OK-JTAG* 케이블 사용(선택 사양)
I/O	1. CPU 프로그램용 콘넥터 (1) JTAG 인터페이스용 20핀 콘넥터(CN2) (2) JTAG 인터페이스용 14핀 콘넥터(CN3) (3) USB 포트용 4핀 콘넥터(CN4) (4) 직렬포트 DBUG용 9핀 콘넥터(CN5) 2. SAM-BA Boot 프로그램을 플래시 메모리에 로드하는 장치(SW2 및 LED3) 3. CPU가 직접 제어하는 I/O (1) 2개의 키입력 스위치(KEY1~KEY2) (2) 2개의 상태표시 LED(LED1~LED2) (3) +5V용 버저, 스피커 사운드 출력(CN7) (4) 16×2 문자 텍스트형 LCD 모듈 (5) 128×64 도트 그래픽형 LCD 모듈 (6) LM35D에 의한 온도센서(AD4) (7) 가변저항에 의한 전압센서(AD5) (8) 외부 A/D 입력 콘넥터(CN8, AD6~AD7) (9) RS-232C 직렬통신 포트(CN6) (10) SPI를 사용한 SD/MMC 카드 인터페이스(CN9) (11) SPI를 사용한 AT93C56 직렬 EEPROM (12) TWI를 사용한 DS1307 리얼타임 클록 (13) 3개의 테스트 포인트 TP1~TP3	 Wiggler 호환의 *OK-JTAG*을 사용 Wiggler 호환의 *OK-JTAG*을 사용 표준 USB A-B형 케이블 사용 표준 9핀 RS-232C 케이블 사용 약 10초의 동작시간 동안 LED3이 점등 화면밝기 조절 및 백라이트 기능 포함 화면밝기 조절 및 백라이트 기능 포함 A/D 입력 범위는 0V~+3.3V 표준 9핀 RS-232C 케이블 사용 전원 백업 기능 포함(배터리, 수퍼캡) 각각 PWM0, PWM1, PCK1 출력
전원	+5V(키트에서 +3.3V 레귤레이터 사용)	CPU 내부에서 +1.8V 레귤레이터 사용
PCB	160×130mm 양면 에폭시 기판	

☞ *OK-7S256* 키트에는 필요하면 AT91SAM7S512/256/128/64/321을 조립하여 사용할 수도 있다.

전자공작 및 인터페이스 외

도서 및 키트는 OHM나 홈페이지 SHOP에서 구입 가능!

적외선 6족 보행로봇

♣ 부품 SET로 판매

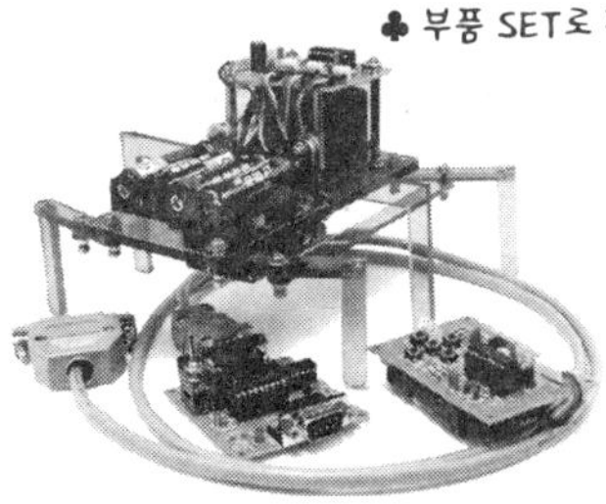

적외선 송신기로부터 전송 되어온 데이터를 판독하여 3개의 서브모터를 순차적으로 구동하여 로봇을 보행할 수 있고 프로그램에 의하여 보행 속도도 조절할 수 있다.
교재 : 적외선으로 움직이는 PIC ROBOT

적외선 주행로봇 & 라인트레이서

♣ 부품 SET로 판매

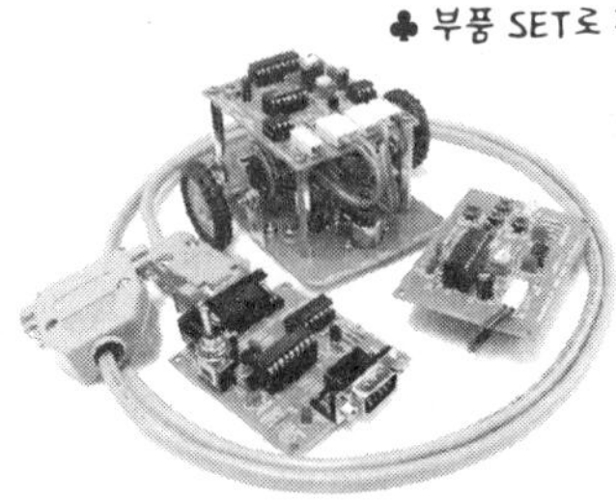

기어모터(감속비 38:1)를 채용하므로서 정밀제어가가능하고, 360도 회전이 가능하며 빠른 스피드를 낼 수 있다. 데이터의 송수신 방법은 6족 로봇과 동일
교재 : 적외선으로 움직이는 PIC ROBOT

PIC 응용 제작

♣ 부품 SET로 판매

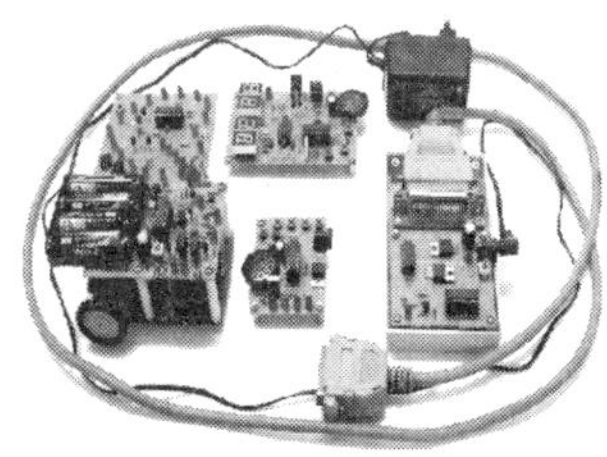

PIC프로그래머, 암호인식 초인종 하트무늬 깜빡'이, 시계와 라인트레이서등의 아이템으로 구성되어 있어 마이컴 입문자들에게 유익한 실습키트임.
교재 : PIC16F84 응용 제작

침입자 경보기

♣ 부품 SET로 판매

레이저빔을 가로질러가는 사람이나 물체가 있다면 경보를 울리는 키트. 응용범위가 매우 넓은 아이템(작품 1,2키트 포함)
교재 : 기초로봇의 제작

라인트레이서

♣ 부품 SET로 판매

검정라인을 추적하여 주행 6개의 적외선 센서
패키지 구성
*센서감지와 비교. 제어회로
*로봇프레임 & 기어박스
교재 : 기초로봇의 제작

축구로봇

♣ 부품 SET로 판매

RF를 이용한 로봇 제어, 4ch. 송수신 가능
패키지 구성
* RF송수신회로 제어회로
* 로봇프레임SET & 기어모터 SET
교재 : 기초로봇의 제작

라인마우스-깨돌이

♣ 부품 SET로 판매

CPU:V25
RAM:61256
ROM:27256
모터구동부:SLA7024*2조
밧데리:SANYO 1.2 250mA 3A*10개
* CPU,모터,센서,몸체부로 구성
* 기본 프로그램이 포함

V-IO Board

완제품

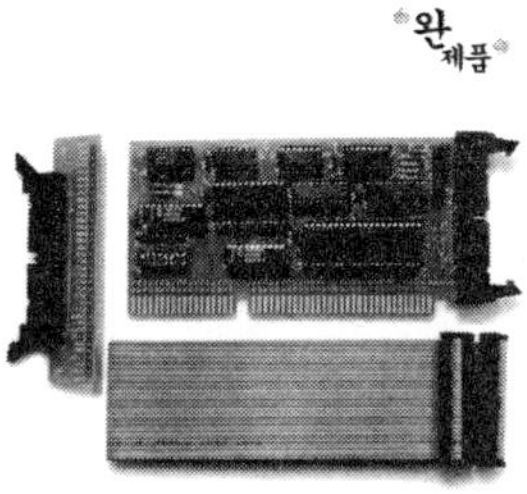

♣ 부품 SET도 판매함

PC의 ISA슬롯을 이용하는 인터페이스카드로A/D, D/A컨버터를 이용한 아날로그 디지털 상호변환 신호처리와 I/O, 타이머, 카운터, 스텝모터, LCD제어등에 활용할 수 있다.
교재 : C가 미는 로보트 I, II, III

C-패러렐포트 I

완제품

PC의 페러럴 포트를 이용하여 LED, 7Segment, 키패드 입력등의 실험을 할 수 있는 키트
교재 : C로 미는 PC자동제어응용
C로 쓰는 윈도우즈 병렬포트
VB로 미는 PC 자동제어 응용

C-패러렐포트 II

완제품

정역회전, 스피드조절, 센서의 동작을 실험해 볼 수 있는 스테핑모터 모듈
교재 : VB로 미는 PC 제동제어 응용
그 밖의 마이컴 응용교재

AT89C Writer

완제품

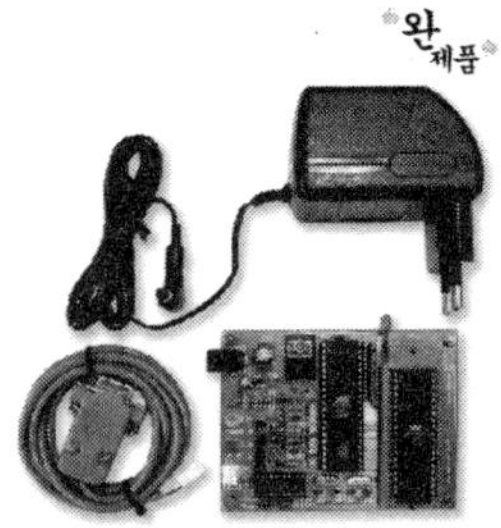

AT89C51,52 40DIP 핀 AT89C1051, 2051, 4051 20DIP 핀 지원
RS-232C serial 다운로드
TEXTOOL 장착, 라이터 전용프로그램 제공
(TEXTOOL에 장착된 89C51은 제외)

구입문의 : 학습기기 R&C사 / 도서출판 Ohm사 ✆ 02) 776-4868-9

도서 및 키트는 OHM사 홈페이지 SHOP에서 구입 가능!

AVR ISP Studio / STK500 · AVR ISP Studio / AvrProg [직렬포트형]

RS-232C 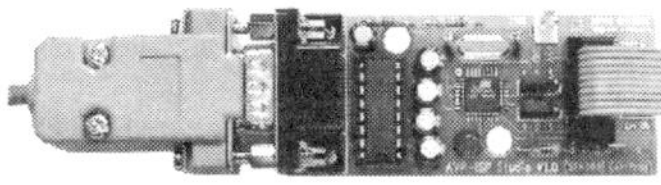 ISP

AVR ISP Studio 다운로드 케이블은 퍼스널컴퓨터 측에서 어떤 통신프로그램을 사용하는지에 따라 **AVR ISP Studio/STK500** 모델과 **AVR ISP Studio/AvrProg** 모델로 나누어진다. 이것들은 동일한 하드웨어를 사용하지만 ATmega8에 장착되는 펌웨어가 서로 다르다.

(1) AVR 모델의 모든 ATmega 패밀리에 적용
(2) 별도의 장비 없이 이 케이블만으로 사용자 프로그램을 다운로드
(3) AVR Studio 프로그램과 함께 사용
(4) 초고속 다운로드
(5) 10핀 80센티 플랫 케이블 포함

AVR ISP 케이블 [USB형]

노트북 사용자에게 꼭 필요한

USB  ISP

(1) AVR 모델의 모든 ATmega 패밀리에 적용
(2) 별도의 장비 없이 이 케이블만으로 사용자 프로그램을 다운로드
(3) AVR Studio 프로그램과 함께 사용
(4) 초고속 다운로드
(5) 10핀 80센티 플랫 케이블 포함

AVR ISP 케이블 [직렬포트형]

RS-232C  ISP

(1) AVR 모델의 모든 ATmega 패밀리에 적용
(2) 별도의 장비 없이 이 케이블만으로 사용자 프로그램을 다운로드
(3) PonyProg2000 프로그램과 함께 사용
(4) 병렬포트형 AVR ISP와 비슷한 다운로드 속도
(5) 10핀 80센티 플랫 케이블 포함

USB TO RS-232C 컨버터 동글

노트북 사용자에게 꼭 필요한

USB  RS-232C

(1) USB 신호를 RS-232C 신호로 변환
(2) USB 포트를 가상적인 COM3 포트로 사용
(3) 하이퍼터미널등과 같은 직렬통신 프로그램 사용
(4) 9600, 19200, 115200 등 하이퍼터미널에서 설정할 수 있는 모든 통신 포맷 사용 가능
(5) 본사의 모든 키트에서 직렬통신 또는 모니터 프로그램용으로 사용 가능

MOTOR CONTROL BOARD

이 보드는 OK-128/162/8515 키트 또는 JJ-128 키트에 접속하여 스텝모터 및 직류서보모터를 동시에 구동 또는 제어할 수 있는 I/O 확장 보드.

스텝모터 또는 직류서보모터를 동시에 구동하지 않고 하나씩만 구동한다면 8051 등의 임의 마이크로콘트롤러 키트에 적용할 수 있다.

케이블 외

도서 및 키트는 OHM사 홈페이지 SHOP에서 구입 가능!

AVR ISP 케이블 [USB형]

노트북 사용자에게 꼭 필요한

USB 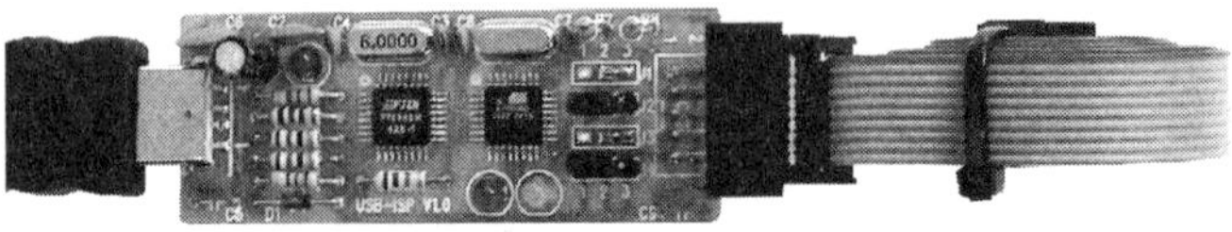 ISP

(1) AVR 모델의 모든 ATmega 패밀리에 적용
(2) 별도의 장비 없이 이 케이블만으로 사용자 프로그램을 다운로드
(3) AVR Studio 프로그램과 함께 사용
(4) 초고속 다운로드
(5) 10핀 80센티 플랫 케이블 포함

AVR ISP 케이블 [직렬포트형]

RS-232C 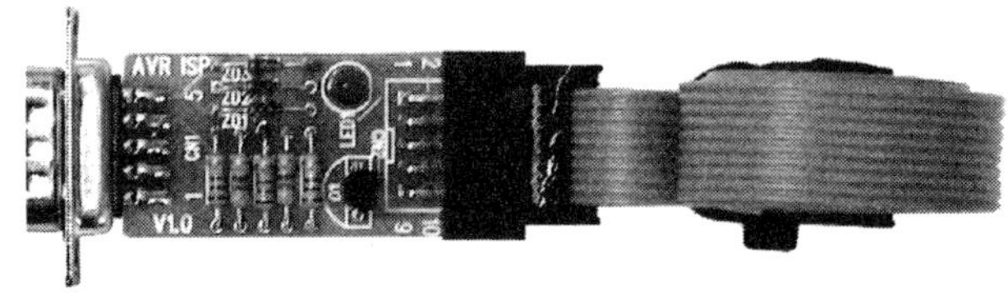 ISP

(1) AVR 모델의 모든 ATmega 패밀리에 적용
(2) 별도의 장비 없이 이 케이블만으로 사용자 프로그램을 다운로드
(3) PonyProg2000 프로그램과 함께 사용
(4) 병렬포트형 AVR ISP와 비슷한 다운로드 속도
(5) 10핀 80센티 플랫 케이블 포함

USB TO RS-232C 컨버터 동글

노트북 사용자에게 꼭 필요한

USB  RS-232C

(1) USB 신호를 RS-232C 신호로 변환
(2) USB 포트를 가상적인 COM3 포트로 사용
(3) 하이퍼터미널등과 같은 직렬통신 프로그램 사용
(4) 9600, 19200, 115200등 하이퍼터미널에서 설정할 수 있는 모든 통신 포맷 사용 가능
(5) 본사의 모든 키트에서 직렬통신 또는 모니터 프로그램용으로 사용 가능

MOTOR CONTROL BOARD

이 보드는 OK-128/162/8515 키트 또는 JJ-128 키트에 접속하여 스텝모터 및 직류서보모터를 동시에 구동 또는 제어할 수 있는 I/O 확장 보드.

스텝모터 또는 직류서보모터를 동시에 구동하지 않고 하나씩만 구동한다면 8051 등의 임의 마이크로콘트롤러 키트에 적용할 수 있다.

구입문의 : 학습기기 R&C사 / 도서출판 Ohm사 ✆ 02) 776-4868-9

KUT-128 응용 키트

KUT-128 APP 보드 + MCU 보드
(그래픽 LCD 장착)

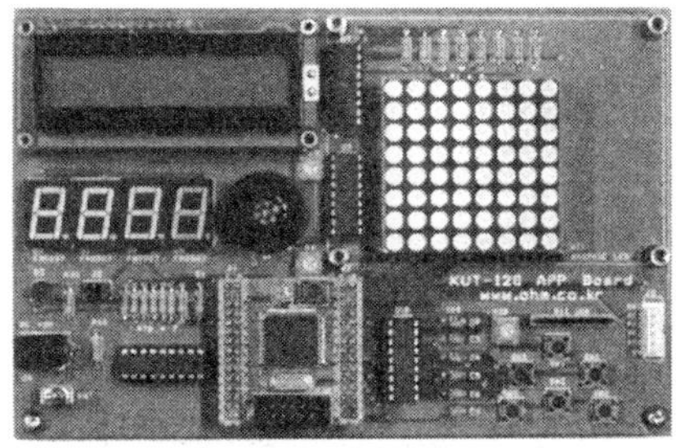

KUT-128 APP 보드 + MCU 보드
(도트매트릭스 장착)

MCU 보드 ▶

♣ 상품 구성 : KUT128 MCU 보드+KUT-128 APP 보드
-7 segment, 스피커 기본 장착
-그래픽 LCD와 도트매트릭스 선택 사용
-캐릭터 LCD, 그래픽 LCD, 도트매트릭스 별도 판매

KUT-128 응용 키트의 주요 사양

항 목	사 양	비 고
MCU	ATmega128	16MHz 수정 발진자
외부 인터페이스	· 7-Segment 구동회로(PB0-PB6, PF4-PF7) · 스위치 입력 회로(PD0-PD3, PE6-PE7) · 캐릭터 LCD(PD4-PD7, PE0-PE2) · 그래픽 LCD(PA0-PA7, PG0-PG1) · 도트매트릭스(PA0-PA7, PC0-PC7, PG0-PG4, PE3-PE5) · 스피커 (PB7) · 외부 아날로그 입력 (PF0-PF3)	· 4개 동적구동 · 6개 외부 인터럽트 · 4비트 구동방식(16문자×2라인) · 128×64 도트 · 8×8도트, 동적구동 (적색, 녹색, 주황색) · PWM 파형 (OCIC 핀) · 4개 아날로그 신호 입력
전원	· +5V 단일 전원	· 어댑터 사용
프로그래밍	ISP 케이블 사용	PC 프린터 포트에 연결
PCB 외형	KUT-128 MCU 보드 : 38mm × 40mm KUT-128 APP 보드 : 180mm × 121mm	2층 에폭시 기판 2층 에폭시 기판

KUT-128 응용 보드는 KUT-128 MCU 보드와 KUT-128 APP 보드로 구성되어 있다, KUT-128 MCU 보드는 Atmel사의 AVR 8비트 마이크로프로세서 ATmega128을 탑재하고 있다. 그리고 KUT-128 APP 보드는 7-Segment, 캐릭터 LCD, 그래픽 LCD, 8×8 도트매트릭스, 스피커, 6개 스위치를 탑재하고 있어 ATmega128의 다양한 응용 실습과 함께 실기작품 및 졸업작품 제작에 활용할 수 있는 저렴한 트레이닝 키트이다.

OK-X128A1 키트

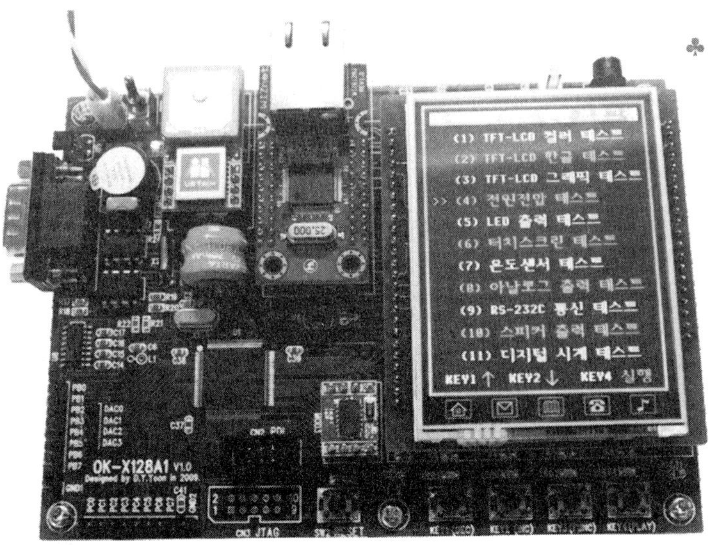

♣ 상품 구성 : 완성품 (Full Set) 판매
PCB 별도 판매

추천 도서

- 저 자 : 윤 덕 용
- 발행처 : OHM사
- 쪽 수 : 1167
- ISBN : 978-89-7101-783-X
- 정 가 : 48,000원

OK-X128A1 키트의 주요 사양

항 목	사 양	비 고
1. CPU	ATxmega128A1-AU(32 MHz) ☞ 모든 XMEGA A1 패밀리 모델 사용 가능	16MHz 수정 발진자 사용
2. ROM	CPU에 내장된 128KB의 플래시 메모리	프로그램 저장
3. RAM	CPU에 내장된 8KB	사용자 데이터 저장 및 스택
4. 프로그램 입력/실행	1. AVR PDI 다운로드 케이블을 사용하는 방법 2. JTAG 에뮬레이터를 사용하는 방법	1. Atmel사의 AVRISP mkII 2. Atmel사의 JTAGICE mkII
5. I/O	1. CPU 프로그램용 커넥터 (1) AVR PDI용 6핀 DIP 커넥터(CN2) (2) JTAG ICE용 10핀 DIP 커넥터(CN3) 2. 기본 입출력 장치 (1) 4개의 키입력 스위치(KEY1~KEY4) (2) 4개의 상태표시 LED(LED1~LED4) (3) +5V용 버저, 스피커 사운드 출력(CN6) (4) *TFT-32HX* 3.2인치 TFT-LCD 보드 64MB~32GB의 SD 카드 (5) RS-232C 직렬포트(CN7) 3. 기타 입출력 장치 (1) LM35DZ에 의한 온도센서(ADC4) (2) +5V, +3.3V, +2.5V 전압센서(ADC5~7) (3) 12비트 D/A 컨버터 출력(DAC0~3) (4) 포트B, C의 출력을 관측하는 테스트 단자 (5) DS1307 배터리 백업형 리얼타임 클록(U9) (6) TCN75-5.0MOA 반도체 온도센서(U10) (7) VS1033을 사용한 MP3 플레이어(U11) 4. 옵션 기능 (1) WIZ812MJ TCP/IP LAN 통신 모듈(MOD1) (2) *USB-UART* USB 통신모듈 (MOD2) (3) UST-SNR-GPS GPS 모듈(MOD2) (4) myAcce13LV02 3축 가속도 센서 모듈(MOD3) (5) NT-TS601 초음파 센서 모듈(MOD4)	 Atmel사의 AVRISP mkII 사용 Atmel사의 JTAGICE mkII 사용 240×320 픽셀, 터치스크린 내장 TFT-LCD 보드에 내장 0~+100℃ 2.4V NiMH 배터리 사용 -55~+125℃ CN8에 외장 스피커를 연결 사용 http://www.ewizenet.kr/구입 http://www.ohm.co.kr/구입 http://www.devicemart.co.kr/구입 http://www.devicemart.co.kr/구입 http://www.devicemart.co.kr/구입
6. 전원	+5V/3A SMPS(CN1)	키트 내부에서 +3.3V, +2.5V 발생
7. PCB 외형	144×106mm 양면 에폭시 기판	

☞ MOD1~MOD4에 장착할 모듈은 선택사양이므로 기본으로 제공되지 않으며 별도로 구입해야 한다.

구입문의 : 학습기기 R&C사 / 도서출판 Ohm사 ✆ 02) 776-4868-9 http://www.ohm.co.kr

OK-128TFT 키트

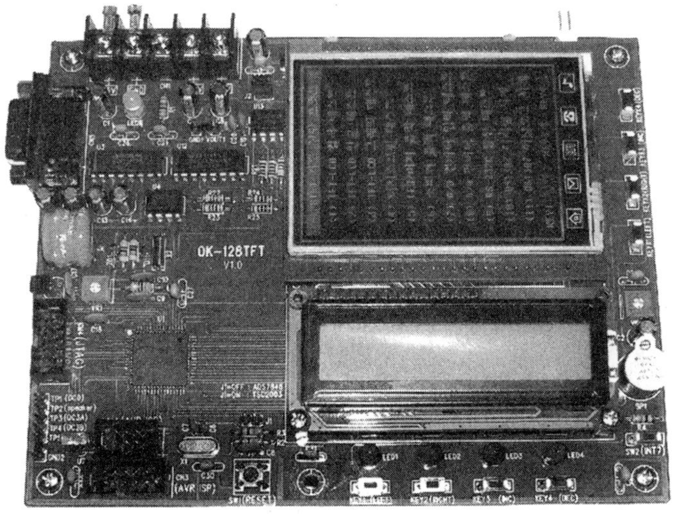

♣ 상품 구성 : 완성품 (Full Set) 판매
PCB 별도 판매

- 저 자 : 윤 덕 용
- 발행처 : OHM사
- 쪽 수 : 1100
- ISBN : 978-89-7101-785-6
- 정 가 : 50,000원

OK-128TFT 키트 V1.0의 주요 사양

항 목	사 양	비 고
1. MCU	ATmega128A-AU(16 MHz)	16MHz 수정 발진자 사용
2. ROM	MCU에 내장된 128KB의 플래시 메모리	프로그램 저장
3. RAM	MCU에 내장된 4KB	스택 및 사용자 데이터 저장용
4. 프로그램 입력/실행	1. AVR ISP 다운로드 케이블을 사용하는 방법 2. JTAG ICE 에뮬레이터를 사용하는 방법	병렬포트형 AVR ISP 케이블 제공 (USB 포트형은 옵션 사양) 테스트 프로그램 기본 제공
5. I/O	1. MCU 프로그램용 컨넥터 ① AVR ISP 6핀 DIP 컨넥터(CN2) ② AVR ISP용 10핀 DIP 컨넥터(CN3) ③ JTAG ICE용 10핀 DIP 컨넥터(CN4) 2. MCU가 직접 제어하는 I/O ① 16×2 문자 텍스트 LCD 모듈 ② 3.2인치 240×320 픽셀 TFT-LCD 모듈 ③ 4개의 키입력 스위치(KEY1~KEY4) ④ 4개의 상태표시 LED(LED1~LED4) ⑤ +5V용 버저, 스피커 사운드 출력(CN6) ⑥ RS-232C 직렬포트(CN5) ⑦ LM35D에 의한 온도센서(ADC1, ADC2) ⑧ 가변저항에 의한 전압센서(ADC3) ⑨ DAC0800 8비트 D/A 컨버터 출력 ⑩ DS1307 배터리 백업형 리얼타임 클록 ⑪ AT93C56 및 AT24C16 직렬 EEPROM ⑫ 외부 인터럽트 스위치(SW2)	 Atmel사의 AVR ISP 표준 Atmel사의 AVR ISP 표준 Atmel사의 JTAG ICE 표준 화면밝기 조절 및 백라이트 기능 포함 터치 스크린 및 SD 카드 컨넥터 포함 KEYX1~KEYX4도 각각 동일한 기능 RS-232C 통신 케이블 기본 제공 J2로 0V~+10V, -10V~+10V 범위 선택
6. 전원	+5V, ±15V(또는 ±12V도 사용 가능)	±15V는 아날로그 회로에서만 사용
7. PCB 외형	160×130mm 양면 에폭시 기판	

☞ 키트 내부에서 +5V 전원으로부터 +3.3V를 만들어 TFT-LCD 모듈에서 사용함.

구입문의 : 학습기기 R&C사 / 도서출판 Ohm사 ✆ 02) 776-4868-9 http://www.ohm.co.kr

OK-STM32FO 키트

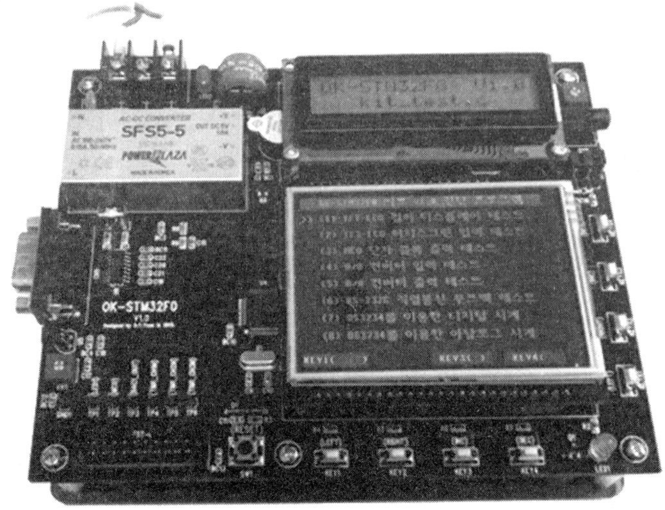

♣ 상품구성 : 완성품(Full Set) 판매
PCB 별도 판매

- 저 자 : 윤덕용
- 발행처 : OHM사
- 쪽 수 : 1036
- ISBN : 978-89-7101-786-9
- 정 가 : 55,000원

OK-STM32FO 키트의 주요 사양

항 목	사 양	비 고
1. CPU	STM32F051R8T6	48MHz로 동작
2. ROM	CPU에 내장된 64KB의 플래시 메모리	프로그램 및 상수 데이터 저장
3. RAM	CPU에 내장된 8KB의 SRAM	프로그램, 스택, 사용자 데이터 저장
4. 프로그램 입력/실행	1. 에뮬레이터를 사용하는 방법 2. RS-232C 직렬통신 케이블을 사용하는 방법	기본으로 ST-LINK/V2 에뮬레이터 사용 부트로더와 USART1 포트로 사용 가능
5. I/O	1. CPU 프로그램용 컨넥터 (1) SWD 인터페이스용 20핀 컨넥터(CN2) (2) RS-232C 직렬통신 컨넥터(CN5) 2. 기본 입출력 장치 (1) 16자×2행 텍스트 LCD 모듈 (2) 320×240픽셀 터치스크린 TFT-LCD 모듈 (3) SPI를 사용한 SD 카드 인터페이스 (4) 4개의 키입력 스위치(KEY1~KEY4) 4개의 보조 키 스위치(KEYX1~KEYX4) (5) 1개의 상태표시 LED(LED1) (6) +5V용 버저 (7) RS-232C 직렬통신 컨넥터(CN5) 3. 기타 입출력 장치 (1) +5V, +3.3V 전압센서(ADC0, ADC1) (2) 가변저항 VR1에 의한 전압센서(ADC2) (3) LM35DZ 온도센서(U5, ADC3) (4) 1개의 D/A 컨버터 출력(DAC_OUT) (5) TV 리모컨 입력 (6) 6개의 테스트 포인트(TP1~TP6) (7) SPI를 사용한 DS3234 리얼타임 클록(U8) (8) I2C를 사용한 AT24C16 EEPROM(U7) (9) VS1053b를 사용한 MP3 플레이어 회로	ST-LINK/V2 에뮬레이터 사용 표준 9핀 RS-232C 케이블 사용 별도의 TFT-2432A 보드를 장착 사용 별도의 TFT-2432A 보드에 내장 표준 9핀 RS-232C 케이블 사용 온도측정 범위는 0~100℃ A/D 입력 범위는 0~+3.3V D/A 출력 범위는 0~+3.3V 2.4V 충전용 NiMH 배터리로 전원 백업 CN6 컨넥터에 외장형 스피커를 연결
6. 전원	+5V(키트에서 +3.3V 및 +1.8V 레귤레이터 사용)	
7. PCB	160×130mm 양면 에폭시 기판	

☞ OK-STM32FO 키트에는 STM32FO 시리즈의 모든 64핀짜리 소자를 조립하여 사용할 수 있다.

RNCKIT 쇼핑몰
www.rnckit.com

40년 전통의 기술서적 전문 출판사의 자회사로서 학습기기 전문 회사입니다.
도서의 내용에 부합하는 학습기기 뿐만 아니라, 각종 키트, 응용 모듈 등
다양한 제품을 RNCKIT 쇼핑몰에서 만나 보실 수 있습니다.

OK-128 DCM KIT

OK-128 BLDC KIT

KUT-128_COM KIT

OK-STM767 KIT

Ohm사 홈페이지
www.ohm.co.kr

도서출판 Ohm사는 전자정보통신 및 첨단분야의 전문기술서적을 출판하는
40년 전통의 기술서적 전문 출판사입니다.

도서출판 Ohm사

실용 모터제어 시리즈①

직류전동기 제어 기술

이 책은 실제로 전동기 제어 시스템의 하드웨어를 설계하고 제어 프로그램을 작성하는 실용적인 기술을 다루고자 하며, 스스로 이 분야의 기술을 익혀서 졸업작품을 만들고자 하는 관련 학과의 학생이나 산업체에서 이 분야의 기술개발 업무를 수행하는 현장 엔지니어들에게도 도움이 될 것입니다.

제1장 전동기란 무엇인가
제2장 RC 서보모터의 제어기술
제3장 스테핑 모터의 제어기술
제4장 직류전동기의 제어기술
제5장 초소형 직류전동기의 속도제어
제6장 소형 직류전동기의 속도제어
제7장 OK-128DCM 직류전동기 제어 키트

실용 모터제어 시리즈 ③ - 단상 유도전동기 제어 기술(계획중)
실용 모터제어 시리즈 ④ - 벡터제어 인버터 설계 기술(계획중)

OK-128 DCM KIT

항목	사양	비고
1. MCU	ATmega128A-AU(16 MHz)	16 MHz 수정발진자 사용
2. ROM	MCU에 내장된 128KB의 플래시 메모리	프로그램 저장용
3. RAM	MCU에 내장된 4KB	스택 및 사용자 데이터 저장용
4. 프로그램 입력/실행	1. 표준 USB형 AVRISP mkII 다운로드 케이블 2. 병렬포트형 AVR ISP 다운로드 케이블	본 키트에서는 JTAG 에뮬레이터를 사용하지 못함
5. I/O	1. MCU 프로그램용 6핀 컨넥터 2. MCU가 직접 제어하는 기본 I/O 기능 ① 3.2인치 240×320 픽셀 TFT-LCD 모듈 ② 4개의 키입력 스위치(KEY1~KEY4) ③ +5V용 버저 ④ 시스템 모드 설정용 2비트 DIP 스위치 ⑤ RS-232C 직렬포트(CN5) ⑥ 12비트 2채널 D/A 컨버터 MCP4822 3. 모터제어를 위한 I/O 기능 ① 3개의 RC 서보모터 제어 컨넥터 (CN6~8) ② 2SC1815를 사용한 초소형 직류전동기 단방향 제어 컨넥터(CN9) ③ IRF530을 사용한 소형 직류전동기 단방향 제어 컨넥터(CN10) ④ L298을 사용한 소형 직류전동기 양방향 제어 컨넥터(CN12) ⑤ 2상/4상 스테핑 모터 제어 컨넥(CN13) ⑥ 전동기 속도 및 방향 검출 컨넥터(CN11) ⑦ 전동기 회전방향 표시용 LED(LED2~3) ⑧ 기준속도 입력용 가변저항(VR1) ⑨ 전동기 전류 검출용 션트저항(R20)	Atmel사의 AVR ISP 표준 터치 스크린 기능 포함 0~+5V 범위의 아날로그 출력 가능 RC 서보모터 HS-311 사용 초소형 직류전동기 FM1502 사용 소형 직류전동기 RA-35GM 사용 소형 직류전동기 RA-35GM 사용 스테핑 모터 NK243 사용 A상 및 B상 신호 입력 LED2(적)=정방향, LED3(녹)=역방향 A/D 컨버터로 읽음 A/D 컨버터로 읽음
6. 전원	+5V(3A 이상), +12V(1A 이상)	키트 내부에서 +3.3V를 만들어 사용함
7. PCB 외형	150 x 112mm 양면 에폭시 기판	

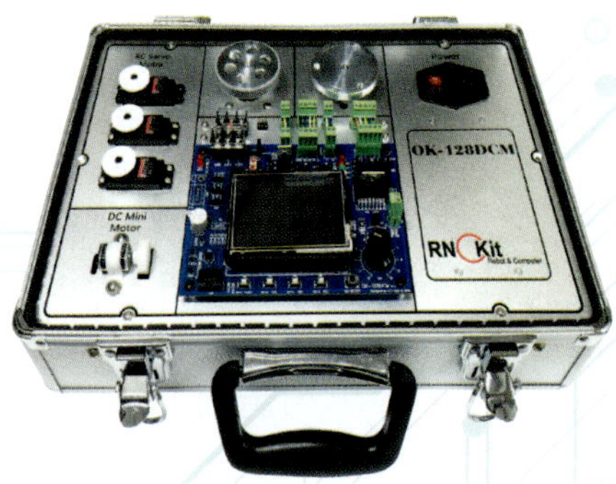

도서출판 Ohm사

실용모터제어 시리즈②

BLDC 모터 제어 기술

이 책은 실용 모터제어 시리즈의 두번째로서 현재 시대적으로 매우 각광받고 있는 BLDC 모터의 제어 기술을 취급한다. 전통적인 직류전동기와의 차이점을 이해하고, 이를 제어하는 시스템의 하드웨어를 설계하며 제어 프로그램을 작성하는 기술을 직접 독자들이 따라 하면서 단계적으로 익힐 수 있도록 설명할 것입니다.

제1장 전동기란 무엇인가
제2장 BLDC 모터 관련 실용지식
제3장 BLDC 모터 제어 관련 실용지식
제4장 전용 IC를 사용하는 BLDC 모터 속도제어 기술
제5장 MCU가 직접 처리하는 BLDC 모터 속도제어 기술
제6장 OK-128BLDC 트레이닝 키트

실용 모터제어 시리즈 ③ - 단상 유도전동기 제어 기술(계획중)
실용 모터제어 시리즈 ④ - 벡터제어 인버터 설계 기술(계획중)

OK-128 BLDC KIT

항목	사양	비고
1. MCU	ATmega128A-AU(16 MHz)	16 MHz 수정발진자 사용
2. ROM	MCU에 내장된 128KB의 플래시 메모리	프로그램 저장용
3. RAM	MCU에 내장된 4KB	스택 및 사용자 데이터 저장용
4. 프로그램 입력/실행	1. 표준 USB형 AVRISP mkII 다운로드 케이블 2. 병렬포트형 AVR ISP 다운로드 케이블	본 키트에서는 JTAG 에뮬레이터를 사용하지 못함
5. I/O	1. MCU 프로그램용 6핀 컨넥터 2. MCU가 직접 제어하는 기본 I/O 기능 ① 3.2인치 240×320 픽셀 TFT-LCD 모듈 ② +5V용 버저 ③ 모터 방향 설정용 토글 스위치(SW1) ④ 동작모드 설정용 2비트 DIP 스위치(SW2) ⑤ 기준속도 입력용 가변저항(VR1) ⑥ 모터 구동용 게이트 신호(UT, VT, WT) ⑦ 모터 구동용 PWM 신호(UB, VB, WB) 3. 모터제어를 위한 I/O 기능 ① BLDC 모터 제어 전용 IC 소자 LB11920을 사용한 모터 M1 접속 컨넥터(CN5) ② ATmega128A MCU가 직접 처리하는 모터 M2 접속 컨넥터(CN6) ③ 모터 회전속도 검출을 위한 홀센서 신호 4체배 회로(U8, 74HC86) ④ 모터 회전방향 검출을 위한 플립플롭 회로(U9, 74HC74) ⑤ 모터 전류 검출용 션트저항(R33)	Atmel사의 AVR ISP 표준 BLDC 모터 BL42S-24026N 사용 BLDC 모터 BL42S-24026N 사용 0.1Ω/1W/1%
6. 전원	+24V(2A 이상)	키트 내부에서 +12V, +5V, +3.3V를 만들어 사용함
7. PCB 외형	168×107mm 양면 에폭시 기판	

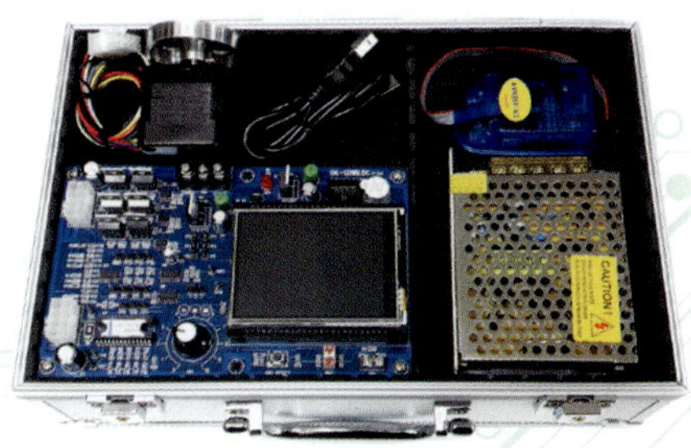

도서출판 Ohm사

다양한 실습이 가능한

ATmega128 기초와 응용1

이 책은 ATmega128의 기초부터 응용까지 활용할 수 있으며, AVR의 모든 기능에 대한 기초 예제와 센서, 블루투스, WiFi 등의 무선 모듈, LCD와 같은 다양한 응용 예제를 다루고 있어서, AVR을 입문부터 중급까지의 실험이 가능합니다.

KUT-128_COM KIT

항목	사양
초음파 센서(HC-SR04)	초음파를 발생하여 거리 등을 계산하는데 사용
4Digit 7-Segment	4개의 숫자표시가 가능
Analog 가속도 센서(MMA7361)	X,Y,Z 3축의 Analog 출력
Digital 가속도 센서(MPU-6050)	I2C 통신이 가능하며 3축 가속도 센서+3축 자이로 센서+온도 측정 가능
WiFi Module	WiFi 통신용 모듈(USART1) ※ 주의 : Bluethooth 모듈과 동시 사용은 안되며 RS-232와는 가능
RS-232용 커넥터	MAX232를 사용한 RS-232통신(USART0)
WiFi용 Reset SW	WiFi 모듈 리셋 또는 공장 초기화 기능
Bluetooth Module(BC04)	블루투스 통신용 모듈(USART1) ※ 주의 : WiFi 모듈과 동시 사용은 안되며 RS-232와는 가능
2X16 Text LCD	2줄에 총 32개의 영문 표시 가능
ATmega128	ATmega128A-AU
LED Part	8개의 LED 제어
외부 인터럽트 SW	스위치 기능 또는 외부 인터럽트 발생용
3Color Dotmatrix	LED Part와 1Color Dotmatrix와 같이 사용할 수 없음 (플랫케이블 사용)
1Color Dotmatrix	LED Part와 3Color Dotmatrix와 같이 사용할 수 없음 (점퍼케이블 사용)

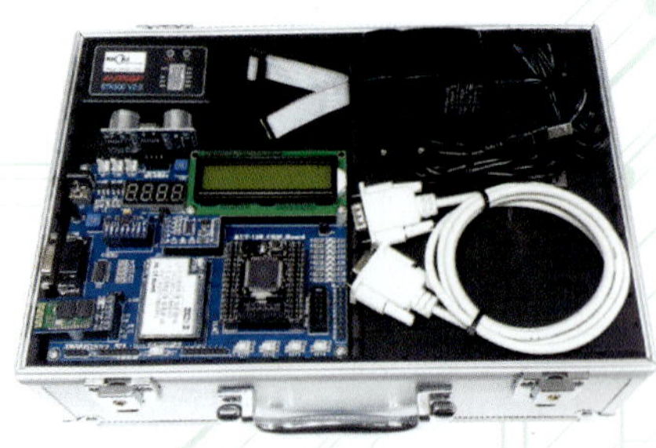

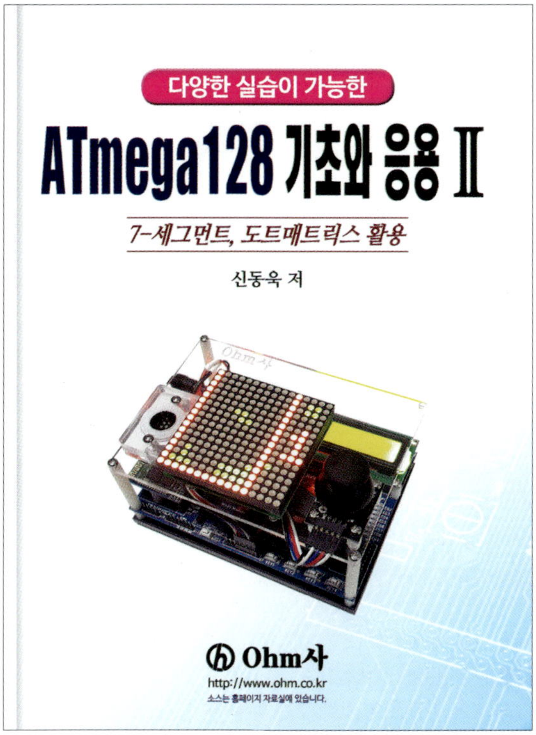

도서출판 Ohm사

다양한 실습이 가능한

ATmega128 기초와 응용2

이 책은「ATmega128 기초와 응용 I」에서 설명된 KUT-128_COM 보드 위에 도트매트릭스, 조이스틱, 스피커를 탑재하여 구현한 응용작품들에 대해 알고리즘과 처리 흐름도 그리고 프로그램을 자세히 설명하고 있습니다. 따라서 이 책을 통해 습득하게 되는 응용능력은 학생들의 창의적인 실기작품 및 졸업작품을 제작하는데 있어 좋은 길잡이가 될 수 있으리라 생각합니다.

제1장 KUT-128_COM 보드
제2장 7-세그먼트 활용
제3장 도트매트릭스 사용법
제4장 지렁이 게임
제5장 테트리스
제6장 반응감지 블록 피하기
제7장 Dot Watch
제8장 한글 시계
제9장 부록(AVR Studio 4.18 버전 프로그램)

KUT-128_COM 확장 KIT

항목	사양
초음파 센서(HC-SR04)	초음파를 발생하여 거리 등을 계산하는데 사용
4Digit 7-Segment	4개의 숫자 표시가 가능
Analog 가속도 센서(MMA7361)	X,Y,Z 3축의 Analog 출력
Digital 가속도 센서(MPU-6050)	I2C 통신이 가능하며 3축 가속도 센서+3축 자이로 센서+온도 측정 가능
WiFi Module	WiFi 통신용 모듈(USART1) ※ 주의 : Bluethooth 모듈과 동시 사용은 안되며 RS-232와는 가능
RS-232용 커넥터	MAX232를 사용한 RS-232통신(USART0)
WiFi용 Reset SW	WiFi 모듈 리셋 또는 공장초기화 기능
Bluetooth Module(BC04)	블루투스통신용 모듈(USART1) ※ 주의 : WiFi 모듈과 동시 사용은 안되며 RS-232와는 가능
2X16 Text LCD	2줄에 총 32개의 영문 표시 가능
ATmega128	ATmega128A-AU
LED Part	8개의 LED 제어
외부 인터럽트 SW	스위치 기능 또는 외부 인터럽트 발생용
3Color Dotmatrix	LED Part와 1Color Dotmatrix와 같이 사용할 수 없음 (플랫케이블 사용)
1Color Dotmatrix	LED Part와 3Color Dotmatrix와 같이 사용할 수 없음 (점퍼케이블 사용)
JoyStick Module	X, Y, Z(조이스틱 푸쉬) 출력
Piezo Buzzer	경고음, 알람등 표시

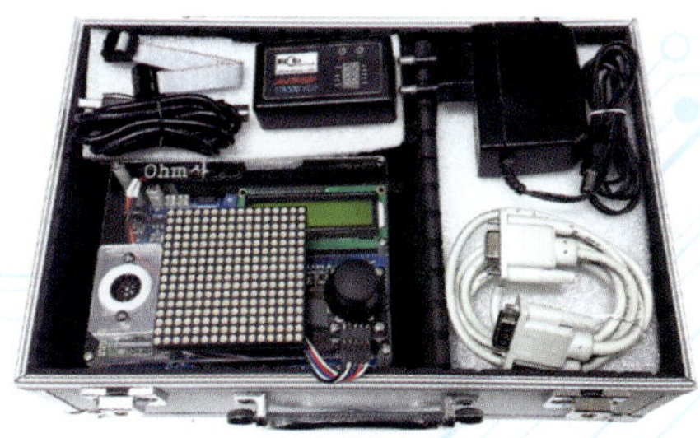

도서출판 Ohm사

ARM Cortex-M 시리즈①

STM32F091 정복

- ARM Cortex-M0 시리즈의 STM32F091VCT6 모델 완전 마스터
- 하드웨어 설계 및 소프트웨어 응용 기술의 단계적 학습
- 상세하고 정확한 설명, 재미있고 유용한 예제 프로그램
- OK-STM091 키트에서 C언어를 통한 프로그래밍 실습
- 103개의 주옥 같은 C언어 예제 프로그램 제공 및 설명
- 3.2인치 컬러 TFT-LCD 모듈의 다양한 응용 프로그램
- 전자 올간, 게임등과 같은 독창적이고 재미있는 프로그램
- MP3 플레이어 하드웨어 내장 및 이를 응용하는 프로 그램
- 대학에서 대학원까지의 고급 MCU 강의 및 실습 교재로 최적

제1장 STM32F091VCT6의 구조와 기능
제2장 STM32F091VCT6의 내장 I/O
제3장 OK-STM091키트 및 개발 툴
제4장 C언어 프로그래밍

OK-STM091 KIT

항목	사양	비고
1. CPU	STM32F091VCT6	48MHz로 동작
2. ROM	CPU에 내장된 256KB의 플래시 메모리	프로그램 및 상수 데이터 저장
3. RAM	CPU에 내장된 32KB의 SRAM	프로그램, 스택, 사용자 데이터 저장
4. 프로그램 입력/실행	1. 전용 JTAG/SWD 에뮬레이터를 사용하는 방법 2. 기타 JTAG/SWD 에뮬레이터를 사용하는 방법	기본으로 ST-LINK/V2 에뮬레이터 사용 J-Link, ULINK 에뮬레이터도 사용 가능
5. I/O	1. CPU 프로그램용 컨넥터 JTAG/SWD 인터페이스용 20핀 컨넥터(CN2) 2. 기본 입출력 장치 ① 16자×2행 텍스트 LCD 모듈 ② 320×240픽셀 터치스크린 TFT-LCD 모듈 ③ SPI를 사용한 SD 카드 인터페이스 ④ 4개의 키입력 스위치(KEY1~KEY4) ⑤ 3개의 터치 센싱 입력(TSC1~TSC3) ⑥ 1개의 상태표시 LED(LED1) ⑦ +5V용 버저 ⑧ RS-232C 직렬통신 컨넥터(CN5) ⑨ CAN 직렬통신 컨넥터(CN5) 3. 기타 입출력 장치 ① +5V, +3.3V 전압센서(ADC0, ADC1) ② 가변저항 VR1에 의한 전압센서(ADC2) ③ LM35DZ 온도센서(U5, ADC3) ④ 2개의 D/A 컨버터 출력(DAC_OUT1/2) 2개의 D/A 컨버터를 사용한 음악연주 출력 ⑤ TV 리모콘 수신회로(U6) ⑥ 14개의 테스트 포인트(TP1~TP14) ⑦ SPI를 사용한 DS3234 리얼타임 클록(U8) ⑧ I2C를 사용한 AT24C16 EEPROM(U7) ⑨ VS1053b를 사용한 MP3 플레이어 회로	ST-LINK/V2 에뮬레이터 사용 별도의 TFT-32A 보드를 장착 사용 별도의 TFT-32A 보드에 내장 표준 9핀 RS-232C 케이블 사용 RS-232C와 CAN을 동일 컨넥터로 사용 A/D 입력 범위는 0V~+3.3V 온도측정 범위는 0~100℃ D/A 출력 범위는 0V~+3.3V CN6 컨넥터에 외장형 스피커를 연결 2.4V 충전용 NiMH 배터리로 전원 백업 CN6 컨넥터에 외장형 스피커를 연결
6. 전원	+5V(키트에서 +3.3V 및 +1.8V 레귤레이터 사용)	
7. PCB	160×130mm 양면 에폭시 기판	

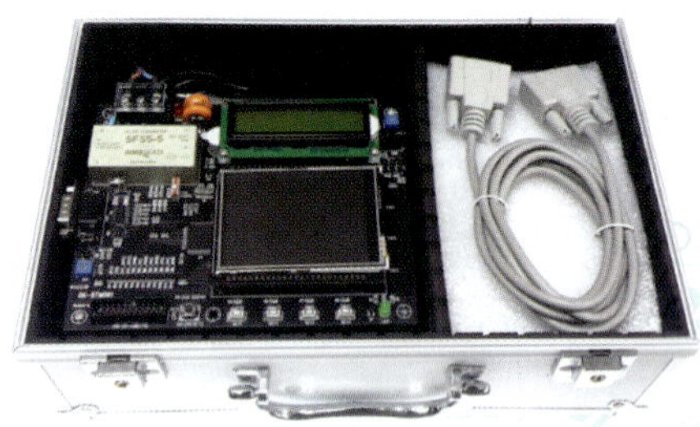

도서출판 Ohm사

ARM Cortex-M 시리즈②

ARM Cortex-M7

STM32F767 정복

- ARM Cortex-M7 시리즈의 STM32F767VGT6 모델 완전 마스터
- 하드웨어 설계 및 소프트웨어 응용 기술의 단계적 학습
- 상세하고 정확한 설명, 재미있고 유용한 예제 프로그램
- OK-STM767 키트에서 C언어를 통한 프로그래밍 실습
- 99개의 주옥같은 C언어 예제 프로그램 제공 및 설명
- 3.2인치 컬러 TFT-LCD 모듈의 다양한 응용 프로그램
- MP3 플레이어 하드웨어 내장 및 이를 응용하는 프로그램
- DSP급의 성능을 경험할 수 있는 실시간 신호처리 프로그램
- 대학에서 대학원까지의 고급 MCU 강의 및 실습 교재로 최적
- ARM 초급자에서 전문 엔지니어까지 이 분야 최고의 학습서

제1장 STM32F767VGT6의 구조와 기능
제2장 STM32F767VGT6의 내장 I/O
제3장 OK-STM767 키트 및 개발 툴
제4장 C언어 프로그래밍

OK-STM767 KIT

항목	사양	비고
1. CPU	STM32F767VGT6(또는 STM32F767VIT6)	216MHz로 동작
2. ROM	CPU에 내장된 1MB(2MB)의 플래시 메모리	프로그램 및 상수 데이터 저장
3. RAM	CPU에 내장된 512KB의 SRAM	프로그램, 스택, 사용자 데이터 저장
4. 프로그램 입력/실행	1. 전용 JTAG/SWD 에뮬레이터를 사용하는 방법 2. 기타 JTAG/SWD 에뮬레이터를 사용하는 방법	기본으로 ST-LINK/V2 에뮬레이터 사용 J-Link, ULINK 에뮬레이터도 사용 가능
5. I/O	1. CPU 프로그램용 커넥터 JTAG/SWD 인터페이스용 20핀 커넥터(CN2) 2. 기본 입출력 장치 ① 16자×2행 텍스트 LCD 모듈 ② 320×240픽셀 터치스크린 TFT-LCD 모듈 ③ SPI를 사용한 SD 카드 인터페이스(CN7) ④ 4개의 키입력 스위치(KEY1~KEY4) ⑤ 1개의 상태표시 LED(LED1) ⑥ +5V용 버저 ⑦ RS-232C 직렬통신 커넥터(CN5) ⑧ CAN 직렬통신 커넥터(CN5) 3. 기타 입출력 장치 ① +5V, +3.3V 전압센서(ADC0, ADC1) ② 가변저항 VR1에 의한 전압센서(ADC2) ③ LM35DZ 온도센서(U5, ADC3) ④ 2개의 D/A 컨버터 출력(DAC_OUT1/2) 2개의 D/A 컨버터를 사용한 음악연주 출력 ⑤ TV 리모컨 입력(U6) ⑥ 10개의 테스트 포인트(TP1~TP10) ⑦ SPI를 사용한 DS3234 리얼타임 클록(U8) ⑧ I2C를 사용한 AT24C16 EEPROM(U7) ⑨ VS1053b를 사용한 MP3 플레이어 회로	ST-LINK/V2 에뮬레이터 사용 별도의 TFT-32A 보드를 장착하여 사용 표준 9핀 RS-232C 케이블 사용 RS-232C와 CAN을 동일 커넥터로 사용 A/D 입력 범위는 0V~+3.3V 온도측정 범위는 0~100℃ D/A 출력 범위는 0V~+3.3V CN6 커넥터에 외장형 스피커를 연결 2.4V 충전용 NiMH 배터리로 전원 백업 CN6 커넥터에 외장형 스피커를 연결
6. 전원	+5V(키트에서 +3.3V 및 +1.8V 레귤레이터 사용)	
7. PCB	160×130mm 양면 에폭시 기판	

☞ OK-STM767 키트에는 STM32F7xx 시리즈의 모든 100핀짜리 소자를 조립하여 사용할 수 있다.

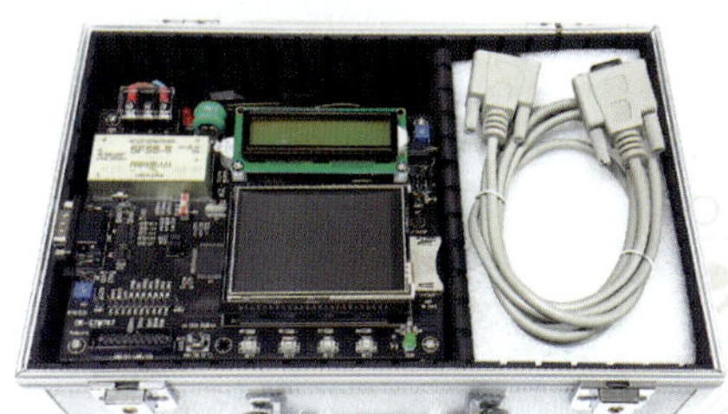

http://www.ohm.co.kr
E-mail : ohm@ohm.co.kr

ATmega128 프로그래밍

초판 인쇄 2013년 8월 5일
1판 1쇄 2015년 3월 10일

저 자 류기주 • 임양구 • 서해준 공저
발 행 인 곽 종 학
발 행 처 도서출판 Ohm사

주 소 140-150 서울 용산구 갈월동 17번지 세기B/D
전 화 02-776-4868~9
팩 스 02-779-6757
등록번호 1975년 9월 12일 제3-3호

ISBN 978-89-7101-787-6 정가 25,000원